지식재산권 라이선서의 도산에 대한
라이선시의 보호방안에 관한 연구

지식재산권 라이선서의 도산에 대한 라이선시의 보호방안에 관한 연구

권창환 지음

경인문화사

머리말

필자는 지금까지 약 18년간의 법관 생활을 하면서 운이 좋게도 지식재산분야와 도산분야에 관련된 재판 내외의 업무를 담당할 기회가 적지 않았습니다. 지식재산분야와 도산분야는 모두 일반 민형사 재판의 기초 위에서 특정한 입법목적의 달성을 위해 설계·운용되는 전문영역으로서 그 나름의 독특한 제도와 법리가 발전되어 왔습니다. 법학분야가 흔히 그러하듯이 지식재산분야와 도산분야에서도 대립되는 법익 내지 이해관계의 조화를 추구하기 위한 정반합의 진화를 거듭하고 있습니다.

민사법 등 기본법과 가장 이질적이면서도 가장 난해한 도산분야의 제도는 채무자측에게 강력한 무기로서 주어진 '쌍방이미행 쌍무계약(executory contract)에 대한 선택권으로서의 계약종결권'인데, 그 중 계약해제권방식을 취하는 우리나 일본의 도산법뿐만 아니라 이행거절권방식을 취하는 미국이나 독일까지도 제도 도입의 초기에는 도산목적의 달성을 위하여 채무자에게 원칙적인 계약종결권한을 부여하였으나 점차적으로 예외를 인정·확대함으로써 채무자와 채권자의 법익을 합리적으로 조정하기 위해 노력해왔습니다.

그러던 중 미국 연방대법원은 2019년 5월 Mission 판결을 통해 '도산법상 관리인의 계약거절규정에 대해서도 평시 법률관계가 그대로 적용된다는 전제에서 상표권에 관한 라이선스 계약의 라이선서(licensor)인 채무자측 관리인의 이행거절에 대하여 채권자인 라이선시(licensee)는 특정이행(specific performance)으로서 계약유지를 선택할 수 있다'는 법리를 선언함으로써 일반 민사법의 법리가 도산법에도 그대로 관철된다는 점을 명확히 하였고, 한편 일본은 도산절차 등에 있어서 지적재산 실시권의 보호를 도모하기 위하여 2004년 관리인의 선택권 규정에 대한 적용배제특칙을 '지적재산권 라이선시의 권리를 포함하여 대항력 있는 사용수익권 일반'에 대해서까지 확대하는 파산법 등의 개정을 한 뒤 2011년에는 특허법에, 2020년에는 저작권법에 라이선스 계약의 체결만으로도 대항력을 인정하는 당연대항제도를 도입함으로써 적용배제특칙의 실질화를 꾀하고 있습니다.

  필자는 이러한 해외 비교사례를 통하여 우리 채무자회생법상 쌍방미이행 쌍무계약에 관한 관리인의 계약해제권에 대한 새로운 시각을 가지게 되었고, '도산법상 쌍방미이행 쌍무계약'과 '지식재산권법상 라이선스계약에 관한 공시제도'에 대한 이론적 검토를 통하여 대립되는 이해관계의 합리적 조정을 위한 기초연구의 필요성을 느끼게 되었습니다. 필자는 위와 같은 고민 속에서 '지식재산권 라이선서의 도산에 대한 라이선시의 보호방안에 대한 연구: 쌍방미이행 쌍무계약의 처리에 있어서 도산법과 일반법의 조화를 모색하며'라는 주제로 박사학위 논문을 작성하게 되었고, 이 책은 이를 수정·보완한 결과물입니다.

  도산법상 쌍방미이행 쌍무계약과 지식재산권법의 라이선스제도는 각각의 주제만으로도 결코 쉽지 않은 법적 쟁점을 포함하고 있어 양자의 교차점인 이 책의 주제를 연구대상으로 선정하는 것은 부족한 필자에게 너무나도 넘기 어려운 큰 산으로 보였습니다. 하지만 가까운 미래에 미국이나 일본과 같이 도산제도의 남용 방지 내지 도산절차상 라이선시의 보호 필요성이 대두될 것이고 이를 사전에 연구함으로써 학술적으로 대비하는 것이 절실하다는 정상조 지도교수님의 가르침과 격려로 용기를 내어 이 책을 출간하기까지 이르렀습니다. 약 20년 전 석사과정에 진학할 때부터 현재까지 한 결같은 격려와 깊은 가르침을 주신 정상조 교수님께 진심으로 감사드립니다.

아울러 박사논문의 심사위원장으로서 깊이 있고 날카로운 지도를 통해 부족한 부분을 보완해 주신 박준석 교수님, 해외제도에 대한 풍성한 이해를 도와주신 전원열 교수님, 민사법에 대한 기초이론과 지식재산권법의 조화로운 해석에 큰 영감을 주신 이계정 교수님, 그리고 일본과 독일의 치밀한 비교법적 연구를 가이드해주신 박성호 교수님께도 심심한 감사의 말씀을 올립니다.

마지막으로 언제나 인생의 든든한 버팀목이자 동반자가 되어준 사랑하는 아내와 인생의 의미와 기쁨을 주는 딸과 아들에게도 고마움과 사랑의 마음을 전하고 싶습니다. 아울러 부족한 자식을 위해서 한평생 희생해주시고 스승이 되어주신 아버지와 어머니, 그리고 항상 아낌없이 후원해주시는 장인어른과 장모님께도 존경과 감사의 말씀을 드립니다.

2024년 12월
권창환

| 일러두기 |

1. 용어의 사용
   가. 이 책의 연구주제에 관한 핵심 용어 중 '라이선스(license)', '라이선서(licensor)', '라이선시(licensee)'라는 단어는 국립국어원 표준국어대사전의 표기[라이선스(license)는 '개발된 제품이나 제조 기술의 특허권. 또는 그것의 사용을 허가하는 일'라고 정의하고 있다] 및 문화체육관광부 고시 제2017-14호인 '외래어 표기법' 제2장(표기일람표) 표1(국제 음성 기호와 한글 대조표)에 따른 것이다(라이센스 또는 라이썬스, 라이센서 또는 라이썬서, 라이센시 또는 라이썬시라고 표기하기도 하나, 이는 잘못된 표기이다).
   나. 이 책에서 파산절차와 회생절차에 공통되는 사항을 논하는 경우에는 양 절차를 합하여 '도산절차'라 하고, 파산채권과 회생채권을 합쳐서 '도산채권'이라고 하며, 파산절차의 재단채권과 회생절차의 공익채권을 합쳐서 칭할 때에는 '공익채권'이라고만 칭하고, 파산절차의 파산관재인과 회생절차의 관리인을 합쳐서 칭할 때는 '관리인'이라고만 한다. 그 밖의 경우에는 회생절차, 파산절차, 관리인 및 파산관재인 등 법령에서 정의하고 있는 용어와 개념을 사용한다.
2. 법령과 조항의 인용 및 표시
   「채무자 회생 및 파산에 관한 법률」은 "채무자회생법"이라 약칭하고, 채무자회생법 이외의 다른 법령은 법명을 그대로 인용한다. 채무자회생법의 조항은 조항만으로 인용하되, 다른 법명과 혼동될 여지가 있는 경우에는 조항 앞에 채무자회생법이라고 표시한다. 그 이외에는 법명과 조항을 함께 인용한다. 각 법령의 조항은 "제O조 제O항 제O호"의 형식으로 표시한다.

목 차

머리말

일러두기

제1장 서론 1

제1절 문제의 제기 3
   Ⅰ. 도산제도는 채무자의 칼(sword)이 아니라 방패(shield)로서
      사용되어야 한다. 3
   Ⅱ. 도산법과 일반법의 조화의 필요성 5
     1. 특별법의 목적달성에 편중된 경직된 법적용으로부터 유연한
       적용으로의 변화(ebay 판결) 5
     2. 도산법과 일반법의 조화의 필요성 8
제2절 논의의 범위 및 방법 12
제3절 이 책의 구성 15

제2장 지식재산권 라이선시의 보호제도와 도산법적 지위 19

제1절 지식재산권 라이선스 계약의 의의 21
   Ⅰ. 지식재산권 라이선스 계약의 정의와 특징 21
     1. 대상과 대가의 다양성 21
     2. 지식재산의 무체물로서의 특징: 비전유성, 비배제성, 비경합성 22
   Ⅱ. 라이선스 계약의 비전형성과 다양성 26

제2절 라이선시의 보호방안으로서 대항력 제도 ·········· 29
I. 각국의 대항력 제도 ·········· 29
1. 서론 ·········· 29
2. 당연대항제도 ·········· 31
3. 악의자대항제도 ·········· 37
4. 등록대항제도 ·········· 41
II. 한국 지식재산권에 대한 실시권 제도: 등록대항제도 ·········· 42
1. 개요 ·········· 42
2. 특허권에 대한 실시권 ·········· 43
3. 실용신안권에 대한 실시권 ·········· 46
4. 디자인권에 대한 실시권 ·········· 47
5. 상표권에 대한 사용권 ·········· 47
6. 저작권에 대한 이용허락 ·········· 50

제3절 라이선서와 라이선시가 보유한 권리의 구체적 내용 ·········· 52
I. 라이선시의 권리(라이선서의 의무) ·········· 52
II. 라이선서의 권리(라이선시의 의무) ·········· 55

제4절 라이선스 계약의 도산절차에서의 취급 ·········· 56
I. 도산절차 개시에 따른 계약관계의 개요 ·········· 56
II. 채무자회생법상 쌍방미이행 쌍무계약의 법리 개괄 ·········· 58
1. 채무자회생법 제119조 및 제335조의 적용요건 ·········· 58
2. 관리인 내지 파산관재인의 선택권과 그 효과 ·········· 61
   가. 관리인 내지 파산관재인의 선택권 ·········· 61
   나. 해제·해지를 선택한 경우 ·········· 63
   다. 이행선택의 경우 ·········· 64
   라. 적용배제 ·········· 64
III. 라이선스 계약의 채무자회생법상 쌍방미이행 쌍무계약으로의 취급 ·········· 66
1. 라이선스 계약이 채무자회생법상 쌍방미이행 쌍무계약에 해당하는지 여부 ·········· 66

2. 라이선시가 로열티 지급을 완료함으로써 관리인의 ·············· 69
       계약해제를 막을 수 있는지 여부 ································· 69
    3. 일방미이행으로 인정될 경우 '통상실시권'이 도산채권인지 여부 ······· 72
    4. 일방미이행으로 인정될 경우 '전용실시권'이 도산채권인지 여부 ······· 78
  Ⅳ. 도산절차 개시에 있어서 통상실시권 보호의 필요성 ················ 82

제3장 도산으로 인한 평시 법률관계의 변경 ·············· 85

제1절 파산과 회생의 유사점과 차이점 ························· 87
  Ⅰ. 파산과 회생의 목적 ···································· 87
  Ⅱ. 변제재원으로서 도산재단의 특징 ························· 89
  Ⅲ. 도산채권 취급의 차이 ·································· 92
    1. 현재화·금전화의 차이 ······························ 92
       가. 도산채권의 등질화의 차이 ···················· 92
       나. 도산채권자들 간 취급의 차이 ·················· 94
    2. 담보권 취급의 차이 ································ 97
    3. 도산채권의 공익채권화(예외적인 전액변제) ··············· 99
    4. 상계권의 행사 ····································· 100

제2절 채무자의 채무불이행에 따른 평시 법률관계 ················ 104
  Ⅰ. 채권 효력의 의의 ······································ 104
  Ⅱ. 채권의 강제이행력 ···································· 105
  Ⅲ. 채무불이행에 따른 손해배상채권 및 해제권 ················ 107

제3절 도산절차 개시에 따른 평시 법률관계의 변경 ··············· 111
  Ⅰ. 개요 ·· 111
  Ⅱ. 집행법적 법률관계의 변경 ······························ 112
  Ⅲ. 실체법적 법률관계의 변경: 환취권과 도산절차 ·············· 115
    1. 환취권의 의의 ···································· 115

2. 채권적 청구권 특히 사용수익할 채권이 환취권에 속하는지 여부 …… 117
      가. '환취권의 기초되는 권리'의 의미 ……………………………………… 117
      나. 도산절차가 채권적 청구권인 환취권에 미치는 영향 ……………… 117
   3. 환취권과 관리인의 제3자성 및 선의·악의의 판단기준 ………………… 124
   4. 무효·취소의 경우 환취권 인정 여부 ……………………………………… 128
   5. 해제의 경우 환취권 인정 여부 …………………………………………… 129
      가. '관리인의 도산절차 개시 후의 채무불이행'을 이유로 한
          계약상대방의 법정해제권 행사 허부 ………………………………… 129
      나. 도산절차 개시 전 취득한 법정해제권의 행사 허부 ………………… 132
      다. 계약상대방의 환취권 인정 여부에 대한 정리 ……………………… 136
   6. 무효·취소·해제에 따른 불공정성을 해소하기 위한 방안 ……………… 138
 Ⅳ. 시사점 ……………………………………………………………………………… 139

제4장 라이선시 보호를 위한 해결방안 도입의 전제조건:
       도산절차에 있어서 쌍방미이행 쌍무계약의 특별한
       취급에 대한 이해 ……………………………………………………… 143

제1절 관리인의 선택권 규정에 대한 이해방식의 변화 ……………………… 145
 Ⅰ. 쌍방미이행 쌍무계약에 대한 이해방식의 변화 ………………………… 145
   1. 쌍방미이행 쌍무계약에 관한 법률관계의 개요 ………………………… 145
   2. 쌍방미이행 쌍무계약에 대한 전통적 이해 ……………………………… 146
   3. 쌍방미이행 쌍무계약에 대한 새로운 이해 ……………………………… 147
   4. 쌍방미이행 쌍무계약에 대한 또 다른 이해 ……………………………… 149
   5. 미국의 쌍방미이행 쌍무계약을 바라보는 태도 ………………………… 151
   6. 독일의 쌍방미이행 쌍무계약을 이해하는 태도 ………………………… 153
   7. 검토 …………………………………………………………………………… 154
 Ⅱ. 교착상태의 발생과 해소 ……………………………………………………… 160
   1. 서설 …………………………………………………………………………… 160

2. 전제법리 및 전제상황 ·· 161
　　　3. 관리인이 계약의 이행을 원치 않는 상황 ················ 161
　　　　가. 교착상태의 발생(부동산의 시가가 하락한 상황) ······ 161
　　　　나. 교착상태의 해소 ·· 162
　　　4. 관리인이 계약내용 대로의 이행을 원하는 상황 ······ 168
　　　　가. 교착상태의 발생(부동산의 시가가 상승한 상황) ······ 168
　　　　나. 교착상태의 해소 ·· 168
　　　5. 정리 및 시사점 ··· 172
제2절 고유의 견련성이 없는 동시이행관계의 도산절차상
　　　　취급에 대한 검토 ·· 174
　Ⅰ. 서설 ··· 174
　Ⅱ. 임대인에 대한 도산절차가 개시된 경우의 법리 검토 ······ 176
　　　1. 서설 ··· 176
　　　2. 도산절차 개시에 따라 고유의 견련성이 없는 동시이행관계가 ········ 177
　　　　소멸하는지 여부 ··· 177
　　　3. 대항력이 없는 임차권의 취급 ······························ 178
　　　4. 대항력이 있는 임차권의 취급 ······························ 185
　　　　가. 적용배제 특칙의 의의와 도입경위 ···················· 185
　　　　나. 대항력 있는 임차권의 법적 성질 ······················ 188
　　　　다. 대항력 있는 임차인의 도산절차에서의 취급 ······ 190
　　　　라. 우선변제권이 있는 임차권의 취급 ···················· 193
　Ⅲ. 정리 및 지식재산권 라이선스 계약에 대한 시사점 ······ 194

제5장 도산절차에서의 라이선시 보호방안:
　　　도산법과 일반법의 조화를 모색하는 관점 ·················· 205
제1절 서설 ··· 207

제2절 해제권 방식에 있어서 라이선시를 보호하기 위한 해결방안 ··· 211
  Ⅰ. 해제권의 제한: 신의칙(해석론) ·· 211
    1. 서론 ·· 211
      가. 해석론적 해결방안 모색의 필요성 ··· 211
      나. 적용배제특칙의 유추적용 가능성에 대한 검토 ······················· 211
    2. 신의칙에 따른 관리인의 해제권 제한 가능성 ····························· 214
      가. 신의칙 적용 시의 유의점 ··· 214
      나. 계약해소를 제한하는 근거로서의 신의칙 적용 ······················· 217
      다. 권리남용에 있어서 적용요건의 완화 ··· 218
      라. 소결 ·· 221
    3. 신의칙에 의한 관리인의 해제권 제한에 대한 일본 판례와 학설 ······ 222
      가. 일본 최고재판소 판례 ·· 222
      나. 라이선스 계약에 있어서 관리인의 해제권 제한에 대한
          일본의 견해 ·· 224
    4. 구체적 검토 ·· 226
      가. 신의칙에 의한 관리인의 해제권 제한의 타당성 ····················· 226
      나. 신의칙의 적용에 의한 관리인의 해제권 행사 제한에 대한
          적용범위 및 구체적 판단기준 ·· 227
      다. 신의칙 적용에 따른 해제권 제한의 한계 ······························· 229
  Ⅱ. 해제권의 제한: 관리인의 선택권에 대한 법원의 허가(입법론) ············ 231
    1. 관리인의 선택권에 대한 법원의 허가 관련 규정 ····························· 231
    2. 법원의 허가기준에 관한 검토 ··· 232
  Ⅲ. 해제권의 제한: 관리인의 선택권 규정에 대한 적용배제특칙의 확대 및
      당연대항제도의 도입(입법론) ··· 235
    1. 서론 ·· 235
    2. 도산절차상 라이선시 보호강화를 위한 일본의 최근 입법개정경위 ··· 235
      가. 일본 도산법상 쌍방미이행 쌍무계약에 관한 조문 개괄 ············· 235

나. 일본 도산법의 개정에 따른 '관리인의 선택권 규정 적용배제
　　　특칙'의 도입 ·· 237
　　다. 일본 도산법상 적용배제특칙의 실질화를 위한 지식재산권법
　　　대항제도의 입법개선 ·· 240
　3. 우리 채무자회생법상 적용배제특칙 확대의 필요성과 가능성에
　　대한 검토 ·· 241
　　가. 적용배제특칙 확대의 필요성: 국가정책적 필요성과 사회적
　　　공감대의 형성 ·· 241
　　나. 적용배제특칙 확대의 가능성: 물권과 채권의 준별, 그리고
　　　물권화된 채권이라는 관점에서의 정당성 ··························· 249
　4. 우리 지식재산권법상 당연대항제도 도입의 필요성과 가능성에
　　대한 검토 ·· 255
　　가. 일본의 당연대항제도 도입의 타당성 검토 ······················ 255
　　나. 우리 지식재산권법에서 당연대항제도 도입의 필요성과 가능성 ··· 265
　5. 소결 ·· 271
Ⅳ. 해제권 방식에 있어서 해결방안에 대한 종합정리 ······················ 272

제3절 이행거절권 방식으로부터의 라이선시 보호방안에 대한
　　시사점 ·· 274
Ⅰ. 서설: 이행거절권 방식의 다양성 ·· 274
　1. 계약상대방의 선택권 부여 여부에 관한 다양성 ······················ 274
　2. 계약상대방에게 선택권을 부여한 경우에 있어서 법률관계의 ············ 276
　　다양성 ·· 276
Ⅱ. 미국의 이행거절권 방식: 라이선시 보호방안에 대한 사례를 중심으로 277
　1. 쌍방미이행 쌍무계약(executory contract)에 관한 법리 개괄 ············ 277
　　가. 서설 ·· 277
　　나. 관련 조문의 개괄 ·· 278
　　다. 계약인수(assumption) ··· 284
　　라. 계약거절(rejection) ··· 285

2. 계약거절 이후의 형평법상 구제(equitable remedy)의 보호범위 ······· 289
　　3. 지식재산권에 관한 미국 하급심의 잘못된 판단(Lubrizol 사건) ······· 295
　　　가. 개요 ··· 295
　　　나. Lubrizol 사건 ··· 295
　　4. Lubrizol 판결 이후의 §365(n) 신설 및 그에 관한 논란 ················· 298
　　　가. 지식재산권 라이선스계약에 관한 특별조문의 신설: §365(n) ······· 298
　　　나. §365(n) 신설 이후의 새로운 논란: 규정에서 제외된 상표권 ······· 300
　　5. 논란의 종지부: 미국 연방대법원의 Mission 판결 ························· 302
　　6. 미국의 이행거절권 방식에 대한 평가와 시사점 ·························· 306
Ⅲ. 독일의 이행거절권 방식 ·· 309
　　1. 독일 도산법의 제·개정 경위 및 도산절차의 개관 ······················· 309
　　　가. 독일 도산법의 제·개정 경위 ·· 309
　　　나. 독일 도산절차의 개관 ·· 311
　　2. 쌍방미이행 쌍무계약에 관한 법리 ·· 315
　　　가. 입법취지 및 관리인의 선택권 부여 ································· 315
　　　나. 이행거절권 방식의 채택 ·· 316
　　　다. 관리인의 이행거절 시 계약상대방이 선택권을 갖는지 여부 ······· 318
　　3. 라이선시 보호방안에 대한 독일에서의 논의 ······························ 320
　　　가. 도산절차 개시 전 사용료를 모두 지급하여 일방미이행
　　　　　쌍무계약으로 만드는 방법 ·· 320
　　　나. 관리인의 이행거절 선택 시 라이선시가 새로운 계약을
　　　　　요청할 권리의 법률안 ·· 322
　　4. 독일의 이행거절권 방식에 대한 평가와 시사점 ························· 323
Ⅳ. UNICTRAL 입법지침의 이행거절권 방식 ·· 326
　　1. 서설 ··· 326
　　2. 권고 대상: 쌍방미이행 쌍무계약 ·· 327
　　3. 도산해지조항의 효력 ··· 327
　　4. 계약인수와 계약거절 그리고 계약양도의 선택권 ······················· 327

5. 지식재산권에 관한 부속서 ·· 328
   6. UNICTRAL 입법지침에 대한 평가와 시사점 ······················ 330
 V. 국내 학설의 이행거절권 방식 ··· 331
   1. 개요 ·· 331
   2. 국내 학설의 구체적 주장 ·· 331
   3. 국내 학설의 이행거절권 방식에 대한 평가와 시사점 ·············· 338
 VI. 이행거절권 방식에 대한 종합평가 ··· 341
제4절 도산법 외의 일반법 규정을 통하여 라이선시를 보호하는 방안:
   법정실시권 제도의 신설 ·· 344
 I. 서설 ·· 344
 II. 도산법 외의 일반법에 기하여 발생된 법정의무를 도산절차에서도
   온전히 보호할 필요성에 대한 검토 ·· 346
   1. 일반론에 대한 검토 ·· 346
   2. 관리인이 법률규정(법정의무)을 근거로 채무자의 의무를 온전히
     부담하는 사례 ·· 348
   3. 적용배제특칙 외의 법률규정에 따라 쌍방미이행 쌍무계약의
     적용이 배제되는 경우 ·· 352
     가. 소유권이전등기청구권 보전의 가등기가 경료된 매매계약 사례
       (채무자회생법 규정에 의한 적용배제 인정 사례) ······················ 352
     나. 쌍무계약의 채권을 회생담보권으로만 취급하는 경우
       (채무자회생법 규정에 의한 적용배제 인정 사례) ······················ 355
     다. 지식재산권에 대한 전용실시권의 도산절차에서의 지위
       (BTO전합 판결과의 비교) ··· 364
 III. 지식재산권에 대한 법정실시권 제도를 통한 라이선시의 보호방안 ····· 371
   1. 서설 ·· 371
   2. 관리인이 온전히 부담하는 법정실시권을 신설하는 방안에 대한
     검토 ·· 373
     가. 도산에 복종하지 않는 권리로서 법정실시권의 활용 가능성 ········ 373

나. 법정실시권의 요건에 대한 검토 ·· 378
제5절 도산채무자인 라이선서 보호와의 균형: 부분해제 가능성에
   대한 검토(해석론 및 입법론) ·· 384
  Ⅰ. 도산채무자인 라이선서에 대한 보호와의 균형성 ························· 384
    1. 임대차계약으로부터의 시사점: 부분해제의 필요성 ···················· 384
    2. '적용배제특칙 확대 방안' 및 '법정실시권 신설 방안'의
       도입에 따른 균형성 확보의 필요성 ·· 387
    3. 미국 파산법상 부분해제 유사 제도 ·· 389
  Ⅱ. 부분해제의 의미와 적용범위 ·· 392
    1. 부분해제의 대상 및 적용범위 ·· 392
    2. 적용배제특칙 및 법정실시권에 있어서의 부분해제의 의미 ········ 395
  Ⅲ. 부분해제가 가능한 의무에 대한 구체적인 검토 ···························· 396
    1. 원재료공급의무: 원칙적으로 부분 해제 가능 ···························· 396
    2. 정보제공의무: 원칙적으로 부분 해제 가능 ······························· 398
    3. 권리유지의무: 부분 해제 불가 ··· 399
    4. 서브라이선스: 원칙적으로 부분 해제 불가 ······························· 400
    5. 독점적·배타적 라이선스: 부분 해제 불가 ································· 402

제6장 결론: 도산절차에서의 라이선시 보호방안에 대한
   종합 검토 ·· 405

:: 참고문헌 ·· 413
:: 찾아보기 ·· 419

제1장
서론

제 1 절 문제의 제기

Ⅰ. 도산제도는 채무자의 칼(sword)이 아니라 방패(shield)로서 사용되어야 한다.1)

도산제도는 당초 태만한 채무자에 대한 제재를 가하기 위하여 채권자의 칼로서 탄생한 제도였다가, 점차 채무자도 자본주의의 희생양이라는 관념이 생겨나면서 채무자의 방패로 발전되어 왔다.2) 그런데 현대사회에서는 종종 채무자가 도산제도를 방패가 아닌 칼로서 사용하는 경우도 목도하게 되는데, 그 중심에는 쌍방미이행 쌍무계약(executory contract)에 대하여 부여된 관리인의 선택권으로서 해제권 내지 이행거절권이 있다.

이에 관한 가장 유명한 사건으로는 미국의 Lubrizol 사건이 있는데, RMF사는 Lubrizol사에 대하여 금속코팅기술에 관한 비배타적 라이선스를 허락하였음에도 라이선스 계약에 포함된 최혜허여조항

---

1) 이은재, "한국과 미국의 회생절차에서의 미이행계약에 대한 비교", 사법 35권, 사법발전재단(2016), 279면. 아래에서 소개하는 미국의 In re Exide Technologies, 607 F.3d 957(3d Cir. 2010) 판결에서 보충의견을 낸 Ambro 판사는 "하급심 법원들이 미국 연방파산법 제365조에 의하여 도산한 상표권자인 라이선서로 하여금 회생에 방해되는 부담을 덜어줄 수는 있지만, 이미 처분한 상표권을 회수하지는 말았어야 한다. 이는 도산을 방패(shield)가 아닌 칼(sword)로 만드는 것으로, 종종 그럴만한 가치가 없는 파산자이자 라이선서를 유리한 지위로 만드는 것이다."라고 판시하였다.
2) Local Loan Co. v. Hunt, 292 U.S. 234 (1934)에서는 '도산법의 목적 중 하나는 사업상의 불운(business misfortunes)으로부터 새출발(start afresh)을 하게 하는 것이고, 이는 성실하나 불운한 채무자(honest but unfortunate debtor)에게 새로운 기회(new opportunity)를 부여하는 것이다' 라고 판시하였다.

(most favored licensee clause)3)의 부담을 덜고 제3자에게 더 좋은 조건으로 위 기술을 매각하거나 새로운 라이선스계약을 체결하기 위하여 미국 파산법인 11 U.S.C. Chapter 11의 회생절차를 신청한 뒤 § 365(a)에 따른 계약거절(rejection)을 선택하려고 하였다.4)

또 다른 유명한 사건으로는 Exide 사건이 있는데, Exide사는 EnerSys사에게 산업전지 사업을 매각하면서 제조시설뿐만 아니라 지식재산권도 함께 매각하였고 이를 위해 상표 및 상호 라이선스계약, 자산매수계약 등 4개의 주요계약을 체결하였으나, 그 후 북미 산업전지 시장에 복귀하기 위하여 자신만이 Exide 상표권을 사용하기를 희망하였고, 이를 위해 미국 파산법 Chapter 11의 회생절차를 신청한 뒤 § 365(a)에 따른 계약거절(rejection)을 선택하려고 하려고 하였다.5)

위 2개의 케이스는 모두 도산절차에서 파산절차의 신속한 진행 내지 효율적인 회생이라는 목적 달성을 위해 쌍방미이행 쌍무계약에 대하여 관리인의 선택권으로 부여한 계약불이행권을 도산제도의 목적 이상으로 즉 사업상 목적을 위하여 방패가 아닌 칼로서 사용한 대표적인 사건이다. 이에 대해서는 미국에서도 오래전부터 많은 논란이 있었고, 여러 차례의 입법개정을 통한 보완에도 불구하

---

3) 다른 실시권자들에게 허락하는 가장 낮은 로열티와 동일한 수준으로 로열티를 감액하는 규정을 말한다.
4) Lubrizol Enterprises, Inc, v. Richmond Metal Finishers, Inc. 756 F.2d 1043(4th Cir. 1985). 대법원에서 상고(이송명령)가 불허되었다(cert. denied, 475 U.S. 1057 (1986)]. 위 사건은 RMF사가 계약거절을 함으로써 라이선스 계약이 종결되어 Lubrizol사가 RMF사의 기술을 더 이상 사용할 수 없는 것으로 결론 내려졌는데, 이에 대해서는 많은 비판이 있었다. 위 사건에 대한 상세한 내용과 경과에 대해서는 제5장 제3절 II.관 제3항 참조.
5) In re Exide Technologies, 607 F.3d 957(3d Cir. 2010). 다행스럽게도 제3연방항소법원은 EnerSys사에게는 실질적인 의무가 남아 있지 않으므로 위 계약은 쌍방미이행 쌍무계약(executory contract)이라고 볼 수 없고, 따라서 Exide사는 계약거절을 할 수 없다고 판단하였다.

고 논란이 지속되다가 2019년에야 비로소 Mission 판결6)을 통해 논란의 종지부를 찍었다.7)

II. 도산법과 일반법의 조화의 필요성8)

1. 특별법의 목적달성에 편중된 경직된 법적용으로부터 유연한 적용으로의 변화(ebay 판결)

미국 특허법의 초기부터 2006년 eBay 판결9)이 선고되기 전까지, 미국 법원은 특허권 침해에 대한 금지명령(injunction)과 관련하여 특

---

6) Mission Products Holdings, Inc. v. Tempnology, LLC, case no. 17-1657(May 20, 2019).
7) Exide 사건의 항소심 판결에서 보충의견을 낸 Ambro 판사는 Lubrizol 판결을 비판하면서 11 U.S.C. § 365(a)의 계약거절은 채무불이행을 의미할 뿐 계약 종결이나 파기를 뜻하지는 않는다고 판시하였는데, 미국 연방대법원도 Mission 판결에서 Ambro 판사와 같은 취지로 판단하였다. 이에 대한 상세한 내용은 제5장 제3절 II.관 참조.
8) 이 책에서 도산법을 특별법이라고 칭하고 민법, 주택임대차보호법, 특허법 등을 일반법이라고 칭하는 것은 법조경합과 같이 그 적용에 있어서 선후 관계가 있다는 관점보다는 평시 법률관계와 대비하여 도산절차 개시라는 비상상황에 적용되는 법률이라는 관점을 두드러지게 나타내기 위함이다. 같은 맥락에서 '라이선시 계약 내에서의 수직적 밸런스를 고려해야 한다'고 표현하는 문헌[島並良, "登錄制度の活用", 知的財産ライセンス契約の保護-ライセンサーの破産の場合を中心に-, 雄松堂出版(2004. 11.), 207-208頁]도 있다. 민법 등을 일반법이라 칭하고 특허법 등 지식재산권법을 특별법이라고 칭하는 것도 지식재산권법이 유체물에 대한 권리관계를 규정한 민법 등의 법질서 내지 법원리를 바탕으로 무체물에 대한 권리관계를 규정하고 있다는 점을 부각시키기 위함이다.
9) eBay Inc. v. MercExchange, L.L.C., 547 U.S. 388(2006). eBay 사건의 경위에 대한 상세한 내용은 정상조·박성수 공편, 특허법 주해II, 박영사(2010), 12-20면(김기영 집필부분) 참조.

허침해가 인정되면 곧바로 영구적인 금지명령(permanent injunction)10)을 발령하는 것이 원칙적인 모습이었다.11) 미국 법원이 과거 이러한 법리를 채택한 이유는 지식재산권인 특허권이 가지는 '형평법상 권리'인 배타적 권리를 강력하게 보호하기 위함이었다.

그러나 2000년대에 접어들면서, 미국에서는 특허괴물(patent troll)12)이라는 집단이 특허침해소송과 영구적인 금지명령을 악용하여, 침해자로부터 당해 특허가 보유하는 경제적 가치를 초과하는 과도한 실시료(royalty)를 받아내는 현상이 만연하였고, 이는 미국 특허법과 특허제도가 목적으로 하는 혁신을 통한 산업발전을 저해한다는 비판이 지속적으로 제기되었다.

이러한 사회경제적 변화상황을 받아들여 미국 연방대법원은 2006년경에 이르러 특허침해사건에서의 영구적인 금지명령 제도를 효율적이고도 유연하게 운영하기 위하여, eBay 판결을 통하여 특허법의 영역에 있어서 영구적인 금지명령의 새로운 인정기준으로 형평법적인 요건인 4요소 테스트(four-factor test)를 만장일치로 채택하였다. 즉 eBay 판결은 특허침해의 사실에만 근거하여 자동적으로 금지명령이 내려져서는 안 될 뿐만 아니라 단순히 특허권자가 특허발명을 실시하지 않는다는 이유로 금지명령이 거부되어서도 안 된

---

10) 영미법상 영구적인 금지명령(permanent injunction)은 본안의 마지막 심문절차 이후에 발령되는 '종국적 명령'을 의미하는 것으로 소송 전이나 도중에 내려져 잠정적 효력을 유지하는 예비적 명령(preliminary injunction)과 중간적 명령(interlocutory injunction)에 대비되는 개념이다. 전원열, "법원모욕(Contempt of Court)의 도입 가능성에 관한 연구", 저스티스 통권 제198호, 한국법학원(2023), 233면 참조.
11) ebay 사건의 항소심에서 연방순회항소법원(CAFC)은 "법원은 특허침해사건에서 특별한 사정이 없으면 영구적 금지명령을 발령한다는 일반원칙(general rule that courts will issue permanent injunctions against patent infringements absent exceptional circumstances)을 적용한다"고 판시하였다.
12) NPE 즉 특허 관리 전문 사업자(Non-Practicing Entity)라고도 한다.

다고 하면서, 법원이 전통적으로 금지명령이 내려져야 하는지를 판단하기 위해 사용한 4요소 테스트를 특허법에도 적용하여야 한다고 결정하였다.13)14)

반면 우리 지식재산권법은 특허법 제126조 등에서 '권리침해에 대한 금지청구권 및 침해행위 조성물에 대한 폐기청구권'을 인정하고 있는데 법원은 특허침해가 인정되는 이상 권리남용에 해당하는 극히 예외적인 경우가 아니면 특허권자의 청구에 따라 금지명령 및 폐기명령을 발령할 수밖에 없다.15) 이는 지식재산권에 대해서도 민법 제213조 등에 따라 인정되는 소유권절대의 원칙에 준하는 보호가 있어야 한다는 전제에 기인한 것으로 보이고, 또한 대륙법계의 금지청구권에 대해서는 법원의 재량권을 인정하지 않는다는 점이 그 주된 원인으로 보인다.

이와 같은 경직된 해석론에 기반한 실무태도에 대해서는 빠르게

---

13) 이주환, "미국 특허법에서의 영구적인 금지명령에 대한 법리의 전개과정 -미국 연방대법원 eBay 판결을 중심으로-", 저스티스 통권 162호, 한국법학원(2017) 참조.
14) ebay 판결에서 판시한 4요소 테스트는 ① 특허권자가 회복할 수 없는 손해(irreparable harm)를 입었을 것, ② 금전배상과 같은 보통법상 구체수단으로는 충분하지 않을 것(inadequacy to compensate for the injury), ③ 원고와 피고의 고통의 균형상(balance of the hardship) 형평법상의 구제가 정당화될 것, ④ 금지명령이 공익(the public interest)에 반하지 않을 것을 고려한다[김운호, "표준필수특허권자의 특허권 행사와 그 한계", 특허법원 개원 20주년 기념 논문집: 특허소송연구 특별호, 특허법원(2018), 443면]. 위 4요소 테스트(four-factor test)는 eBay 판결에서 처음 정립한 것이 아니라 원래부터 형평법상 금지명령의 인정기준으로 확립된 원칙이라 할 것인데[ebay판결에서는 이를 전통적 테스트(traditional test)라고 하면서 Weinberger v. Romero-Barcelo, 456 U.S. 305, 311-313(1982); Amoco Production Co. v. Gambell, 480 U.S. 531, 542(1987) 등의 선례를 들고 있다], 유연한 적용의 필요성에 따라 특허법의 영역에서도 일반원칙으로 회귀한 것이라고 이해할 수 있다. ebay 판결에서 미국 연방대법원은 금지명령 판단에 있어서 특허침해사건이라고 하여 다른 사건과 달리 취급할 이유를 발견하기 어렵다고 판시하였다.
15) 물론 남용을 인정한 사례도 발견하기 어렵다.

변화하고 있는 특허분쟁환경에 유연하게 대응하기 어렵고, 창작과 이용의 균형이라는 지식재산권 제도의 근본원리마저 손상될 수 있다는 점에서 균형조절을 위한 메커니즘으로서 유연한 적용이 요구된다는 유력한 주장이 제기되고 있다.[16]

이처럼 특별법의 입법목적 달성 특히 그 중 한쪽 측면만을 강조하여 경직된 법적용을 하게 되면 일반법과의 균형이 무너지고 궁극적으로는 당해 특별법의 존립근거 내지 신뢰마저 위협하게 되는 문제점이 발생하므로 그 균형을 위한 유연하고도 합리적인 해석과 적용이 요구된다는 점은 비단 지식재산권법만의 문제는 아닐 것이다. 마찬가지로 특별법에 해당하는 도산법에 있어서도 이와 같은 유연한 적용의 필요성에 대한 검토가 요구된다.

2. 도산법과 일반법의 조화의 필요성

가. 대륙법계에 속하는 우리의 법은 해석론이 중심이고, 특별법과 일반법의 관계에 대한 해석론을 전개함에 있어서는 특별법에 치중한 해석을 하는 경향이 있음을 부인하기 어렵다. 특별법의 입법목적을 달성하기 위한 것이라고 이해 못할 바는 아니나, 자칫 일반법이 오랫동안 쌓아온 법률관계에 대한 신뢰와 그 법리에 왜곡을 가져올 위험이 있는 것도 사실이다. 법이론과 정책 사이의 균형이 중요함에도 도산법이 정책 쪽으로 다소 치우쳐있다는 지적 역시 같은 맥락으로 이해된다.[17]

---

16) ebay 판결의 형평법적 요소의 고려(4요소 테스트)를 가처분에 있어서 '보전의 필요성'으로 고려할 수 있는 것과 달리 본안소송에서는 특허법 제126조 등의 해석론에 따라 유연한 해석이 불가능하므로, 이러한 문제점에 대한 대안으로 금지청구에 대한 신의칙을 적용함에 있어 특허법 특유의 성격을 적극적으로 고려하자는 주장으로는 정상조·박성수 공편, 특허법 주해II, 박영사(2010), 25-26면(김기영 집필부분) 등이 있다.

더욱이 특별법의 해석적용에 있어서 일반법의 법리를 바탕으로 하여야 하는 것이 당연함에도 특별법의 입법목적을 위해 특별법만의 독특한 논리 전개를 통해 법리가 형성되는 것도 심심치 않게 발견할 수 있다. 이 책의 주제인 도산법의 쌍방미이행 쌍무계약에 대한 관리인의 해제권에 대한 법리 검토 역시 우리 민법의 해제권 행사 시의 법리와의 구체적인 관계에 대한 연구가 부족한 것이 대표적인 예일 것이다.

이와 같이 특별법의 해석·적용 그리고 바람직한 운영과 입법론에 대한 분석과 검토는 일반법의 법리에 대한 상세한 검토를 전제로 비교법적인 참고를 통해 진행하는 것이 바람직하다.[18]

나. 한편 일반법의 법리는 특별법을 해석·적용함에 있어서도 존중되는 것이 바람직하지만, 반대로 특별법의 발전에 따라 일반법이 영향을 받아 개정되기도 한다. 일본의 경우 1890년 구 상법(법률 제32호) 제993조에서는 쌍방미이행 쌍무계약의 일방당사자에 대하여 파산절차가 개시된 경우 쌍방 계약당사자 모두가 손해배상을 하지 않고 해당 계약을 해약할 수 있었고, 그 후 1922년 구 파산법이 제정되면서 관리인에게만 해제권을 부여하고 관리인의 해제권 행사 시 계약상대방이 손해배상채권을 도산채권으로 행사할 수 있다는 내용으로 변형되었다. 그런데 위와 같이 일반적으로 쌍방 계약당사자의 해제·해지권을 허용하는 구 상법전의 태도는 임대차, 고용, 도급 등과 같은 특정유형의 계약에 관하여 계약당사자 일방의 파산

---

17) 최준규, 계약법과 도산법 -민법의 관점에서 도산법 읽기-, 홍진기법률연구재단(2021) 중 책자 모두의 '필자의 글' 참조.
18) 최준규, 계약법과 도산법 -민법의 관점에서 도산법 읽기-, 홍진기법률연구재단(2021), 3-9면도 같은 취지에서 계약법 이론의 관점에서 도산절차상 법률관계를 검토하고자 위 책을 집필하였다고 밝히고 있다.

시 쌍방당사자에 의한 계약 해제·해지를 폭넓게 인정한 조문이 일본 민법에 들어오는 데 영향을 미쳤다. 이러한 일본 민법의 태도는 다시 우리 민법에 반영되었는데,[19] 우리 민법은 임대차계약의 경우에는 임차인이, 고용계약의 경우에는 사용자가, 도급계약의 경우에는 도급인이 파산선고를 받은 때에는 파산관재인과 계약상대방이 모두 계약을 해지 또는 해제할 수 있도록 규정하고 있다(민법 제637조 제1항, 제663조 제1항, 제674조 제1항).[20]

이와 같은 일반법과 특별법 사이의 상호작용을 고려할 때, 경직된 해석론의 전개만을 고집할 것이 아니라 바람직한 법제도의 설계를 위한 입법론적인 고민도 함께 하여야 할 것이다. 일반법과 특별법의 조화는 이러한 맥락에서 유연한 해석론과 함께 법개정의 필요성에 대한 심도 깊은 분석과 연구를 통해서 달성될 수 있는 목표이자 종착역이라고 생각된다.

다. 앞서 든 특허권에 기한 침해금지청구권의 경직된 적용은 우리 실정법인 특허법의 해석상 불가피한 결론이라고 보이기는 하나, 해석론 내지 신의칙의 적용을 통해 미국의 ebay 판결의 법리와 같은 유연한 적용이 가능할 뿐만 아니라 특허법 제126조(권리침해에

---

19) 일본의 상세한 입법경위는 최준규, 계약법과 도산법 -민법의 관점에서 도산법 읽기-, 홍진기법률연구재단(2021), 218-220면 참조.
20) 이에 대한 삭제 내지 변경이 필요하다는 주장으로는 최준규, 계약법과 도산법 -민법의 관점에서 도산법 읽기-, 홍진기법률연구재단(2021), 218-220면, 343면; 김영주, 도산절차상 미이행 쌍무계약에 관한 연구, 서울대학교 박사학위논문(2013), 177-180면 등 참조. 최근 일본 민법은 대규모의 개정을 하면서 관련 조항 중 일부를 삭제하였는데, 임차인 파산 시 임대인의 해지권은 삭제한 반면 도급인 파산 시 수급인 해제권을 그대로 유지하였다. 또한 우리 민법 제663조 제1항과 같이 사용자에 대한 파산선고가 있은 때에 근로자 또는 파산관재인은 근로계약을 해지할 수 있다고 규정한 일본 민법 제631조도 그대로 두고 있다.

대한 금지청구권 등) 등에 대하여 권리자와 이용자의 균형을 조절할 수 있도록 개정하는 것이 바람직하다고 할 것이다. 실정법의 문언에 집착하여 현실에서 바람직한 결론이 무엇인지, 그 해결책이 무엇인지에 대한 고민을 놓치지 말아야 한다. 또한 지식재산권법의 해석·적용에 있어 일반법인 민법·행정법의 규정과 법리에 대한 분석과 검토가 선행되어야 함이 마땅하다.

마찬가지로 도산법 특히 쌍방미이행 쌍무계약에 관한 규정의 해석·적용 그리고 바람직한 입법방향에 대해서도, 종래 관리인의 해제권(채무자회생법 제119조, 제335조)에 대한 무조건적 허용 외에는 다른 대안이 없다는 듯한 전제에서 기존 법규정의 문언적 의미만을 전제로 검토가 이루어진 경향이 있었으나, 이 부분에 대해서도 근본적인 재검토가 필요하다고 생각된다. 근자에 들어 일반법과 특별법의 조화를 모색하기 위해서 심도 있는 연구[21]가 진행된 것은 반가운 일이다.

---

21) 김영주, 도산절차상 미이행 쌍무계약에 관한 연구, 서울대학교 박사학위논문, 서울대학교(2013); 최준규, 계약법과 도산법 -민법의 관점에서 도산법 읽기-, 홍진기법률연구재단(2021).

제 2절 논의의 범위 및 방법

이 책의 연구대상은 지식재산권 라이선서에 대하여 도산절차가 개시된 경우 라이선서가 채무자회생법 제119조, 제335조에 기하여 쌍방미이행 쌍무계약이라는 이유로 라이선스 계약을 해제·해지함으로써 라이선시의 권리가 일방적으로 소멸되는 문제점을 해결하기 위한 방안을 연구하는 것이다. 이러한 연구주제를 선택하게 된 것은 도산절차의 개시가 채권자측이 아닌 채무자측의 경영상 귀책사유로 발생하였음에도 오히려 채권자에게 불이익한 법률관계가 전개되는 것이 불합리하고 나아가 일반 금전채권과 달리 사용수익권으로서 사업의 핵심기반이 된다는 지식재산권의 특수성에 따라 사회경제적으로도 큰 손실이 발생하는 부정적 측면이 두드러진다는 특징이 있다는 문제의식에서 비롯되었다.[1]

이를 연구하기 위하여는 도산절차에서 쌍방미이행 쌍무계약을

---

1) 山本崇晶, "ライセンサー倒産時等のライセンシーの地位の保護", 知的財産ライセンス契約の保護 -ライセンサーの破産の場合を中心に-, 雄松堂出版 (2004. 11.), 84-85頁에서는 파산관재인의 라이선스계약 해제의 부당성에 대하여 다음과 같이 설명한다. 즉 라이선시는 적절한 대가를 지불하여 라이선스를 받고 대상 특허권의 권리행사(특허발명의 실시금지나 손해배상의 청구)를 받지 않는다고 안심하면서 설비투자, 영업투자를 하여 종업원을 고용하였음에도 사업을 할 수 없는 막대한 손해를 입는다. 또한 설비나 고용에 대해서는 국민경제적으로 큰 낭비가 된다. 뿐만 아니라 라이선시는 라이선스를 받은 특허발명을 실시하고 있는데 이제 와서 대상 특허권을 실시하지 않았다고 말할 수 없는 상황이다. "2층에서 사다리를 차버리는 형국"이며 대상 특허권을 취득한 자로부터 침해금지소송을 제기당하는 것은 지극히 불리한 상황에 놓이게 된다. 게다가 그러한 사태는 라이선서의 파산에 의해 초래된 것이고, 라이선시에게는 아무런 잘못이 없다. 라이선시가 라이선스 계약을 위반한 것도 아니다.

왜 그토록 특별하게 취급하는지에 대한 연구가 선행하여야만 한다. 도산절차에서 라이선시를 보호할 수 있는지 여부는 결국 채무자회생법 제119조, 제335조의 적용범위와 그 적용배제특칙의 확대에 관한 문제이기 때문에 도산절차에서의 쌍방미이행 쌍무계약의 존립 근거에 대한 인식은 이를 위한 해석론과 입법론의 전개를 위한 기본이 된다.

또한 쌍방미이행 쌍무계약은 법제에 따라 해제권 방식을 취하는 입법례와 이행거절권 방식을 취하는 입법례로 나뉘고, 해제권 방식을 취하는 경우에도 적용배제 특칙을 인정하는 범위가 상이하며, 이행거절권 방식을 취하는 경우에도 평시 법률관계를 도산절차에서 어떻게 취급하는지가 전혀 상이하다. 따라서 도산법이 비교적 발달한 미국, 일본, 독일 등에 대한 비교법적인 연구를 통해 현재의 입법상황과 입법개정의 경위, 그리고 판례의 흐름을 살펴 우리에게 주는 시사점을 찾고자 한다.

그리고 라이선스 계약과 임대차계약은 목적물이 무체물인 지식재산과 유체물인 부동산·동산이라는 점에서 차이가 있을 뿐 사용수익권을 부여하는 이용허락계약이라는 점에서 그 본질이 유사하기 때문에 임대차계약에 대한 도산법상 취급을 연구함으로써 라이선스 계약에 대한 해결의 단초를 찾고자 한다.

한편 지식재산권법이나 채무자회생법은 일반법인 민법에 대해 특별법의 지위를 갖는다고 할 것인데, 특별법의 연구는 일반법의 기본 법리에 대한 검토가 전제되어야 하고, 그 연장선에서 특별법의 특유한 점으로 인해 어떠한 변형이 생기는지를 탐구하는 것이 올바른 법학연구방법이라고 생각한다. 이러한 이유로 쌍무계약에 관한 평시 법률관계 및 지식재산권 라이선시의 보호에 대한 평시 법률관계를 살펴본 뒤, 도산법 차원에서 어떠한 변형이 이루어지는지를 검토하는 방식으로 연구를 진행하고자 한다.[2]

2) 도산개시에 따른 계약법적 효력에 관해 다루어지는 중요한 문제로는 ① 채무자의 권리행사 관점에서는 쌍방미이행 쌍무계약(executory contract)의 해제·해지의 적용범위와 효력이, ② 채권자의 권리행사 관점에서는 도산해지조항(Ipso Facto Clause)의 무효 여부가 논의되고 있는데, 양자는 접근하는 방식과 적용국면이 다소 상이하므로 이 책에서는 ①의 문제를 중점적으로 다루기로 한다.

제 3 절 이 책의 구성

　제1장(서론)에서는 이 책의 연구주제인 '지식재산권 라이선서의 도산에 대한 라이선시의 보호방안'에 대한 연구의 필요성과 논의의 범위를 밝혔다.

　제2장(지식재산권 라이선시의 보호제도와 도산법적 지위)에서는 현행 채무자회생법 하에서 지식재산권 라이선스 계약이 도산개시 전후에 어떻게 취급되는지(라이선시의 실시권이 도산채권에 해당하는지 여부 등)를 검토하여 제1장에서 제기한 '라이선시 보호의 필요성'에 대해 구체적으로 살펴본다. 또한 그 전제로서 평시 법률관계로서의 라이선스 계약의 특징을 명확히 하기 위하여 무체물로서 유체물과 대비되는 지식재산의 특징, 라이선스 계약의 다양성, 라이선시의 보호방안으로서 대항력 제도, 라이선서와 라이선시의 권리와 의무의 구체적 내용에 대하여도 함께 살펴본다.

　제3장(도산으로 인한 평시 법률관계의 변경)과 제4장(라이선시 보호를 위한 해결방안 도입의 전제조건: 도산절차에 있어서 쌍방미이행 쌍무계약의 특별한 취급에 대한 이해)에서는 제1, 2장에서 제기한 문제점에 대한 해결방안을 제시하기 위한 전제로서 도산절차를 이해하는 근본적·이론적 관점을 심층적으로 검토해본다. 제3장에서는 도산절차 개시에 따라 평시 법률관계가 어떻게 변경되는지에 대한 검토를 하면서 그 시사점을 탐구해보고, 제4장에서는 그 중에서도 이 책의 핵심 주제와 관련된 '도산절차에서의 쌍방미이행 쌍무계약에 대한 특별한 취급'에 대한 이해방식이 어떻게 달라지고 있는지를 살펴보면서 이 책의 해결방안에 대한 단초를 찾아본다.

　보다 구체적으로 제3장에서는 도산절차개시 전후의 법률관계 변경에 대한 구체적 이해를 위한 전제로서 도산절차의 근본적인 특징인 '회생과 파산의 미묘한 차이점'을 확인해 보고, 이어 채무자의 채무불이행에 따른 평시 법률관계를 살펴본 다음, 도산절차 개시에 따라 평시 법률관계가 어떻게 변경되는지를 살펴본다. 그 중 환취권에 대해서는 그 동안 연구가 다소 부족한 점이 있었는데, 평시 실체법적 법률질서가 도산절차에서도 존중되어야 한다는 환취권 제도의 취지와 도산절차의 법질서가 어떻게 조화를 이루면서 도산목적 달성에 적합하도록 변용되는지에 대하여 무효·취소·해제 등의 법률관계를 중심으로 살펴본다. 이는 제4장 이하에서 논하게 되는 임대차계약과 라이선스 계약의 법률관계가 도산절차에서 어떻게 전개되는지를 이해하는 기본적인 전제가 된다.

제4장에서는 쌍방미이행 쌍무계약에 대하여 관리인의 선택권을 부여한 근본적인 이해방식에 대하여 비교법적인 연구를 진행하였다. 현재의 법규정을 이해하기 위한 관점이기도 하지만 해석론과 입법론에 있어서 그 적용범위와 대상을 확대하기도 하고 축소하기도 하는 매우 중요한 이론영역이다. 특히 교착상태의 발생과 해소라는 사고실험을 통해 평시 법률관계가 도산절차에서 어떻게 전개될 수 있는지에 대한 다양한 경우의 수를 살펴보았다. 이러한 사고실험을 바탕으로 관리인의 선택권 규정의 적용범위로서 고유의 견련성이 인정되는 의무와 고유의 견련성이 인정되지 않는 의무(예를 들어 임대차계약과 함께 체결되는 임대차보증금반환채무)를 구분하여 달리 취급할 수 있는지에 대한 검토도 진행하였다. 특히 제4장에서는 라이선시의 권리와 가장 유사한 성격을 가지는 임차권에 대한 법리를 탐구하면서 라이선스 계약에 대한 시사점을 찾아보았다.

제5장(도산절차에서의 라이선시 보호방안: 도산법과 일반법의 조화를 모색하는 관점)에서는 제1, 2장에서 제기한 문제점을 해결하기 위한 해석론적·입법론적 방안을 제시하고자 하였다. 구체적으

로는 관리인의 계약불이행권으로서 비교법적으로 인정되고 있는 해제권 방식과 이행거절권 방식을 구별하여, 각 입법례에 따른 적용배제특칙의 도입 경위와 균형조절 메커니즘을 상세히 검토해보았다. 해제권 방식을 취하는 우리와 일본의 '대항력 있는 권리에 대한 적용배제특칙의 도입 내지 확대' 및 그 적용요건으로서 '지식재산권 제도에 있어서 당연대항제도의 도입'에 대한 정당성과 그 부족한 틈새를 메우는 수단으로서 신의칙 적용 등에 대해 살펴보았다. 그리고 이행거절권 방식을 취하는 미국과 독일의 논의 및 최근 제기된 국내 유력설의 논리 전개에 대하여도 정리해보았다. 아울러 도산법 외의 영역인 지식재산권법에서 관리인에게 온전한 법정의무를 부여하는 방식으로서 새로운 법정실시권 제도를 도입함으로써 환취권으로서 도산에 복종하지 않는 권리를 창설할 수 있다는 새로운 관점, 그리고 복합적인 성격을 가지는 라이선스 계약의 해제에 따른 쌍방이익의 합리적 조절을 위해 부분해제의 허용 가능성에 대해서도 검토해보았다.

제6장(결론: 도산절차에서의 라이선시 보호방안에 대한 종합 검토)에서는 이상에서 살펴본 다양한 입법례와 아이디어를 종합하여 우리 법제 하에서 쌍방미이행 쌍무계약에 대한 관리인의 선택권 규정에 관한 '도산법과 일반법의 균형조절을 가능하게 하는 최적의 메커니즘'이 무엇인지를 종합적으로 정리해 보았다.

제2장
지식재산권 라이선시의 보호제도와 도산법적 지위

제1절 지식재산권 라이선스 계약의 의의

Ⅰ. 지식재산권 라이선스 계약의 정의와 특징

1. 대상과 대가의 다양성

지식재산권 라이선스 계약은 일반적으로 라이선서(licensor)의 특허권 등 지식재산권을 대상(목적물)으로 하여, 라이선서가 라이선시(licensee)에 대하여 목적물인 권리나 법률상 이익을 사용할 권리를 설정해주고, 라이선시는 그 대가로 로열티(사용료)를 지급하는 것을 기본적 내용으로 하는 계속적 계약을 말한다.[1]

라이선스 계약은 민법 등 법률에 규정된 계약이 아닌 비전형계약으로서, 특허권, 실용신안권, 디자인권, 상표권, 저작권과 같은 전형적인 지식재산권뿐만 아니라 영업비밀,[2] 퍼블리시티권,[3] 반도체

---
1) 伊藤栄寿, "ライセンス契約と民法 -民法におけるライセンス契約の位置づけと課題-", 特許研究 No.64, 工業所有權情報·研修館特許研究室(2017. 9.), 35頁, 37頁; 伊藤眞, 會社更生法, 有斐閣(2012), 286頁; 최준규, 계약법과 도산법 -민법의 관점에서 도산법 읽기-, 홍진기법률연구재단(2021), 345면; 심활섭, "일본 도산절차에서의 라이선시 보호", 도산법연구 제11권 제1호, 도산법연구회(2021), 32면.
2) 부정경쟁방지 및 영업비밀보호에 관한 법률 제2조 제2호, 제3호.
3) 부정경쟁방지 및 영업비밀보호에 관한 법률(2021. 12. 7. 법률 제18548호로 개정된 것) 제2조 제1호 타목(국내에 널리 인식되고 경제적 가치를 가지는 타인의 성명, 초상, 음성, 서명 등 그 타인을 식별할 수 있는 표지를 공정한 상거래 관행이나 경쟁질서에 반하는 방법으로 자신의 영업을 위하여 무단으로 사용함으로써 타인의 경제적 이익을 침해하는 행위)에 관한 법적 지위를 말한다.
'퍼블리시티권'이라고 명명하는 것과 관련하여서는 다음과 같은 논의가

배치설계권,4) 품종보호권5) 등에 대해서도 체결되고, 법률상 권리로 인정되지 않은 무형적인 것으로서 재산적 가치가 실현될 수 있는 모든 지식재산6)을 대상으로 한다.

이용대가를 직접적으로 지급하도록 약정하는 것이 일반적이나, 크로스라이선스 계약(cross license)7)과 같이 직접적인 대가를 지급하지 않고 무형의 대가를 지급하는 경우도 있다.8)

2. 지식재산의 무체물로서의 특징: 비전유성, 비배제성, 비경합성

가. 이러한 지식재산권 라이선스 계약은 목적물에 대한 사용수익권한을 부여하고 그에 대한 대가로 사용료를 지급받는다는 점에

있다. 즉 지식재산에 관한 독점성을 보장하는 방식에 관하여는 일반적으로 ① 특허권, 디자인권, 상표권, 저작권과 같이 '권리부여형(권리설정형) 방식'과 ② 부정경쟁방지법상 법적 지위를 부여하는 방식인 '행위규제형 방식'(통상은 권리부여형 방식과 달리 권리 자체의 양도나 상속 등을 인정하지 않는다)이 있다고 설명되고 있는데(헌법재판소 2001. 9. 27. 99헌바77 결정도 이와 같이 판시하고 있다), 부정경쟁방지법상 영업비밀이나 퍼블리시티라는 '경제적 가치'를 '권리의 보호'라고 명할 수 있는지에 대하여 의문을 품으면서 양자는 구별되는 법률 영역으로서 그 보호의 대상 및 방법에 차이를 수반한다고 지적하기도 한다.

4) 반도체집적회로의 배치설계에 관한 법률 제2조, 제19조.
5) 식물신품종 보호법 제2조 제4호.
6) 지식재산 기본법 제3조 제1호("지식재산"이란 인간의 창조적 활동 또는 경험 등에 의하여 창출되거나 발견된 지식·정보·기술, 사상이나 감정의 표현, 영업이나 물건의 표시, 생물의 품종이나 유전자원, 그 밖에 무형적인 것으로서 재산적 가치가 실현될 수 있는 것을 말한다).
7) 크로스라이선스(cross license) 계약이란 특허실시계약 당사자들이 각자가 보유하는 특허권 등에 관하여 상호간에 실시권을 부여하는 라이선스 계약을 체결하는 것을 말한다.
8) 伊藤栄寿, "ライセンス契約と民法 -民法におけるライセンス契約の位置づけと課題-", 特許研究 No.64, 工業所有權情報·研修館特許研究室(2017. 9.), 36, 41-42頁.

서 임대차계약과 유사하기 때문에 법리 내지 법률관계에 대한 검토 역시 임대차계약의 법리를 전제로 분석되고 있다.9) 그러나 임대차계약은 유체물(有體物)을 목적물로 하는 반면, 지식재산권 라이선스 계약은 무체물(無體物)을 목적물로 한다는 점에서 기본적인 차이가 있어, 이로 인해 이용허락관계, 대항력 제도 등에 있어서 적지 않은 차이가 발견된다.

즉 지식재산은 무체물이기 때문에 기본적으로 비전유성(non-appropri-ability)을 갖는다. 만들어 내기는 힘드나 쉽게 복사될 수 있고, 생산자가 구매자에게 판매하면 구매자는 즉시 생산자의 잠재적인 경쟁자가 된다. 소비자들은 복사(복제)비용만 지불하고 무임승차하려는 욕망을 가지고 있고, 이런 이유로 생산자들은 복사(복제)비용 이상의 가격에 팔지 못하게 된다. 또한 어떤 사람이 자신의 지식재산을 사용한다 하여 이를 사용하지 못하게 하기 위해서는 많은 비

---

9) 지식재산권 라이선스 계약은 라이선스 대상의 종류와 범위, 독점성 유무, 독점적 효력의 강도, 대가의 구체적 내용 등 다종다양한 경우가 많기 때문에 임대차와 유사하다고 볼 수도 있지만 계약 유형에 따라서는 사용대차, 지상권, 지역권 등에 한층 더 유사하다고 볼 수 있는 경우도 있을 것이다. 그러나 일본에서도 지식재산권 라이선스 계약이 기본적으로는 임대차계약에 유사하다는 전제에서 평시 법률관계에서의 지식재산권 양도 내지 라이선서 도산 시에 있어서 라이선시(실시권자)의 보호 문제에 대하여 임대차 제도와 비교하면서 논의를 진행하고 있고, 2017년 개정된 일본 민법의 경우에도 2013년 무렵 논의단계에서 지식재산권 라이선스 계약을 '임대차에 유사한 계약'으로서 임대차 조항 중에 규정하기로 하는 내용의 중간시안(中間試案)이 제안되기도 하였다(다만 입법까지는 이르지 못했다). 위 중간시안의 내용은 "라이선스 계약을 '당사자 일방이 자기가 가지는 지적재산권(지적재산기본법 제2조 제2항 참조)에 관련된 지적재산(같은 조 제1항 참조)을 상대방이 이용하는 것을 수인(受忍)하기로 약정하고 상대방이 이에 대하여 그 이용료를 지급하는 것을 약정하는 계약'으로 정의하되 임대인 지위의 이전이나 그 밖에 라이선스 계약의 성질에 반하는 규정을 제외하고 임대차의 규정을 준용한다"는 것이었다. 伊藤栄寿, "ライセンス契約と民法 -民法におけるライセンス契約の位置づけと課題", 特許研究 No.64, 工業所有權情報·研修館特許研究室(2017. 9.), 37-41頁 참조.

용이 든다. 이를 지식재산의 비배제성(non-exclusion)이라 한다. 비배제성은 비전유성의 다른 면일 뿐이다. 또한 지식재산은 한 사람이 사용한다고 해서 다른 사람이 이를 사용하지 못하는 것이 아니다. 동시에 여러 사람이 사용하는 것이 가능하다. 이를 비경쟁성 내지 비경합성(non-rivalry)이라 한다.[10)11)]

이러한 무체물로서의 특징 때문에 지식재산권에 대해서는 권리자가 동시에 여러 명에 대하여 이용권한을 부여하는 라이선스 계약을 체결할 수 있고, 또 지식재산권자가 제3자에게 권리를 양도하여도 제3자로서는 목적물인 지식재산권의 실시현황을 직접적으로 확인하여 라이선스 계약이 체결되었는지 여부나 몇 건의 라이선스 계약이 체결되었는지 등을 인식하기 어려우며, 라이선시로서도 제3자에게 권리가 양도되었는지나 자신 외에도 또 다른 제3자와 라이선스계약이 체결되었는지를 확인하기 어려운 측면이 있다. 이와 같은 점으로 인해 지식재산권의 양도와 권리자의 도산(파산, 회생) 시 라이선시의 보호에 대한 문제점이 발생한다.[12)] 이는 라이선시의 보호

---

10) 권창환, "지식재산권법제도에 대한 법경제학적 접근", 사법논집 제54집, 법원도서관(2019), 155면; 한순구 번역·한성수 감수(Robert D. Cooter·Thomas Ulen 저), 법경제학(제5판), 경문사(2009), 141면; 박세일 외 6인 공저, 법경제학 재개정판, 박영사(2019), 195면.

11) 박준석, "지적재산권법에서 바라본 개인정보 보호", 개인정보 보호의 법과 정책, 박영사(2014), 97면에서는 비경쟁성(non-rivalry 내지 non-rivalrousness)이라는 용어를 다소 다른 개념으로 사용하고 있다. 즉 독점을 긍정하는 일응의 기준으로서 정보의 유형을 분석하면서 그것이 담고 있는 내용이 계속 전파될 경우 현재 보유자가 누리는 효용을 저해함이 없이 새로 정보를 활용하는 자들에게 경제적 가치 내지 유용성을 추가로 가져다주는 경우에는 비경쟁성(non-rivalrousness)을 가진다 하고 그렇지 못한 경우를 경쟁성(rivalrousness)을 가진다고 정의하고 있다. 이와 같은 구분은 정보의 성질에 따라 독점권을 부여할지 여부 내지 그 보호방식을 결정하는 기준으로 고려하기 위함이다.

12) 이러한 문제점을 지적하는 문헌으로 강헌, "통상실시권의 당연대항제도에 관한 연구", 정보법학 제17권 제1호, 한국정보법학회(2013); 권창환, 저작재

로서 대항력 제도 및 쌍방미이행 쌍무계약에 관한 관리인의 선택권 규정(채무자회생법 제119조, 제335조)의 적용범위에 관한 문제로서 이 책의 연구주제이기도 하다.

나. 한편 지식재산권 라이선스 계약은 무체물에 대한 이용허락계약 내지 사용수익허락계약이기 때문에 계약이행을 위하여 목적물을 이전할 필요가 없다. 유체물에 대한 이용허락계약인 임대차계약은 목적물의 이전이 수반된다는 점에서 차이가 있다. 이와 같이 지식재산권 라이선스 계약에서는 라이선서의 목적물인도의무가 인정되지 않으므로 이행의 대상이 없고, 미이행을 이유로 계약해제를 할 여지도 없다.

임대인에게는 목적물을 사용수익하게 할 의무가 있어 이를 근거로 쌍방미이행 쌍무계약으로 보게 되나,[13] 지식재산권 라이선스 계약은 라이선서의 부작위의무[14]만으로도 라이선시가 목적물을 사용하는 데 지장이 없다. 이러한 점으로 인해 라이선시가 대가를 모두 지급한 경우 일방미이행 쌍무계약으로서 라이선시의 권리가 회생채권에 해당하는지 여부가 문제된다.[15]

산권 양도시 허락이용권자의 보호방안에 관한 연구, 서울대학교 석사학위논문, 서울대학교(2010); 곽충목, "도산에서의 특허 라이센시 보호법제에 관한 소고", 비교사법 제21권 제2호(통권65호), 한국비교사법학회(2014); 김선정, "지적재산권소유자의 파산과 실시(사용)권자의 보호 -미국과 일본의 입법례를 중심으로-", 비교사법 12권 4호(윤보옥 박사 화갑기념), 한국비교사법학회(2005); 노경섭, "지식재산 라이센스 계약에서 라이센시 보호에 관한 연구: 법정실시권 제도의 활용을 중심으로", 지식재산연구 제7권 제3호, 한국지식재산연구원·한국지식재산학회(2012) 등이 있다.
13) 권순일 대표편집, 주석 채무자회생법(II), 한국사법행정학회(2020), 388면(민지현 집필부분); 최준규, 계약법과 도산법 -민법의 관점에서 도산법 읽기-, 홍진기법률연구재단(2021), 337면.
14) 라이선시에 대해 금지청구 및 손해배상청구를 하지 않는 부작위의무를 말한다.

또한 임차인 내지 라이선시가 계약에 따라 목적물을 이용하던 중 계약이 종료되었다면, 임대차계약에서는 임차인의 목적물 반환의무는 동시이행항변권으로서 보증금반환 등 원상회복의 담보적 기능을 수행하나,16) 지식재산권 라이선스 계약에서는 라이선시의 목적물반환의무가 문제되지 않는다. 라이선시는 계약 종료가 되더라도 반환할 목적물이 없고, 라이선서도 라이선시에 대해 목적물반환청구를 할 수도, 할 필요도 없다.17)

II. 라이선스 계약의 비전형성과 다양성

지식재산권에 대한 이용허락계약에 대해서는 특허법이나 상표법 등에서 전용실시권(전용사용권), 통상실시권(통상사용권) 등으로 규정하고 있으나, 라이선스 계약은 비전형계약으로서 지식재산권법에서 정한 이용권한에 한정되지 않는다.

라이선서가 라이선시에게 부여한 이용허락권한은 다수의 라이선시를 전제로 하는 비배타적(non-exclusive) 라이선스계약으로 체결하기도 하고, 독점적 이용권한을 부여하는 배타적(exclusive) 라이선스계약을 체결하기도 한다. 특허법은 배타적 라이선스로서 전용실

---

15) 일반적으로 부작위청구권은 회생채권이 될 수 없다고 설명하나, 라이선서의 부작위의무 즉 라이선시의 부작위청구권이 회생채권인지에 대해서는 일반적인 부작위청구권과는 상이한 점이 있어 재검토가 필요하다. 이에 대해서는 제4절 III.관에서 상세히 살펴본다.
16) 임대차가 종료함에 따라 발생한 임차인의 목적물반환의무와 임대인의 보증금반환의무는 동시이행관계에 있다(대법원 2020. 7. 9. 선고 2016다244224, 244231 판결 등).
17) 라이선서는 라이선시에 대해 목적물 반환청구가 아닌 사용수익금지청구(금지청구) 및 그와 함께 폐기청구를 함으로써 라이선시의 이용을 중단시킬 수 있을 뿐이다(특허법 제126조 등).

시권을, 비배타적 라이선스로서 통상실시권을 규정하고 있으나, 통상실시권에 대하여 배타적인 즉 독점적인 이용허락권한을 부여하는 내용으로 계약이 체결되기도 한다.

실무적으로 '라이선스계약(license agreement)'이나 '이용허락계약'이라는 표제로 계약서가 작성되는 경우가 많으나, 자산매각계약[18]이나 연구개발계약[19]에 부수하여 체결되는 경우도 적지 않다. 또한 적극적으로 이용허락권한을 부여하는 내용으로 체결되기도 하지만, 권리자가 특허권을 행사하지 않기로 합의하는 경우[20]도 있다.

또한 계약당사자 쌍방이 서로 지식재산권의 보유자로서 상호 이용허락을 하는 '크로스 라이선스 계약(cross license)', 라이선서가 복수의 상대방에서 이용허락을 하는 '멀티플 라이선스 계약(multiple license)', 권리를 가지는 복수의 자가 각자 가진 권리 또는 당해 권리에 대한 라이선스를 할 권리를 일정한 기업체나 조직체에 이전하고 당해 기업체나 조직체를 통하여 필요한 이용허락권한을 부여받는 '특허 풀 계약(patent pool)', 특정 제품이나 기술분야에 필요한 모든 권리에 대하여 이용허락을 하여 대상이 되는 특허권 등을 개별적으로 특정하지 않거나 서로 간에 포괄적으로 라이선스 하는 '포괄적 라이선스계약(comprehensive license)' 등 다양한 형태도 있다.[21]

---

18) 제1장(서론)에서 살펴본 In re Exide Technologies, 607 F.3d 957(3d Cir. 2010) 사건에서와 같이 상표 및 상호 라이선스계약(Trademark and Trade Name License Agreement), 자산매수계약 등 4개의 주요계약으로 체결된 경우도 적지 않고, 이 경우 쌍무계약으로서 대가관계나 미이행여부를 판단할 때 전체를 1개의 계약으로 볼지 여부가 주요 쟁점이 되기도 한다.
19) 공동연구개발 내지 소프트웨어 도급계약 등에서는 통상 결과물에 대한 지식재산권의 보유자가 누구인지를 정하고, 이를 전제로 상대방에게 이용권한을 부여하는 내용의 규정을 포함하고 있다.
20) 대법원 2023. 4. 13. 선고 2020두31897 판결[퀄컴 과징금 사건: 경쟁 모뎀칩셋 제조사들에게 라이선스 계약의 체결을 거절하고 부제소 약정(covenant not to sue), 보충적 권리행사 약정(covenant to exhaust remedies), 한시적 제소유보 약정(standstill agreements) 등을 체결한 바가 있다].

이와 같이 지식재산권 라이선스계약은 지식재산권에 관한 전통적인 이용허락계약에서 출발하여 지식재산을 이용한 수익의 극대화를 추구하기 위한 기업과 법률가의 창의적인 노력에 따라 다양한 형태로 발전하고 있어, 그 법적 관계를 해석하고 규율하기 위해서는 계약의 본질이 무엇인지, 계약 관련자들 사이의 합리적 결론이 무엇인지, 관련 산업의 발전에 어떠한 영향을 미치는지 등에 대한 다각적인 고민을 하면서 신중하고도 섬세한 접근을 하는 것이 필요하다.

---

21) 심활섭, "일본 도산절차에서의 라이선시 보호", 도산법연구 제11권 제1호, 도산법연구회(2021), 33-34면.

제 2 절 라이선시의 보호방안으로서 대항력 제도

I. 각국의 대항력 제도

1. 서론

지식재산권 라이선스계약에 관한 라이선시(licensee) 즉 실시권 내지 사용권1)을 허락받은 자를 보호하기 위한 제도로는 ① 등록을 대항요건으로 하는 '등록대항제도', ② 등록을 하지 않더라도 라이선스계약 등에 따른 실시권의 발생만으로도 제3자에게 당연히 대항할 수 있는 '당연대항제도', ③ 실시권이 등록되지 않더라도 실시권의 존재를 알고 있는 악의의 제3자에 대하여 대항할 수 있는 '악의자대항제도' 등이 있다.

미국[특허권, 저작권(비배타적 이용허락)]과 독일(특허권, 디자인권, 상표권, 저작권) 및 일본(특허권, 실용신안권, 의장권, 저작권)은 당연대항제도를 채택하고 있고, 영국(특허권, 디자인권, 저작권)과 프랑스(특허권, 디자인권, 상표권), 미국[저작권(배타적 이용허락)]은

---

1) 이용허락에 따른 사용수익권에 대하여 특허법, 실용신안법, 디자인보호법은 '실시권'으로, 상표법은 '사용권'으로 각 규정하고 있고, 라이선시를 보호하기 위한 '등록대항제도'를 취하고 있다. 그리고 저작권법은 이용허락(저작권법 제46조), 배타적 발행권(제57조)과 출판권(제63조) 등을 규정하고 있으나, 이용허락에 대해서는 대항력 제도 자체가 없고, 배타적 발행권과 출판권에 대해서는 '등록대항제도'를 채택하고 있다(제54조). 이하에서는 특별히 구분할 필요가 없는 이상 라이선시의 권리를 '실시권'이라고 통칭하고, 특별한 언급이 없으면 '허락에 의한 통상실시권'만을 의미한다.

악의자대항제도를 채택하고 있으며, 우리(특허권, 실용신안권, 디자인권, 상표권)와 일본(상표권) 등은 등록대항제도를 채택하고 있다.[2][3]

평시 법률관계에서 대항력을 취득한 실시권자(라이선시)는 양수인에게 그 권리의 계속사용을 주장할 수 있고, 양수인은 이를 승인하여야 한다. 그러나 채무자(라이선서)에 대한 도산절차가 개시된 경우 우리 채무자회생법에서는 대항력을 취득한 실시권자(라이선시)일지라도 도산채권자로서 취급할 뿐이어서 라이선서의 재산관리처분권한을 승계한 관리인에게 대항할 수 없다.[4] 일본에서 특허권, 실용신안권, 의장권, 상표권, 저작권에 관하여 대항력을 취득한 실시권자(라이선시)가 도산절차에 복종하지 않고 공익·재단채권자로서 지위를 누리게 되는 것과 대비된다.[5]

통상 당연대항제도가 라이선시를 가장 강력히 보호하고, 그 다음이 악의자대항제도, 등록대항제도 순이라고 평가되고 있다.

---

2) 특허권에 대해서는 이태진, "통합도산법상의 파산채무자 보유의 미국등록 특허에 대한 실시계약의 해제·해지와 관련한 국제도산법상의 몇 가지 쟁점", 변호사 제50집, 서울지방변호사회(2017), 184-189면; 백종현, "특허권자의 회생절차와 통상실시권자의 지위", 도산법연구 제9권 제2호, 도산법연구회(2016), 102-103면 등 참조.
3) 한국의 저작권이나 프랑스의 저작권과 같이 어떤 제도를 채택하고 있는지를 표시하지 않은 부분이 있는데, 이는 확립된 법리가 없거나 등록제도 자체가 없는 경우 등에 해당하기 때문이다. 예를 들어 한국의 저작권법은 통상의 이용허락에 대해서는 등록제도 자체가 존재하지 않고(다만 출판권과 배타적 이용권은 등록대항제도를 채택하고 있다), 프랑스의 저작권에 관하여는 확립된 법리가 없다.
4) 도산에 복종하여야 하는 권리라는 취지이고, 다만 도산절차 진행 중에는 환취권자로서 권리행사를 할 수 있다. 제4절 III.관 제3항 참조.
5) 일본 파산법 제56조 제2항, 회사갱생법 제63조, 민사재생법 제51조. 이에 대해서는 뒤(제5장 제2절 III.관 제2항)에서 상세히 살펴본다.

2. 당연대항제도

가. 독일에서는 특허권에 대하여 라이선스를 가지는 자는 특허권 이전 시 라이선스 계약의 당사자 간에 계약상 합의가 없는 경우 라이선스 계약은 양 당사자 간에 계속해서 유효하고(독일 특허법 제15조 제3항), 라이선스 계약의 존재가 증명되면 라이선스의 등록이나 양수인의 인식 여부에 상관없이 라이선시는 양수인에게 라이선스를 주장할 수 있다. 실용신안법, 디자인보호법, 상표법, 저작권법에 대하여도 마찬가지이다(독일 실용신안법 제22조 제3항, 독일 디자인보호법 제31조 제5항, 독일 상표법 제30조 제5항, 저작권법 제33조).[6][7] 독일에서는 이와 같이 실시권 등을 사후적 물권변동으

---

6) 독일 특허법(Patentgesetz, 2016. 4. 4., BGBl. IS. 558) 제15조 (3) 권리의 이전 또는 실시권의 부여는 그 전에 타인에게 부여된 실시권에는 영향을 미치지 아니한다.
독일 디자인보호법(Act on the Legal Protection of Designs) 제31조(실시권의 부여) (1) 권리자는 독일 연방의 전부 또는 일부를 대상으로 실시권을 부여할 수 있다. 실시권은 비배타적 또는 배타적인 것으로 할 수 있다. (5) 제29조에 의한 권리이전 또는 (1)의 실시권 부여는 그 이전에 제3자에게 부여된 실시권에는 영향을 미치지 아니한다.
독일 상표법(Gesetz über den Schutz von Marken und sonstigen Kennzeichen) 제30조(라이선스) (1) 상표의 등록, 사용 또는 주지성을 통하여 부여된 권리는 상표가 보호 받는 상품 또는 서비스업의 전부 또는 그 일부와 관련하여 독일연방공화국의 전역 또는 그 일부지역에 대하여 배타적 라이선스 또는 비배타적 라이선스의 대상이 될 수 있다. (5) 제27조에 따른 권리의 이전 또는 위 (1)에 따른 라이선스의 설정은 그 이전에 제3자에게 부여된 사용권에 영향을 미치지 않는다. 〈한국지식재산연구원 해외법령(https://www.kiip.re.kr/law/list.do?bd_gb=statute&bd_cd=4&bd_item=0) 참조(2023. 12. 18. 최종방문)〉
독일 저작권법(Urheberrechtsgesetz) 제33조(이용권의 확장효력) 배타적 및 보편적 이용권은 추후에 설정된 이용권에 대해서도 효력이 있다. 이용권을 설정한 권리보유자가 변경되거나 자신의 권리를 포기한 경우에도 또한 같다. 〈세계법제정보센터(https://world.moleg.go.kr/web/wli/lgslInfoReadPage.do?A=A&searchType=all&searchPageRowCnt=10&CTS_SEQ=35999&AST_SEQ=1145&ETC=5)

로부터 보호하는 것을 '승계적 보호(Sukzessionsschutz)'라고 부르는데, 승계적 보호는 '권리자로서는 자신이 보유하는 권리만 허여할 수 있다'는 생각에 기초하고 있고,[8)9)] 실시권의 존속에 대한 실시권자의 신뢰를 보호하고 실시권자의 투자회수를 가능하게 하는 장점이 있다고 설명된다.[10)] 독일에서는 이용권을 공시하는 제도가 없기 때

참조(2023. 12. 18. 최종 방문)〉

7) 저작권법 제33조는 임의규정이므로 당사자의 합의에 따라 승계적 보호가 없는 이용권을 허가하는 것도 가능하다. Möhring/Nicolini/Soppe, § 33 UrhG Rdnr. Einl.; Fromm/Nordemann/J.B.Nordemann, § 33 UrhG Rdnr.12; Schricker/Loewenheim/Ohly, § 33 UrhG Rdnr.4[著作物等のライセンス契約に係る制度の在り方に関する調査研究報告書, 一般財団法人ソフトウェア情報センター(2018. 3.), 78頁에서 재인용].

8) BGH, Urt.v. 25.6.1985, GRUR 1986, 91, 93-Preisabstandsklausel; Schricker/Loewenheim/Ohly, § 33 UrhG Rdnr.1[著作物等のライセンス契約に係る制度の在り方に関する調査研究報告書, 一般財団法人ソフトウェア情報センター(2018. 3.), 77頁에서 재인용].

9) 독일에서는 물권 처분행위와 관련하여 선행처분은 후행처분에 우선하고, 선행처분은 후행처분에 영향을 받지 않는다는 사고를 채택하고 있는데, 이러한 사고방식을 '우선의 원칙(Prioritätsprinzip)'이라고 한다(Möhring/Nicolini/Soppe, § 33 UrhG Rdnr.1). 독일 저작권법 제31조에서는 단순사용권(das einfache Nutzungsrecht)과 배타적 이용권(Das ausschließliche Nutzungsrecht)을 규정하고 있는데, 저작권법 제33조는 배타적 이용권과 관련하여서는 이러한 우선의 원칙을 '확인'한 규정으로서(Fromm/Nordemann/J.B.Nordemann, § 33 UrhG Rdnr.9; Wandtke/Bullinger/Wandtke/Grunert, § 33 UrhG Rdnr.10; Schricker/Loewenheim/Ohly, § 33 UrhG Rdnr.11), 저작권자가 물권적인 이용권인 배타적 이용권을 허가하면 그만큼 처분권이 소멸되어 동일한 대상에 대하여 후속 이용자를 위하여 처분할 수 없게 되고, 그 결과 후속 이용권은 선행이용권과 중복되는 범위에서 효력을 가진 수 없다(Dreier/Schultz/Schultz, § 33 UrhG Rdnr.4; Schricker/Loewenheim/Ohly, § 33 UrhG Rdnr.1). 반면 단순이용권에 관하여는 승계적 보호를 정함으로써 물권적 이용권으로서의 효력을 '인정'한 규정으로 이해하는 것이 다수설이다(Dreier/Schultz/Schultz, § 33 UrhG Rdnr.4; Schricker/Loewenheim/Ohly, § 33 UrhG Rdnr.2; Schack, Urheber-und Urhebervertragsrecht, 8 Aufl. 2017, Rdnr.604). 著作物等のライセンス契約に係る制度の在り方に関する調査研究報告書, 一般財団法人ソフトウェア情報センター(2018. 3.), 77頁.

문에 이용권을 취득하는 사람은 이용권의 존재 여부를 저작권자 등 권리자에게 사전에 확인할 필요가 있고, 저작권자 등이 선행이용권의 존재를 적절하게 고지하지 않아 후속 권리자가 완전한 권리를 취득할 수 없게 된 경우에는 저작권자에게 계약상 책임이 성립한다.[11]

나. 미국에서도 특허권의 양수인은 기존에 성립된 라이선스를 부담하는 특허를 취득하게 되므로, 양수인은 기존 라이선스에 대해 알고 있을 필요가 있고[12] 모르는 경우에도 위험을 부담할 수밖에 없다.[13] 라이선시는 양수인에 대해서 대항하기 위해서 라이선스를 등록할 필요가 없고 라이선시는 일반적으로 양수인에 대해서 라이

---

10) BGH, GRUR 2012, 915 –Take Five; BGH, GRUR 2012, 918 –M2Trade; Möhring/Nicolini/Soppe, § 33 UrhG, Einl.; Schricker/Loewenheim/Ohly, § 33 UrhG Rdnr.1[著作物等のライセンス契約に係る制度の在り方に関する調査研究報告書, 一般財団法人ソフトウェア情報センター(2018. 3.), 77頁에서 재인용].
11) Dreier/Schultz/Schultz, § 33 UrhG Rdnr.6; Möhring/Nicolini, § 33 UrhG Rdnr.1; Fromm/Nordemann/J.B.Nordemann, § 33 UrhG Rdnr.10; Wandtke/Bullinger/Wandtke/Grunert, § 33 UrhG Rdnr.11; Schack, Rdnr.601; Schricker/Loewenheim/Ohly, § 33 UrhG Rdnr.10[著作物等のライセンス契約に係る制度の在り方に関する調査研究報告書, 一般財団法人ソフトウェア情報センター(2018. 3.), 77-78頁에서 재인용].
12) 양수인이 기존 라이선스에 대해 알게 되면 특허양수계약의 체결여부, 대금 등에 대한 협상에 영향을 미칠 것이다.
13) Keystone Type Foundry v. Fastpress Co., 272 F. 242, 245(2d Cir. 1921); L.L. Brown Paper Co. v. Hydroiloid, Inc., 118 F.2d 674, 677 (2d Cir. 1941). 미국에서는 위 판례에 따라 "특허양수인은 이전 라이선스에 종속되는 특허권을 가진다(an assignee of a patent takes the patent subject to prior licenses)."는 원칙이 확립되었는데, 이는 "실시권이 부여된 특허권을 양수한 자는 양도인인 전 특허권자의 이익을 넘어서는 권리를 양수받을 수 없고, 실시권자의 권리에 의하여 감소된 특허권자의 통상의 권리만을 양수받는다"는 것을 의미한다[Innovus Prime, LLC v. Panasonic Corp., No. C-12-00660, 2013 WL 3354390 (N.D. Cal. July 2, 2013)].

선스계약에 기한 권리를 주장할 수 있다. 이와 같은 미국 특허권에 관한 법리는 독일의 '승계적 보호'와 유사한 사고에 기초한 것으로 이해할 수 있다.14)

또한 미국은 저작권에 관한 라이선스 중 비배타적 내지 비독점적 이용허락(non-excusive license)에 대해서도 당연대항제도를 채택하고 있다. 미국 저작권법인 17 U.S.C. § 205(e)에 의하면, 비배타적 이용허락을 받은 라이선시는 저작권청(the Copyright Office)에 등록되었는지와 상관 없이 저작권자나 그 대리인이 서명한 서면(a written instrument)에 의하여 저작권의 이전(transfer)보다 먼저 라이선스 계약을 체결하였다는 점이 증명될 수 있다면 저작권 양수인에 대하여 대항할 수 있고, 심지어 저작권 양도보다 늦게 이루어진 라이선스 계약의 경우에도 그 라이선스 계약이 양도의 등록 전에 그 양도사실을 알지 못하고 선의로 이루어진 경우에도 대항할 수 있다고 규정하고 있다.15)

반면 미국 저작권법은 독점적·배타적 이용허락(exclusive license)

---

14) 미국 특허법과 상표법은 이용허락(라이선스)의 대항요건에 관하여는 법률에 규정하고 있지 않아 판례에 따라 그 법리가 형성되고 있고(다만 상표법은 명확한 선례를 발견하기 어렵다), 양도(assignment)의 대항요건에 대해서는 미국 특허법인 35 U.S.C. § 261(Ownership; assignment), 미국 상표법인 15 U.S.C. § 1060(Assignment)에서 악의자대항제도를 채택하고 있다. 著作物等のライセンス契約に係る制度の在り方に関する調査研究報告書, 一般財団法人ソフトウェア情報センター(2018. 3.), 70頁 참조.

15) Gray Myers, Principles of Intellectual Property Law, West Academic publishing(2017), p.88; 著作物等のライセンス契約に係る制度の在り方に関する調査研究報告書, 一般財団法人ソフトウェア情報センター(2018. 3.), 70頁; 박익환, "저작권 등록의 대항력", 산업재산권 11호, 한국산업재산권법학회(2002), 251면[위와 같은 이용허락권자에게 등록을 요하지 않고도 저작권의 양수인에게 대항하도록 한 것은 이용허락을 등록하도록 할 경우 뒤따르게 되는 비현실성과 부담이 법률상 등록제도의 제한적인 이점보다 더 크다는 정책적인 판단에 기인하였다고 한다(Melville & David Nimmer, Nimmer On Copyrightr, Matthew Bender(2000), p.p.10-61)].

의 경우에는 악의자대항제도를 채택하고 있다. 이는 미국 저작권법 § 101에 따라 독점적 이용허락도 저작권 양도(assignment)와 함께 저작권 이전(transfer)의 개념에 포함되기 때문인데, 저작권 이전은 미국 저작권법 § 204에 따라 법률에 의한 경우를 제외하고는 저작권자 내지 그 대리인이 서명한 양도증서 등이 작성되어야만 그 효력이 있고,[16] 나아가 저작권 이전(transfer) 사이의 우선순위를 정한 미국 저작권법 § 205(d)에 따라 ① 먼저 이전계약을 체결하고 등록[17]도 먼저 된 경우에는 '먼저 체결된 이전계약'이 우선하고,[18] ② (선행하는 이전계약이 먼저 등록되지 않고 후행하는 이전계약이 먼저 등록되었다면) 가치 있는 약인(valuable consideration)을 정하거나 로열티 지불에 대한 구속력 있는 약속을 기반으로 하고 선의로 선행하는 이전계약을 알지 못한 채 체결된 '후행하는 이전계약'이 우선하게 된다.[19][20]

---

[16] 미국 내에서 이전된 경우에는 공증받은 때에, 미국 외에서 이전된 경우에는 외교관 등의 증명서를 받은 때에 일응의 추정(prima facie evidence)이 된다(17 U.S.C. § 204(b)).

[17] 17 U.S.C. § 205(c)에서 정한 등록을 의미한다. § 205(c)는 구성적 공시(사실적 공시인 'actual notice'에 대비되는 개념으로서 행정적 조치, 공표, 등기 등을 포함한다)로서의 등록(Recordation as Constructive Notice)을 규정하고 있는데, 이전계약에 관한 문서 또는 그에 첨부된 자료는 그 문서가 저작권등록부에 의해 색인된 후 문서의 제목 내지 저작물의 등록번호로 합리적인 검색을 통해 공개되게 함으로써 해당 저작물을 식별할 수 있어야 하고, 또 해당 저작물의 등록이 완료될 것을 요구한다.

[18] 미국 내에서의 이전은 1달 이내에, 미국 외에서의 이전은 2달 내에 § 205(c)에서 정한 방식으로 저작권청에 등록을 하여야 하나, 후행하는 이전보다 먼저 등록한 경우도 허용된다. ②의 경우 후행하는 이전계약의 등록에도 요구된다.

[19] 미국의 저작권 이전은 등록을 하여야 효력이 있기 때문에 후행하는 이전도 등록을 하여야 효력을 주장할 수 있고, 이 경우에도 악의인 경우에는 우선권을 주장할 수 없다는 점에서 악의자대항제도라 할 수 있다.

[20] Gray Myers, Principles of Intellectual Property Law, West Academic publishing(2017), p.p.84-88.

결국 위와 같은 법리에 따라 '비독점적 이용허락'이 우선권을 가지기 위해서는 이전(transfer)의 법리가 적용되는 '독점적 이용허락'과 달리 ① 등록이 필요하지 않고, ② 가치 있는 대가 내지 약인(valuable consideration)을 정하거나 로열티 지불에 대한 구속력 있는 약속을 기반으로 할 것이 요구되지 않는다. 반면 독점적 이용허락이 § 204에서 정한 문서로써 등록된 경우에는 이전의 효력이 발생하므로 이전 사이의 우열을 정한 § 205(c)의 등록요건(검색 가능 등)을 구비하지 않더라도 후행하는 비독점적 이용허락에 대하여 우선권을 가진다.[21]

다. 한편 일본의 경우 2011년 특허법 개정 이전에는 라이선시는 라이선스를 등록하고 있었을 경우에게만 등록 후의 양수인에 대하여 라이선스를 주장할 수 있는 등록대항제도를 취하였으나, 미등록 라이선시 보호를 통한 지적재산권 라이선스의 활성화라는 정책적 목적을 달성하기 위하여 2011년 특허법 개정을 통하여 등록을 대항요건으로 하지 않고 비록 등록이 없는 라이선시일지라도 제3자에게 대항할 수 있도록 하는 '당연대항제도'를 도입하였고,[22] 실용신안법과 의장법도 위 특허법 규정을 준용하고 있다. 저작권법에서도 2020년 법개정을 통해 당연대항제도를 도입하였으나,[23] 상표법은

---

21) 著作物等のライセンス契約に係る制度の在り方に関する調査研究報告書, 一般財団法人ソフトウェア情報センター(2018. 3.), 71頁.
22) 일본 특허법 제99조(통상실시권의 대항력) 통상실시권은 그 발생 후에 그 특허권이나 전용실시권 또는 그 특허권에 대한 전용실시권을 취득한 자에 대해서도 효력이 발생한다.
23) 일본 저작권법은 저작물의 이용허락, 즉 '저작물을 이용하는 권리'를 허락하는 것에 대하여 등록제도 자체를 두고 있지 않다가 2020년 법 개정을 통해 그 용어를 '이용권'으로 변경하고 당연대항제도를 도입하였다.
일본 저작권법 제63조의2(이용권의 대항력) 이용권은 해당 이용권에 관계된 저작물의 저작권을 취득한 자 그 밖의 제3자에게 대항할 수 있다.

여전히 등록대항제도를 채택하고 있다. 요약하자면 일본은 지식재산권법 중 표지법인 상표법을 제외한 창작법의 영역(특허법, 실용신안법, 의장법, 저작권법)에서 당연대항제도를 도입하고 있다.[24]

3. 악의자대항제도

가. 영국에서는 특허권에 대한 라이선스가 등록되어 있거나 신 권리자가 악의인 경우에는 인식의 범위 내에서 라이선시는 보호되고[1977년 영국 특허법 제33조 (1) 및 (2)항[25]], 라이선스를 등록했을 경우에는 양수인의 악의가 추정된다.[26] 또한 저작권에 있어서도 라

---

24) 일본이 상표법에 대해서만 당연대항제도를 도입하지 않은 이유는 다른 지식재산권과 달리 품질보장이 중요하다는 표지법으로서의 특징이 있어 당연대항제도를 도입하게 되면 품질보장의 위험성이 커지기 때문이다. 즉 양수인으로서는 품질관리의 부담 및 부정사용취소심판(일본 상표법 제53조)에 따라 상표권 취소의 위험을 안게 되는 문제가 있다. 文化審議会著作権分科会報告書, 文化審議会著作権分科会(2019. 2.), 121-122頁. 제5장 제2절 Ⅲ.관 제2의 다.항 참조.

25) 영국 특허법(Patents Act 1977 - 2019년 개정) 제33조(특허권에 대한 등록 효과 및 기타 사항) (1) 이 조항이 적용되는 거래, 증서나 사건에 의하여 특허나 특허출원에 대한 재산을 획득하였다고 주장하는 사람은 차후의 거래, 증서나 사건이 있는 경우에 다음에 해당하며 이 조항이 적용되는 이전의 거래, 증서나 사건에 의하여 재산을 획득하였다고 주장하는 다른 사람에 대항하는 권리는 획득한다. (a) 이전의 거래, 증서나 사건이 등록되지 않은 경우 또는 (b) 발행되지 않은 출원의 경우, 앞선 거래, 증서나 사건의 통지서가 지식재산청장에게 주어지지 않은 경우. 그리고 (c) 차후의 거래, 증서나 사건과 관련하여 주장하는 사람이 앞선 거래, 증서나 사건에 대하여 알지 못하는 경우
(2) 위의 (1)은 이 조항이 적용되는 거래, 증서나 사건에 의한 특허나 특허출원에 대한 권리를 획득하였다고 주장하는 사람이 있는 경우에도 동일하게 적용되며, 이 권리는 이 조항이 적용되는 이전의 거래, 증서나 사건에 의하여 획득된 권리와 양립할 수 없다. 〈한국지식재산연구원 해외법령(https://www.kiip.re.kr/law/list.do?bd_gb=statute&bd_cd=5&bd_item=0) 참조(2023. 12. 20. 최종방문)〉

이선시는 저작권 양수인이 악의인 경우에는 대항할 수 있고, 이러한 법리는 배타적 권리와 비배타적 권리를 구분하지 않는다.27) 디자인권도 저작권과 동일한 법리가 적용된다[1988년 영국 저작권 및 디자인법(CDPA) 제90조 제(4)항, 제222조 제(4)항28)].29)

나. 이와 유사하게 프랑스 지식재산권법30)에서도 라이선스가 등

---

26) 노경섭, "지적재산 라이센스 계약에서 라이센시 보호에 관한 연구: 법정실시권 제도의 활용을 중심으로", 지식재산연구 제7권 제3호, 한국지식재산연구권·한국지식재산학회(2012), 72면.
27) 著作物等のライセンス契約に係る制度の在り方に関する調査研究報告書, 一般財団法人ソフトウェア情報センター(2018. 3.), 73-74頁.
28) 1988년 영국 저작권 및 디자인법(Copyright, Designs and Patents Act 1988) 제90조(양도와 라이선스) 제(3)항 저작권의 양도는 양도인 내지 그 대리인이 서명한 문서가 아니면 그 효력이 없다.
제(4)항 저작권자가 허락한 라이선스는 저작권에 관한 모든 승계인에 대하여 구속력을 가진다. 다만 양수인이 선의이고 가치 있는 약인(consideration)을 위하여 계약을 체결하였으며 라이선스에 대하여 (사실상 내지 추정적) 인식이 없는 경우에는 그러하지 아니하다. 또한 그러한 양수인으로부터 권리를 취득한 자에 대해서도 그러하지 아니하다.
제222조(양도와 라이선스) 제(3)항 디자인권의 양도는 양도인 내지 그 대리인이 서명한 문서가 아니면 그 효력이 없다.
제(4)항 디자인권자가 허락한 라이선스는 디자인권에 관한 모든 승계인에 대하여 구속력을 가진다. 다만 양수인이 선의이고 가치 있는 약인(consideration)을 위하여 계약을 체결하였으며 라이선스에 대하여 (사실상 내지 추정적) 인식이 없는 경우에는 그러하지 아니하다. 또한 그러한 양수인으로부터 권리를 취득한 자에 대해서도 그러하지 아니하다.
29) 다만 영국은 상표권에 있어서는 당연대항제도를 취하고 있는 듯하다.
영국 상표법(Trade Marks Act 1994 - 2019. 4. 개정) 제28조 (3) 라이선스에 달리 규정되어 있지 않는 한, 라이선스는 허여자의 권리승계인에 대해 구속력을 갖는다. 본법상 등록상표 소유자의 동의를 받아 또는 동의 없이 실시한다고 함은 이에 맞추어 해석한다.
제29조 (2) 독점 실시권자는 라이선스 허여자와 마찬가지로 라이선스의 구속을 받는 허여자의 권리승계인에 대해서도 동일한 권한을 갖는다.
〈한국지식재산연구원 해외법령(https://www.kiip.re.kr/law/list.do?bd_gb=statute&bd_cd=5&bd_item=0) 참조(2023. 12. 20. 최종방문)〉

제2장 지식재산권 라이선시의 보호제도와 도산법적 지위 39

록되었을 경우에는 권리양수인을 포함한 제3자에 대하여 대항력을 가질 뿐만 아니라 등록되어 있지 않은 경우에도 신권리자가 라이선스 계약에 대해 악의였을 경우에는 신권리자의 인식 범위 내에서 라이선시가 보호되는데,[31] 이는 특허권, 상표권, 디자인권에 있어서 모두 동일하다(프랑스 지적재산법 L.613-9, 제L.714-7조, 제L.513-3조[32]).[33] 그러나 저작권에 대해서는 아직까지 확립된 법리가 없는

---

30) 프랑스는 지식재산권에 관하여 하나의 법률로 규정하고 있다. 프랑스 지식재산권법(Code de la Propriété Intellectuelle) 제1부(문학예술저작권) 제1편 내지 제3편에서는 저작권(Le droit d'auteur)과 저작인접권(Les droits voisins du droit d'auteur), 데이터베이스제작자의 권리(droits des producteurs de bases de données) 등에 대하여(L111-1부터 L343-7까지), 제2부(산업재산권: La propriété industrielle) 중 제5편 '디자인과 모델(Les dessins et modèles)'에서는 디자인권에 대하여(L511-1부터 L522-2-7까지), 제6편 '발명과 기술적 사상의 보호(Protection des inventions et des connaissances techniques)'에서는 특허권에 대하여(L611-1조부터 L622-8조까지), 제7편 '상표, 영업 또는 서비스표 및 다른 식별력 있는 표지디자인 및 모델(Marques de fabrique, de commerce ou de service et autres signes distinctifs)'에서는 상표권에 대하여(L711-1조부터 L731-4조까지) 각 규정하고 있다.
〈세계법령정보센터 법령검색(https://world.moleg.go.kr/web/wli/lgslInfoReadPage.do?A=A&searchType=all&searchText=%25EC%25A0%2580%25EC%259E%2591&searchPageRowCnt=10&searchNtnlCls=4&searchNtnl=FR&pageIndex=1&CTS_SEQ=38124&AST_SEQ=1286) 참조(2023. 12. 20. 최종 방문)〉
31) 노경섭, "지적재산 라이센스 계약에서 라이센시 보호에 관한 연구: 법정실시권 제도의 활용을 중심으로", 지식재산연구 제7권 제3호, 한국지식재산연구권·한국지식재산학회(2012), 72면.
32) 프랑스 지식재산권법(Code de la Propriété Intellectuelle) 제L.513-3조 출원된 도안 또는 모델에 수반된 권리를 변경하거나 이전하는 모든 행위는, 국내 도안 및 모델 등록원부에 등록되어야만, 제3자에게 대항할 수 있다. 그러나 등록 전의 행위라도, 행위일 후에 권리를 취득하고, 권리취득 시에 그러한 행위를 인지하고 있었던 제3자에 대해서는 대항할 수 있다.
제L.613-9조 특허출원 또는 특허에 수반된 권리를 이전하거나 변경하는 모든 행위가, 제3자에게 대항력을 갖기 위해서는 산업재산청에 의해 관리되는 특허등록원부에 등록되어야만 한다. 그러나, 특허등록원부에의 등록 전이라도, 권리를 획득할 당시에 그 행위의 존재를 알고 있으면서 그 이후에 권리를 획득한 경우에는 제3자에게 대항할 수 있다. (2008년 8월 4일 법

듯하다. 프랑스 지식재산권법에서는 저작권에 관한 공시제도를 규정하고 있지 않고, 또한 저작권 양도계약(contrat de cession)에 관한 규정은 있지만 저작권 라이선스 계약(contrat de licenci, contrat de concession)에 대해서는 규정을 하고 있지 않으며,34) 더욱이 전통적인 견해는 라이선스 계약의 개념 자체를 부정하고 있기 때문이다.35)

률 제2008-776호 제133조에 의해 추가) 특허등록원부에 등록되지 않은 실시권 계약의 당사자인 실시권자는, 특허권자가 제기한 침해소송에 자신이 입은 피해보상을 구하기 위해 개입할 수 있다.
제L.714-7조 상표에 수반된 권리의 모든 이전 또는 변경 사항은, 제3자에게 대항할 수 있기 위해서는, 상표등록원부에 등재되어야만 한다. 그러나, 등록 전이라도, 행위일 후에 권리를 취득한 제3자가 권리취득 시에 그러한 행위를 알고 있었다면 그에 대하여 대항할 수 있다.
〈한국지식재산연구원 해외법령(https://www.kiip.re.kr/law/list.do?bd_gb=statute&bd_cd=6&bd_item=0) 참조(2023. 10. 30. 최종방문)〉

33) 著作物等のライセンス契約に係る制度の在り方に関する調査研究報告書, 一般財団法人ソフトウェア情報センター(2018. 3.), 71頁.
34) 프랑스 지식재산권법 제1부(문학예술저작권) 제1편(저작권) 제3장 권리의 이용(Exploitation des droits) 제L.131-1조 이하의 다수 규정에서 '쎄시옹(cession)'이라는 단어가 등장하나, 제1부에서 '콩세시옹(concession)'이라는 단어는 찾아볼 수 없다(양대승, "프랑스 저작권 계약법 소고", 계간 저작권 2023년 가을호(통권 제143호), 한국저작권위원회(2023), 212-214면].
35) 著作物等のライセンス契約に係る制度の在り方に関する調査研究報告書, 一般財団法人ソフトウェア情報センター(2018. 3.), 79頁. 위 글 79-81頁에서는 전통적인 견해는 라이선스 계약의 개념 자체를 부정하고 라이선스 계약으로 여겨져도 양도를 내용으로 하는 계약이라고 파악하는 반면, 최근의 유력설은 라이선스의 개념을 부정하지 않고 계약의 내용에 따라 그 성질을 구별할 수 있다는 전제에서 라이선스 계약으로 해석되는 경우에는 양도보다는 배타적 라이선스의 성격을 가지는 것으로 보고 있다고 소개하면서 출판계약, 상연·연주계약 등에 있어서 저작권 양도 시 라이선시가 보호되는지 여부에 대한 검토를 하고 있다. 이와 관련하여「양대승, "프랑스 저작권 계약법 소고", 계간 저작권 2023년 가을호(통권 제143호), 한국저작권위원회(2023)」에서는 프랑스 지식재산권법은 저작자와 이용자 중 저작자의 보호에 더 중점을 두고 있고(위 글 210면), 특허권이나 상표권과 달리 저작권에 대해서는 이용허락을 뜻하는 '콩쎄시옹(concession)'이라는 단어를 사용하지 않고 양도를 뜻하는 '쎄시옹(cession)'이라는 단어만을 사용하고 있

다. 이와 같이 영국(특허권, 디자인권, 저작권)과 프랑스(특허권, 디자인권, 상표권)에서는 신권리자의 악의 유무에 따라서 미등록 라이선시가 보호되기 때문에 악의자대항제도를 채택하고 있다고 할 수 있다.

한편 미국 저작권법에서는 비독점적·비배타적 이용허락이 당연대항제도를 채택하고 있는 것과 달리 독점적·배타적 이용허락(exclusive license)의 경우에는 악의자대항제도를 채택하고 있는데, 이는 독점적 이용허락을 양도와 동일하게 취급하고 있기 때문이라는 점은 위 2항에서 살펴본 바와 같다.

4. 등록대항제도

우리의 특허법, 실용신안법, 디자인보호법, 상표법 및 일본의 상표법은 채권적 권리로서의 성격을 갖는 통상실시권 내지 통상사용권에 대하여 등록대항제도를 채택하고 있고, 물권적 권리의 성격을 갖는 우리 상표법상 전용사용권과 우리 저작권법상 출판권 및 배타적 발행권에 대해서도 등록대항제도를 채택하고 있다. 반면 우리의 특허법, 실용신안법, 디자인보호법은 물권적 권리에 준하는 전용실시권과 관련하여 등록을 효력발생요건으로 규정하고 있고, 일본의 상표법[36]도 전용사용권에 대하여 등록을 효력발생요건으로 규정하

으나 제1부 제1편 제3장의 '권리의 이용'이라는 표제하에 위 단어를 사용하고 있으며(위 글 216면), 더욱이 계약의 필수적 기재사항으로서 요구하는 이용기간의 명시(제L.131-3조)는 이용기간 종료 후 자동적으로 저작자가 권리를 회복하는 것을 의미한다는 점(위 글 233면)을 고려할 때, 저작권에 관한 '쎄시옹(cession)'은 일반적인 용례(물권적 효력에 기반한 양도)와 달리 채권행위의 개념으로서 이용권만의 양도로 이해해야 하고, 따라서 상속 등 특별한 경우를 제외하고는 저작자와 저작권자는 일치한다고 주장하고 있다[위 글 234면. André R. Bertand, Le droits d'auteur et les droit voisins, 2e éd., Paris, Dalloz(1999), p.360].

고 있다. 우리의 등록제도에 대하여는 아래에서 살펴본다.

II. 한국 지식재산권에 대한 실시권 제도: 등록대항제도

1. 개요

특허권과 실용신안권, 그리고 디자인권에 대한 실시권은 전용실시권과 통상실시권으로 구분되고, 통상실시권은 법정실시권과 허락에 의한 통상실시권, 그리고 재정실시권으로 구분된다. 전용실시권에 대해서는 등록을 '효력발생요건'으로 규정하고 있는 반면, 통상실시권 중 허락에 의한 통상실시권과 재정실시권에 관해서는 '등록대항제도'를 취하고 있으며, 법정실시권에 관해서는 '당연대항제도'를 취하고 있다. 상표권도 전용사용권에 대하여 '등록대항제도'를 채택하고 재정실시권을 규정하지 않고 있는 외에는 대동소이하다. 저작권은 물권적 권리의 성격을 갖는 배타적발행권과 출판권에 대해서는 '등록대항제도'를 취하나, 허락에 의한 통상실시권에 대응하는 '이용허락'에 관해서는 등록제도 자체를 두고 있지 않다.

이 책의 연구주제인 쌍방미이행 쌍무계약은 당사자 사이의 계약을 전제로 하므로 허락에 의한 통상실시권에 관한 등록대항제도가 주된 검토의 대상이 된다. 그렇지만 '전용실시권에 관한 효력발생요건으로의 등록'과 '법정실시권에 관한 당연대항제도'도 이 책에서 대안 내지 해결방안으로 제시하는 제5장 제4절의 '도산법 영역 외의 일반법 규정을 통한 도산법과 일반법의 조화를 모색하는 방안'

---

36) 일본 상표법 제30조(전용사용권) 제4항에서 특허권에 대한 전용실시권의 효력발생요건을 규정한 특허법 제98조 제1항 제2호를 준용하고 있다.

과도 관련이 있음을 밝혀둔다.
이하 권리별 등록제도에 관하여 살펴본다.

2. 특허권에 대한 실시권

가. 특허권에 대한 실시권은 전용실시권과 통상실시권으로 구분된다.

전용실시권을 설정받은 전용실시권자는 그 설정행위로 정한 범위에서 그 특허발명을 업으로서 실시할 권리를 독점하고(특허법 제100조 제2항), 전용실시권자는 전용실시권을 실시사업과 함께 이전하는 경우 및 상속이나 그 밖의 일반승계의 경우를 제외하고는 특허권자의 동의를 받아야만 전용실시권을 이전할 수 있다(특허법 제100조 제3항). 전용실시권의 설정·이전(상속이나 그 밖의 일반승계에 의한 경우는 제외한다)·변경·소멸(혼동에 의한 경우는 제외한다) 또는 처분의 제한은 등록하여야만 효력이 발생한다(특허법 제101조 제1항 제2호). 이와 같은 전용실시권의 등록이 효력발생요건임에 반해 아래에서 보는 통상실시권은 등록을 대항요건으로 규정하고 있다.

통상실시권은 허락에 의한 통상실시권과 법정실시권, 그리고 재정실시권으로 구분된다. 일반적으로 라이선스계약이라고 불리는 허락에 의한 통상실시권은 독점적 통상실시권과 비독점적 통상실시권으로 구분할 수 있으나, 독점성에 관하여는 등록할 수 없고 제3자에게 대항할 수도 없다.[37] 법정실시권에는 직무발명에 관한 사용자의 실시권(발명진흥법 제10조 제1항), 선사용에 의한 통상실시권(특허법 제103조), 무효심판청구등록 전의 실시에 의한 통상실시권

---

[37] 정상조·박성수 공편, 특허법 주해I, 박영사(2010), 1249면(이회기 집필부분).

(특허법 제104조), 디자인권의 존속기간만료 후의 저촉하는 특허권에 대한 통상실시권(특허법 제105조), 재심청구의 등록 전의 실시에 의한 통상실시권(특허법 제182조)이 있고, 재정실시권은 통상실시권 허락에 관한 협의를 하였으나 합의가 이루어지지 아니하거나 협의를 할 수 없는 경우 특허청장에게 재정청구를 하는 절차에 따른 실시권으로서 이용발명의 경우의 실시권, 불실시의 경우의 실시권, 공익상 필요한 경우 등의 실시권이 있다(특허법 제107조).

그 중 허락에 의한 통상실시권과 재정실시권은 공시함으로써 제3자의 불측의 손해를 방지하기 위하여 등록을 대항요건으로 규정하였는데, 위 실시권을 등록한 경우에는 그 등록 후에 특허권 또는 전용실시권을 취득한 자에 대해서도 그 효력이 발생하고, 실시권의 이전·변경·소멸 또는 처분의 제한, 실시권을 목적으로 하는 질권의 설정·이전·변경·소멸 또는 처분의 제한은 이를 등록하여야만 제3자에게 대항할 수 있다(특허법 제118조 제1, 3항).[38]

반면 법정실시권은 법에 의하여 당연히 성립되고 이를 사전에 등록하는 것이 불가능하기 때문에 등록이 없더라도 대항할 수 있도록 규정하고 있다(특허법 제118조 제2항). 법정실시권의 경우에는 실시권자가 법정실시권의 발생을 예상하여 이를 사전에 등록하는 것이 불가능하고 가능한 경우에도 법에 의하여 당연히 발생하는 법정실시권의 대항요건으로 등록을 요구하는 것은 그 법적 성질에도 부합하지 않으므로 성립과 동시에 대항력을 갖춘 것으로 인정한 것이다.[39] 따라서 법정실시권에 한해서는 당연대항제도를 취한 것으로 볼 수 있다(다만 계약에 기초한 실시권이 아니므로 이 책의 핵심주제인 '쌍무계약'과는 직접 관련이 없다).[40]

---

38) 권창환, "도산절차에서의 쌍방미이행 쌍무계약과 지식재산권 라이선스 계약의 관계", 사법 통권 제50호, 사법발전재단(2019), 415면 이하 참조.
39) 정상조·박성수 공편, 특허법 주해I, 박영사(2010), 1250-1251면(이회기 집필부분).

나. 일반적으로 전용실시권은 지상권과 같은 용익물권에 비유되고, 통상실시권은 임차권과 같은 채권적인 이용권에 비유된다.[41]

전세권과 임차권의 경우와 유사하게, 전용실시권의 효력은 등록에 의해서만 효력이 발생하므로 당사자 간에 설정계약 등이 있더라도 등록이 마쳐지지 않으면 특허법상 전용실시권의 효력이 발생하지 않지만, 당사자간에 독점적 실시권을 부여하는 의사합치가 있고 다만 전용실시권 등록이 이루어지기 이전이라면 독점적 통상실시권으로서의 효력은 인정된다.[42]

전용실시권의 효력은 특허권과 거의 유사한 정도의 보호를 받는다. 즉 전용실시권자는 특허침해자에 대하여 금지청구권(특허법 제126조), 손해배상청구권(특허법 제128조), 신용회복청구권(특허법 제131조)을 행사할 수 있는데, 이는 특허권자의 권리를 대위하는 것이 아니라 전용실시권자 자신의 권리로서 자신의 이름으로 소를 제기할 수 있다.[43] 즉 채권자가 아닌 물권자에 준하는 지위를 갖는다. 그렇지만 물권인 용익물권(지상권, 지역권, 전세권)은 자유로이 양도가 가능한 반면[44] 전용실시권은 실시사업과 함께 이전하는 등의 예외적인 경우에만 양도가 허용된다는 점[45]에서 차이가 있다.

---

40) 이하 '법정실시권'과 구별되는 '허락에 의한 통상실시권'에 대해서는 특별한 언급이 없으면 '통상실시권'이라고만 칭한다.
41) 정상조·박성수 공편, 특허법 주해I, 박영사(2010), 1229면(이회기 집필부분).
42) 정상조·박성수 공편, 특허법 주해I, 박영사(2010), 1230면(이회기 집필부분).
43) 정상조·박성수 공편, 특허법 주해I, 박영사(2010), 1235면(이회기 집필부분). 특허권자도 전용실시권이 등록되었다고 하여 직접 침해금지청구권을 행사하는 것이 금지되는 것은 아니다.
44) 민법 제282조(지상권의 양도, 임대), 제292조(부종성), 제307조(전세권양도의 효력).
45) 전용실시권과 관련하여 계약당사자의 변동에 관한 쟁점으로는 다음과 같은 것이 있다. ① '전용실시권 설정자인 특허권자가 특허권을 양도할 경우', 양수인이 설정계약에 따른 권리·의무를 승계하는지 여부에 관하여는 다양한 입장이 있으나, 특허법상 등록될 수 있는 범위 내에서만 승계된다

이와 같은 전용실시권의 효력발생요건과 통상실시권의 등록대항요건의 차이는 도산절차에 있어서 쌍방미이행 쌍무계약에 관한 관리인의 선택권(특히 해제권) 규정(채무자회생법 제119조, 제335조)의 적용대상이 되는지에 대한 차이를 발생시킬 수 있다. 통상실시권은 채권적 권리이므로 쌍방미이행 쌍무계약에 관한 관리인의 선택권 규정이 적용됨에는 의문이 없으나, 전용실시권은 물권적 권리에 준하므로 쌍방미이행 쌍무계약에 관한 관리인의 해제권 규정이 적용될 수 있는지에 대한 검토를 요한다. 민법상 지상권, 지역권과 같은 용익물권은 채권적 청구권임을 요하는 회생채권에 해당하지 않고,[46] 통상 등록이 완료된 전용실시권에 대해서는 쌍방미이행 쌍무계약에 관한 관리인의 해제권 규정의 적용대상으로 보지 않고 있기는 한데(이와 같이 해석하는 근거도 불분명하여 검토가 필요하다), 전용실시권은 위와 같은 권리에 준하는 법적 성질을 가지기 때문인 것으로 보인다. 이에 대해서는 뒤에서 상세히 살펴본다.[47]

3. 실용신안권에 대한 실시권

실용신안권은 실용신안법 제28조에서 특허법 제100조부터 제103조까지, 제103조의2, 제106조, 제106조의2, 제107조부터 제111조까지,

---

고 보는 것이 유력설이다. 또한 ②'전용실시권의 양도가 허용되는 3가지 경우(특허법 제100조 제3항: ㉠ 실시사업과 같이 이전, ㉡ 상속 기타 일반승계에 의한 이전, ㉢ 특허권자의 동의에 의한 이전) 중 '실시사업과 같이 이전'하는 경우에 있어서 어느 정도를 요하는지에 대하여도 다툼이 있을 수 있으나, 당해 특허발명을 실시하기에 족한 사업을 의미한다고 볼 것이다. 이에 대한 상세한 내용은 정상조·박성수 공편, 특허법 주해I, 박영사(2010), 1236-1237면(이회기 집필부분) 참조.
46) 서울회생법원 재판실무연구회, 회생사건실무(상) 제6판, 박영사(2023), 419면 참조.
47) 제2장 제4절 III.관 및 제5장 제4절 II.관 제3의 다.항.

제111조의2, 제112조부터 제115조까지, 제118조부터 제125조까지 및 제125조의2를 준용하기 때문에 실시권에 있어서 특허법과 크게 다르지 않다. 또한 직무발명에 관한 사용자의 법정실시권은 실용신안권에 대해서도 인정된다(발명진흥법 제10조 제1항). 도산절차에 있어서 실용신안권의 취급은 특허법과 크게 다르지 않다.

4. 디자인권에 대한 실시권

디자인권 역시 디자인보호법 제97조 내지 제104조에서 특허권과 유사하게 규정하고 있어, 전용실시권, 통상실시권, 법정실시권으로 구성되고, 전용실시권에 대해서는 등록을 효력발생요건(디자인보호법 제98조)으로, 통상실시권에 대해서는 등록을 대항요건으로 규정하고 있으며, 법정실시권에 대해서는 당연대항제도를 채택하고 있다(디자인보호법 제104조). 또한 직무발명에 관한 사용자의 법정실시권은 디자인권에 대해서도 인정된다(발명진흥법 제10조 제1항). 그러나 디자인보호법은 재정에 의한 실시권을 규정하고 있지 않다. 도산절차에 있어서 디자인권의 취급은 특허법과 크게 다르지 않다.

5. 상표권에 대한 사용권

가. 상표의 사용권제도에 대해서는 다른 지식재산권법과 달리 출처혼동, 품질오인 등으로 인한 일반 소비자의 이익을 침해할 수 있다는 우려가 제기되어 사용권 제도에 대한 엄격한 통제가 있다가 점차 개방되어 현재와 같은 제도로 정착되었다. 즉 1986년 개정된 구 상표법(1986. 12. 31. 법률 제1392호) 시행 이전에는 전용사용권 제

도를 두지 않고 등록을 효력발생요건으로 하는 통상사용권 제도만 두면서 품질의 동일성 보장이 인정될 때에만 등록을 받아주는 사전체크 방식의 규제(제29조 제1항, 제3항)를 하다가, 1986년 구 상표법에서는 위와 같은 등록심사요건을 삭제하고 사용권자가 품질오인 내지 출처혼동을 하게 한 때를 상표등록취소사유로 규정하는 사후체크 방식의 규제(제45조 제2항)로 전환하였고, 1990년 전부개정된 구 상표법(1990. 1. 13. 법률 제4210호)에 이르러서는 위와 같은 사후체크방식을 계속 유지하되(제73조 제1항 제8호) 전용사용권(제55조)과 통상사용권(제57조)으로 이원화하여 규정하게 되었다.[48]

그런데 2011년 개정 구 상표법(2011. 12. 2. 법률 제11113호) 시행 이전에는 현행 특허법과 유사하게 통상사용권에 대해서만 등록이 대항요건으로 규정되어 있었고(제55조) 전용사용권에 대해서는 등록이 효력발생요건으로 규정되어 있었으나(제58조), 2011년 상표법 개정으로 전용사용권과 통상사용권 모두 등록을 대항요건으로 하게 되었고, 2016년 전부개정된 상표법(2016. 2. 29. 법률 제14033호)에서도 전용사용권(제95조)과 통상사용권(제97조)에 대한 등록대항제도를 그대로 유지하고 있다(제100조).[49]

한편 법정사용권은 상표법 제98조 내지 99조 등에서 규정하고 있고,[50] 등록을 요구하고 있지 않아 해석상 당연대항제도를 취한 것으로 볼 수 있다.[51] 그러나 재정에 의한 사용권은 규정하고 있지 않다.

---

48) 정상조 편집대표, 상표법 주해II, 박영사(2018), 140-141면(이해완 집필부분).
49) 정상조 편집대표, 상표법 주해II, 박영사(2018), 141-142면, 185면(이해완 집필부분). 반면 일본 상표법은 상표권의 전용사용권에 대하여 등록을 효력발생요건으로 규정하고 있다(일본 상표법 제30조 제4항, 특허법 제98조 제1항 제2호).
50) 정상조 편집대표, 상표법 주해II, 박영사(2018), 171면, 181면(이해완 집필부분).
51) 등록대항주의를 규정하고 있는 상표법 제100조는 전용사용권과 통상사용권에 대해서만 규정하고 있고, 법정사용권을 규정한 상표법 제98조와 제99조는 '통상사용권'이라는 용어가 아닌 '상표를 사용하는 권리' 내지 '상표

나. 전용사용권(exclusive license)은 물권적 성격을 가지고 통상사용권(non-exclusive license)은 채권적 성격을 가진다는 점에서 근본적인 차이가 있다.[52] 전용사용권과 관련하여 2011년 상표법 개정 이전 등록을 효력발생요건으로 하던 당시에는 전용사용권 설정합의만 하고 등록을 하지 않은 때에 당사자 사이의 의사해석에 따라 원칙적으로 독점적 통상사용권의 설정으로서 효력을 가진다고 보는 견해가 일반적이었는데,[53] 현행 상표법에서는 전용사용권에 대하여 등록대항제도를 채택함에 따라 전용사용권 설정합의가 있는 한 등록을 하지 않았더라도 전용사용권 설정의 효력이 발생하므로 통상사용권의 효력을 인정할 필요도 없고 인정할 수도 없다.[54]

따라서 전용사용권의 등록이 없더라도 전용사용권 설정합의가 있는 때로부터 상표권자는 제3자에게 중복하여 전용사용권을 설정하거나 통상사용권을 설정하는 것이 허용되지 않을 뿐만 아니라 특별한 약정이 없는 한 스스로도 전용사용권이 미치는 범위 내에서는 등록상표를 사용할 수 없고,[55] 전용사용권자는 독점적·배타적인 권리로서 물권적인 성격을 가지는 권리의 보유자로서 상표권자와 마찬가지로 직접 자기의 이름으로 침해금지청구권, 손해배상청구권 등을 행사할 수 있다.

이와 같이 상표권에 관한 전용사용권자는 특허권의 전용실시권자와 달리 등록이 없더라도 물권적 지위에 있게 되므로 도산절차 있어서 쌍방미이행 쌍무계약에 해당하는지 여부를 검토할 때에 약

를 계속 사용할 권리'라는 용어를 사용하고 있으므로, 상표법 제100조가 적용되지 않는다고 볼 것이다.
52) 정상조 편집대표, 상표법 주해II, 박영사(2018), 142면(이해완 집필부분).
53) 정상조 편집대표, 상표법 주해II, 박영사(2018), 142-143면(이해완 집필부분). 특허법원 2007. 7. 12. 선고 2007허1169 판결.
54) 정상조 편집대표, 상표법 주해II, 박영사(2018), 143면(이해완 집필부분).
55) 정상조 편집대표, 상표법 주해II, 박영사(2018), 144면(이해완 집필부분).

간의 차이점을 발생시킨다. 특허권의 전용실시권에 있어서 특허권자가 등록의무를 이행하기 이전에는 라이선시는 독점적 통상실시권자로서 채권적 지위만 인정되고 나아가 등록의무 미이행을 이유로 쌍방미이행 요건을 충족하여 관리인의 해제권 행사가 인정되는 것이 자연스럽다. 반면, 상표권의 전용사용권에 있어서는 상표권자가 등록의무를 이행하기 이전에도 라이선시는 전용사용권자로서 물권적 지위를 얻게 되므로 '등록이 완료된 특허권의 전용실시권자'의 경우와 마찬가지로 도산에 복종하지 않는 권리를 보유한 자라는 관점에서 관리인의 해제권 행사의 대상이 되는지 여부가 문제된다. 이에 대해서는 뒤에서 다시 살펴본다.[56]

6. 저작권에 대한 이용허락

저작권은 다른 지식재산권과 달리 창작만으로도 권리가 성립하고 그 등록을 권리발생요건으로 하지 않는데, 저작권법 제46조에서 이용허락을, 제47조에서 배타적발행권을, 제63조에서 출판권을 각 규정하고, 제5절(제50조 내지 제52조)에서 저작물 이용의 법정허락을 규정하고 있다.

저작권법 제54조에서는 저작재산권의 양도(상속 그 밖의 일반승계의 경우를 제외한다) 또는 처분제한, 배타적발행권 및 출판권의 설정·이전·변경·소멸 또는 처분제한 등에 대한 등록을 대항요건으로 규정하고 있으나, 제46조의 이용허락에 관하여는 등록할 수 있는 규정 즉 등록제도 자체를 저작권법에 두고 있지 않다.

이와 같이 저작권에 관한 이용허락에 관하여는 특허권에 관한 통상실시권에 대응되는 대항제도가 없기 때문에 저작권 양도 시 라

---

56) 제2장 제4절 III.관 및 제5장 제4절 II.관 제3의 다.항.

이선시 보호에 중대한 흠결이 있고,57) 나아가 저작권자에 대한 도산절차가 개시되는 경우에도 쌍방미이행 쌍무계약에 관한 관리인의 선택권(특히 해제권) 규정(채무자회생법 제119조, 제335조)에 따라 해제권이 선택되면 보호받지 못하는 문제가 발생한다.

---

57) 이에 대한 문제점을 다룬 글로는 권창환, 저작재산권 양도시 허락이용권자의 보호방안에 관한 연구, 서울대학교 석사학위 논문, 서울대학교(2010) 참조(신의칙 등에 따른 해결책 등을 제시하고 있다).

제 3절 라이선서와 라이선시가 보유한 권리의 구체적 내용

I. 라이선시의 권리(라이선서의 의무)

1. 앞서 본 바와 같이 지식재산권 라이선스 계약은 라이선서(licensor)가 라이선시(licensee)에 대하여 목적물인 권리나 법률상 이익을 사용할 권리를 설정해주고, 라이선시는 그 대가로 로열티(사용료)를 지급하는 것을 기본적 내용으로 하는 계속적 계약을 말한다. 따라서 지식재산권 라이선스계약에서 라이선서(지식재산권 보유자, 실시허락자)의 본질적 의무는 실시확보에 관한 의무 등이 있고, 그 중 실시확보에 관한 의무로는 ① 단순히 라이선시(실시권자)의 실시를 용인해야 하는 용인의무(소극적 의무, 부작위 의무), ② 적극적으로 라이선시가 계약에 따라 실시할 수 있도록 하는 데에 필요한 명세서·도면의 설명, 공정 지도 등의 협력을 해야 할 의무[1] 및 ③ 목적물인 지식재산권의 효력을 유지하기 위하여 등록료납부, 권리불포기, 제3자의 무효심판에 적절히 대응해야 하는 등의 의무(적극적 의무, 작위의무)[2]가 있다.[3]

---

1) 다만 라이선시가 계약에 따라 실시할 수 있도록 하는 데에 협력할 라이선서의 적극적 의무는 계약의 내용에 따라 정해지는 것이지, 실시권 설정에 따른 필수적 의무로 보기는 어렵다. 윤선희, 특허법 제7판, 법문사(2023), 637면 참조.
2) 윤선희, 특허법 제7판, 법문사(2023), 644면(묵시에 의한 통상실시권의 경우는 특허권자에게 특허권유지의무가 없는 경우가 많을 것이나, 통상실시권 허락계약을 체결하는 경우에는 명시적 혹은 묵시적으로 특허권의 유지를 의무화하지 않는 경우는 거의 없을 것이다), 633면(전용실시권을 설정한 특허권자는 특허권을 유지하고 그 가치를 보존할 의무를 갖는다).

그러나 라이선시의 통상실시권을 설정등록할 의무나 또 다른 제3자에게 라이선시를 설정하지 않을 의무는 특약이 없는 이상 라이선서의 의무로 볼 수 없다.4) 전용실시권을 설정하기로 하는 라이선스 계약의 경우에는 등록이 효력발생요건임을 고려할 때 실시권을 설정등록할 의무가 인정된다고 볼 것이나5) 독점적 통상실시권을

---

3) 참고로 특허권의 양도와 관련하여 '담보책임'이 문제될 수 있는데, 특허권 등의 무효사유를 원시적 하자로 보는 것이 일반적이고, 물건의 하자(민법 제580조)로 볼 것인지, 권리의 하자로 볼 것인지가 문제될 수 있으나, 권리의 하자로 보아 민법 제575조(제한물권 있는 경우와 매도인의 담보책임), 제578조(경매와 매도인의 담보책임), 제584조(담보책임면제의 특약)를 준용하는 것이 타당하다고 생각한다. 물건에 대비되는 것은 발명 등이라 할 것이고, 그에 부여된 지식재산권의 하자는 물건의 일부 흠결이 아니라 권리 자체를 소멸시켜 목적달성을 불가능하게 한다는 점에서 민법 제575조의 지상권 등의 제한물권의 하자에 가장 유사하기 때문이다. 물건의 하자로 보게 되면 경매로 특허권 등이 이전된 경우에는 담보책임을 물을 수 없으나(민법 제580조 제2항) 권리의 하자로 보게 되면 경매에 대해서도 담보책임이 적용된다(민법 제578조). 이는 양수인이 양도인에 대하여 권리의 무효를 이유로 양도대가에 대한 부당이득반환을 구할 수 없음을 전제로 한 논의라고 것인데, 최근 경매를 통해 매수한 상표권이 무효심결의 확정에 따라 무효가 된 사안에서 부당이득반환을 구할 수 없다는 취지로 판시한 대법원 2023. 12. 28. 선고 2022다209079 판결이 있다. 윤선희, 특허법 제7판, 법문사(2023), 633-634면에서는 원칙적으로는 담보책임의 부담이 없는 것으로 해석해야 할 것이나, 유효성을 담보하거나 무효심판에 의해 특허가 무효가 되면 전용실시권자는 계약을 해제할 수 있다고 기재하고 있어, 사실상 담보책임을 인정하는 것으로 보인다.
4) 백종현, "특허권자의 회생절차와 통상실시권자의 지위", 도산법연구 제9권 제2호, 도산법연구회(2016), 104면. 윤선희, 특허법 제7판, 법문사(2023), 643-433면에서는 일판 판례(最高裁 昭和48.4.20. 民集 27券3号, 580頁)는 일관하여 등록의무를 부정하나 일본 학설은 긍정설, 부정설, 절충설(의사해석에 따라 묵시적 합의를 인정할 수 있다는 설) 등이 있다고 소개하면서 절충설이 타당하다고 기재하고 있다.
5) 전용실시권은 등록에 의해 발생하므로 특허권자에게는 당연 등록의무가 생긴대윤선희, 특허법 제7판, 법문사(2023), 633면]. 상표권의 경우 전용사용권에 대하여 등록대항제도를 채택하고 있으나, 이 경우에도 상표권자인 라이선서에게 등록의무가 인정된다고 볼 것이어서 공동으로 등록신청하

부여하기로 하는 라이선스 계약의 경우에는 특약이 없는 이상 그러한 의무가 인정된다고 단정할 수 없다. 이러한 차이로 인해 전용실시권을 설정하기로 하는 라이선스 계약의 경우에는 설정등록의무를 이행하는 것만으로 라이선서의 주된 의무 이행을 완료한 것으로 해석할 여지가 커서 쌍방미이행 쌍무계약에 관한 관리인의 선택권(특히 해제권) 규정(채무자회생법 제119조, 제335조)의 적용대상이 되지 않는다고 볼 여지가 있다.[6]

이상과 같은 라이선시의 권리 내지 라이선서의 의무의 구체적 내용은 제5장 제5절 III.관에서 살펴볼 '부분해제의 허용 범위'와도 관련이 있다.

2. 반대로 바라보면 이러한 라이선서의 의무는 라이선시의 권리가 될 것이다. 라이선시는 ① 실시용인(사용수익용인)을 요구하는 부작위청구권(침해금지 및 손해배상청구 행사 금지청구권), ② 실시에 필요한 명세서·도면의 설명, 공정 지도 등의 협력을 구할 청구권, ③ 해당 지식재산권의 효력을 유지할 것을 요구할 청구권 등을 보유한다고 할 것이다.

그런데 유체물을 목적으로 하는 임차인의 권리(임차권)와 비교할 때, 위 ②, ③의 청구권은 목적물의 수선의무에 대응되는 것이고, ①의 청구권도 목적물의 사용을 용인할 부작위청구권에 대응되는 것이나, 임차인이 목적물을 적극적으로 사용할 권리에 대응하여 해당 지식재산권을 적극적으로 사용할 권리까지도 인정할지 여부가 문제될 수 있고, 이는 라이선시의 권리를 도산채권으로 인정할 수

는 것에 협력하지 않는다면 라이선시로서는 등록절차 이행청구의 소를 제기할 수 있다[정상조 편집대표, 상표법 주해II, 박영사(2018), 149면(이해완 집필부분)].
[6] 이에 대해서는 뒤(제4절 III.관)에서 다시 상세히 살펴본다.

있는지에 관한 문제이기도 하다. 이에 대해서는 아래 제4절 III.관 제3항에서 살펴본다.

II. 라이선서의 권리(라이선시의 의무)

라이선서의 권리에 대응하여 지식재산권 라이선스 계약상 라이선시의 본질적인 의무로는 ① 실시료 지급의무를 들 수 있고, ② 이용허락범위를 초과하여서는 지식재산권을 사용하지 않을 의무[7]도 부담한다고 할 것이다.

라이선시의 실시료 지급의무는 ① 일정한 금액을 일시에 또는 분할하여 지급하는 방식과 ② 라이선시의 생산량 내지 수익에 대응하여 지급하는 방식, ③ 이를 혼합한 방식 등 다양한 형태가 존재한다. ②, ③과 같은 방식을 취하는 경우에는 라이선서가 정확한 로열티를 산정하기 위하여 라이선시에게 매출액 등에 대한 보고를 할 의무를 부과하고, 관련 자료를 조사할 수 있는 조사권(audit right)을 보유하는 계약조항을 추가하는 경우가 있는데, 이러한 라이선시의 보고의무와 라이선서의 조사권은 모두 라이선서의 권리라 할 것이다.

---

[7] 라이선스계약에서 정한 실시기간, 실시장소, 실시행위 등을 벗어난 실시가 계약위반인지, 권리침해인지에 대해서는 다툼이 있다. 예를 들어 전용실시권의 범위를 넘는 실시의 경우 특허권의 침해로는 되지 않고 채무불이행의 문제에 불과하다는 견해[송영식 외 6인, 지적소유권법, 육법사(2008. 11.), 455면]와 전용실시권은 그 설정의 범위 내에서만 실시권을 전유하는 것이므로 그 범위를 넘는 실시는 특허침해가 된다고 보는 견해[윤선희, 특허법 제7판, 법문사(2023), 631면; 中山信弘 編著, 注解 特許法(제3판), 靑林書院(2000), 813頁]가 대립된다[정상조·박성수 공편, 특허법 주해I, 박영사(2010), 1230-1231, 1233면(이회기 집필부분)]. 상표권에 대해서는 '권리소진과 관련하여' 위반조건이 부수적인지 여부 등을 고려하는 판례(대법원 2020. 1. 30. 선고 2018도14446 판결)가 있다.

제 4절 라이선스 계약의 도산절차에서의 취급

I. 도산절차 개시에 따른 계약관계의 개요

도산절차 개시 전에 채무자가 제3자와 계약관계를 맺고 있는 경우에 쌍방의 계약상 의무 전부가 개시 전에 이행되었다면 계약관계는 소멸되고, 의무이행에 대한 부인권 행사는 별론으로 관리인이 계약관계의 정리에 관여할 여지는 없다. 그러나 채무자 또는 계약상대방의 의무 중 어느 하나 또는 그 쌍방이 남아 있는 경우에는 채무자의 관리인은 자신의 의무를 임의로 이행할 수 없고 채권자인 계약상대방도 채무자에 대하여 이행을 요구할 수 없다.[1] 따라서 관리인은 계약관계 및 이에 기초한 의무가 실체법상 존재함을 전제로 도산절차의 목적을 실현하기 위하여 이를 정리하여야 한다.

관리인이 도산절차 개시에 따라 계약관계를 정리해야 하는 기준은 우선 계약관계에 기초한 의무가 어떤 상태에 있는지 즉 ① 채무자의 의무만이 미이행인 것으로 존재하는지, ② 계약상대방의 의무만이 미이행인 것으로 존재하는지, 혹은 ③ 쌍방에 대하여 미이행 의무가 각각 존재하는지를 구분할 필요가 있다. 그러면서도 한편으로는 계약상대방과의 계약관계상 형평성이 훼손되지 않도록 고려하여야 한다.[2]

계약상 채무에 따른 계약의 종류에는 일방당사자만이 의무를 지

---

1) 채무자회생법 제131조(회생채권의 변제금지), 제424조(파산채권의 행사).
2) 伊藤眞, 破産法·民事再生法 第5版, 有斐閣(2021), 386-387頁; 노영보, 도산법강의, 박영사(2018), 211-212면.

는 편무계약과 쌍방 당사자가 의무를 지는 쌍무계약이 있는데, 도산 개시 시점을 기준으로 볼 때 미이행의 편무계약이나 일방미이행의 쌍무계약은 동일하게 취급할 수 있다. 그 중 ①의 경우에는 도산채권·도산담보권 내지 공익·재단채권 중 어떠한 성격을 가지는지 등이 검토되어야 할 것이다. 또한 이는 지식재산권 라이선스 계약의 라이선시의 권리가 도산채권 내지 환취권에 해당하는지에 관한 문제와도 관계가 있어 뒤3)에서 살펴본다. ②의 경우에는 관리인의 계약상대방에 대한 권리가 도산재단에 편입되어 관리인이 권리행사를 하는 문제이다.4) 그리고 ③의 경우는 채무자회생법에서 가장 어려운 주제이자 이 책의 주제이기도 하다.

이하 채무자회생법상 쌍방미이행 쌍무계약의 법리를 개괄한 뒤 라이선스 계약에 어떻게 적용되는지와 일방미이행 쌍무계약이 되는 경우의 도산채권 해당성 여부에 대해서 검토해보기로 한다.

---

3) 제2장 제4절 III.관 제3항 및 제3장 제3절 III.관 제2항.
4) 전병서, 도산법 제4판, 박영사(2019), 206-207면; 노영보, 도산법 강의, 박영사(2018), 211면.

II. 채무자회생법상 쌍방미이행 쌍무계약의 법리 개괄[5][6]

1. 채무자회생법 제119조 및 제335조의 적용요건

가. 채무자회생법 제119조 및 제335조에서는 '쌍무계약에 관하여 채무자와 그 상대방이 모두 회생절차개시 내지 파산선고 당시에 아직 그 이행을 완료하지 아니한 때'의 처리에 관하여 규정하고 있다.

그 중 쌍무계약이라 함은 쌍방 당사자가 상호 대등한 대가관계에 있는 채무를 부담하는 계약으로서, 본래적으로 쌍방의 채무 사이에 성립·이행·존속상 법률적·경제적으로 견련성을 갖고 있어서 서로 담보로서 기능하는 것을 가리킨다.[7] 본래적으로 쌍방의 채무 사이에 법률적·경제적 견련관계가 없는데도 당사자 사이의 특약으로 쌍방의 채무를 상환 이행하기로 한 경우에는 '쌍무계약'에 해당하지 않는다.[8]

---

[5] 권창환, "도산절차에서의 쌍방미이행 쌍무계약과 지식재산권 라이선스 계약의 관계", 사법 통권 제50호, 사법발전재단(2019), 373-377면을 수정·보완하였다.

[6] 채무자회생법상 쌍방미이행 쌍무계약의 법리에 대해서는 많은 연구와 문헌이 있으나, 이 책에서 상세한 내용에 대한 소개는 생략한다. 세부적 법리에 대해서는 김영주, 도산절차상 미이행 쌍무계약에 관한 연구, 서울대학교 박사학위 논문, 서울대학교(2013); 서울회생법원 재판실무연구회, 회생사건실무(상) 제6판, 박영사(2023), 168면 이하; 서울회생법원 재판실무연구회, 법인파산실무 제5판, 박영사(2019), 186면 이하 참조.

[7] 대법원 2007. 9. 6. 선고 2005다38263 판결 등 참조. 회생절차개시 당시에 매매계약을 체결할 권리가 존재하였고 그 후에 상대방의 권리행사에 의하여 매매계약이 성립하거나 장차 성립할 수 있어 아직 쌍방의 채무가 이행되지 아니한 경우에도 쌍방이이행 쌍무계약에 따른 법리가 유추적용된다(대법원 2007. 9. 6. 선고 2005다38263 판결).

[8] 대법원 2000. 4. 11. 선고 99다60559 판결(공동수급업체 사이에 대표사가 먼저 공사자금을 조달하여 지급한 후 회원사가 분담금을 상환하는 내용의

또한 '이행을 완료하지 아니한 때'에는 채무의 일부 미이행도 포함되고 그 이행을 완료하지 아니한 이유는 묻지 아니하는 것으로 이해된다.9) 그리고 단순히 부수적인 채무에 불과한 경우에는 그 미이행이 있다고 하더라도 '미이행'이라 할 수 없는데,10)11) 계약의 주된 급부의무에 해당하는지 아니면 부수의무에 불과한지를 구분하는 별도의 기준을 두고 있는 것은 아니므로, 이에 관한 구별은 민법상의 해석론에 따른다.12)

공동도급현장 경리약정이 회사정리법 제103조 제1항 소정의 쌍무계약에 해당하지 않는다고 한 사례), 대법원 2007. 3. 29. 선고 2005다35851 판결(공사하도급계약에 따른 원고의 시공비 등 대위변제에 따른 피고의 구상금 지급의무와 대리점계약에 기한 원고의 물품대금 지급의무는 성질상 서로 대가적이거나 본래적으로 상환으로 이행되어야 할 성질의 채무라고 할 수 없고, 원·피고가 이 사건 약정에 의하여 구상금채권과 물품대금채권을 상계처리하기로 합의하였다고 하더라도 그러한 약정은 법 제103조 제1항 소정의 쌍무계약이라고 보기 어렵다고 한 사례), 대법원 2007. 9. 7. 선고 2005다28884 판결(신탁계약에 부가된 특약에 의하여 피고가 부담하는 신탁비용 등의 상환채무와 공사도급계약에 의하여 원고가 부담하는 공사대금지급채무 상호간에는 구 회사정리법 제103조가 규정하는 쌍무계약상의 대가적 견련관계가 있다고 볼 수 없다고 한 사례) 등 참조.
9) 대법원 1998. 6. 26. 선고 98다3603 판결 등 참조.
10) 종된 급부만 미이행된 경우에도 미이행으로 보아야 한다는 견해[노영보, 도산법 강의, 박영사(2018), 215면]도 있으나, 지나치게 관리인(라이선서)의 입장에 편중된 주장으로 보여 받아들이기 어렵다.
11) 대법원 2012. 3. 29. 선고 2011다102301 판결은 "계약으로부터 발생하는 부수적 채무의 불이행을 원인으로 하여 계약을 해제할 수 있는 것은 그 불이행으로 인하여 채권자가 계약의 목적을 달성할 수 없는 경우 또는 특별한 약정이 있는 경우에 한정된다고 볼 것이다"라고 판시하였는데, 이러한 경우에는 채무자회생법상 쌍방미이행 쌍무계약으로 보기는 어렵다고 생각된다. 위와 같이 평시 법률관계에서 계약해제를 인정하는 것은 계약의 목적 달성을 할 수 없는 것을 이유로 하나, 채무자회생법상 해제권은 그와는 별개로 대가적 견련관계로 인한 담보적 기능에 중점을 두고 있기 때문이다. 관련 논의는 제4장 제2절 참조.
12) 계약상의 의무 가운데 주된 채무와 부수적 채무를 구별함에 있어서는 급부의 독립된 가치와는 관계없이 계약을 체결할 때 표명되었거나 그 당시

판례는 파산절차와 관련하여 "쌍무계약의 특질을 가진 공법적 법률관계에도 쌍방미이행 쌍무계약의 해지에 관한 채무자회생법 제335조 제1항이 적용 또는 유추적용될 수 있다"고 판시하고 있는데, 회생절차에 대해서도 동일하게 보아야 할 것이다.[13]

나. 한편 주된 의무와 견련성은 있지만 그 의무위반을 이유로 계약을 해제할 수 없는 경우 예를 들어 매매계약의 매도인이 하자 있는 목적물을 모두 인도하였으나 계약을 해제할 정도의 중대한 흠이 있는 정도는 아닌 경우에도 채무자회생법상 해제권을 행사할 수 있는지에 대하여는, 평시 채권자의 해제권 발생을 정당화할 정도의 채무불이행이 있어야 미이행으로 볼 수 있다는 견해[14]가 있다.

그러나 견련성 요건이 충족되면 미이행 부분의 중대성 요건 또는 사소하지 않은 미이행이라는 요건을 추가로 따질 필요가 없으므로 평시 법률관계에서 해제할 수 있는 여부는 고려할 필요가 없고 봄이 타당하다.[15] 미국의 쌍방미이행 쌍무계약에 해당하는지 여부에 대한 중대한 위반의 기준(material breach) 즉 '계약당사자와 도산채무자의 두 계약상 의무가 이행되지 않았고 이러한 의무위반이 상대방 당사자의 이행을 면제할 정도로 중대한 위반을 구성하는 계약에 해당하여야 한다'는 기준[16]은 결국 두 급부사이의 고유한 의미

상황으로 보아 분명하게 객관적으로 나타난 당사자의 합리적 의사에 의하여 결정하되, 계약의 내용·목적·불이행의 결과 등의 여러 사정을 고려하여야 한다(대법원 2005. 11. 25. 선고 2005다53705 판결 등 참조).
13) 서울회생법원 재판실무연구회, 회생사건실무(상) 제6판, 박영사(2023), 170면.
14) 김영주, 도산절차상 미이행 쌍무계약에 관한 연구, 서울대학교 박사학위논문, 서울대학교(2013), 104-107면.
15) 최준규, 계약법과 도산법 -민법의 관점에서 도산법 읽기-, 홍진기법률연구재단(2021), 128-129면.
16) 미국의 쌍방미이행 쌍무계약의 정의에 대해서는 제5장 제3절 II.관 제1항 참조.

의 견련관계가 있다는 우리의 법리와 크게 다르지 않으므로 우리 채무자회생법에서 요구하는 고유한 의미의 견련성 요건 외에 의무위반의 중대성 요건을 추가할 필요가 없다.17)

2. 관리인 내지 파산관재인의 선택권과 그 효과

가. 관리인 내지 파산관재인의 선택권

쌍무계약에 관하여 채무자와 그 상대방이 모두 회생절차개시 내지 파산선고 당시에 아직 그 이행을 완료하지 아니한 때에는 관리인 또는 파산관재인은 계약을 해제 또는 해지하거나 채무자의 채무를 이행하고 상대방의 채무이행을 청구할 수 있다(제119조 제1항 본문, 제335조 제1항). 관리인은 회생계획안 심리를 위한 관계인집회가 끝난 후 또는 제240조의 규정에 의한 서면결의에 부치는 결정이 있은 후에는 계약을 해제 또는 해지할 수 없는데(제119조 제1항 단서), 관리인이 위 기간 도과 시까지 선택권을 행사하지 않은 때에는 이행선택을 한 것으로 보아야 할 것이다.18) 반면 파산절차에서는 파산관재인의 선택권 행사에 대한 기간제한이 별도로 없다(제335조 제1항).19)

---

17) 최준규, 계약법과 도산법 -민법의 관점에서 도산법 읽기-, 홍진기법률연구재단(2021), 126-127면.
18) 대법원 2012. 10. 11.자 2010마122 결정. 이와 같이 관리인이 선택권을 행사하지 않던 중 기간 경과에 따라 이행선택을 한 것으로 취급하는 법리는 미국 도산법 실무에서 이른바 관통 원칙('run through' or 'pass through' doctrine)에 따라 회생계획인가결정 이후 쌍방이 그 계약에 구속되도록 하는 것과 동일하다고 볼 수 있다. 상세한 내용은 제5장 제3절 Ⅱ.관 제1의 나. 2)항 참조.
19) 반면 미국은 Chapter 7의 파산절차에 있어서 관재인은 절차개시일로부터 60일 이내 또는 법원이 추가로 부여하는 60일 이내의 기간 내에 인수 내지 거절을 결정하여야 하고 이를 선택하지 않으면 계약거절을 선택한 것으로 간주되도록 하고 있다[11 U.S.C. § 365(d)(1)]. 신속한 청산이라는 파산제도의

회생절차에서 상대방은 관리인에 대하여 계약의 해제나 해지 또는 그 이행의 여부를 확답할 것을 최고할 수 있고, 이 경우 관리인이 그 최고를 받은 후 30일 이내에 확답을 하지 아니하는 때에는 관리인은 해제권 또는 해지권을 포기한 것으로 보므로(제119조 제2항), 결국 이행의 선택을 한 것이 된다. 반면, 파산절차에서 상대방은 파산관재인에 대하여 상당한 기간을 정하여 그 기간 안에 계약의 해제 또는 해지나 이행 여부를 확답할 것을 최고할 수 있고, 이 경우 파산관재인이 그 기간 안에 확답을 하지 아니한 때에는 계약을 해제 또는 해지한 것으로 본다(제335조). 이는 회생절차가 채무자의 재건을 통한 사업계속을 전제로 하는 절차인 반면 파산절차는 청산을 전제로 하는 절차이기 때문이다.[20]

그런데 위 규정에 따른 상대방의 최고가 없는 한 관리인 내지 파산관재인의 선택권 행사의 시기에 제한이 있는 것은 아니라고 할 것이므로[21] 회생절차개시 내지 파산선고 후 상당기간이 경과된 뒤에 관리인 내지 파산관재인이 해제권을 행사하였다거나 부인권의 행사와 선택적으로 행사되었다는 등의 사정만으로는 그 해제권의 행사가 실기한 공격방어방법에 해당하거나 신의칙에 반하는 것으로서 권리남용에 해당한다고 할 수 없다.[22]

한편 채무자회생법 제61조 제1항 제4호에서는 법원은 필요하다고 인정하는 때에는 관리인으로 하여금 제119조의 규정에 의한 계

목적을 고려할 때 우리도 이와 같이 개정하는 것을 검토해 볼 필요가 있다고 생각한다.
20) 노영보, 도산법 강의, 박영사(2018), 216면.
21) 회생절차의 경우에는 채무자회생법 제119조 제1항 단서의 기간도과 이전을 의미한다.
22) 대법원 2003. 5. 16. 선고 2000다54659 판결(구 회사정리법이 적용된 사안으로 구 회사정리법 제103조 제1항은 채무자회생법 제119조 제1항 단서와 같은 기간제한이 없었다). 노영보, 도산법 강의, 박영사(2018), 217면.

약의 해제 또는 해지에 대하여 법원의 허가를 받도록 할 수 있다고 규정하고 있다. 위 규정에 따라 실무상 쌍방미이행 쌍무계약의 해제 또는 해지는 개시결정 당시 법원의 허가를 받아야 하는 사항으로 지정하는 결정을 하고 있으나, 이와 달리 이행을 선택하는 경우에는 법원의 허가를 받지 않고 보고만을 하도록 처리하고 있다. 반면 파산절차에서는 파산관재인으로 하여금 채무자회생법 제492조 제9호에 따라 이행의 청구를 선택한 경우에 한해 법원의 허가를 받도록 규정하고 있다.

관리인 내지 파산관재인이 국가를 상대방으로 하는 「방위사업법」 제3조에 따른 방위력개선사업 관련 계약을 해제 또는 해지하고자 하는 경우 방위사업청장과 협의하여야 한다(제119조 제5항, 제335조 제3항).

나. 해제·해지를 선택한 경우

관리인 내지 파산관재인이 계약의 해제 또는 해지를 선택한 경우, 상대방은 손해배상에 관하여 회생채권자 내지 파산채권자로서 그 권리를 행사할 수 있고(제121조 제1항, 제337조 제1항), 관리인 내지 파산관재인의 해제권 행사로 인하여 비로소 발생하는 상대방의 손해배상청구권은 회생계획안 심리를 위한 관계인집회가 끝나기까지 내지 파산절차가 종결되기 전까지 추후 보완신고를 하여야 실권되지 않는다.[23]

원상회복과 관련하여서는 채무자가 받은 반대급부가 채무자의 재산 중에 현존하는 때에는 상대방은 그 반환을 청구할 수 있고(환취권), 현존하지 아니하는 때에는 상대방은 그 가액의 상환에 관하여 공익채권자 내지 재단채권자로서 그 권리를 행사할 수 있다(제

---

23) 대법원 1998. 6. 26. 선고 98다3603 판결 등 참조.

121조 제2항, 제337조 제2항).

다. 이행선택의 경우

관리인 내지 파산관재인이 쌍방미이행 쌍무계약의 이행을 선택하면 회생절차개시 내지 파산선고 전에 발생한 청구권이라 하더라도 채무자회생법 제179조 제1항 제7호의 공익채권 내지 제473조 제7호의 재단채권이 된다. 이는 회생절차개시 내지 파산선고 전의 원인에 기한 것이지만 회생채권 내지 파산채권으로 하면 상대방의 채무에 대하여는 완전이행을 강제하면서 그 채권에 대하여는 회생계획에서 권리변경을 수인하거나 파산채권으로 일부만을 변제받게 하는 결과는 형평에 반하므로 관리인 내지 파산관재인에게 이행, 해제 또는 해지에 대한 선택권을 부여함에 대응하여 이행이 선택된 경우에는 상대방의 청구권을 공익채권 내지 재단채권으로 하여 보호하는 것이다.[24] 이와 같은 제도의 취지에 대해서는 새로운 시각이 제시되고 있는데 뒤(제4장 제1절)에서 상세히 살펴본다.

관리인 내지 파산관재인이 이행을 선택하였다고 하여도 동시이행의 부담을 갖는 종전 당사자의 지위보다 격상될 수는 없으므로 상대방은 관리인 내지 파산관재인에 대하여도 동시이행의 항변권을 주장할 수 있다.[25]

라. 적용배제

쌍방미이행 쌍무계약의 법리는 회생절차에 있어서는 단체협약에 적용되지 않기 때문에 회생절차가 개시되더라도 해제 내지 해지

---

[24] 서울회생법원 재판실무연구회, 회생사건실무(상) 제6판, 박영사(2023), 168면; 노영보, 도산법 강의, 박영사(2018), 217면.
[25] 서경환, "회사정리절차가 계약관계에 미치는 영향", 재판자료 86집(회사정리법·화의법상의 제문제), 법원도서관(2000), 653면.

를 할 수 없으나(채무자회생법 제119조 제4항), 파산절차에 있어서는 청산을 목적으로 하므로 그러한 제한이 없다.

임대인인 채무자에 관하여 회생절차가 개시된 경우 내지 임대인이 파산선고를 받은 경우 임차인이 「주택임대차보호법」 제3조(대항력 등) 제1항의 대항요건을 갖춘 때와 「상가건물 임대차보호법」 제3조(대항력 등)의 대항요건을 갖춘 때에는 임차권 보호의 필요성을 존중하는 한편 공시에 따른 불측의 피해가 방지된다는 점을 고려하여 쌍방미이행 쌍무계약의 법리가 적용되지 않도록 그 예외를 특별히 규정하고 있다(채무자회생법 제124조 제4항, 제340조 제4항). 다만 일본과 같이 재단채권 내지 공익채권이라고 규정하고 있지는 않다.[26)27)]

이와 같이 '대항력 있는 임차권'에 대하여 쌍방미이행 쌍무계약 규정의 적용배제특칙의 도입경위에 관한 일본의 비교입법례는 이 책의 핵심 주제와도 관련되는데, 이에 대한 상세한 내용은 뒤에서 살펴본다.[28)]

---

26) 일본 파산법 제56조 제2항, 회사갱생법 제63조, 민사재생법 제51조.
27) 우리 채무자회생법은 '대항력 있는 임차권'에 대하여 쌍방미이행 쌍무계약의 규정이 적용되지 않는다고만 규정하고 있을 뿐 그 권리의 성격이 어떤지에 대하여 침묵하고 있어 회생채권인지 공익채권인지에 대한 추가 검토가 필요하다. 이에 대해서는 뒤(제4장 제2절 II.관 제4의 나.항)에서 살펴본다.
28) 제5장 제2절 III.관 제2의 나.항.

III. 라이선스 계약의 채무자회생법상 쌍방미이행 쌍무계약으로의 취급

1. 라이선스 계약이 채무자회생법상 쌍방미이행 쌍무계약에 해당하는지 여부

가. 지식재산권 라이선스 계약은 계약당사자인 라이선서와 라이선시가 상호 간의 의무를 부담하는 계속적 계약으로서 쌍무계약[29]에 해당한다는 점에 대해서는 큰 다툼이 없는 듯하다.[30]

그런데 채무자회생법 제119조, 제335조에서는 쌍무계약 중 쌍방미이행 즉 채무자와 그 상대방이 모두 회생절차개시 당시에 아직 그 이행을 완료하지 아니한 경우에 대해 관리인에게 선택권으로서 해제권과 이행선택권을 부여하고 있는 특별한 취급을 하고 있어, 그 적용요건으로서 지식재산권 라이선스 계약이 그 자체로 쌍방미이행에 해당하는지 여부에 대해서 다툼이 있으나,[31] 쌍방미이행 쌍

---

29) 채무자회생법 제119조의 쌍무계약이라 함은 쌍방 당사자가 상호 대등한 대가관계에 있는 채무를 부담하는 계약으로서, 쌍방의 채무 사이에는 성립·이행·존속상 법률적·경제적으로 견련성을 갖고 있어서 서로 담보로서 기능하는 것을 가리키는데(대법원 2000. 4. 11. 선고 99다60559 판결 등), 민법상 쌍무계약과 그 개념이 대동소이하다.
30) 권순일 대표편집, 주석 채무자회생법(II), 한국사법행정학회(2020), 388면(민지현 집필부분); 최준규, 계약법과 도산법 -민법의 관점에서 도산법 읽기-, 홍진기법률연구재단(2021), 345면; 伊藤眞, 會社更生法, 有斐閣(2012), 286-287頁.
31) 백종현, "특허권자의 회생절차와 통상실시권자의 지위", 도산법연구 제9권 제2호, 도산법연구회(2016), 104면에서는, 일본에서 ① 실시계약 체결 후 실시허락자의 채무는 추상적·관념적인 것에 불과할 뿐 실시권자의 실시료 지급의무와 대가관계에 서지 않는다는 이유로 쌍방 미이행성을 부정하는 견해도 있지만, ② 일반적으로는 실시권자가 부담하는 실시료 지급의무, 실시허락자가 자신의 특허권에 근거한 금지 및 손해배상청구권을 실시권자에 대하여 행사하지 않겠다는 부작위의무 및 기타 부수의무가 계약기간 동안 지속되기 때문에 부동산 임대차계약과 마찬가지로 쌍방미이행의 쌍

무계약에 해당한다는 것이 일반적인 견해로 보인다.[32]

　나. 한편 라이선스계약은 통상실시권뿐만 아니라 전용실시권에 대해서도 체결될 수 있다. 통상실시권에 관한 라이선스계약에 대해서는 통상실시권이 채권적 성격을 갖는다는 점에서 채무자회생법상 쌍방미이행 쌍무계약에 따른 관리인의 선택권 규정(제119조, 제335조)이 적용된다는 보는 것이 자연스러운 반면, '물권적 성격'을 갖는 전용실시권에 관한 라이선스계약에 대해서도 당연히 적용된다고 볼 수 있을지에 대해서는 추가적인 검토가 필요하다.

　그러나 전용실시권이 물권적 성격을 갖는 것은 등록의 결과에 관한 차원이고, 라이선스계약을 체결하는 것은 권리발생의 요건이라는 점에서 양자는 별개의 문제이므로 전용실시권에 관한 라이선스계약에 대해서도 채무자회생법상 쌍방미이행 쌍무계약에 따른 관리인의 선택권 규정이 적용된다고 보는 것이 일응 자연스럽다. 더욱이 전용실시권 등록이 이행되기 이전이라면 쌍무계약의 미이행성도 인정되는 것이 타당하다.[33]

　　　무계약에 해당한다고 보는 것이 통설이며, ③ 통설대로 해석하되 실시료가 이미 모두 지급된 경우에는 쌍방미이행이 아니라는 견해가 있다고 한다. 위 글의 저자(백종현)도 ②, ③의 견해를 취하는 듯하다.
32) 이태진, "통합도산법상의 파산채무자 보유의 미국등록 특허에 대한 실시계약의 해제·해지와 관련한 국제도산법상의 몇 가지 쟁점", 변호사 제50집, 서울지방변호사회(2017), 182면; 강헌, "라이센서 파산시 라이센시의 보호에 관한 연구-입법론적 고찰을 중심으로-", 경영법률 제21권 제1호, 한국경영법률협회(2010), 450면; 한지영, "라이센서의 파산과 라이센시의 법적 보호에 관한 연구", 산업재산권법 제27권, 한국지식재산학회(2008), 115면; 백종현, "특허권자의 회생절차와 통상실시권자의 지위", 도산법연구 제9권 제2호, 도산법연구회(2016), 6면.
33) 다만 상표법은 전용사용권에 대하여 등록대항제도를 채택하고 있어 전용사용권의 설정합의만으로 그 효력이 발생한다(제2절 II.관 제5항). 따라서 상표권에 있어서는 상표권자의 등록의무는 부수적 의무로 볼 여지가 있으므로

다만 전용실시권은 등록이 대항요건이 아닌 효력발생요건으로 그 이행이 필수적으로 요청된다는 점을 고려할 때 라이선서의 등록 의무는 쌍무계약에서 말하는 주된 의무로 볼 것이고, 이러한 이유로 일반적으로는 라이선서가 전용실시권 등록의무를 이행한 이후에는 일방의 이행이 완료된 것으로 보아 일응 채무자회생법상 쌍방미이행 쌍무계약에 따른 관리인의 선택권 규정이 적용되지 않는다고 볼 것이다.34) 그렇지만 전형적인 '전용실시권 설정의 라이선스계약' 외에도 라이선스계약은 사업양도 등을 포함하는 다양한 내용의 계약 체결이 가능하므로, 실제로는 쌍무계약의 미이행성 판단이 위와 같다고 단정하기는 어렵다.35) 이에 대해서는 뒤에서 다시 상

그 미이행을 이유로 쌍무계약의 미이행성이 인정된다고 보기는 어렵다.
34) 과거 동산 소유권유보부매매에 대하여 회생담보권으로 볼지, 환취권을 인정할지에 대하여 다툼이 있었는데, 대법원 2014. 4. 10. 선고 2013다61190 판결은 회생담보권으로 보아 환취권을 행사할 수 없다고 판시한 바가 있다(이러한 법리는 대법원 2024. 9. 12. 선고 2022다294084 판결에서도 재확인하였다). 이와 관련하여 등기·등록을 요하는 부동산과 동산에 대한 소유권유보부매매에 대해서도 동일한 결론에 이를 수 있는지에 대하여 다툼이 있었는데, "물권변동에 관하여 형식주의 입장에서 등기·등록을 성립요건으로 하는 우리 법제 하에서는 매도인의 소유권이전의무가 관념상으로만 남아 있다고 할 수 있는 일반 동산의 경우와는 달리 법률상으로도 매도인의 등기 또는 등록이전의무가 남아 있는 것으로 봄이 상당하므로, 매도인에게 등기·등록 명의가 남아 있는 한 위 매매계약은 쌍방미이행 쌍무계약에 해당한다고 보아야 한다"고 보는 것이 다수설로 보인다[김범준, "동산 소유권유보부 매매의 매도인이 매수인에 대한 회생절차에서 매매목적물에 대하여 환취권을 행사할 수 있는지 여부", 재판과 판례 제24집, 대구판례연구회(2015), 258면]. 상세한 논의는 제5장 제4절 Ⅱ.관 제3의 나.항 참조.
35) 심활섭, "일본 도산절차에서의 라이선시 보호", 도산법연구 제11권 제1호, 도산법연구회(2021), 35면에서는 상표권에 대한 전용사용권의 라이선스계약이 쌍방미이행 쌍무계약에 해당한다는 하급심 판결(서울고등법원 2012. 2. 10. 선고 2011나88018 판결)에 비추어 볼 때 특허권의 전용실시권에 대한 라이선스계약 역시 쌍방미이행 쌍무계약에 해당하고, 나아가 전용실시권이 등록된 경우에 관리인이 해제가능한지에 대해 논란이 있으나 긍정설이 우세하다고 기재하고 있다. 전용실시권이 등록된 경우 관리인이 해제가능

세히 살펴본다.36)

2. 라이선시가 로열티 지급을 완료함으로써 관리인의 계약해제를 막을 수 있는지 여부

지식재산권 라이선스 계약에 있어서 라이선시가 로열티 지급의무를 완료하게 되면, 그것만으로 일방미이행으로 보아야 하는지에 대해서는 검토가 필요하다.

이에 대해서는 지식재산권 라이선스 계약을 쌍방미이행 쌍무계약으로 보되, 라이선시의 사용료(로열티) 지급의무를 완료한 경우에는 쌍방미이행이 아닌 일방미이행 쌍무계약으로 보아야 한다는 견해가 있을 수 있다.37) 이는 채무자회생법 제119조, 제335조의 적용 여부에 중대한 영향을 미치는 문제이다. 즉 라이선서의 관리인이 해제·해지권을 행사할 수 있는 상황인지, 계약상대방인 라이선시의 도산절차상 지위가 도산채권자인지 공익채권자인지 등이 달라질 수 있다. 쌍방미이행 쌍무계약으로 보게 되면, 관리인은 선택권 중 해제·해지권을 행사할 수 있고, 이행선택을 하는 경우에는 라이선시는 공익채권자로서 도산절차에 복종하지 않는 권리자가 된다. 반면 쌍방미이행 쌍무계약으로 보지 않게 되면, 관리인의 선택권은 인정되지 않고 통상실시권자인 라이선시는 도산채권자로서 도산절차에 참가할 수 있다.38)39) 라이선시가 도산채권자로서 도산

한지에 대한 논거나 인용문헌을 제시하고 있지 않아 그 내용을 구체적으로 파악하기는 어려우나 본문과 같은 논의를 염두에 둔 것으로 이해된다.
36) 제2장 제4절 III.관 제4항 및 제5장 제4절 II.관 제3의 나.항.
37) 백종현, "특허권자의 회생절차와 통상실시권자의 지위", 도산법연구 제9권 제2호, 도산법연구회(2016), 104면에서는 일본에서도 같은 견해가 있다고 기술하면서 이를 지지하고 있다.
38) 통상실시권이 도산채권에 해당하는지 여부에 대해서는 아래 제3장 참조.

절차에 참가할 경우, 대항력을 취득하였다면 관리인이 해당 지식재산권을 제3자에게 매각하더라도 대항할 수 있고, 또 회생계획안을 작성할 때에 금전채권과 달리 사실상 공익채권과 같은 취급을 받을 여지도 있는데, 이는 임차권의 실무례와 유사하다.[40]

그런데 사용료(로열티) 지급만으로도 채무자회생법상의 쌍방미이행 쌍무계약에 해당하지 않는 것으로 본다는 것은, 채무자회생법 제119조, 제335조의 적용대상으로서 의무이행 여부의 대상을 대가관계에 있는 의무에 한정하여 살피겠다는 것이고, 나머지 의무는 부수적 의무이므로 그 이행 여부는 고려하지 않는 것이 법리에 부합된다는 것을 전제로 한다.

채무자회생법상 쌍방미이행 쌍무계약에 대한 일반법리에서 살펴본 바와 같이 단순히 부수적인 채무에 불과한 경우에는 그 미이행이 있다고 하더라도 '미이행'이라 할 수 없는데, 계약의 주된 급부의무에 해당하는지 아니면 부수의무에 불과한지를 구분하는 별도의 기준을 두고 있는 것은 아니므로, 이에 관한 구별은 민법상의 해석론에 따른다. 즉 계약상의 의무 가운데 주된 채무와 부수적 채무를 구별함에 있어서는 급부의 독립된 가치와는 관계없이 계약을 체결할 때 표명되었거나 그 당시 상황으로 보아 분명하게 객관적으로 나타난 당사자의 합리적 의사에 의하여 결정하되, 계약의 내용·

반면 전용실시권자인 라이선시는 도산에 복종하지 않는 권리자로서 환취권을 행사할 수 있다(아래 제4장 참조).
39) 하지만 실제로는 로열티를 정액제로 지급하는 경우에도 일시 전액지급이 아닌 분할지급을 하기로 한 때에는 변제공탁을 할 수 있는지(라이선시의 기한의 이익 포기 문제가 발생한다), 매출액 등에 따라 로열티를 지급하기로 한 때에는 금액산정이 가능한지 등의 문제가 남는다. 독일에서도 이와 같은 논의가 진행되고 있는데, 상세한 내용은 제5장 제3절 Ⅲ.관 제2의 라.항 참조.
40) 도산채권자로서의 라이선시 보호에 대해서는 아래 제3항 참조. 임차권의 실무례에 대해서는 제4장 제2절 참조.

목적·불이행의 결과 등의 여러 사정을 고려하여야 한다.[41]

그렇다면 기본적인 라이선스 계약에서는 지식재산권에 대한 이용허락의 대가로 로열티를 지급하는 것이 계약의 본질적인 모습이므로, 로열티 지급이 완료되는 것만으로도 라이선시의 주된 급무의무가 완료된 것으로 보아야 하나, 실제 체결되는 라이선스 계약의 모습은 참으로 다양하고 현재에도 발전되고 있으므로 일률적으로 말하기는 어렵다고 할 것이다. 그러나 만일 라이선스 계약에서 다른 자산까지 양도하는 계약이 함께 체결되었다면 자산양도계약상의 쌍방의무를 함께 살펴보아야 하는 것은 당연하겠지만, 이러한 경우 라이선스 계약과 자산양도계약을 하나의 계약으로 보아야 하는지는 또 다른 문제일 것이다.[42]

또한 라이선스 계약을 중심으로 볼 경우 대가(로열티) 지급이 금전으로 이루어지는 것이 아니라 다른 형태, 예를 들어 포괄적 크로스라이선스 계약에서 향후 취득할 특허권에 대한 라이선스를 허여할 의무를 부과한 경우, 부제소 약정(covenant not to sue)을 체결하면서 판매처 제한의무를 부과한 경우[43] 등에는 고유의 견련성이 인정된다고 할 것이므로 위 의무의 이행 여부를 로열티 지급의무의 이행 여부에 준하여 판단하여야 할 것이다. 일견 무상의 라이선스계

---

41) 대법원 2005. 11. 25. 선고 2005다53705 판결 등 참조.
42) 앞서 본 In re Exide Technologies 사건에서도 상표라이선스 계약과 자산양도 계약을 포함하여 4건의 계약이 체결되었고, 4건의 계약이 하나의 계약으로 보아 쌍방미이행 쌍무계약(executory contract)에 해당되는지 여부가 쟁점이 될 수 있었으나, 쌍방 당사자가 1개의 계약이라는 점에 대해서 다투지 않았기 때문에 위 쟁점의 검토로 바로 넘어간 것이다.
43) 퀄컴 사건(대법원 2023. 4. 13. 선고 2020두31897 판결)에서와 같이 모뎀칩 특허 보유자인 퀄컴이 다른 모뎀칩 제조사들에 대하여 특허권을 행사하지 않는 대신 퀄컴과 라이선스 계약을 체결한 휴대폰 제조사들에 대해서만 모뎀칩을 공급하기로 하는 약정을 체결한 경우에는, 일응 무상의 라이선스 계약으로 보이지만 위와 같은 의무를 고유의 견련성이 있는 대가로 볼 여지도 있을 것이다.

약으로 보이는 경우에도 계약의 실질과 당사자의 합리적인 의사를 사려 깊게 고려하여야 할 것이다.

결국 고유한 의미의 견련성이 있는 의무가 무엇인지를 구별한 뒤 그에 대한 이행여부를 살펴야 할 것이고, 그 외의 종된 의무[44]의 이행 여부는 채무자회생법상 쌍무계약의 이행여부에 대한 고려요소가 아니라 할 것이다.

3. 일방미이행으로 인정될 경우 '통상실시권'이 도산채권인지 여부[45]

도산 개시 시점을 기준으로 볼 때 미이행의 편무계약이나 일방미이행의 쌍무계약은 동일하게 취급되고, 이 경우 상대방의 권리가 도산채권·도산담보권 내지 공익·재단채권 중 어떠한 성격을 가지는지가 검토되어야 한다는 점은 앞서 본 바와 같다. 따라서 라이선시(실시권자 등)가 라이선스계약을 체결하면서 로열티를 일시에 선급으로 지급하는 등으로 실시권자의 의무를 모두 이행한 경우에는 일방미이행 쌍무계약에 해당하므로, 라이선시의 권리를 도산채권으로 분류하여 도산절차에 참여하도록 하여야 하는지가 문제될 수 있다. 특히 도산절차에 있어서는 지식재산권에 대한 실시권이 부작위청구권인지 여부에 관하여 다툼이 있을 수 있는데, 이러한 쟁점의 제기는 부작위청구권이 도산채권에 포함되지 않는다는 도산법상의 설명에서부터 시작된다.[46]

---

44) 예를 들어 생산량 보고의무 등.
45) 여기서는 당사자의 계약에 따라 발생하는 '허락에 의한 통상실시권'에 대해서만 논하고, 법정실시권에 대해서는 뒤(제5장 제4절)에서 검토하기로 한다. 당사자의 의사를 강제하는 성격을 갖는 재정실시권에 대해서는 등록대항제도를 취하고 있어 여기서 검토한 '허락에 통상실시권'의 결론과 동일하다고 할 것이다.
46) 백종현, "특허권자의 회생절차와 통상실시권자의 지위", 도산법연구 제9권

채무자회생법 제118조 제1호는 '채무자에 대하여 회생절차개시 전의 원인으로 생긴 재산상의 청구권'을 회생채권으로 정의하고 있고, '재산상의 청구권'은 일반적으로 '채무자에 대한 채권적 청구권'으로서[47] '채무자의 재산에 의하여 만족을 얻을 수 있는 재산상 청구권'을 의미한다고 해석되고, 계약상의 부작위 청구권은 '재산상의 청구권이 아니므로' 회생채권에 해당하지 않는다고 설명된다.[48] 한편 채무자회생법은 회생채권보다 우선하는 권리가 부여된 '공익채권'에 대해서는 열거주의를 채택하여 제179조 등에 명확히 규정된 것만이 이에 해당한다.[49] 파산절차에서의 파산채권과 재단채권도 회생절차의 위 설명과 대동소이하다.[50]

일반적으로 특허법상 인정되는 통상실시권은 당해 특허발명을 업으로서 실시할 수 있는 권리로서 채권자 등으로부터 방해배제 또는 손해배상청구를 받지 않는 권원, 환언하면 채권자 등에 대하여 위 두 가지 청구권을 행사 못하게 하는 부작위청구권이라고 설명된다.[51]

제2호, 도산법연구회(2016), 114면; 서울회생법원 재판실무연구회, 법인파산실무 제5판, 박영사(2019), 249면; 서울회생법원 재판실무연구회, 회생사건실무(상) 제6판, 박영사(2023), 420면.

47) 대법원 2000. 2. 11. 선고 99다8728 판결은 파산채권을 '파산 전 회사에 대하여 파산 선고전의 원인으로 생긴 재산상의 청구권으로서 성질상 강제집행이 허용되는 채권적 청구권'이라고 판시하고 있고, 이는 회생채권에 대해서도 동일하다고 보는 것이 일반적인 견해이다.

48) 서울회생법원 재판실무연구회, 회생사건실무(상) 제6판, 박영사(2023), 419-420면. 그 외에도 '회생절차 개시 전의 원인에 의한 청구권', '강제할 수 있는 청구권', '물적 담보를 가지지 않는 청구권'일 것을 요구한다[위 교재, 421-425면].

49) 서울회생법원 재판실무연구회, 회생사건실무(상) 제6판, 박영사(2023), 494면.

50) 서울회생법원 재판실무연구회, 법인파산실무 제5판, 박영사(2019), 247-250면, 348면.

51) 정상조·박성수 공편, 특허법 주해II, 박영사(2010), 1248면(김기영 집필부분).

반면 '미국 쪽에서는 대체로 특허권자의 금지청구권의 포기로 보고 있고, 대륙법계에서는 실시권자가 특허를 실시·이용하도록 할 특허권자의 적극적인 의무와 책임으로 보고 있는데, 특허권의 본질을 독점실시권과 배타권을 모두 가지는 것으로 보는 한, 특허권자는 실시계약에 따라 실시권자가 특허를 실시·이용하도록 할 의무와 책임을 부담한다고 보는 것이 타당하고, 또한 이러한 실시계약의 본질은 특허실시계약이 통상실시권 설정계약이든 전용실시권 설정계약이든 차이는 없다'는 주장도 있다.[52] 즉 위 주장은 실시권자의 권리에 작위 청구권도 포함되는 것으로 이해하는 듯하다.[53]

도산법의 영역에서 부작위청구권은 그 자체가 채무자 재산의 담보가치 또는 사용가치를 이용해서 이행되는 것은 아니므로 여기에서 말하는 '재산상' 청구권으로 볼 수 없고 다만 부작위의무위반으로 인한 손해배상청구권만이 도산채권이 된다고 보아야 한다고 설명하거나,[54] 도산채권은 채무자의 재산에 의하여 만족을 얻을 수 있는 재산상 청구권이어야 하나 계약상 부작위청구권은 재산상의 청구권이 아니므로 도산채권으로 볼 수 없다고 설명하는 것[55]이 일반적이다. 반면 계약상의 작위청구권, 예컨대 건설계약, 제작물공급계약, 운송계약 등에 기한 작위청구권은 손해배상청구권으로 변형되어 청구될 수 있지만, 원채권 그대로도 채무자의 재산가치의 이용에 따라 이행될 채권이므로 재산상 청구권으로서 도산채권에

---

52) 문선영, "특허의 무효로 인한 특허실시계약의 법률관계 -기지급 실시료 반환 의무 및 특허실시계약의 취소 가부를 중심으로-", 상사판례연구 제23집 제1권, 상사판례연구회(2010).
53) 특허권의 본질은 배타권이 아니라 전용권이라는 이유에서 통상실시권 허락자의 작위의무를 인정하고자 하는 견해로는 小島庸和, 通常実施権の不可侵性, 亜細亜法学 19巻1·2合併号, 155頁[윤선희, 특허법 제7판, 법문사 (2023), 639면에서 재인용].
54) 로앤비온주, 채무자 회생 및 파산에 관한 법률 제119조 부분 참조.
55) 서울회생법원 재판실무연구회, 회생사건실무(상) 제6판, 박영사(2023), 420면.

해당할 수 있다고 한다.56)

그런데, 위 논리에 따르면 계약상의 작위청구권이 '재산상' 청구권이 아닌 경우에도 도산채권으로 인정하는 것은 채무자의 재산가치의 이용에 따라 이행될 채권이라는 이유에서이기 때문이므로, 부작위청구권 역시 '채무자 재산의 담보가치 또는 사용가치를 이용하기 위하여 인정되는 것' 내지 '채무자의 재산에 의하여 만족을 얻을 수 있는 경우'라면 도산채권으로 봄이 마땅하다 할 것이다.57)

따라서 지식재산권에 대한 통상실시권은 '채무자 재산인 특허권의 담보가치 또는 사용가치를 이용하기 위하여 인정되는 것'이기 때문에 '재산상' 청구권인 회생채권으로 보아야 할 것이고, 뿐만 아니라 통상실시권을 설정한 지식재산권자(라이선서)는 실시권자의 실시에 대하여 침해금지, 손해배상청구 등을 하지 않을 부작위 의무를 부담하는 외에도 설정등록 협조의무, 특허유지의무 등도 부담하기 때문에 재산권에 관한 청구임이 명백할 뿐만 아니라 심지어 작위의무도 포함되어 있다 할 것이므로 이러한 이유에서도 도산채권으로 보아야 할 것이다.58)

지식재산권법 분야에서 실시권을 부작위 청구권으로 보는 관점은 채무불이행 시 법적 구제수단의 선택 등을 위한 실천적 의미가 있다기보다는 지식재산권의 비전유성 등의 특성을 강조하기 위한 수단적 개념으로 이해하는 것이 타당하다. 지식재산권에 대한 통상실시권은 직접 라이선서(채무자)의 작위 또는 부작위에 의하여 비

---

56) 兼子一 監修, 條解 會社更生法(中), 弘文堂(1986), 282-283頁; 임채홍·백창훈 공저, 회사정리법(상), 한국사법행정학회(1998), 503면 참조.
57) 권창환, "도산절차에서의 쌍방미이행 쌍무계약과 지식재산권 라이선스 계약의 관계", 사법 통권 제50호, 사법발전재단(2019), 420-421면.
58) 통상실시권을 회생채권으로 보지 않는다면 법규에서 인정하는 경우에만 인정되는 공익채권(채무자회생법 제179조 제1항 제5호, 제12호 등)이나 개시후채권(채무자회생법 제181조 등)에도 해당하지 않는다고 보인다.

로소 그 목적이 달성되는 것이 아니라 라이선시의 실시로서 그 목적이 달성되는 것이고,59) 심지어 라이선서가 금지청구권을 행사하더라도 그 실시를 막을 수는 없다.60)

도산채권으로서 액수를 평가하기 어렵다는 등의 이유로 통상실시권을 도산채권으로 보기 어렵다는 주장61)도 있으나, 로열티 등을 고려할 때 금전으로 평가하는 데에는 아무런 문제가 없다.

뿐만 아니라 통상실시권이 도산채권이 아니라는 주장은 라이선시의 실시권이 공익채권이나 개시후채권에도 해당하지 않기 때문

---

59) 서울회생법원 재판실무연구회, 법인파산실무 제5판, 박영사(2019), 249면은 부작위청구권이 그 자체로 파산채권이 되지 않는 것은 직접 채무자의 작위 또는 부작위에 의하여 비로소 그 목적이 달성되고 금전으로 평가될 수 없기 때문이라고 설명하고 있다.
60) 법률적 의미가 아니라 사실상의 실시를 말한다.
61) 백종현, "특허권자의 회생절차와 통상실시권자의 지위", 도산법연구 제9권 제2호, 도산법연구회(2016), 115-116면은 "① 회생절차는 재정적인 어려움으로 인하여 채무를 변제할 수 없어 파탄에 직면한 채무자 또는 그 사업의 효율적인 회생을 도모함을 그 목적으로 하는데(채무자회생법 제1조), 통상실시권은 실시권자가 특허공보에 실시 가능하게끔 공개된 특허발명을 스스로 실시하는 것일 뿐이어서 채무자가 재정적인 어려움으로 인하여 변제할 수 없는 채무와는 거리가 멀다는 점, ② 만약 통상실시권을 헐값에 부여하는 등으로 재산가치의 감소를 가져 옴으로써 재정적인 어려움을 초래한 경우라면 이는 부인권 행사로 해결할 문제라는 점, ③ 통상실시권을 회생채권으로 이론구성하는 경우 그 본질이 부작위청구권이라는 성질상 해결하기 어려운 문제들이 발생한다는 점(예컨대, 보전처분 이후부터 통상실시권자의 실시권이 제한되는 것인지, 제한된다면 구체적으로 어떻게 제한된다는 것인지, 관리인은 통상실시권을 회생채권으로 시인하여 회생채권자 목록 및 시부인표에 기재하여야 하는 것인지, 기재하여야 한다면 회생채권 액수를 어떻게 산정하여 기재할 것인지, 회생계획에 권리변경 및 변제방법을 어떻게 규정할 것인지 등)에 비추어 보면 통상실시권을 회생채권으로 취급하는 것은 채무자회생법의 목적이나 체계에 부합하지 않을 것으로 생각된다"고 주장하고 있다. 그러나 위 논거 중 ②는 부작위청구권의 본질 인정과는 무관한 처분행위에 대한 것일 뿐이고, ①은 본문의 이유로 받아들이기 어려우며, ③은 환취권의 법리로 해결하여 계속 실시가능하다고 보아야 한다는 점(제3장 제3절 III.관 제2항 참조) 등에서 해결가능하다.

에 채무자회생법 제250조(회생계획의 효력범위), 제251조(회생채권 등의 면책 등), 제252조(권리의 변경)에 따라 면책 내지 변경되지 않는 권리로 취급되어 미국의 형평법상 구제권리(equitable remedy)와 마찬가지로 라이선시가 도산절차에도 불구하고 여전히 행사할 수 있다는 결론을 염두에 두는 것으로 보이나, 이러한 주장은 재정적 어려움으로 인하여 파탄에 직면해 있는 채무자에 대하여 채권자 등의 법률관계를 조정하여 채무자의 효율적 회생을 도모하는 것을 목적으로 하는 채무자회생법의 입법목적이나 '재산적 가치가 있는 법률관계의 조정'은 회생법원을 통해 이루어져야 한다는 우리 채무자회생법의 체계를 회피하도록 하는 것으로서 허용될 수 없는 주장이라고 생각된다.

쌍방미이행이 아닌 라이선스계약의 라이선시의 권리가 도산채권으로 분류될 경우에도 쌍방미이행 쌍무계약의 라이선시와 마찬가지로 라이선시가 라이선스계약을 신뢰하고 막대한 자금과 노력을 투자한 경우에는 여전히 보호의 필요성이 있다 할 것이므로, 라이선시가 회생채권자로서 회생절차에 참여할 경우에는 과거 임차인을 보호한 것과 같이 채권자 조분류를 통하여 회생계획안에 그 권리를 그대로 보유할 수 있도록 하는 방안도 고려해 볼 수 있을 것이다. 이러한 회생계획안은 채무자회생법 제218조 제4호 '4. 그 밖에 동일한 종류의 권리를 가진 자 사이에 차등을 두어도 형평을 해하지 아니하는 때'에 해당하여 평등의 원칙 등을 준수하는 적법한 회생계획안으로 볼 여지가 크고, 대항력을 획득한 통상실시권이라면 더욱 그러하다고 생각된다.[62]

마찬가지로 파산절차에서도 라이선시의 권리는 파산채권으로 분류되어 절차에 참여해야 하는데, 이러한 경우에는 파산채권으로

---

[62] 대항력을 획득한 통상실시권이 공정형평원칙에 따라 사실상 공익채권에 준하는 정도로 보호가능하다는 점에 대해서는 제3장 제1절 Ⅲ.관 제3항 참조.

서 파산선고 시의 평가액에 따라 일반 파산채권자들과 함께 안분배당을 받을 수밖에 없으나, 대항력을 가진 라이선시(통상실시권자)의 경우에는 지식재산권이 제3자에게 양도되더라도 대항할 수 있어 사실상 보호받을 수 있을 것이고,[63] 대항력이 없는 경우에는 양도 시 그 권리를 유지하는 조건을 부가하도록 법원의 허가를 통해 보호받는 방법을 고려해볼 수 있다.[64]

4. 일방미이행으로 인정될 경우 '전용실시권'이 도산채권인지 여부

회생절차는 재정적 어려움으로 인하여 채무를 변제할 수 없어 파산에 직면한 채무자에 대하여 이해관계인의 법률관계를 조정하여 채무자 또는 그 사업의 효율적인 회생을 도모함을 그 목적으로 하는데(채무자회생법 제1조), 이 경우 채무자가 채무 전부를 변제하는 것은 불가능하므로 절차가 개시된 채권, 즉 회생을 목적으로 그 법률관계가 조정되는 채권을 일괄 파악하여 그 상호관계에서는 평등하게 취급하는 한편 채무자에 대한 다른 권리와는 구별하여 달리 규율하는 것이 합목적적이다. 이에 채무자회생법은 회생채권이라는 개념을 두어 해당하는 채권을 일괄하여 취급하고 있다.[65] 파산절차 역시 파산재단에 속하는 총재산으로부터 평등하게 채권의 비율에 따라 배당을 받는 절차라는 점에서 파산채권을 규정하고 있다.[66] 즉 채무자회생법은 '평등하게 취급되어야 할 채권'을 도산채

---

[63] 개인파산절차와 달리 법인파산절차에서는 면책제도가 없기 때문에 라이선서가 제3자에게 양도한 뒤 대금을 받아 최후배당을 하더라도 파산절차 종결 후에도 배당받지 않은 부분에 대해서는 여전히 권리행사를 할 수 있다. 서울회생법원 재판실무연구회, 법인파산실무 제5판, 박영사(2019), 648면 참조.
[64] 법원의 허가에 의한 해결방안에 대해서는 제5장 제2절 II.관 참조.
[65] 서울회생법원 재판실무연구회, 회생사건실무(상) 제6판, 박영사(2023), 418면.

권으로 규정하고 있다.

이와 같은 이유로 도산채권은 '채무자의 일반재산을 책임재산으로 하는 채권적 청구권'이라고 해석하고 있다. 따라서 소유권에 기한 물권적 청구권, 특허권에 기한 물권적 청구권 유사의 청구권과 같이 일반재산이 아닌 특정재산에 대한 물권적 청구권은 도산채권에 해당하지 않는다.[67]

그런데 채권법은 채권관계의 상대성을 전제로 하고 있고,[68] 또 물권적 청구권과 채권적 청구권 간에는 여러 가지 차이가 있다.[69]

---

66) 서울회생법원 재판실무연구회, 법인파산실무 제5판, 박영사(2019), 247면.
67) 서울회생법원 재판실무연구회, 회생사건실무(상) 제6판, 박영사(2023), 419면; 서울회생법원 재판실무연구회, 법인파산실무 제5판, 박영사(2019), 247면; 권순일 대표편집, 주석 채무자회생법(II), 한국사법행정학회(2020), 326면(민지현 집필부분). 대법원 1994. 8. 12. 선고 94다25155 판결(회사정리법 소정의 정리채권이란 정리절차개시결정 전의 원인에 기하여 발생한 채권적 청구권을 말하는 것으로서, 채권담보를 위한 소유권이전청구권보전의 가등기에 대한 말소청구권은 가등기담보권이 피담보채권의 변제로 인하여 소멸되었음을 원인으로 삼아 소유권에 기하여 실체관계에 부합하지 아니하는 가등기의 말소를 구하는 물권적 청구권이므로 회사정리법 소정의 정리채권에 해당하지 아니한다).
68) 김용덕 대표편집, 주석 민법 채권총칙(1) 제5판, 한국사법행정학회(2020), 8면(제철웅 집필부분)은 채권관계의 상대성에 대하여 "첫째, 채권자는 채무자에 대해서만 급부를 청구할 수 있고, 채무자 아닌 제3자에게 급부청구를 할 수 없다. 둘째, 채권관계의 당사자 아닌 제3자에 대한 항변사유로써 채무이행을 거절하거나 그 밖의 항변권을 행사할 수 없다. 셋째, 채권관계 당사자가 급부의무를 수행할 권한과 역량이 있는지와 무관하게 채권관계에 기한 채무가 성립할 수 있다. 넷째, 채권관계는 채무자에 의해 침해되는 것이지 제3자에 의해 침해될 수 없다는 것이 그것이다."고 기술하고 있다.
69) 김용덕 대표편집, 주석 민법 채권총칙(1) 제5판, 한국사법행정학회(2020), 38면(제철웅 집필부분)은 물권적 청구권과 채권적 청구권 간의 차이에 대하여 "첫째, 채권적 청구권은 특정의 채무자에 대한 권리이므로 그 채무자가 채무를 이행하는 것이 불가능하면 채권적 청구권도 소멸하게 된다. 대신 채무자의 유책사유로 이행불능이 되거나 당사자 간의 합의 또는 법률규정으로 무과실책임을 져야 할 경우 원래의 급부에 갈음한 손해배상청구권으로 전환하게 된다. 그러나 물권적 청구권은 타인 소유물을 반환할 의무를

특히 전세권과 임차권의 차이를 고려할 때, 물권은 제3자에게도 그 권리를 주장할 수 있는 반면 채권은 제3자에게는 채무자를 대위하지 않은 채 직접 자신의 법적 지위에서 권리행사를 하는 것이 허용되지 않는 점에서 차이가 있다. 또한 물권은 권리의 대상인 물건 자체가 멸실하거나 물권 자체가 소멸하지 않는 한 그 청구권은 소멸하지 않으나, 채권은 채무자가 보유하는 모든 재산을 책임재산으로 하는 것이 원칙적인 모습이다.[70]

이러한 법리를 전용실시권과 통상실시권에 적용하여 보면, 그 차이가 선명해진다. 즉 앞서 본 바와 같이 일반적으로 전용실시권은 지상권과 같은 용익물권에 비유되고, 통상실시권은 임차권과 같은 채권적인 이용권에 비유된다.[71]

전용실시권의 효력은 특허권과 거의 유사한 정도의 보호를 받는다. 즉 전용실시권자는 특허침해자에 대하여 금지청구권(특허법 제126조), 손해배상청구권(제128조), 신용회복청구권(제131조)을 행사할 수 있는데, 이는 특허권자의 권리를 대위하는 것이 아니라 전용실시권자 자신의 권리로서 자신의 이름으로 소를 제기할 수 있

부담하는 자에 의한 반환불능이 초래되더라도 물건 자체가 멸실하거나 물권 자체가 소멸하지 않는 한 그 청구권은 소멸하지 않는다. 가령 소유자 A의 물건을 권원 없는 점유자 B가 점유하는 경우 A는 B에게 그 물건의 반환을 청구할 수 있다. 그런데 B가 그 물건을 C에게 인도하여 더 이상 이를 반환할 수 없게 되더라도 A는 C에게 그 물건의 반환을 청구할 수 있다. 둘째, 채권은 채권관계의 변동 없이 채권만을 양도하는 것이 가능하지만, 물권적 청구권만을 양도할 수는 없다. 물권적 청구권은 물권과 분리될 수 없다는 것이다. 셋째, 채권적 청구권은 소멸시효에 걸리지만, 물권적 청구권은 소멸시효에 걸리지 않는다. 물권이 존속하는 한 물권적 청구권이 있다는 것이다."라고 기술하고 있다.

70) 김용덕 대표편집, 주석 민법 채권총칙(1) 제5판, 한국사법행정학회(2020), 35-36면, 38면(제철웅 집필부분).
71) 정상조·박성수 공편, 특허법 주해I, 박영사(2010), 1229면(이회기 집필부분); 정상조 편집대표, 상표법 주해II, 박영사(2018), 142면(이해완 집필부분).

다.[72] 즉 채권자가 아닌 물권자에 준하는 지위를 갖는다. 반면 통상실시권은 특허권침해자에 대해 직접 자신의 지위가 아닌 특허권자를 대위하여서만 금지청구권 등을 행사할 수 있을 뿐이다.[73] 실용신안권, 디자인권, 상표권도 동일하게 볼 것이다.

전용실시권의 이와 같은 물권적 성격을 고려할 때, 도산절차에서 '평등하게 취급되어야 할 채권'으로 보기는 어렵고, 따라서 '채무자의 일반재산을 책임재산으로 하는 채권적 청구권'인 도산채권으로 보기 어렵다고 할 것이다. 더욱이 채무자회생법은 채무자에게 속하지 아니하는 재산에 대하여 환취권을 인정하고 있고,[74] 환취권의 기초가 되는 권리로는 소유권 외에도 용익물권도 대표적인 예로 들고 있다.[75] 그러므로 소유권에 대한 용익물권과 유사한 성격을

---

[72] 정상조·박성수 공편, 특허법 주해I, 박영사(2010), 1235면(이회기 집필부분).
[73] 정상조·박성수 공편, 특허법 주해I, 박영사(2010), 1253-1254면(이회기 집필부분)에서는 비독점적 통상실시권에 기한 채권자대위는 중첩적 실시권 허락이 가능하다는 점 등을 근거로 부정하는 견해가 일반적이나, 독점적 통상실시권에 기해 직접 권리행사를 할 수 있는지에 대해서는 다툼이 있다고 기재하고 있다. 저작권에 있어서 독점적인 이용허락을 받은 자에 대하여 채권자대위권을 인정한 대법원 판례(대법원 2007. 1. 25. 선고 2005다11626 판결)가 있고, 위 판결에서는 '특허법이 전용실시권제도를 둔 것과는 달리 침해정지청구권을 행사할 수 있는 이용권을 부여하는 제도를 마련하고 있지 않다.'는 점을 근거로 하고 있으나, 최근 선고된 대법원 2022. 8. 25. 선고 2019다229202 전원합의체 판결의 채권자대위권 행사요건(특히 보전의 필요성으로서 밀접관련성 요건)에 대한 법리를 적용할 때 전용실시권제도의 구비 여부와 무관하게 지식재산권 라이선시의 독점적 실시권에 대해서는 채권자대위권의 행사를 허용함이 타당하다고 생각한다. 즉 위 전합 판결은 "보전의 필요성이 인정되기 위하여는 우선 적극적 요건으로서 채권자가 채권자대위권을 행사하지 않으면 피보전채권의 완전한 만족을 얻을 수 없게 될 위험의 존재가 인정되어야 하고, 나아가 채권자대위권을 행사하는 것이 그러한 위험을 제거하여 피보전채권의 현실적 이행을 유효·적절하게 확보하여 주어야 한다"고 판시하였는데, 피보전권리가 독점적 실시권인 경우에는 위 요건을 모두 만족한다고 보인다.
[74] 채무자회생법 제70조(환취권), 제407조(채무자에게 속하지 아니한 재산의 환취).

갖는 전용실시권도 환취권의 기초된 권리가 된다고 볼 것이고, 이는 전용실시권을 도산채권으로 보기 어렵다는 점을 뒷받침하는 근거가 될 수 있다.

이와 같이 전용실시권을 도산채권으로 보지 않는 이상 전용실시권자인 라이선시는 도산절차에 복종하지 않고 라이선시로서 권리행사를 계속 할 수 있다.[76] 다만 엄격한 물권법정주의(민법 제185조)를 취하고 있는 우리 법체계 하에서 전용실시권을 물권으로 인정하기는 쉽지 않으므로[77] 이를 뒷받침하는 근거에 대한 추가검토가 필요하다.[78]

IV. 도산절차 개시에 있어서 통상실시권 보호의 필요성

이상에서 살펴본 바와 같이 '통상실시권 설정'을 위한 지식재산권 라이선스 계약은 쌍무계약으로서 일방미이행이 되는 경우 라이선시는 도산채권자로서 도산절차에 참가하여 권리행사를 하여야 하고, 쌍방미이행인 경우에는 관리인(라이선서)에게 선택권(해제권, 이행거절권)이 부여된다. 즉 라이선시가 자신의 의무를 모두 이행

---

75) 전병서, 도산법 제4판, 박영사(2019), 319면; 노영보, 도산법 강의, 박영사(2018), 276면.
76) 전용실시권을 도산채권으로 보지 않는 이상 도산절차가 개시된 때에도 채권조사의 대상이 되지 않을 것이나, 현실적으로는 이에 관한 명확한 실무례가 정착되지 않아 안전하게 채권신고를 할 수밖에 없을 것으로 보인다. 이에 대한 명확한 법리가 판시될 필요가 있다.
77) 사회기반시설에 대한 민간투자법 제27조 제1항에서는 '관리운영권을 물권으로 본다'고 규정하고 있으나, 지식재산권의 전용실시권에 대해서는 이러한 규정이 없다. 또한 자유로운 양도가 가능한 민법상 물권과 달리 전용실시권의 양도는 실시사업과 같이 이전하는 경우 등 일정한 경우에 한하여만 허용된다(특허법 제100조 제3항 등).
78) 이에 대서는 제5장 제4절 II.관 제3의 다.항 참조.

하여 일방미이행으로 만들더라도 도산채권자로서 보호받을 수밖에 없고, 쌍방미이행에 해당할 경우에는 관리인의 해제권 선택의 위험이 따르게 된다.

일방미이행의 경우에는 도산채권자로서 권리실현을 사실상 보호받을 여지가 있기는 하나, 평시 법률관계와 같은 수준 내지 공익·재단채권과 같이 온전한 계약상 지위를 보장받기는 어렵다. 또한 쌍방미이행에 해당하는 경우에는 라이선시가 지식재산권을 기반으로 투입한 자본·설비 등을 모두 상실하게 되는 위험을 부담하게 된다.

이와 같이 라이선시는 라이선서의 도산절차 개시에 따라 다른 계약관계보다 더욱 큰 위험을 부담하게 되므로, 이하에서는 통상실시권에 관한 라이선스 계약임을 전제로 그 보호의 가능성에 대해서 살펴보기로 한다.

한편 '전용실시권'에 대해서 등록이 마쳐진 경우에는 일방미이행에 불과하므로 관리인의 해제권 행사의 위험이 없고, 환취권자로서 권리행사를 계속할 수 있으므로 전용실시권자의 권리는 도산절차에서도 충분히 보호된다고 볼 수 있다.[79] 다만 뒤[80]에서 보는 바와 같이 쌍방미이행 쌍무계약으로 보아 관리인이 해제·해지할 여지도 있다는 점에서 주의를 요한다. 그러나 전용실시권에 대한 등록이 마쳐지기 이전에는 독점적 통상실시권자의 지위와 유사하므로 통상실시권에 관한 논의가 그대로 적용될 것이다.

---

[79] 등록대항제도를 채택하고 있는 상표권의 전용사용권에 대해서는 등록이 마쳐지기 이전에도 동일하다고 볼 것이다.
[80] 제5장 제4절 II.관 제3의 다.항.

제3장
도산으로 인한 평시 법률관계의 변경

제 1절 파산과 회생의 유사점과 차이점

I. 파산과 회생의 목적

채무자회생법은 구 회사정리법, 구 화의법, 구 파산법, 구 개인채무자회생법을 1개의 법률로 통합하면서 총칙편에 입법목적을 다음과 같이 규정하고 있다. 「제1조(목적) 이 법은 재정적 어려움으로 인하여 파탄에 직면해 있는 채무자에 대하여 채권자·주주·지분권자 등 이해관계인의 법률관계를 조정하여 채무자 또는 그 사업의 효율적인 회생을 도모하거나, 회생이 어려운 채무자의 재산을 공정하게 환가·배당하는 것을 목적으로 한다.」

위 규정에 의하면, 파산절차에 관한 법의 목적은 '회생이 어려운 채무자의 재산을 공정하게 환가·배당하는 것', 즉 경제적 파탄상태에 있는 채무자의 총재산을 강제적으로 관리·환가하여 전체 채권자에게 공평한 분배·변제를 하는 것이다. 이러한 점에서 파산절차는 집단적·포괄적 강제집행절차의 성격을 가진다.

그런데 법인은 파산선고로 인하여 해산하므로,[1] 법인인 채무자는 엄격한 청산절차인 파산절차를 통하여 해체·청산이 마무리되어야 한다. 따라서 법인인 채무자에 대해서는 파산절차를 통하여 법인의 해체·청산이 이루어지고, 전체 채권자에 대하여 채무자의 총재산을 공평하게 분배·변제하는 것은 청산의 일환으로 행하여진다고 할 수 있다.[2]

---

1) 민법 제77조 제1항, 상법 제227조 제5호, 제269조, 제287조의38 제1호, 제517조 제1호, 제609조 제1항 제1호.
2) 서울회생법원 재판실무연구회, 법인파산실무 제5판, 박영사(2019), 11면.

반면 채무자회생법 제1조에 의하면 회생절차는 재정적 어려움으로 파탄에 직면해 있는 채무자에 대하여 채권자, 주주·지분권자 등 여러 이해관계인의 법률관계를 조정하여 채무자 또는 그 사업의 효율적인 회생을 도모하는 제도이다. 개인이나 기업의 경제적 실패를 다루는 도산절차 중에서 재건형 절차인 '회생'은 사업의 재건과 영업의 계속을 통한 채무 변제가 주된 목적이라는 점에서 청산형 절차인 '파산'이 채무자의 재산의 처분·환가와 채권자들에 대한 공평한 배당을 목적으로 하는 것과는 차이가 있다. 회생이 가능한 채무자라면 굳이 청산시키는 것보다 계속 존속하게 하면서 순차적으로 채무를 변제하게 하는 것이 채권자 등 이해관계인에게 유리하고 사회·경제적으로도 유익하다. 이러한 이유로 채무자회생법은 파산절차보다 회생절차를 우선시하고 있다.[3]

파산절차는 채무자에게 파산의 원인이 있을 때 파산선고를 하고, 채권조사절차를 통하여 채권자의 권리를 확정한 다음, 채무자의 재산을 환가하여 권리의 우선순위와 채권액에 따라 환가된 금원을 분배하는 절차로서, 파산선고에 의하여 개시되고,[4] 파산폐지 결정 또는 파산종결 결정에 의하여 종료된다.[5]

---

3) 채무자회생법 제44조(다른 절차의 중지명령 등), 제58조(다른 절차의 중지 등). 서울회생법원 재판실무연구회, 회생사건실무(상) 제6판, 박영사(2023), 3면. 반면 독일 파산법은 회생·파산신청을 별개의 절차로 취급하지 않고 하나의 신청절차만을 허용하며 절차 진행 중 '채권자들의 선택에 따라' 파산, 회생 등 구체적인 환가방법이 정해지는데, 실무에서는 회생보다는 양도형 회생이 훨씬 더 빈번히 사용되고 있고, 이러한 점 등을 이유로 회생보다는 청산에 더 중점을 두고 있다고 평가되고 있다. 제5장 제3절 III.관 참조.
4) 일본은 '파산절차개시결정'이라고 한다. '파산선고'에 대한 부정적인 인식이 크다는 점이나 파산선고가 절차의 종결을 의미하는 것으로 오해하고 있는 현실 등을 고려할 때, 우리 채무자회생법도 '파산선고'를 '파산절차개시결정'으로 개정하는 것이 필요하다고 생각된다.
5) 파산절차의 본래의 목적인 재산의 환가 및 분배·변제의 목적을 달성하고

회생절차는 채무자에게 회생의 원인이 있을 때 회생절차 개시결정을 하고, 채권조사절차를 통하여 채권자의 권리를 확정한 다음, 회생계획안에 대한 심리를 거쳐 관계인집회에서 일정한 비율 이상의 채권자들의 동의를 얻은 뒤(이를 '가결'이라고 한다) 인가요건(청산가치보장, 공정형평의 원칙, 평등의 원칙, 수행가능성 등)을 모두 갖추었다고 판단되면 인가결정을 하고, 그 후 회생계획의 수행이 시작되는 절차로서, 회생절차 개시결정에 의하여 시작되고, 폐지결정 내지 종결결정에 의하여 종료된다.

II. 변제재원으로서 도산재단의 특징

파산재단은 파산선고에 의하여 채무자가 파산선고 당시에 가진 국내외의 모든 재단으로 구성되고,[6] 이후의 파산절차는 파산재단에 속하는 재산을 대상으로 이루어진다. 여기서 파산재단에 속하는 재산이란 파산선고 당시에 채무자에 속한 적극재산으로서 압류가 가능한 것을 말한다. 이와 같이 파산선고 시에 파산재단의 범위를 확정하는 입법방식을 '고정주의'라고 한다. 고정주의는 파산선고 시에 책임재산의 범위를 고정하므로 파산관재인이 신속하고 획일적으로 재산을 관리처분할 수 있고, 파산선고 후에 채무자가 취득한 재산은 자유재산으로 되어 파산선고 후에 생긴 신채권자에 대한 변

종결하는 것을 '파산종결'이라 하고, 목적달성 즉 재단채권을 변제하고도 남는 변제재원이 없어 파산채권을 변제하지 못한 채 종료하는 것을 '파산폐지'라 한다. 회생절차도 마찬가지로 인가 후 회생계획의 수행이 시작되거나 회생계획의 수행을 마친 뒤 종료하는 것을 '회생종결'이라고 하고, 인가를 하지 못해 폐지를 하거나 인가 후 회생계획을 수행할 수 없어 종료하는 것을 '회생폐지'라 한다.
[6] 채무자회생법 제382조(파산재단).

재재원으로 되므로 신·구채권자를 공평하게 보호할 수 있을 뿐 아니라 채무자는 자유재산을 사업활동에 사용할 수 있어 재기의 기회를 얻을 수 있다는 장점이 있다.7)

파산재단은 법률상 당연히 있어야 할 모습의 당연재단(Sollmasse)으로서 법정재단이다. 그러나 현실적으로 파산선고 당시 파산관재인이 점유·관리하고 있는 재산에는 제3자 소유의 재산이 포함되어 있기도 하고, 반대로 파산재단으로부터 벗어나 있지만 당연히 파산재단에 회복시켜야 할 재산도 있다. 이와 같이 파산관재인이 현실적으로 점유·관리하고 있는 재산에 의하여 구성되는 재단을 현유재단(Istmasse)라 한다.8)

반면 회생절차는 채무자의 재산이 청산되지 않고, 채무자가 계속 존속하는 것을 전제로 하므로 채무자와 재단을 분리할 필요가 없어서 별도로 회생재단이라는 개념을 두고 있는 않고,9) 학설상으로 '채무자재산'이라고 칭하고 있다.10) 회생절차는 채무자가 계속 존속하면서 사업을 할 때 얻는 이익인 '계속기업가치'가 채무자를 청산할 때의 이익인 '청산가치'보다 커야 시작된다.11) 회생절차는

---

7) 서울회생법원 재판실무연구회, 법인파산실무 제5판, 박영사(2019), 76-77면; 박기동, "파산절차 개시의 요건과 파산선고의 효과", 재판자료 82집, 법원도서관(1999), 124-125면.
8) 전병서, 도산법 제4판, 박영사(2019), 121-122면; 노영보, 도산법 강의, 박영사(2018), 274면.
9) 전병서, 도산법 제4판, 박영사(2019), 120면, 206-207면. 다만 개인회생절차에서는 채무자회생법 제580조에서 개인회생재단이라는 개념을 규정하고 있다.
10) 일본의 경우에도 파산법에는 '파산재단'의 개념을 두고 있으나, 민사재생법과 회사갱생법에는 회생재단이라는 개념을 두고 있지 않다. 일본 역시 우리와 마찬가지로 학설상으로 '재생채무자재산', '갱생회사재산'이라는 용어를 사용하고 있다. 한편 미국은 11 U.S.C. § 541에서 'Property of the Estate' 즉 도산재단이라는 개념을 규정하면서 Chapter 7 파산절차와 Chapter 11 회생절차에서 모두 사용하고 있다.
11) 채무자회생법은 계속기업가치가 청산가치를 상회하는지 여부를 따져 회

채무변제방법에 있어 채무자의 사업을 청산·해체하고 그 재산을 분리처분하여 나누어 갖는 것이 아니라 사업을 계속 존속시키면서 벌어들이는 영업이익 등으로 순차 변제한다는 점에서 파산절차와 차이가 있다.12) 파산절차의 고정주의와 대비하여 이를 '팽창주의'라 한다.

이러한 고정주의와 팽창주의의 차이로 인해 주요자산의 경우 파산은 처분을, 회생은 계속 사용을 기본적인 모습으로 한다. 따라서 주요자산에 대한 계약관계가 있는 경우, 파산은 일반적인 환가절차로서 주요자산 처분을 전제로 하므로 처분으로 인한 제3자(양수인)와 파산채권자의 관계가 주로 문제될 것이고, 회생은 주요자산을 계속 보유하면서 채무자재산의 극대화를 추구하고자 하므로 관리인(채무자측)과 회생채권자의 관계가 주로 문제될 수 있다.13)

따라서 주요자산인 지식재산권을 양도하는 상황을 고려할 때에는 양도 시 라이선시의 보호문제가 그대로 적용될 수 있고, 지식재산권을 양도하지 않고 관리인이 그대로 사용하는 상황을 고려할 때에는 신의칙의 문제가 더욱 고려될 수 있을 것이다.14) 이에 대해서

생절차의 진행여부를 판가름하는 '경제성 판단(economy test)의 원칙'을 채택하고 있다. 서울회생법원 재판실무연구회, 회생사건실무(상) 제6판, 박영사(2023), 3면.
12) 그러나 회생절차 역시 집단적·포괄적 채권회수절차라는 본질에는 변함이 없다. 서울회생법원 재판실무연구회, 회생사건실무(상) 제6판, 박영사(2023), 7면.
13) 물론 회생도 파산과 같이 비영업자산으로 분류하여 처분하는 것으로 회생계획을 작성할 경우 파산절차와 마찬가지로 처분 시의 문제가 발생하고, 파산에서도 일정기간 계속 사용을 전제로 한 수익을 변제재원으로 삼는 경우도 상정할 수 있기는 하다.
14) 법인파산에서는 파산으로 채무자인 법인이 해산하고 그 활동이 종료되기 때문에 고정주의와 팽창주의를 구별하는 의의가 적기는 하지만 파산관재인이 파산선고 이후에도 일정기간 사업을 계속하는 경우 그로 인해 발생한 수익은 파산재단에 속하는 재산에서 파생하는 재산으로 파산재단에 속

는 뒤에서 상세히 살펴본다.

Ⅲ. 도산채권 취급의 차이

1. 현재화·금전화의 차이

가. 도산채권의 등질화의 차이

파산절차는 채무자의 모든 재산을 환가하여 그 환가한 금원으로 파산채권에 대하여 금전에 의한 배당을 함으로써 채권자의 공평하고 평등한 만족을 도모하는 절차이다. 그런데 파산채권은 그 내용이나 이행기 등의 점에서 다종·다양하여 파산채권에는 이미 변제기가 도래하고 있는 것도 있고 아직 도래하지 않은 것도 있으며, 금전채권도 있고 비금전채권도 있고, 조건과 기한이 붙은 채권도 있고 채권액이 불확정한 것도 있다. 따라서 이러한 다종·다양한 채권에 대하여 평등·공평·신속한 만족을 도모하기 위하여는 이것들을 통일적으로 처리할 필요가 있다. 이를 위하여 채무자회생법은 파산선고가 있으면 금전에 의한 배당이 가능하도록 파산선고 시의 평가액을 파산채권액으로 하고(금전화),[15] 변제기가 도래하지 아니한 기한부채권은 파산선고 시의 변제기에 이른 것으로 본다(현재화).[16] 이와 같은 파산채권의 금전화와 현재화를 아울러서 '파산채권의 등질화 또는 균질화'라고 한다.[17)18)]

하는 것으로 해석된다는 점을 생각하면 팽창주의적인 요소가 전혀 없다고는 할 수 없다(伊藤眞, 破産法·民事再生法 第5版, 有斐閣(2021), 260頁]. 따라서 파산절차 역시 주요자산을 계속 보유하는 경우에 있어 파산관재인(채무자측)과 파산채권자의 관계를 고민해볼 필요는 있다.
15) 채무자회생법 제426조(비금전채권 등의 파산채권액).
16) 채무자회생법 제425조(기한부채권의 변제기도래).

반면 회생채권은 파산채권에 상응하는 것이지만 파산채권과 달리 금전화·현재화의 원칙을 취하지 않고 있다. 따라서 비금전채권, 기한미도래의 채권이 회생채권으로 된 때에는 본래의 내용 그대로 회생채권이 된다. 회생절차에서는 파산과 달리 즉시 금전에 의한

---

17) 서울회생법원 재판실무연구회, 법인파산실무 제5판, 박영사(2019), 109면. 다만 파산채권의 현재화와 관련하여서는 채권자평등의 문제가 있어 배당 등에 있어서는 특별한 취급을 하는 규정이 있고(제446조 제1호, 제5호 내지 제7호, 제519조 제4호, 제523조, 제516조, 제519조 제5호, 제524조), 상계에 있어서도 마찬가지이다(제418조, 제419조). 전병서, 도산법 제4판, 박영사(2019), 141면. 한편 파산채권의 등질화는 파산배당을 할 수 있도록 하기 위한 파산절차상의 처리이므로 원칙적으로 파산절차 내에서 생기는 것에 머물러야 한다. 따라서 파산절차 밖의 제3자인 보증인, 연대채무자, 물상보증인 등에 대하여는 변제기가 도래한 것으로 보지 않고, 채권자는 본래의 기한, 형태 및 채권액으로 권리행사를 할 수 있다(제567조).
18) 파산절차가 폐지된 경우 파산채권의 등질화(금전화·현재화)의 효력이 유지되는지에 대해서는 검토의 여지가 있다. ① 채권조사기일에 있어서 채권의 확정에 이르지 않고 파산폐지에 의하여 파산절차가 종료된 경우에는 등질화의 효력을 생기지 않고, 이 경우 비금전채권인 원래의 계약상 채권이 부활한다[최준규, 계약법과 도산법 -민법의 관점에서 도산법 읽기-, 홍진기법률연구재단(2021), 16면]. 그러나 ② 채권조사기일에 있어서 채권은 확정되었지만 배당에 이르지 않고 파산폐지에 의하여 파산절차가 종료된 경우에는 파산채권자표의 기재가 확정판결과 동일한 효력이 있고 파산절차종결 후에도 이에 기하여 강제집행을 할 수 있으므로(제535조), 파산절차 종결 후에도 등질화의 효력을 지속된다고 볼 것이고[전병서, 도산법 제4판, 박영사(2019), 143면], 파산절차가 배당에 의하여 종결된 경우에는 등질화된 채권의 내용을 기초로 배당이 이루어진 것이므로 그에 따라 잔여채권을 행사하여야 할 것이다[斎藤秀夫, 林屋礼二, 麻上正信(編集), 注解破産法(上卷), 青林書院(1998), 128-129頁]. 노영보, 도산법 강의, 박영사(2018), 394-395면에서도 '파산채권의 현재화'는 파산선고에 의한 실체법상의 효과로서 당연히 생기므로 파산폐지·취소에 의하여 다시 기한 미도래 상태로 돌아가는 것이 아니고, '파산채권의 금전화'는 파산선고에 의하여 당연히 실체법상 생기는 것이 아니라 확정채권으로서 채권자표에 기재됨으로써 파산채권자 및 채무자와의 관계에서 생기므로(채무자가 이의한 경우에는 액에 관하여 확정되지 않는다. 채무자회생법 제535조 제1항), 그에 이르기 전에 파산폐지가 된 때에는 금전화 이전의 채권 그대로 남는다고 설명한다.

변제를 하지 아니하고 회생채권의 변제방법 등은 회생계획에서 정한 바에 따르기 때문이다. 다만 관계인집회에서 행사할 의결권을 어느 정도 부여할 것인가에 관하여는 금전평가의 원칙을 채용하고 있다.[19]

조건부 채권의 경우 조건성취의 개연성을 고려하여 채권액을 평가하는 방식(평가주의)과 간명한 처리를 위하여 조건의 내용과 성취가능성을 고려하지 않고 일률적으로 평가하는 방식(비평가주의)이 있는데, 파산채권은 비평가주의에 따라 실체적으로 변경되나, 회생채권은 평가주의에 따라 의결권 금액만을 평가할 뿐 실제적으로 변환되지는 않는다.[20]

나. 도산채권자들 간 취급의 차이

회생채권이나 파산채권은 모두 채권자평등의 원칙에 따르지만 실체법상의 권리의 우위를 존중해야 한다. 파산채권에 대한 배당은 파산채권의 순위, 채권액에 따라 평등한 비율로 분배하여 변제한다. 동일순위로 변제하여야 하는 채권은 각각 그 채권액의 비율에 따라 변제하고, 파산재단에 속하는 재산에 대하여 일반의 우선권이 있는 파산채권은 다른 채권에 우선한다.[21]

회생절차 역시 분배에 관한 이해관계인 상호간의 우선순위는 특별한 사정이 없는 한 실체법상의 권리의 우선순위를 존중하여야 한다. 권리의 우선순위는 회생담보권, 회생채권(그 중에서도 일반의 우선권 있는 회생채권이 우선한다), 주주·지분권(그 중에서도 잔여

---

[19] 채무자회생법 제133조 제2항, 제134조 내지 제138조. 서울회생법원 재판실무연구회, 회생사건실무(상) 제6판, 박영사(2023), 418면; 전병서, 도산법 제4판, 박영사(2019), 140면.
[20] 전병서, 도산법 제4판, 박영사(2019), 140-141면, 206-207면.
[21] 채무자회생법 제440조, 제441조. 서울회생법원 재판실무연구회, 법인파산실무 제5판, 박영사(2019), 595면.

재산 분배에 관하여 우선적 내용이 있는 주주·지분권이 우선한다)의 순으로 규정되어 있고, 이를 위반하여 작성한 회생계획안은 위법한 것이 되어 법원으로부터 인가를 받을 수 없다.[22]

그런데 파산채권은 등질화가 되기 때문에 동일순위로 변제하여야 하는 채권은 각각 그 채권액의 비율에 따라 변제하는 반면,[23] 등질화가 되지 않는 회생채권은 채권조사절차를 통하여 확정된 채권 본래의 내용을 기초로 회생계획에 변경의 내용이 기재되는데, 분배의 대원칙으로 이종의 권리 간에는 '공정형평의 원칙(공정하고 형평에 맞는 차등의 원칙)'이 적용되고, 동종의 권리 간에는 '평등의 원칙'이 적용되며, 파산절차에서 보장받는 것은 최소한 보장되어야 한다는 취지로 '청산가치 보장의 원칙'이 적용된다.[24]

'평등의 원칙'은 같은 성질의 권리를 가진 채권자 사이에서는 평등하여야 한다는 원칙을 말하는데, 이는 형식적 의미의 평등이 아니라 공정·형평의 관념에 반하지 않는 실질적인 평등을 가리키는 것으로서 합리적인 범위 내에서 차등을 둘 수 있다. 회생계획에서 모든 권리를 반드시 채무자회생법 제217조 제1항 제1호 내지 제5호가 규정하는 5종류의 권리로 나누어 각 종류의 권리를 획일적으로 평등하게 취급하여야만 하는 것은 아니고, 5종류의 권리 내부에서도 회생채권이나 회생담보권의 성질의 차이, 채무자의 회생을 포함한 회생계획의 수행가능성 등 제반 사정에 따른 합리적인 이유를 고려하여 이를 더 세분하여 차등을 두더라도 공정·형평의 관념에

---

[22] 채무자회생법 제217조, 제243조 제2호. 서울회생법원 재판실무연구회, 회생사건실무(상) 제6판, 박영사(2023), 7-8면.
[23] 채무자회생법 제440조(동일순위자에 대한 평등변제), 제441조(우선권 있는 파산채권).
[24] 채무자회생법 제217조(공정하고 평등한 차등), 제218조(평등의 원칙), 제243조(회생계획인가의 요건). 서울회생법원 재판실무연구회, 회생사건실무(상) 제6판, 박영사(2023), 8면.

반하지 아니하는 경우에는 합리적인 범위 내에서 차등을 둘 수 있다. 다만 같은 성질의 회생채권이나 회생담보권에 대하여 합리적인 이유 없이 권리에 대한 감면 비율이나 변제기를 달리하는 것과 같은 차별은 허용되지 아니한다.[25]

회생채권은 이와 같은 실질적 평등의 원칙(실질적 평등의 원칙이 공정형평의 관념을 고려하여야 한다는 점에서 편의상 '공정·형평의 원칙'이라 한다)이 적용되고, 파산절차와 달리 등질화가 이루어지지 않으므로 권리의 특성에 따라 사실상 공익채권과 같은 수준으로 보장되는 경우도 있다. 예를 들어 회생채권에 불과한 '일반 임대차보증금반환채권'에 대한 권리감축도 아래와 같이 사실상 공익채권에 준하는 수준으로 원래의 계약 내용을 보장하도록 회생계획안을 작성하는 것이 실무이다. 계약에 따른 사용기간을 보장하되 계약기간만료 시 보증금 일부를 감액하여 반환하도록 규정한다.[26]

「(1) 임대차계약기간이 만료되거나 중도에 적법하게 해지되어 그 반환사유가 발생하고 임차인이 임대목적물을 인도하는 경우에는 종전 임대차보증금의 00%는 출자전환하고, **%는 현금으로 변제하되, 현금변제할 금액은 임대목적물의 인도와 동시에 전액 변제합니다.[27] (2) 출자전환 대상 채권은 이 회생계획 제0장 제*절에 의하여 채무자가 하는 신주발행의 효력발생일에 당해 회생채권의 변제에 갈음하여 소멸합니다. (3) 개시 후 이자는 전액 면제합니다.」[28]

---

25) 서울회생법원 재판실무연구회, 회생사건실무(상) 제6판, 박영사(2023), 684-685면.
26) 임대인인 채무자의 관리인이 임대차계약이 이행을 선택한 경우 그 임대차 보증금 반환채권이 채무자회생법 제179조 제1항 제7호(제119조제1항의 규정에 의하여 관리인이 채무의 이행을 하는 때에 상대방이 갖는 청구권)가 정한 공익채권에 해당하는지 여부가 문제될 수 있으나, 실무는 회생채권으로 보고 있다(서울회생법원 재판실무연구회, 회생사건실무(상) 제6판, 박영사(2023), 424면).
27) 현금을 전액 변제하는 경우도 있고, 이 경우에는 출자전환 기재가 생략된다.

이와 같은 공정형평의 원칙에 따른 회생채권에 대한 권리변경은 인가결정을 받은 때에 사실상 공익채권에 준하는 수준으로 이용허락권한을 보장받을 수 있는 경우도 있으므로, 임대차계약과 유사하다고 보고 있는 지식재산권 라이선스 계약에서도 라이선시의 권리의 보호방안을 검토할 때에 참조할만하다고 보인다. 이에 대해서는 뒤[29]에서 살펴보기로 한다.

2. 담보권 취급의 차이

파산절차와 회생절차에서 담보권은 그 보장의 정도가 크게 다르지 않으나, 절차상 취급은 매우 상이하다.

파산재단에 속하는 재산상에 존재하는 유치권·질권·저당권·「동산·채권 등의 담보에 관한 법률」에 따른 담보권 또는 전세권을 가진 자는 그 목적인 재산에 관하여 별제권을 가진다(제411조). 별제권은 파산절차에 의하지 아니하고 행사하고(제413조), 별제권자는 그 별제권의 행사에 의하여 변제를 받을 수 없는 채권액에 관하여는 파산채권자로서 그 권리를 행사할 수 있다. 우선변제권이 있는 임차인이 회생담보권에 해당하는지에 대해 논란이 있었던 것과 달리[30] 채무자회생법 제415조에서는 별제권자임을 명확히 하고 있다.[31]

회생담보권은 ① 회생채권 내지 ② 회생절차개시 전의 원인으로

---

28) 서울회생법원 재판실무연구회, 회생사건실무(상) 제6판, 박영사(2023), 757면.
29) 제4장 제2절 Ⅲ.관.
30) 우선변제권이 있는 임대차보증금반환채권에 대해서는 과거에는 회생채권으로 분류하여 처리하였으나 현재에는 회생담보권으로 분류하여 계약기간 만료 시 보증금 전액을 반환하는 내용으로 회생계획에 반영하고 있다 [서울회생법원 재판실무연구회, 회생사건실무(상) 제6판, 박영사(2023), 746-747면].
31) 상세한 내용은 서울회생법원 재판실무연구회, 법인파산실무 제5판, 박영사(2019), 284면 이하 참조.

생긴 채무자 외의 자에 대한 재산상의 청구권(물상보증인의 경우를 말한다)으로서 회생절차개시 당시 채무자의 재산상에 존재하는 유치권·질권·저당권·양도담보권·가등기담보권·「동산·채권 등의 담보에 관한 법률」에 따른 담보권·전세권 또는 우선특권으로 담보된 범위의 것을 말하고, 이자 또는 채무불이행으로 인한 손해배상이나 위약금의 청구권에 관하여는 회생절차개시결정 전날까지 생긴 것도 회생담보권으로 한다(제141조 제1항). 회생담보권도 회생채권임을 전제로 하므로 회생채권의 변제금지 조항(제131조), 의결권 조항(제133조 제2항) 등을 준용하고 있다(제141조 제2항, 제6항). 회생담보권은 엄밀하게 말하면 담보권이 아니라 담보권에 의해 담보되는 청구권이라 할 수 있고, 채무자회생법 제141조 제4항에 의하면 담보권 목적의 가액을 초과하는 부분은 무담보의 회생채권이 된다.[32]

채무자의 재산에는 이미 채권자를 위한 담보권이 설정되어 있는 것이 보통인데, 만약 담보권자의 개별적인 권리행사가 가능하다면 사업계속에 필요한 생산설비 등의 일실을 초래하여 채무자의 회생이 불가능해진다. 이에 채무자회생법은 위와 같이 회생담보권의 개념을 창설하여 개별적 권리행사를 금지[33]하는 대신 회생절차에 참가하여 회생계획인가결정에 따른 면책이나 권리변경의 대상이 되어 회생계획의 수행에 따라 만족을 얻도록 정하고 있다.[34] 이러한 점에서 회생절차는 담보권자에게 파산절차 외에서 별제권에 의한 권리행사를 허용하는 파산절차와 구별된다. 파산절차는 당해 담보물을 환가하여 변제재원으로 삼고 이를 초과하는 채권은 파산채권으로 절차참여를 하는 반면, 회생담보권은 반드시 당해 담보물을

---

32) 김재형, "도산절차에서 담보권자의 지위", 민사판례연구 제28권, 박영사(2006), 1120면; 노영보, 도산법 강의, 박영사(2018), 288면.
33) 채무자회생법 제141조 제2항, 제131조.
34) 서울회생법원 재판실무연구회, 회생사건실무(상) 제6판, 박영사(2023), 461면.

변제재원으로 삼을 필요는 없고 오히려 사업소득 등으로 변제하도록 회생계획을 수립하는 것이 일반적이다.

결국 회생담보권은 사실상 담보가액을 모두 보장받는다는 점에서는 파산절차의 별제권과 크게 다르지 않으나, 도산에 복종하는 권리로서 채권조사절차 등 절차참여를 해야 할 의무가 있다는 점에서는 별제권과 전혀 상이한 취급을 받고 있다.

3. 도산채권의 공익채권화(예외적인 전액변제)

회생채권에 관하여는 회생절차가 개시된 후에는 법에 특별한 규정이 있는 경우를 제외하고는 회생계획에 규정된 바에 따르지 아니하고는 변제하거나 변제받는 등 이를 소멸하게 하는 행위(면제를 제외한다)를 하지 못하는 것이 원칙이다(제131조).

그런데 채무자회생법 제132조에 의하면, 법원은 ① 채무자의 거래상대방인 중소기업자가 그가 가지는 소액채권을 변제받지 아니하면 사업의 계속에 지장을 초래할 우려가 있는 때에나 ② 회생채권의 변제가 채무자의 회생을 위하여 필요하다고 인정하는 때에는 회생계획인가결정 전이라도 관리인·보전관리인 또는 채무자의 신청에 의하여 그 전부 또는 일부의 변제를 허가할 수 있다. 이 경우 법원은 관리위원회 및 채권자협의회의 의견을 들어야 하며, 채무자와 채권자의 거래상황, 채무자의 자산상태, 이해관계인의 이해 등 모든 사정을 참작하여야 한다(제132조 제3항).[35] 예외적으로 회생채권의 공익채권화를 허용하는 규정으로 볼 수 있는데, 채무자가 아닌 거래상대방을 위하여 허용하는 경우는 ①의 중소기업자의 소액채권 변제를 위한 것으로 한정되어 있어, 지식재산권 라이선스 계

---

[35] 서울회생법원 재판실무연구회, 회생사건실무(상) 제6판, 박영사(2023), 459면.

약의 라이선시를 위하여 이용되기는 어려운 규정으로 보인다.

한편 파산채권에 대하여는 회생절차의 위와 같은 규정이 존재하지는 않지만, 파산관재인이 화해계약을 체결한 뒤 법원의 허가를 받는 형식으로 '파산채권의 재단채권화'를 꾀하는 실무례가 적지 않게 활용되고 있다. 파산관재인이 법원의 허가를 받아 파산재단에 속하는 재산의 신속한 환가를 위하여 파산선고를 받은 채무자의 채무자나 파산채권자 등과 화해계약을 체결하는 경우이다(제492조 제11호는 법원의 허가를 받아야 하는 행위로 화해를 규정하고 있다). 예를 들어, 파산관재인이 파산재단에 속한 받을 채권 중 일부를 면제하되 받을 채권의 채무자로부터 나머지를 일시에 지급받기로 하는 내용의 화해계약을 체결하거나, 파산재단에 속하는 파산채권자로부터 받을 채권의 존부 및 범위에 관하여 다툼이 있는 경우 받을 채권과 파산채권을 서로 정하는 내용의 화해계약을 체결하기도 한다. 파산관재인이 재단채권자와 화해계약을 체결하는 경우도 있는데, 근로자의 임금채권의 존부나 범위에 다툼이 있는 경우 재단채권의 조기확정 및 소송비용 절약 차원에서 화해계약을 체결하는 것을 생각해볼 수 있다.[36]

파산채권의 재단채권화 역시 채무자 내지 전체 채권자들을 위해 활용되어야 하지 특정채무자를 위해 활용되는 것에는 주의를 요한다. 따라서 지식재산권 라이선스 계약의 라이선시를 위하여 이용되기는 어려운 규정으로 보인다.

4. 상계권의 행사

상계는 당사자 쌍방이 서로 같은 종류를 목적으로 한 채무를 부

---

36) 서울회생법원 재판실무연구회, 법인파산실무 제5판, 박영사(2019), 456면.

담한 경우에 서로 같은 종류의 급부를 현실로 이행하는 대신 어느 일방 당사자의 의사표시로 그 대등액에 관하여 채권과 채무를 동시에 소멸시키는 것이고(민법 제492조), 이러한 상계제도의 취지는 서로 대립하는 두 당사자 사이의 채권·채무를 간이한 방법으로 원활하고 공평하게 처리하려는 데에 있다. 따라서 수동채권으로 될 수 있는 채권은 상대방이 상계자에 대하여 가지는 채권이어야 하고, 그 상대방이 제3자에 대하여 가지는 채권과는 상계할 수 없다고 보아야 한다.[37] 이와 같은 상계는 채권결제수단으로서의 기능과 담보적 기능이 있다고 설명된다.[38]

상계권의 행사는 상계의 의사표시를 하는 채권자가 채권의 만족을 얻는 결과를 가져온다는 점에서 변제와 같은 효과가 있다. 그런데 도산절차에서는 도산채권자의 개별적 채권행사가 금지되고, 관리인도 임의변제가 금지되므로, 변제와 실질적으로 동일한 상계권의 행사도 금지되어야 한다. 이러한 이유로 회생절차의 관리인은 법원의 허가 없이는 상계권을 행사할 수 없고(채무자회생법 제131조 및 제132조의 해석론), 파산절차의 파산관재인도 상계권을 행사할 수 없는 것이 원칙적인 모습이다.[39]

그러나 회생채권자·회생담보권자 내지 파산채권자[40]로서는 도산절차에 의하지 아니하면 변제를 받을 수 없음에도 불구하고 채무자에 대하여 부담하는 채무는 전액 변제해야 한다는 것은 공평의 관점에서 타당하지 않다.[41] 이에 평시와 같이 상계를 함으로써 채

---

37) 대법원 2011. 4. 28. 선고 2010다101394 판결.
38) 지원림, 민법강의 제16판, 홍문사(2019), 1016-1017면.
39) 파산절차에 있어서는 회생채권의 변제에 대한 채무자회생법 제132조와 같은 규정이 없고, 채무자회생법 제492조의 법원의 허가를 받아야 하는 행위로도 규정되어 있지 않다.
40) 파산절차의 담보권자는 도산절차에 의하지 아니하고 별제권을 행사할 수 있다(제412조).

권·채무를 상쇄할 수 있다는 당사자의 기대를 보호하고자[42] 채무자회생법은 도산절차 개시 이후라도 도산절차에 의하지 않은 상계를 일정한 범위에서 허용하고 있다.

다만 회생절차에서는 상계를 광범위하게 인정할 경우 채무자의 재산감소로 인하여 회생이 어려워질 수 있고, 회생계획의 작성과 이후의 절차진행을 위하여 상계로 소멸하는 채권·채무의 범위를 일정한 시점까지는 확정할 필요가 있다. 이러한 이유로 채무자회생법은 상계적상의 시기, 상계권을 행사할 수 있는 기간 등에서 일정한 제한을 가하고 있다. 즉 회생채권자 또는 회생담보권자는 채권과 채무의 쌍방이 신고기간만료 전에 상계할 수 있게 된 때에 한하여 그 기간 안에 한하여 회생절차에 의하지 아니하고 상계할 수 있다(제144조 제1항). 다만 회생절차가 종결된 때에는 상계에 관한 이러한 제한이 해소된다.[43]

파산절차에서는 회생절차에서보다 상계의 담보적 기능이 더 강조되고 있다고 설명된다. 파산절차는 회생채권과 달리 도산채권의 등질화(금전화·현재화)가 이루어지기 때문이다. 파산채권인 자동채권은 파산선고가 있은 때에 변제기가 도래한 것으로 간주되고(제425조), 파산채권자는 파산절차에 의하지 않고 상계를 할 수 있다(제416조). 파산채권이 파산선고 당시 해제조건부인 경우나 비금전채권인 경우 등도 상계가 허용된다(제417조, 제426조). 회생절차와 달리 상계권을 행사하는 시기에 관하여 법률상 별도의 제한이 없으므로, 파산절차가 계속되는 동안 상계권을 행사할 수 있다.[44] 파산

---

41) 임채홍·백창훈, 회생정리법(상) 제2판, 한국사법행정학회(2002), 541면; 권순일 대표편집, 주석 채무자회생법 (II), 한국사법행정학회(2020), 577면(도훈태 집필부분).
42) 대법원 2017. 3. 15. 선고 2015다252501 판결.
43) 대법원 2009. 1. 30. 선고 2008다49707 판결.
44) 권순일 대표편집, 주석 채무자회생법 (II), 한국사법행정학회(2020), 577-578

절차나 회생절차 모두 채무가 기한부인 때에도 상계권을 행사할 수 있다(제144조 제1항 후문, 제417조). 채권자는 기한의 이익을 포기하고 상계할 수 있기 때문이다.[45]

이와 같은 도산채권의 상계권 행사는 담보권과 동일한 기능을 하고, 사실상 전액 회수를 하는 길이 열려 있어 공익채권·재단채권과도 유사한 기능을 한다. 이와 마찬가지로 고유의 견련관계가 인정되는 동시이행항변권도 담보적 기능을 하므로 도산절차 개시에 따라서도 그 기능이 존중됨이 타당하다. 반면 고유의 견련성이 아닌 약정 등에 따라 발생하는 동시이행항변권의 경우에는 담보적 기능을 가진다고 보기 어려우므로 도산절차 개시 이후 그 관계가 단절 내지 소멸되는지에 대한 고민이 필요하다. 이에 대해서는 뒤(제4장 제2절)에서 살펴본다.

면(도훈태 집필부분). 앞서 본 바와 같이, 파산채권은 채권조사확정절차에 따라 확정된 뒤에는 파산절차가 폐지되더라도 금전채권화가 그대로 유지되므로, 파산채권자가 상계권을 행사한 이상 상계의 효력이 유지된다고 볼 것이다. 또한 채권조사확정절차에 따른 확정이 없는 경우에도 파산채권자 스스로 상계권을 행사하였기 때문에 이 경우에도 파산절차가 폐지되더라도 상계의 효과는 유지되어야 한다고 생각된다.
45) 대법원 2017. 3. 15. 선고 2015다252501 판결.

제 2 절 채무자의 채무불이행에 따른 평시 법률관계

I. 채권 효력의 의의

채권의 효력에는 ① 청구력(재판 외에서 청구를 할 수 있는 효력), ② 실현강제력(소구력: 소를 제기할 수 있는 효력, 집행력: 강제집행을 할 수 있는 효력), ③ 급부보유력, ④ 책임재산 보전의 효력(채권자대위권·채권자취소권), ⑤ 제3자의 불법한 채권침해에 대한 효력 등이 있다.[1]

이러한 채권의 효력들 가운데 민법에서 명시적으로 규정되고 있는 것은 손해배상에 대한 청구력(민법 제390조 이하), 실현강제력 중 집행력(민법 제389조) 및 책임재산 보전의 효력(민법 제404조 내지 제407조)이 있다. 본래의 급부의무에 대한 청구력과 급부보유력은 민법상 당연한 것으로 전제되어 있으며, 명문으로 규정되어 있지는 않다. 그리고 민사소송법 및 민사집행법은 실현강제력으로서 소구력(민사소송법 제248조 이하)과 집행력(민사집행법 제24조 이하)을 규정하고 있다.[2]

---

1) 곽윤직 편집대표, 민법주해(IX) 채권(2), 박영사(2004), 7-8면(송덕수 집필부분); 김용덕 편집대표, 주석 민법 채권총칙(1) 제5판, 한국사법행정학회(2020), 297-300면(고홍석 집필부분).
2) 곽윤직 편집대표, 민법주해(IX) 채권(2), 박영사(2004), 9면(송덕수 집필부분); 김용덕 편집대표, 주석 민법 채권총칙(1) 제5판, 한국사법행정학회(2020), 300-301면(고홍석 집필부분).

II. 채권의 강제이행력

영미법의 경우에는 평시에도 계약상 채권의 특정이행(specific performance)을 청구할 수 없고 금전적 손해배상(damages)을 청구하는 것이 원칙이다.[3] 그러나 우리 법체계에서 계약상 채무자는 평시에는 원칙적으로 계약을 위반할 자유가 없다.[4] 채권에는 원칙적으

---

3) 영미의 보통법(common-law)상 계약위반에 대한 주된 구제수단(primary contract remedy)은 금전적 손해배상(monetary damages)으로 제한되기 때문에 특정이행(specific performance)은 보통법상 구제수단의 원칙적인 모습이 아니고 형평법상 구제수단(equitable remedy)이다. 금전적 손해배상은 이행이익(expectancy), 신뢰이익(reliance), 원상회복(restitution)의 법리로 발전되어 왔다[한편 손해배상(Compensatory Damages)에는 직접손해(Direct Damages), 간접손해 내지 특별손해(Special Damages), 부수적 손해(Incidental Damages), 손해배상예정(Liquidated Damages) 등이 있다고 설명되기도 한다]. 또한 금전적 손해배상과 형평법상 특정이행 외의 계약위반의 구제수단으로는 계약종결권(avoidance, discharge, cancellation, termination, rescission)이 있다. 특정이행 명령(decree of specific performance)은 보통법상 구제수단이 적정하지 못한 경우(inadequate)에 내려질 수 있는데, 적정하는 못한 경우인지 여부는 '회복할 수 없는 손해의 원칙(the irreparable injury rule)'에 따라 결정된다. 이러한 요건은 특정이행명령을 신청한 원고에게 증명책임이 있는데, ① 보통법상 구제수단이 적정하지 않고, ② 법원이 원고의 이익을 위하여 재량권을 발휘해야 한다는 2가지 요건을 증명해야 한다. 이에 대해 피고는 ⓐ 해당 계약이 불공정한 경우, ⓑ 원고가 비윤리적(unethically) 내지 악의(bad faith)적인 행동을 한 경우(이른바 'clean hands doctrine', 'unclean hands doctrine', 내지 'dirty hands doctrine'이라고 하고, 다음과 같은 격언으로 표현되기도 한다: "He who comes into equity must come with clean hands."), ⓒ 계약이행이 불가능하거나 효용이 없을 경우, ⓓ 계약이행이 상대방(피고)에게 지나치게 가혹할 경우, ⓔ 계약이행이 피고로 하여금 비자발적인 예속상태 내지 매우 불쾌한 관계를 형성하게 하는 경우, ⓕ 법원이 집행할 수 없는 구제수단인 경우 중 어느 하나인 것을 주장·증명함으로써 특정이행명령의 발령을 저지할 수 있다. Eldon H.Reiley·Connie de la vega, the American Legal system for foreign lawyers, Wolters Kulwer(2012), p.374, p.p.397-398.

4) 최준규, 계약법과 도산법 -민법의 관점에서 도산법 읽기-, 홍진기법률연구재단(2021), 15-16면.

로 집행력이 있기 때문이다.

따라서 채무자의 채무불이행이 발생할 경우 채권자는 집행권원을 얻어 채무자의 재산(특정재산 또는 일반재산)에 강제집행을 할 수 있다. 여기서 강제집행이라 함은 채권자의 신청에 의하여 국가의 집행기관이 채권자를 위하여 집행권원에 표시된 사법상의 이행청구권을 국가권력에 기하여 강제로 실현하는 법적 절차이다. 강제집행은 강제이행이라고도 하며 민법 제389조에서는 강제이행이라는 용어를 사용하고 있다. 민법 제389조는 절차법적인 규정이고, 민사집행법 제24조 이하에서 상세히 규정하고 있다.[5]

민법은 제3편 제2절(채권의 효력)에서 우선 강제집행이 원칙적으로 허용됨을 명확히 한 뒤(민법 제389조), 채무자의 채무불이행책임의 발생요건과 효과에 대하여 규정하고 있다(민법 제387조 이하). 손해배상은 채무불이행의 효과이고 그 채권의 효력이 아니며, 설사 그것을 채권의 효력의 문제로 본다고 하더라도 그 자체가 실현이 강제될 수 있기 때문에 실현강제력(강제집행)과 대등한 것이 아니고 그 이후의 문제이다.[6] 강제집행의 요건은 ① 집행당사자, ② 집행권원, ③ 집행문이고, 채무자의 귀책사유는 거기에 들어갈 여지가 없다. 물론 손해배상에 대하여 강제집행을 하는 경우에도 손해배상에 대한 집행권원이 필요한 것은 당연한데 그것은 손해배상청구권의 문제이고 강제집행과는 직접 관계가 없다.[7]

강제집행은 집행의 대상이 물건인가 사람인가에 따라 물적 집행과 인적 집행으로 나누어진다. 물적 집행(대물집행)은 채무자의 재

---

[5] 곽윤직 편집대표, 민법주해(IX) 채권(2), 박영사(2004), 17면(송덕수 집필부분); 김용덕 편집대표, 주석 민법 채권총칙(1) 제5판, 한국사법행정학회(2020), 313-314면(고홍석 집필부분).

[6] 민법 제389조(강제이행) ④ 전3항의 규정은 손해배상의 청구에 영향을 미치지 아니한다.

[7] 곽윤직 편집대표, 민법주해(IX) 채권(2), 박영사(2004), 19면(송덕수 집필부분).

산만을 집행의 대상으로 하는 것이고, 인적 집행(대인집행)은 채무자의 재산뿐만 아니라 그 신체나 노동력을 집행의 대상으로 하여 이에 의하여 채권의 만족을 얻는 것이다. 그런데 개인의 인격을 존중하는 입장에 있는 근대 대륙법에서는 일반적으로 사법상의 채무에 대한 인적 집행은 인정하지 않는다. 우리의 현행법도 다른 근대 대륙법과 마찬가지로 물적 집행만 허용한다.[8)]

그리고 강제집행은 집행방법 즉 집행에 사용되는 강제수단에 따라서 직접강제, 대체집행, 간접강제로 나누어지는데,[9)] 특허권 등의 라이선서가 침해자에 대하여 특허권 등에 기한 금지청구를 하는 것은 간접강제의 방법으로, 폐기청구를 하는 것은 대체집행의 방법으로 관철될 수 있다.[10)]

III. 채무불이행에 따른 손해배상채권 및 해제권

1. 우리 민법 제390조는 채무불이행책임의 객관적 요건에 대해서 '채무자가 채무의 내용에 좇은 이행을 하지 아니한 때'라고 정하여 명확하게 일반조항주의 내지 포괄규정주의를 취하고 있다. 그러므로 우리 민법에 있어서 당장은 채무불이행이 있는지 여부를 따지면 족하지 이행지체인지 이행불능인지 아니면 불완전이행 등에 해당

---

8) 곽윤직 편집대표, 민법주해(IX) 채권(2), 박영사(2004), 19면(송덕수 집필부분); 김용덕 편집대표, 주석 민법 채권총칙(1) 제5판, 한국사법행정학회(2020), 314면(고홍석 집필부분). 반면 근대 영미법은 인적 강제를 허용하고 있고, 오히려 금지명령(injunction)은 인적 집행이 기본적인 모습이다.
9) 곽윤직 편집대표, 민법주해(IX) 채권(2), 박영사(2004), 19면(송덕수 집필부분); 김용덕 편집대표, 주석 민법 채권총칙(1) 제5판, 한국사법행정학회(2020), 562-563면(고홍석 집필부분).
10) 법원실무제요 민사집행IV, 사법연수원(2020), 756면.

하는지를 판단할 필요가 없어 보이기는 한다. 그러나 다른 한편으로는 민법은 일정한 '현저한 채무불이행 유형'에 대하여는 이를 명문으로 인정하고, 그 효과에 대하여 별도의 규정을 두고 있다. 이러한 법정의 채무불이행 유형으로 민법이 인정하고 있는 것은 이행지체와 이행불능이다. 그 외에도 불완전급부, 이행거절이 채무불이행 유형으로 논의되고 인정되고 있다.[11]

　이와 같은 채무불이행의 책임으로는 대체로 ① 손해배상책임(민법 제390조), ② 계약해제권의 발생(민법 제544조), ③ 책임강화(민법 제392조 이행지체 중의 손해배상) 등이 있다. 계약해제권(법정해제권)의 발생요건으로 ① 이행지체의 경우 상대방의 최고가 필요하고(민법 제544조), ② 이행불능의 경우에는 최고를 요구하지 않는다(민법 제546조). 당사자 일방이 계약을 해제한 때에는 각 당사자는 그 상대방에 대하여 원상회복의 의무가 있으나, 제삼자의 권리를 해하지 못하고(민법 제548조), 원상회복관계에는 동시이행항변권이 적용된다(민법 제549조).

　2. 채무불이행 중 '이행거절'이란 채무자가 채무를 이행하지 아니할 의사를 진지하고 종국적으로 표시함으로써 채권자로 하여금 객관적으로 채무자의 임의이행을 기대할 수 없게 하는 경우를 말한다. 종래 우리나라에서 이는 독자적인 불이행 유형으로 인식되지 않았으나, 그러한 일이 이행기 전에 일어난 경우에는 이것이 위의 어느 유형에도 해당하지 않음이 명백한데 그렇다고 해서 채권자에게 채무자의 채무불이행을 이유로 하는 구제수단인 손해배상청구권이나 특히 계약해제권을 바로 부여하기에 부족한 점이 없다. 이

---

11) 곽윤직 편집대표, 민법주해(IX) 채권(2), 박영사(2004), 226면(양창수 집필부분); 김용덕 편집대표, 주석 민법 채권총칙(1) 제5판, 한국사법행정학회(2020), 663-658면(김상중 집필부분).

를 '선취된 이행지체'라고 볼 수도 있겠으나, 만일 이행기의 도과를 이행지체의 구성적 요소라고 이해한다면 이를 별도의 유형으로 구성할 필요가 있으며, 또 그것이 합리적이라고도 보인다. 오히려 채무불이행의 처리에 있어서 주관적 불능이 객관적 불능과 마찬가지로 취급되는 우리나라에서, 이행거절은 그 이행장애의 이유가 채무자의 의사라는 일신상의 사유에 있다는 점에서 오히려 이행불능에 가깝다고 볼 여지도 있으며 실제로 그 법률효과는 이로써 보다 용이하게 설정될 수도 있다.[12]

이행거절은 계약해제권 발생에 있어서도 이행최고를 요하지 않는데(민법 제544조 후문), 이는 이행불능과 동일하다. 이행불능이나 이행거절은 모두 이행거절이 무의미하기 때문이다. 또한 채무자가 미리 이행하지 아니할 의사를 표시한 경우에는 이행불능과 마찬가지로 이행최고를 할 필요 없이 바로 전보배상을 청구할 수 있고,[13] 이 경우 손해액 산정은 이행거절 당시의 급부목적물의 시가를 표준으로 해야 한다.[14] 다만 이행거절의 경우에는 채권자가 여전히 강제이행청구권을 가지므로 양자를 선택적으로 행사할 수 있다고 할 것이다.[15] 채권자는 전보 배상 이외에 이행거절에 따라 채무가 이행되지 않는 동안의 지연손해도 배상할 것을 청구할 수 있다. 그런데 채무자가 채권자가 이행거절로 인한 법률효과로서 얻은 권리 특

---

[12] 곽윤직 편집대표, 민법주해(IX) 채권(2), 박영사(2004), 227-228면(양창수 집필부분); 김용덕 편집대표, 주석 민법 채권총칙(1) 제5판, 한국사법행정학회(2020), 711-713면(김상중 집필부분).
[13] 민법 제395조 및 민법 544조 단서의 유추적용.
[14] 대법원 2007. 9. 20. 선고 2005다63337 판결. 김용덕 편집대표, 주석 민법 채권총칙(1) 제5판, 한국사법행정학회(2020), 715면(김상중 집필부분).
[15] 곽윤직 편집대표, 민법주해(IX) 채권(2), 박영사(2004), 342면(양창수 집필부분. 민법 제395조에서 '채권자는 수령을 거절하고'라고 정한 것은 이러한 선택적 관계를 나타내는 것이다); 김용덕 편집대표, 주석 민법 채권총칙(1) 제5판, 한국사법행정학회(2020), 713-715면(김상중 집필부분).

히 계약해제권을 행사하기 전에 그 이행거절의 의사를 철회한 경우에는 이행거절의 상태는 종료되고, 이 경우 채권자는 이행최고나 자기 채무의 이행제공이 없으면 그 계약을 해제하지 못하며 다만 민법 제395조에서 정한 대로 전보배상청구권은 그 철회에 의하여 영향을 받지 않는다고 할 것이다.16)

3. 우리 채무자회생법이나 일본 파산법·회사갱생법이 채택하고 있는 관리인의 해제권은 민법상 채무불이행에 따른 해제권과는 그 목적이나 발생요건이 상이하므로 그에 따른 효력을 어떻게 규정할지(원상회복 인정 여부 등)는 기본적으로 입법자의 재량의 영역이라고 할 것이다. 또한 미국 파산법이나 독일 도산법상 관리인의 '이행거절 내지 계약거절'이 위에서 살펴본 민법상 계약해제사유로서의 '이행거절'과 동일한 의미인지에 대해서는 검토가 필요하고, 그 의미에 따라 이행거절의 효과를 어떠한 방향으로 설정하는 것이 바람직한지도 달라질 수 있는데, 이는 결국 도산법을 어떻게 설계할 것인가에 관한 문제라 할 것이다.17) 이러한 이해를 바탕으로 관리인의 선택권에 관한 각 제도에 대한 평가는 뒤(제5장 제3절)에서 상세히 살펴보기로 한다.

---

16) 곽윤직 편집대표, 민법주해(IX) 채권(2), 박영사(2004), 341면(양창수 집필부분); 김용덕 편집대표, 주석 민법 채권총칙(1) 제5판, 한국사법행정학회(2020), 715면(김상중 집필부분).
17) 예를 들어 미국 파산법상 관리인의 계약거절의 효과가 계약의 파기인지 아니면 채무불이행을 의미하는지에 대해서는 다툼이 있고, 학설[최준규, 계약법과 도산법 -민법의 관점에서 도산법 읽기-, 홍진기법률연구재단(2021), 258-262면, 267-268면]에 따라서는 관리인의 이행거절은 도산절차개시로 인해 발생한 법률상태를 그대로 방치하는 것으로 정의하기도 한다.

제 3 절 도산절차 개시에 따른 평시 법률관계의 변경

Ⅰ. 개요

　도산절차가 개시되면 도산절차의 목적달성에 적합하도록 평시 상태의 법률관계와는 다른 특수한 관계가 형성된다.[1] 도산절차 개시로 변경되는 법률관계는 회생절차와 파산절차가 공통되거나 유사한 부분도 있지만, 제1절(파산과 회생의 유사점과 차이점)에서 살펴본 각 절차의 특수성을 반영하여 전혀 다른 모습을 보이기도 한다.
　이와 같이 도산절차 개시로 변경되는 법률관계의 모습은 ① 강제이행력이 소멸(파산) 내지 일시적으로 중단(회생)되는 점, ② 채무자 측인 관리인에게 쌍방미이행 쌍무계약에 관한 선택권 특히 해제권이 부여되는 점(평시 법률관계에 대한 측면에서 바라볼 때, 계약 미이행의 책임이 있는 채무자에게 오히려 해제권을 부여한다는 것은 매우 이례적이라고 보이기도 한다) 등으로 나타날 뿐만 아니라 ③ 계약의 무효·취소·해제에 있어서 재산관리처분권한을 포괄적으로 이전받는 관리인의 제3자성 문제, ④ 도산절차 개시 전에 발생한 해제권의 행사 허용 여부, ⑤ 개시 후 관리인의 이행거절 효과를 평시 법률관계와 동일하게 볼 것인지 등의 문제를 제기하기도 한다.
　이러한 쟁점들에 대한 검토와 이해는 도산목적 달성을 강조할 것인지, 평시 법률관계를 도산절차에서도 가급적 관철할 것인지 등에 대한 비교형량의 문제로 접근할 수 있다.

---

[1] 대법원 2023. 10. 12. 선고 2018다294162 판결.

이하에서는 ① 집행법적 법률관계의 변경(강제이행력에 관한 변경)과 ② 실체법적 법률관계의 변경으로서 평시 법률관계를 도산절차에서도 존중하는 관념인 '환취권'을 중심으로 한 몇 가지 쟁점(사용수익할 권리가 환취권의 기초된 권리가 될 수 있는지, 무효·취소·해제에 있어서 관리인의 제3자성, 계약상대방의 법정해제권 행사의 허용여부 등)에 대하여 살펴본다.

II. 집행법적 법률관계의 변경

1. 파산선고가 되면 채무자의 모든 재산은 파산재단을 구성하게 되고(제382조 제1항), 그 관리·처분권한은 파산관재인에게 속하므로(제384조), 파산선고를 받은 채무자는 파산재단의 관리·처분권한을 상실한다.[2] 또한 파산채권은 파산절차에 의하지 아니하고는 행사할 수 없고(제424조), 파산채권자는 파산절차에 참가하여서만 그 채권의 만족을 얻을 수 있으며, 개별적인 권리행사가 금지된다. 파산채권에 기하여 파산재단에 속하는 재산에 대하여 행하여진 강제집행, 가압류 또는 가처분('강제집행 등')은 파산재단에 대하여는 그 효력을 잃고(제348조 제1항 본문), 파산채권자는 파산선고 후 파산재단에 대하여 강제집행 등을 할 수 없다.[3] 따라서 파산관재인은 기존의 집행처분을 무시하고 파산재단에 속하는 재산을 법원의 허가를 받아 자유로이 관리·처분할 수 있다.[4]

회생절차가 개시되면 채무자의 업무수행과 재산의 관리처분권

---

2) 대법원 2004. 1. 15. 선고 2003다56625 판결 등.
3) 다만 파산관재인은 파산재단을 위하여 강제집행절차를 속행할 수 있다(제348조 제1항 단서).
4) 서울회생법원 재판실무연구회, 법인파산실무 제5판, 박영사(2019), 93면, 107면.

한은 관리인에게 전속하므로(제56조), 채무자도 함부로 채무를 변제하거나 재산을 처분하거나 새로운 채무를 부담하지 못하는 등 채무자의 재산이 동결되고, 관리인도 특별한 규정이 있는 경우를 제외하고는 회생계획에 규정된 바에 따르지 아니하고는 회생채권을 변제하거나 변제받는 등 이를 소멸하게 하는 행위(면제는 제외. 상계는 포함[5]))하지 못한다(제131조).[6] 또한 회생절차 개시결정이 있는 때에는 가압류·가처분·강제집행·담보권 실행 등 채권자들의 개별적 권리행사가 중지 또는 금지되고(제58조), 주주·지분권자도 조직법적·사단법적 활동에 일정한 제한을 받는다.[7] 개별 행동에서 오는 혼란과 비효율을 피하고 재산의 보전을 통해 채권자들 사이에 공평한 분배를 도모하는 한편 채무자의 회생에 필수적인 영업조직과 인적·물적 자산을 유지하려는 것이다. 회생절차 개시 전에는 보전처분·중지명령·포괄적 금지명령 등을 통해 이러한 목적을 달성하게 된다.[8]

이와 같이 파산절차에 있어서는 파산선고에 따라 기존 강제집행이 확정적으로 실효되는 반면, 회생절차에서는 회생절차개시결정에 따라 기존 강제집행이 중지될 뿐이고 회생계획인가결정이 있는 때에야 비로소 그 효력을 잃는다는 점에서 차이가 있다. 파산절차는 강제집행을 완전히 대체하는 집단적·포괄적 강제집행절차이고, 회생절차는 채권자들의 동의를 전제로 하는 재건절차라는 차이에

---

5) 다만 회생채권자 또는 회생담보권자는 제144조에 따라 일정한 범위에서 회생절차에 의하지 아니한 상계를 하는 것이 허용된다. 권순일 대표편집, 주석 채무자회생법(II), 한국사법행정학회(2020), 500면(서정원 집필부분).
6) 이를 위반하여 변제 등 채무소멸행위를 하였다면 이는 무효가 되고 그 채권은 소멸하지 않은 것으로 취급된다.
7) 다만 회생개시결정에 따라 중단되는 강제집행 등이나 담보권실행 등을 위한 경매절차에 대해서는 속행을 할 수도 있고(법 제58조 제5항), 이러한 경우에는 회생계획인가결정에도 불구하고 실효되지 않는다(법 제256조 제1항).
8) 서울회생법원 재판실무연구회, 회생사건실무(상) 제6판, 박영사(2023), 4-5면.

기인한 것으로 이해된다.

  2. 한편 회생절차의 공익채권은 회생절차에 의하지 아니하고 수시로 변제하고, 회생채권과 회생담보권에 우선하여 변제하며(제180조), 파산절차의 재단채권도 파산절차에 의하지 아니하고 수시로 변제하고, 재단채권은 파산채권보다 먼저 변제한다(제475조, 제476조).
  그런데 공익채권에 기한 강제집행은 원칙적으로 허용되나,[9] 재단채권은 강제집행이 허용되지 않는다. 파산절차에서의 강제집행 등의 효력 상실을 규정한 채무자회생법 제348조 제1항이 '파산채권에 기하여'라고 규정하고 있고 재단채권에 대한 강제집행금지를 정한 규정이 없기 때문에 재단채권에 기한 강제집행 등은 실효되지 않는 것인지 하는 의문이 있을 수 있으나, 법에 강제집행을 허용하는 특별한 규정이 있다거나 법의 해석상 강제집행을 허용하여야 할 특별한 사정이 있다고 인정되지 아니하는 한 재단채권에 기하여 파산선고 후 강제집행이나 보전처분을 할 수 없고,[10] 파산선고 전에 강제집행이 이루어진 경우에 종료되지 아니한 강제집행은 파산선고로 인하여 효력을 잃는다고 본다.[11]

---

 [9] 서울회생법원 재판실무연구회, 회생사건실무(상) 제6판, 박영사(2023), 515면, 518면.
[10] 대법원 2007. 7. 12.자 2006마1277 결정.
[11] 서울회생법원 재판실무연구회, 법인파산실무 제5판, 박영사(2019), 97면. 대법원 2008. 6. 27.자 2006마260 결정. 다만 예외적으로 채무자회생법 제349조(체납처분에 대한 효력) 제1항에 따라 파산선고 전에 파산재단에 속하는 재산에 대하여 체납처분을 한 자는 경매법원으로부터 직접 배당금을 수령할 수 있는데, 이 경우에도 우리 대법원은 해당 규정을 엄격히 해석하여 체납처분의 우선성이 인정되어 조세채권자에게 직접 배당하는 조세채권은 체납처분의 원인이 된 조세채권의 압류 당시 실제 체납액에 한정된다고 봄이 타당하고, 이와 달리 구 국세징수법 제47조 제2항의 문언에 따라 압류 이후 발생한 위 체납액의 초과 부분까지 포함된다고 볼 수는 없다고 판시하였다(대법원 2023. 10. 12. 선고 2018다294162 판결).

III. 실체법적 법률관계의 변경: 환취권과 도산절차

1. 환취권의 의의

파산관재인이 파산선고 후 현실적으로 점유·관리하게 된 재산인 현유재단(Istmasse) 중에 채무자에게 속하지 아니하는 재산이 혼입된 경우에는 당해 재산에 대하여 권리를 주장하는 제3자는 파산재단으로부터 이를 환취할 수 있는 권리를 가진다. 파산선고는 채무자에 속하지 아니하는 재산을 파산재단으로부터 환취는 권리에 영향을 미치지 아니한다(제407조). 이와 같이 채무자에게 속하지 아니하는 재산을 환취(還取)할 수 있는 제3자의 권리 내지 지위를 '환취권(還取權)'이라 한다. 마찬가지로 회생절차개시도 채무자에게 속하지 아니하는 재산을 채무자로부터 환취하는 권리에 영향을 미치지 아니한다(제70조).

환취권은 도산절차 개시 전에 형성되어 있던 실체법상 질서에 기초를 둔 책임법적 법률관계가 도산절차에서도 그대로 유지되는 것이 원칙적인 모습이라는 당연한 효과를 나타낸 것에 지나지 않는다. 즉 도산절차에서는 각종의 권리행사에 여러 가지 제약이 있기 때문에 채무자가 점유하고 있는 타인의 소유에 속하는 재산을 그 타인이 환취할 권리에 어떤 제약이 있지 않은가 하는 의문이 있을 수 있어 이와 같은 의문을 해소시키기 위해 이와 같은 규정을 둔 것이다.[12] 채무자회생법 제70조, 제407조는 이러한 취지를 표현한

---

[12] 서울회생법원 재판실무연구회, 법인파산실무 제5판, 박영사(2019), 459면; 서울회생법원 재판실무연구회, 회생사건실무(상) 제6판, 박영사(2023), 391면; 전병서, 도산법 제4판, 박영사(2019), 318면. 다만 노영보, 도산법 강의, 박영사(2018), 274면에서는 "환취권은 약간의 예외를 제외하고는 도산처리법 이외의 기존의 실체법 질서에 근거하는 것이므로 도산처리법이 창설한 것이 아니라는 설이 있으나, 실은 그 전제로서 타인의 재산으로 재건·청산

것이다.13)

　환취권은 특정한 재산이 법정재단에 속하지 않는 것을 주장하여 해당 재산을 환취하는 권리이므로 특정한 재산이 법정재단에 속하는 것을 전제로 그 재산으로부터 우선적으로 피담보채권의 변제를 받는 권리인 별제권과 다르고, 법정재단에 속하는 전체 재산으로부터 우선적으로 변제받을 수 있는 권리인 재단채권과도 구별된다. 또한 환취권이나 제3자 이의의 소는 특정한 재산이 채무자의 책임재산이 아니라는 것을 주장하기 위한 것이라는 점에서 공통되나, 환취권은 관리인의 사실적 지배의 배제를 목적으로 하는 반면 제3자 이의의 소는 압류의 효력을 배제하기 위한 것이라는 점에서 차이가 난다.14)

　환취권자는 환취권의 대상이 되는 재산이 사실상 관리인의 지배하에 있는 때에 그것을 적극적으로 환취할 수 있고(환취권의 적극적 행사), 제3자의 지배하에 있는 재산에 대하여 관리인이 그 인도, 등기 등을 구하는 때에 제3자가 그 재산에 대한 권리를 주장하여 관리인의 청구를 배척하는 형식으로 행사할 수도 있다(환취권의 소극적 행사).15)

　　을 할 수 없다고 하는 도산처리법의 자명한 이치가 그 근거가 되고 있다. 환취권으로 정한 명문의 규정은 이 원리를 적극적으로 표명한 것이다."라고 기술하고 있다.
13) 이러한 의미에서 제3자의 권리 내지 지위를 일반환취권이라 부르고, 그 밖에 이해관계자 사이의 공평을 도모한다는 관점에서 일정한 경우에 법규정에 따라 인정하는 것을 특별환취권이라 부른다. 특별환취권으로 인정된 것은 채무자회생법 제71조(운송 중인 매도물의 환취), 제72조(위탁매매인의 환취권), 제73조(대체적 환취권), 제408조(운송 중인 매도물의 환취), 제409조(위탁매매인의 환취권), 제410조(대체적 환취권) 등이 있다.
14) 파산선고는 채무자에 속하지 않는 재산에는 그 효력이 미치지 않지만 압류는 제3자의 것이더라도 채무자의 것과 같은 외관이 있으면 그 효력이 발생한다. 전병서, 도산법 제4판, 박영사(2019), 317면.
15) 전병서, 도산법 제4판, 박영사(2019), 316면; 노영보, 도산법 강의, 박영사

2. 채권적 청구권 특히 사용수익할 채권이 환취권에 속하는지 여부

가. '환취권의 기초되는 권리'의 의미

환취권의 기초가 되는 권리는 통상 소유권이나, 반드시 소유권에 한하지 않고 점유권·채권적 청구권도 환취권의 기초가 된다. 반대로 소유권에 기한 물권적 청구권을 가지더라도 임차권 등과 같이 채무자에게 점유할 근거되는 법률관계가 있는 때에는 소유권자라고 하더라도 그 법률관계가 종료되지 않으면 환취할 수 없다. 임차권이 도산재단에 속하는 재산이기 때문이다.[16]

채권적 청구권이 환취권의 기초가 되는지 여부는 그 권리의 성질에 의하는데, 매매계약에 기한 목적물인도청구권과 같이 어느 재산이 도산재단에 속하는 것을 전제로 하여 그 이행을 구하는 채권적 청구권은 도산채권에 지나지 않으므로 환취권의 기초가 될 수 없다. 반면 어느 재산이 채무자에게 속하지 않는다는 것을 전제로 채권의 내용으로서 물건의 인도를 구하는 채권적 청구권은 환취권의 기초가 될 수 있는데, 채무자가 전대차를 하고 물건에 대하여 전대인(임차인)이 전대차의 종료를 이유로 반환을 구하는 경우에는 환취권이 인정된다.

나. 도산절차가 채권적 청구권인 환취권에 미치는 영향

1) 채권적 청구권도 환취권의 기초된 권리가 될 수 있는지 여부

환취권은 채무자회생법에 의하여 창설된 권리가 아니고 목적물

(2018), 281면.
16) 전병서, 도산법 제4판, 박영사(2019), 318면; 서울회생법원 재판실무연구회, 회생사건실무(상) 제6판, 박영사(2023), 391면; 서울회생법원 재판실무연구회, 법인파산실무 제5판, 박영사(2019), 460면.

에 대하여 제3자가 가지는 실체법상 당연한 효과에 지나지 않으므로 환취권을 행사할 수 있는 권원이 인정되는 것은 민법, 상법 그 밖의 실체법의 일반 원칙에 의하여 정해진다.[17]

소유권뿐만 아니라 '점유권'과 '채권적 청구권'도 환취권의 기초가 될 수 있다고 보는 것이 일반적인 견해이다.[18] 따라서 사용대차, 임대차 등 목적물을 사용수익할 권리도 그 권리의 성질에 따라 환취권의 대상이 될 수 있다. 소유자인 제3자가 관리인이 점유하는 목적물에 대하여 인도를 구하더라도 관리인이 임대차계약이라는 법률관계가 종결되지 않는 한 임차권으로 대항할 수 있는 것은 임차권이 도산재단에 속하는 재산이기 때문이라는 점[19]에 비추어보면, 반대로 채무자 소유의 목적물에 대하여 도산채권자인 차주의 사용대차권은 도산재단에 속하지 않는 재산으로 보아야 한다.

사용대차권이나 임차권과 같은 채권적 청구권은 점유권의 정당한 권원이 되고, 관리인이 도산절차 진행 중 목적물 반환을 구하는 경우 그 반환을 거부할 근거가 된다(민법 제213조). 즉 환취권의 소극적 행사가 허용된다. 그러나 사용대차계약이나 임대차계약을 체결하였음에도 목적물을 인도받지 못한 채권자는 관리인에 대하여 적극적인 인도청구를 할 수는 없다. 도산절차에서는 임의변제가 허용되지 않기 때문이다. 따라서 이 경우에는 환취권의 적극적 행사가 허용되지 아니한다.

---

17) 서울회생법원 재판실무연구회, 법인파산실무 제5판, 박영사(2019), 459면; 서울회생법원 재판실무연구회, 회생사건실무(상) 제6판, 박영사(2023), 391면; 전병서, 도산법 제4판, 박영사(2019), 318면.
18) 전병서, 도산법 제4판, 박영사(2019), 318면; 노영보, 도산법 강의, 박영사(2018), 277면; 서울회생법원 재판실무연구회, 회생사건실무(상) 제6판, 박영사(2023), 391-392면; 서울회생법원 재판실무연구회, 법인파산실무 제5판, 박영사(2019), 460면.
19) 전병서, 도산법 제4판, 박영사(2019), 318면.

도산절차에서 환취권의 문제는 일반적으로 목적물의 반환을 구하는 국면에서 논의되나, 사용대차권이나 임차권과 같이 사용수익할 권리를 가지는 채권자에 대해서까지 환취권 개념을 적용하는 것은 이례적인 관점이라고 보일 수도 있다. 도산절차 개시 후 도산채권자의 개별적 채권행사가 금지되고, 관리인의 임의 변제도 금지되는 것이 원칙이기 때문에, 사용수익할 권리를 계속 향유하는 것은 이와 같은 임의변제 금지원칙에 반하는 것이 아닌가 하는 의문이 든다. 그럼에도 도산절차 개시 전 이미 사용수익할 권리를 향유하고 있는 채권자에 대하여 관리인은 목적물의 반환 내지 사용수익을 중단하라는 청구를 할 수 없다고 보는 것이 실무이고 또 일반적인 견해이다. 따라서 이와 같이 채권자가 사용수익할 권리를 도산절차 중에도 계속 향유하는 것에 대한 법리적·논리적 근거로서 환취권의 법리를 적용할 필요성과 실익이 있다고 생각한다.

그렇다면 도산절차는 환취권에 아무런 영향을 미치지 않는 것일까? 반드시 그렇지만은 않은 것 같다. 예를 들어 관리인은 채무자회생법 제119조, 제335조의 쌍방미이행 쌍무계약에 따라 평시 법률관계에서 인정되지 않는 해제권을 행사할 수 있고, 이는 평시 실체법적 법률관계에서 예상하지 못한 변경에 해당한다고 볼 수 있다.

2) 사용대차에 대한 검토

사용대차는 당사자 일방이 상대방에게 무상으로 사용, 수익하게 하기 위하여 목적물을 인도할 것을 약정하고 상대방은 이를 사용, 수익한 후 그 물건을 반환할 것을 약정함으로써 그 효력이 생긴다(민법 제609조). 그런데 사용대차 차주의 권리는 도산채권으로 인식되고 있다. 도산채권은 도산절차 개시 전의 원인으로 생긴 재산상의 청구권(채무자회생법 제118조 제1호, 제423조)으로서 채무자의 일반재산을 책임재산으로 하는 채권적 청구권이기 때문이다.

만일 사용대차계약이 체결된 뒤 목적물이 차주에게 인도되기 전이라면, 차주는 대주에 대해 목적물 인도를 구할 수 없다(환취권의 적극적 행사 불허). 도산절차가 개시되면 채권자의 개별적 권리행사가 금지되기 때문이다.[20]

그러나 차주가 목적물을 인도받은 상태에서 대주에 대한 도산절차가 개시되었다면 차주는 관리인에 대하여 사용대차에 기하여 환취권을 행사할 수 있다. 대주가 목적물의 인도를 구하더라도 차주는 사용대차에 따른 적법한 점유권원이 있음을 주장하면서 그 반환을 거부할 수 있다(환취권의 소극적 행사 허용). 이와 같이 차주가 목적물을 인도받은 상태에서 대주에 대한 도산절차가 개시되었더라도 실체법이 인정하는 법률관계를 변경시킬만한 법적 근거는 없다. 사용대차는 편무계약이기 때문에 채무자회생법 제119조, 제335조의 적용대상이 되지도 않는다.

그런데 파산절차의 경우, 사용대차 차주의 권리는 현재화·금전화가 되므로, 환가를 위하여 관리인이 목적물을 처분하면 차주는 목적물을 취득한 제3자에게 대항할 수 없다. 사용대차 차주의 권리는 채권에 불과하기 때문이다. 따라서 차주는 대주가 목적물을 처분함으로써 목적물을 사용수익할 권원을 상실하게 되고, 파산절차에서 파산채권인 금전채권에 대해서 안분배당을 받을 수밖에 없다. 이는 파산선고가 환취권에 영향을 미친 것이 아니라 실체법상 처분이 영향을 미친 것일 뿐이다.

회생절차의 경우에는 차주의 권리가 현재화·금전화가 되지 않는다. 그러나 관리인은 목적물의 매각을 전제로 회생계획에 차주의 권리를 평가금액보다 감액된 금전채권으로 권리변경을 할 수도 있고, 이는 평등원칙에 위반되는 것도 아니다. 회생계획이 인가되면

---

[20] 채무자회생법 제131조(회생채권의 변제금지), 제424조(파산채권의 행사).

차주는 더 이상 목적물을 사용수익 할 수 없고 관리인에게 반환하여야 하는데, 이는 회생절차 개시가 환취권에 영향을 미친 것이 아니라 인가결정이 환취권에 영향을 미친 것일 뿐이다.

물론 관리인은 목적물을 매각하지 않는다는 전제로 차주가 목적물을 계속 사용수익 하도록 하면서 사용기간 등을 감축하는 형태로 권리변경을 하는 회생계획을 작성할 수도 있다. 이 경우 회생계획 인가 후에도 차주는 목적물을 계속 사용수익할 수 있는데 이 역시 인가결정에 기한 것이다.

3) 임대차에 대한 검토

임대차는 당사자 일방이 상대방에게 목적물을 사용, 수익하게 할 것을 약정하고 상대방이 이에 대하여 차임을 지급할 것을 약정함으로써 그 효력이 생긴다(민법 제618조). 유상계약이라는 점을 제외하면 무상계약인 사용대차와 동일한 법리가 적용된다. 목적물 인도 전에는 개별적 권리행사가 금지되므로 환취권의 기초된 권리가 될 수 없고, 인도 후에는 환취권의 기초된 권리가 될 수 있다. 도산절차 개시는 환취권에 영향을 미치지 않지만, 목적물 처분 내지 회생계획 인가결정에 따른 환취권 상실은 환취권 규정 내지 도산절차 개시와는 무관하다.

그런데 대항력을 가진 임대차의 경우에는 관리인이 제3자에게 목적물을 처분하더라도 대항할 수 있다.

파산절차의 경우, 파산채권인 임차권도 금전화·현재화 되고, 금전채권으로 안분변제 받는 것이 원칙적인 모습이다. 파산은 파산재단을 처분(환가)하여 배당하기 위한 절차이고, 파산관재인은 파산재단에 최대한 이익이 되도록 하기 위하여 임차권이 없는 상태로 매각하기를 원한다. 그러나 파산관재인이 제3자에게 목적물을 처분하더라도 대항력을 가진 임차인은 파산채권자에 불과하지만 제3자에게 대항할 수 있다. 더욱이 임대차보증금반환채권이 있는 경우에도 대항력을 가진 임차인은 보증금을 반환받을 때까지 임대차계약 기간이 존속되는 것으로 보아 제3자에게 대항할 수 있다.[21] 매수인인 제3자는 보증금반환채무까지 인수하게 되므로, 파산관재인은 보증금을 고려한 매각대금으로 목적물을 처분할 수밖에 없다.

이에 파산관재인은 대항력 있는 임대차계약이 쌍방미이행 쌍무계약에 해당한다는 점에 착안하여 채무자회생법 제119조, 제335조에 따라 임대차계약의 해제·해지를 선택한다. 따라서 대항력 있는 임차인의 임차권 및 보증금반환채권은 파산절차에서는 소멸된 것으로 취급된다. 이와 같이 대항력 있는 임차인의 환취권이 소멸된 것은 파산선고에 영향을 받은 것이 아니라 채무자회생법 제119조, 제335조 및 실체법에 영향을 받은 것이다.[22]

이러한 관점에서 보면 채무자회생법 제70조, 제340조의 '도산절차 개시가 환취할 권리에 영향을 미치지 않는다'는 것은 '채무자회생법에 따른 특칙이 없는 이상 영향을 미치지 않는다'는 의미로 이해하여야 한다.

그런데 대항력까지 취득한 임차권은 임차인 보호의 필요성을 고려하여 전세권과 같은 수준으로 '물권화된 채권'으로 승격시킨 권리이다. 이러한 주택임대차보호법 등의 입법취지를 고려하여 채무자회생법 제124조 제4항, 제340조 제4항은 대항력 있는 임차권에 대해서는 채무자회생법 제119조, 제335조의 적용을 배제시키도록 하고 있다.

결과적으로 대항력 있는 임차인은 파산관재인이 제3자에게 매각

---

[21] 주택임대차보호법 제3조 제4항, 제4조 제2항, 상가건물임대차보호법 제3조 제2항, 제9조 제2항.
[22] 채무자회생법 제124조 제4항, 제340조 제4항과 같이 쌍방미이행 쌍무계약의 적용배제특칙이 없던 구 회사정리법, 파산법 시절의 법리이다.

하더라도 임차권 및 임대차보증금반환채권의 만족을 얻을 수 있고, 파산절차에서는 파산채권이 소멸된 것으로 처리하게 된다. 파산관재인은 보증금을 고려한 매각대금으로 저가에 목적물을 처분할 수밖에 없고, 총파산채권자들은 대항력이 있는 임차권보다 열위에 있게 된다.

회생절차에서도 마찬가지로, 대항력 있는 임차인은 회생채권자이기는 하나 다른 일반 회생채권자들보다 우대를 받는다. 관리인은 회생계획안을 작성할 때 대항력 있는 임차권에 대한 권리변경을 하면서도 임대차기간이나 반환받을 보증금의 액수 등에 있어서 당초의 임대차계약의 수준으로 권리변경을 하는 것이 일반적이다. 이는 동일한 종류의 권리를 가진 자 사이에 차등을 두어도 형평을 해하지 아니하는 때에 해당하므로 평등의 원칙에 위반되는 것이 아니다(제218조 제1항 제4호). 이 경우 대항력 있는 임차인은 인가결정 이후에도 환취권을 행사하는 것과 동일한 지위를 누릴 수 있다.

이와 같이 대항력 있는 임차권은 관리인이 채무자회생법 제119조, 제335조에 의거해 해제·해지할 수 없고(제124조 제4항, 제340조 제4항), 환취권을 행사함으로써 계속 사용수익을 하면서 사실상 공익·재단채권에 준하는 정도의 보호를 받게 된다. 그러나 현행 채무자회생법의 체계상 공익·재단채권은 법률상 명시적인 규정이 있는 경우에 한하여 인정되기 때문에 대항력 있는 임차권은 여전히 도산채권으로 보아야 하므로 채권신고 등의 절차를 거쳐 절차 참여를 하지 않으면 채권조사절차가 종결됨에 따라 권리인정을 받을 수 없게 된다.

따라서 일본과 같이[23] 공익채권으로 명확히 규정할 필요가 있다고 생각한다.

---

23) 일본 파산법 제56조 제2항, 회사갱생법 제63조, 민사재생법 제51조.

3. 환취권과 관리인의 제3자성 및 선의·악의의 판단기준

가. 환취권과 관련하여 관리인의 제3자성이 문제되는 경우가 있다. 실체법상 무효·취소·해제 등의 경우에 제3자에게 대항할 수 없는 경우가 바로 그것이다.[24] 관리인은 도산절차를 수행하는 중심적 기관으로 다양한 행위를 하는데 그 행위는 채무자와 도산채권자를 비롯한 여러 이해관계인의 이해에 영향을 미치기 때문에 관리인의 법적 지위를 채무자, 도산채권자, 도산재단 등과의 사이에 어떻게 모순 없이 설명할 것인가에 대해서 학설이 대립하나,[25] 대체적으로 도산재단의 관리기구로서 법인격을 인정하는 '관리기구인격설' 내지 '공적 수탁자설'을 따르는 듯하다. 이러한 관점에서는 관리인에게 속하는 것은 채무자에게 속하는 재산 그 자체가 아니라 그 관리처분권이고, 대리가 아니라 여러 권능을 행사하는 주체로서의 지위

---

[24] 민법 제108조(통정한 허위의 의사표시) 제2항, 제109조(착오로 인한 의사표시) 제2항, 제110조(사기, 강박에 의한 의사표시) 제3항, 제548조(해제의 효과, 원상회복의무) 제1항 등.
[25] 파산관재인의 법적 지위와 관련한 학설로는 ① 채무자를 대리한다는 대리설, ② 다른 사람의 재산을 그 직무로서 자기의 이름으로 관리처분하는 지위라는 직무설, ③ 파산재단의 독립한 법인격을 인정하고 파산관재인은 그 대표자라고 보는 파산재단대표설, ④ 파산재단의 관리기구로서 파산관재인의 법인격을 인정하는 관리기구인격설 등이 있다. 상세한 내용은 전병서, 도산법 제4판, 박영사(2019), 106면; 노영보, 도산법 강의, 박영사(2018), 45-48면 참조. 회생절차의 관리인에 대해서도 유사한 논의가 있으나, 판례는 공적 수탁자로 보고 있다[서울회생법원 재판실무연구회, 회생사건실무(상) 제6판, 박영사(2023), 227면]. 즉 관리인은 채무자나 그 기관 또는 대표자가 아니고 채무자와 그 채권자 등으로 구성되는 이른바 이해관계인 단체의 관리자로서 일종의 공적 수탁자에 해당한다 할 것이다(대법원 2013. 3. 28. 선고 2010다63836 판결). 노영보, 도산법 강의, 박영사(2018), 47면에서는 '파산관재인에 대하여 파산재단법인 대표설이 종래의 통설이었으나 회생절차의 관리인의 지위와 통일적 이해를 가능하게 한다는 점에서 관리기구인격설이 유력하다'고 기재하고 있다.

를 인정하면서도 관리인에게 법인격을 인정한다. 이와 같이 관리인은 채무자와 별개의 법인격을 가지면서도 관리처분권을 일반승계하기 때문에 어떤 측면을 강조하느냐에 따라 제3자성을 인정할지 여부가 달라질 수 있다.

관리인이 가지는 채무자의 일반승계인이라는 측면을 강조하면 채무자와 관리인을 동일시하여야 할 것이고, 반대로 관리인이 도산채권자들의 이익을 위해 활동하는 공적인 수탁자라는 측면을 강조하면 관리인은 채무자로부터 독립되는 제3자로서의 지위를 인정하여야 할 것이다.

판례는 후자에 중점을 두어 무효, 취소의 경우에 모두 파산관재인의 제3자성을 인정하고 있고,[26] 해제의 경우 아직 명시적인 판시가 없기는 하나 법문[27]과 달리 해제에 있어 제3자의 선의를 요구하는 취지에 비추어 볼 때 무효·취소에 있어서와 같이 파산관재인의 제3자성을 인정하는 것이 타당하다고 생각된다.[28] 일본의 최고재판

---

26) '무효·취소 사안'으로는 대법원 2003. 6. 24. 선고 2002다48214 판결(민법 제108조 제2항), 대법원 2005. 5. 12. 선고 2004다68366 판결(민법 제108조 제2항), 대법원 2010. 4. 29. 선고 2009다96083 판결(민법 제108조 제2항 및 제110조 제3항) 등이 있고, '이사회 결의가 없는 거래행위에 관한 사안'으로는 대법원 2014. 8. 20. 선고 2014다206563 판결(상법 제209조 제2항, 제389조에 관한 사안), 대법원 2021. 2. 18. 선고 2015다45451 전원합의체 판결(선의 이외에 무과실까지 요구하는 것은 아니지만 중과실의 경우에는 악의와 같이 무효로 보아야 한다) 등이 있다.
27) 민법 제548조 제1항 단서는 "그러나 제삼자의 권리를 해하지 못한다."고만 규정하여 제3자의 선악에 대하여 언급하고 있지 않지만, 판례는 선의일 것을 요한다(대법원 2014. 6. 26. 선고 2012다9386 판결, 대법원 2010. 12. 23. 선고 2008다57746 판결 등). 예외적인 판례(아래의 대법원 2010. 12. 23. 선고 2008다57746 판결)가 있기는 하나 사실상 폐기된 것으로 보인다.
28) 최준규, 계약법과 도산법 -민법의 관점에서 도산법 읽기-, 홍진기법률연구재단(2021), 30면에서는 해제와 무효·취소의 경우 모두 관리인의 제3자성을 인정하여야 한다고 보나 그 근거를 달리 보고 있다. 즉 "해제의 경우에는 동시이행항변권이 인정되는 동시교환거래의 상황에서 계약상대방이 자율

소29)도 같은 입장으로 보인다.

회생절차의 관리인에 대한 판례는 아직 발견되지 않으나, 달리 볼 이유는 없다고 생각된다.30) 관리인의 지위는 도산절차 개시 당시 압류채권자와 동일시 되고,31) 압류채권자는 무효·취소·해제에 있어 제3자에 포함되므로 관리인도 제3자에 포함되는 것이 타당하다.32)

나. 관리인의 제3자성을 인정하더라도 누구를 기준으로 선의·악의 여부를 판단할 것인지가 문제된다. 파산사건에 관한 것이기는 하나 우리 대법원33)은 파산관재인이 파산채무자와는 독립한 지위에서 파산채권자 전체의 공동의 이익을 위하여 직무를 행하게 된다는 점을 고려하여 '그 선의·악의도 파산관재인 개인의 선의·악의를 기준으로 할 수는 없고, 총파산채권자를 기준으로 하여 파산채권자

적으로 위험분담 즉 채무자의 무자력 위험을 부담하면서 신용거래를 하였다는 점을 고려할 때 환취권을 행사할 수 없다고 보는 것이 타당한 반면, 무효·취소는 계약상대방의 자기결단에 흠이 있어 해제와는 상이하나 결국은 관리인의 제3자성을 인정할 때 동일한 결론에 이른다"고 기재하고 있다.

29) 日本 最高裁判所 昭和 37. 12. 13. 判決.
30) 최준규, 계약법과 도산법 -민법의 관점에서 도산법 읽기-, 홍진기법률연구재단(2021), 28면, 60면은 개시 전 해제한 경우나 개시 후 해제한 경우 모두 환취권을 행사할 수 없고, 도산채권으로 보아야 한다는 취지로 기재하고 있다. 파산관재인의 제3자성을 인정한 판례의 태도에 비추어 보면 회생관리인도 동일하게 보아야 한다는 취지인데, 타당한 견해라고 생각된다. 그 밖에 채권의 양도성에 관한 민법 제449조 제2항과 관련하여, 압류채권자와 마찬가지로 관리인도 제3자로 보아야 하므로 채무자로부터 채권을 양수한 상대방이 파산관재인에게 대항하기 위해서는 파산선고 시까지 대항요건을 구비해야 한다. 전병서, 도산법 제4판, 박영사(2019), 110면 참조[일본 최고재판소 판결도 같다. 最判 昭和58(1983)·3·22, 新倒産判例百選(25사건)].
31) 도산절차가 개시되면 관리인이 아닌 채무자는 재산에 대한 관리·처분권한이 없고, 파산선고 내지 개시결정은 주요 재산에 이를 등기·등록하고 있다.
32) 伊藤眞, 破産法·民事再生法 第5版, 有斐閣(2021), 370頁.
33) 대법원 2006. 11. 10. 선고 2004다10299 판결, 대법원 2010. 4. 29. 선고 2009다96083 판결, 대법원 2013. 4. 26. 선고 2013다1952 판결.

모두가 악의로 되지 않는 한 파산관재인은 선의의 제3자라고 할 수밖에 없다.'고 판시하고 있다. 따라서 대부분의 경우 계약상대방은 파산관재인에게 해제를 주장할 수 없을 것이다. 마찬가지로 회생절차의 관리인에 대해서도 동일하게 보아야 할 것이다.[34] 다만 이와 같이 관리인의 제3자성을 사실상 부정하기 어렵기 때문에 도산채무자가 관리인의 제3자성을 악용하려는 사정이 엿보인다면 신의칙에 따라 관리인의 제3자성을 부정할 여지는 있을 것이다.[35]

그리고 총채권자를 기준으로 제3자로서의 선의·악의 여부를 판단하는 이 부분의 법리는 뒤(제4장 제1절)에서 살펴보는 '쌍방미이행 쌍무계약의 적용범위를 이해하는 관점'에 있어서도 고려요소가 된다는 점을 미리 지적해 둔다. 즉 총채권자에게 이익되는 범위에 한해서 쌍방미이행 쌍무계약에 관한 관리인의 선택권 규정을 적용하는 것이 합리적이라는 관점은 이 부분 법리와도 일맥상통한다고 볼 수 있다.

---

[34] 전병서, 도산법 제4판, 박영사(2019), 110면; 伊藤眞, 破産法·民事再生法 第5版, 有斐閣(2021), 371頁(총 파산채권자), 960頁(총 재생채권자)도 같은 견해이다. 파산관재인설과 총채권자설이 대립되지만, 극단적으로 총채권자 모두가 악의이고 관리인이 선의인 경우에는 계약상대방이 대항할 수 없게 하는 것은 공평에 반하고, 관리인이 악의이더라도 총채권자 중 1명이라도 선의라면 계약상대방이 대항할 수 없도록 하는 것이 합리적이라는 이유로 총채권자설이 통설이라고 소개하고 있다. 서울회생법원 재판실무연구회, 법인파산실무 제5판, 박영사(2019), 460면은 판례가 채택한 총채권자설에 따라 기술하고 있고, 서울회생법원 재판실무연구회, 회생사건실무(상) 제6판, 박영사(2023), 392-393면에서는 긍정설 외에 회생절차와 파산절차의 차이, 그에 따른 관리인과 파산관재인 지위의 차이 등을 근거로 반대하는 견해[윤남근, "일반환취권과 관리인·파산관재인의 제3자적 지위", 회생과 파산, 사법발전재단(2012), 16-17면]도 있다고 소개하고 있으나, 파산과 회생을 달리보아야 하는지는 의문이다.
[35] 최준규, 계약법과 도산법 -민법의 관점에서 도산법 읽기-, 홍진기법률연구재단(2021), 29면.

다. 한편 무효·취소와 해제의 법적 효력에 대하여는 미묘한 차이가 있어 주의를 요한다. 무효·취소의 경우는 계약의 효력 자체를 제3자에게 대항할 수 있는지의 문제이나, 해제의 경우는 계약에 대한 해제권 행사 자체에 대한 문제가 아니라 민법 제548조 제1항에 따른 원상회복청구를 할 수 있는지에 관한 문제라는 점에서 차이가 있다. 계약상대방의 해제권 행사가 허용되더라도 선의의 제3자인 관리인에게 원상회복청구를 할 수 없을 뿐 해제에 따라 채무자에 대하여 가지는 손해배상청구권 등은 채무자의 의무를 승계한 관리인에 대하여 행사할 수 있다.

4. 무효·취소의 경우 환취권 인정 여부

무효·취소의 경우에 무효·취소에 의하여 법률행위가 소급적으로 무효가 됨에 따라 일응 계약상대방에게 소유권 등의 환취권이 인정되게 되나, 관리인의 제3자성을 인정하게 되면 제3자인 관리인에게는 무효·취소를 대항할 수 없기 때문에 결국은 환취권이 인정되지 않는다고 볼 것이다.[36]

예를 들어 부동산에 대한 소유권이전등기와 점유이전을 완료하였으나 매매대금 일부를 지급받지 못한 채권자는 무효·취소 사유가 있더라도 관리인에게 무효·취소를 주장하면서 부동산의 반환을

---

36) 伊藤眞, 破産法·民事再生法 第5版, 有斐閣(2021), 370-372頁, 960면; 최준규, 계약법과 도산법 -민법의 관점에서 도산법 읽기-, 홍진기법률연구재단(2021), 30면(압류채권자에게 무효·취소를 주장할 수 없고 관리인의 제3자성도 인정한다면 환취권을 행사할 수 없을 것이다). 박병대, "파산절차가 계약관계에 미치는 영향", 재판자료 제82집: 파산법의 제문제(상), 법원도서관(1999), 450면에서는 계약의 무효·취소의 경우 파산선고 이후라도 파산관재인에게 대항할 수 있다고 기재하고 있으나, 대법원 2006. 11. 10. 선고 2004다10299 판결 등이 판시되기 이전의 견해이다.

구할 수 없고, 도산채권자로서 도산절차에 참가하여 일부 채권만을 변제받을 수 있을 뿐이다.

5. 해제의 경우 환취권 인정 여부

가. '관리인의 도산절차 개시 후의 채무불이행'을 이유로 한 계약상대방의 법정해제권 행사 허부

1) 계약상대방의 법정해제권 행사 허부

관리인이 도산절차 개시 후에 채무불이행을 하였더라도 계약상대방은 법정해제권을 행사할 수 없다고 보는 것이 마땅하다(계약의 채권화).37) 편무계약 내지 일방미이행 쌍무계약의 경우 도산절차가 개시되면 도산채권자의 개별적 권리행사는 금지되므로, 이를 우회하기 위하여 개시 후 채무불이행을 이유로 한 해제권을 행사하는 것도 금지되어야 한다.38) 도산절차 개시 후 금지되는 도산채권자의 개별적 채권행사는 '채권의 만족을 구하는 모든 법률상·사실상 행위'를 뜻하고,39) 도산절차 개시 후 취득한 법정해제권 행사는 이러한 개별적 채권행사에 해당한다고 할 것이다.40) 또한 앞서 본 바와

---

37) 최준규, 계약법과 도산법 -민법의 관점에서 도산법 읽기-, 홍진기법률연구재단(2021), 26면 이하 참조.
38) 최준규, 계약법과 도산법 -민법의 관점에서 도산법 읽기-, 홍진기법률연구재단(2021), 31면(자기 뜻대로 계약을 강제하지 못하는 계약상대방은 계약을 자기 뜻대로 없던 것으로 되돌릴 수도 없다. 이처럼 일반채권자인 계약상대방이 도산절차에 구속되는 것 '계약의 채권화'라고 부를 수 있다. 도산절차가 개시되면 계약의 채권화가 이루어진다).
39) 伊藤眞, 破産法·民事再生法 第5版, 有斐閣(2021), 289頁; 최준규, 계약법과 도산법 -민법의 관점에서 도산법 읽기-, 홍진기법률연구재단(2021), 39면.
40) 만일 해제권 행사를 허용한다면 도산절차 개시에 따라 계약의 관리처분권이 관리인에게 이관된 이후 해제가 된 것이어서 관리인의 제3자성이 인정되지 않으므로 환취권 문제가 발생할 수 있다.

같이 도산절차의 개시로 관리인의 임의 변제도 금지되는 것이 원칙인데, 이로써 관리인의 채무불이행이 발생하는 것은 실체법에 따른 것이 아니라 도산법에 따른 것이므로, 채무불이행책임으로서 손해배상책임을 지는 것은 별론으로 도산법 외의 법정해제권 행사를 허용할 수는 없다. 회생절차의 보전처분에 따른 변제금지의 경우에도 마찬가지로 볼 것이다.[41]

따라서 계약상대방은 도산절차 개시 후의 채무불이행을 이유로 법정해제권을 행사할 수 없고,[42] 계약유지를 전제로 한 도산채권으로 권리를 행사하여야 한다. 그리고 법정해제권의 행사를 허용하지 않는 이상 환취권의 허용 여부 문제도 발생하지 않는다.

반대로 관리인이 계약상대방(채권자)의 도산절차 개시 후 채무불이행을 이유로 계약해제를 하는 것에는 아무런 제한이 없다.[43]

2) 도산절차 개시 후 관리인의 이행거절의 효과

제2절에서 살펴본 바와 같이, 이행거절이란 채무자가 채무를 이행하지 아니할 의사를 진지하고 종국적으로 표시함으로써 채권자

---

41) 변제금지 보전처분에 관해서는 ① 민법상 이행지체의 모든 효과가 발생하므로 해제권을 행사할 수 있다는 견해(구 화의법 사안으로 해지권 행사를 인정한 대법원 2007. 5. 10. 선고 2007다9856 판결)와 ② 변제를 하지 않을 민법상 정당한 사유를 가지므로 해제권을 행사할 수 없다는 견해(伊藤眞, 會社更生法, 有斐閣(2012), 72면)가 있다. 서울회생법원 재판실무연구회, 회생사건실무(상) 제6판, 박영사(2023), 102면 참조.
42) 同旨: 伊藤眞, 破産法·民事再生法 第5版, 有斐閣(2021), 297-298頁; 전병서, 도산법 제4판, 박영사(2019), 206-207면, 213면; 노영보, 도산법 강의, 박영사(2018), 228-229면(법정해제권뿐만 아니라 약정해제권도 행사할 수 없다); 박병대, "파산절차가 계약관계에 미치는 영향", 파산법의 제문제(1-39), 사법연수원(1998), 455면(개시 후 채무불이행을 이유로 계약상대방이 법정해제권을 행사할 수는 없고 파산채권으로 행사할 수 있을 뿐이다).
43) 노영보, 도산법 강의, 박영사(2018), 230면; 박병대, "파산절차가 계약관계에 미치는 영향", 파산법의 제문제(1-39), 사법연수원(1998), 455면.

로 하여금 객관적으로 채무자의 임의이행을 기대할 수 없게 하는 경우를 말한다. 이행거절의 경우에는 이행불능과 마찬가지로 이행최고를 할 필요 없이 바로 전보배상을 청구할 수 있으나, 채권자는 여전히 강제이행청구권을 가지므로 양자를 선택적으로 행사할 수 있다고 할 것이다. 이행거절의 계약해제권 발생에 있어서도 이행최고를 요하지 않는데(민법 제544조 전문), 이는 이행불능과 동일하다.[44]

그러나 도산절차 개시 후 쌍방미이행 쌍무계약이 아닌 '도산채권'에 대하여 관리인이 이행거절을 하더라도 위에서 살펴본 바와 같이 도산채권자는 '관리인의 개시 후 채무불이행'에 따른 법정해제권을 행사할 수 없다. 도산채권자로서는 전보배상청구를 할 수 있는데, 파산절차에 있어서는 파산채권의 금전화·현재화에 따라 그 실질이 변하지 않고, 회생절차에 있어서는 회생채권의 금전화·현재화가 적용되지 않으므로 그 실질이 다르다.

회생채권자는 전보배상청구권과 더불어 여전히 선택적으로 강제이행청구권을 보유하고, 회생절차 개시에 따라 중지 내지 금지되는 강제집행은 파산절차와 달리 소멸되는 것이 아니라 인가 시까지 그 효력이 중지될 뿐이다. 회생채권자는 개시 후 인가 시까지 잠정적으로 강제이행을 청구할 수 없을 뿐 회생절차 개시로 도산채무자에 대한 계약상 채권이 소멸하거나 손해배상채권으로 변경되는 것은 아니다(다만 인가결정이 있게 되면 그때야 비로소 강제집행의 효력이 소멸되고, 회생계획에 따라 채권의 내용이 변경된다).[45] 즉 민법상 이행거절의 법리 중 법정해제권의 행사만 제한되고, 강제이

---

44) 곽윤직 편집대표, 민법주해(IX) 채권(2), 박영사(2004), 342면(양창수 집필부분); 김용덕 편집대표, 주석 민법 채권총칙(1) 제5판, 한국사법행정학회(2020), 715면(김상중 집필부분).
45) 최준규, 계약법과 도산법 -민법의 관점에서 도산법 읽기-, 홍진기법률연구재단(2021), 16면.

행이 잠시 보류되는 것일 뿐 금전채권으로 변경되는 것은 아니다. 다만 회생채권자가 선택적으로 전보배상청구권을 주장하면서 회생채권자로서 회생절차 참가를 하는 것은 가능하다.

나. 도산절차 개시 전 취득한 법정해제권의 행사 허부

1) 도산절차에서 계약상대방이 환취권을 행사할 수 있는지와 법정해제권을 행사할 수 있는지는 별개의 문제이다. 채무자회생법은 환취권에 대한 규정은 명문으로 두고 있으나, 민법 등에서 규정한 법정해제권의 행사 제한 여부에 대해서는 별도의 규정을 두고 있지 않다.[46] 만일 도산절차 개시 전 취득한 계약상대방의 법정해제권 행사를 허용하지 않는다면 앞서 검토한 해제로 인한 환취권의 문제도 발생하지 않을 것이고, 법정해제권의 행사를 허용한다고 하더라도 관리인의 제3자성이 인정되므로 해제의 효과로서 원상회복청구권은 환취권의 기초된 권리로 볼 수 없다.

도산절차가 개시되면 도산채권자의 개별적 채권행사는 금지되는데 여기서 금지되는 채권행사는 '채권의 만족을 구하는 모든 법률상·사실상 행위'를 뜻한다.[47] 그러나 개시 전 채무불이행으로 인해 발생한 법정해제권의 행사는 채권의 만족을 위한 것이 아니므로 이는 금지되는 행위에 해당하지 않는다(아래에서 보는 바와 같이 채권의 완전한 만족을 얻을 수 없기 때문이다).[48] 따라서 계약상대

---

46) 개시 전 취득한 법정해제권 행사의 허용여부에 대한 부정설과 긍정설은 최준규, 계약법과 도산법 -민법의 관점에서 도산법 읽기-, 홍진기법률연구재단(2021), 49면 이하 참조.
47) 伊藤眞, 破産法·民事再生法 第5版, 有斐閣(2021), 289頁; 최준규, 계약법과 도산법 -민법의 관점에서 도산법 읽기-, 홍진기법률연구재단(2021), 39면.
48) 서울회생법원 재판실무연구회, 회생사건실무(상) 제6판, 박영사(2023), 171면; 임채홍·백창훈, 회사정리법(상) 제2판, 한국사법행정학회(2002), 360면; 伊藤眞, 破産法·民事再生法 第5版, 有斐閣(2021), 298頁.

방은 도산채무자의 개시 전 채무불이행에 기하여 발생한 법정해제권을 도산절차 개시 후에도 행사할 수 있다고 보아야 한다.[49] '개시 후 채무불이행'을 이유로 한 법정해제권을 행사하기 위해서는 해제의 요건으로 최고를 하여야 하는데, 이는 도산채권자의 채권의 만족을 구하는 행위이기 때문에 이를 허용할 수 없는 것과는 구별된다.[50] 또한 이와 같이 구별하는 것은 도산법에 특칙이 없는 이상 평시 법률관계를 도산절차에서도 존중하는 것이 바람직하다는 관점에도 부합된다.

그런데 계약상대방인 채권자가 개시 전 취득한 법정해제권을 도산절차 개시 후 행사를 허용하더라도 관리인은 민법 제548조 제1항의 제3자에 해당한다는 것은 앞서 본 바와 같으므로, 결과적으로 계약상대방은 환취권을 행사할 수 없고, 계약상대방의 원상회복청구권은 도산채권으로 행사될 수 있을 뿐이다.[51] 예를 들어 대금을 모두 지급한 매수인은 도산절차가 개시된 매도인의 도산절차에서 목적물 인도청구권을 도산채권으로 하여 참가하거나, 개시 전 취득한

---

[49] 同旨: 伊藤眞, 破産法·民事再生法 제5판, 有斐閣(2021), 298頁(개시 전 법정해제권을 행사할 수 있는 이상 개시 후 법정해제권의 행사를 제한할 이유가 없다. 다만 쌍방미이행 쌍무계약은 관리인의 선택권을 제한할 수 있으므로 허용하지 않는 것이 타당하다); 노영보, 도산법 강의, 박영사(2018), 229-230면; 최준규, 계약법과 도산법 -민법의 관점에서 도산법 읽기-, 홍진기법률연구재단(2021), 56면에서는 계약상대방의 법정해제권 행사를 인정할 경우 법률관계의 예측가능성이 떨어져 행사기간을 제한하는 입법개정이 필요하다고 한다.

[50] 최준규, 계약법과 도산법 -민법의 관점에서 도산법 읽기-, 홍진기법률연구재단(2021), 39면. 노영보, 도산법 강의, 박영사(2018), 230면에서는 이행지체를 이유로 해제를 하기 위해 최고를 하였으나 최고기간이 경과하기 전에 도산절차가 개시된 경우에는 이행이 법률상 불가능하므로 해제권이 발생하지 않는다고 설명한다.

[51] 최준규, 계약법과 도산법 -민법의 관점에서 도산법 읽기-, 홍진기법률연구재단(2021), 60면.

법정해제권을 행사한 결과 대금반환채권 및 손해배상청구권을 도산채권으로 하여 참가할 수도 있을 것이다.

  2) 한편 채권자가 개시 전 취득한 법정해제권을 쌍방미이행 쌍무계약에 대해서도 허용할지 즉 채권자가 개시 전 취득한 법정해제권과 관리인의 쌍방미이행 쌍무계약에 기한 해제권이 양립가능한지에 대하여는 견해가 나뉘어져 있는 듯하다.

  양자가 양립가능하다고 보는 견해에서는 쌍방미이행 쌍무계약의 경우 계약상대방의 법정해제권은 관리인의 해제권(제119조, 제335조)과 경합하고, 이 경우에는 어느 쪽도 해제할 수 있다고 볼 것이나,[52] 계약상대방이 해제권을 행사하게 되면 환취권을 행사할 수 없고 단지 계약상대방의 권리는 도산채권에 머무르므로 그 실익이 크지는 않다고 본다.[53] 또한 위 견해에서는 기성의 법률관계는 도산절차 개시 이후에도 존중함이 바람직하고 도산절차 목적달성(도산재단 보호, 채권자평등주의 관철)을 위해 계약법의 원리가 변형

---

[52] 전병서, 도산법 제4판, 박영사(2019), 213면; 노영보, 도산법 강의, 박영사(2018), 231면; 서울회생법원 재판실무연구회, 회생사건실무(상) 제6판, 박영사(2023), 171면. 박병대, "파산절차가 계약관계에 미치는 영향", 파산법의 제문제(1-39), 사법연수원(1998), 450면도 양립가능하다는 전제로 기재하고 있다.

[53] 전병서, 도산법 제4판, 박영사(2019), 213면. 노영보, 도산법 강의, 박영사(2018), 230-231면에서는 '민법상 해제의 효과인 직접(물권적)효과설 및 현존이익에 한하지 않는 원상회복설에 의하여 도산 전후의 해제는 모두 동일한 효과가 있으므로, 계약상대방으로서는 자신의 해제권 행사에 따라 환취권과 대체적 환취권을 행사할 수 있으나, 다만 목적물이 멸실한 경우의 가액회복과 같은 경우 원상회복을 구할 수 없고, 손해배상채권과 함께 도산채권으로 행사하여야 하고, 금전을 급부한 경우에도 도산채권이다. 따라서 관리인이 해제한 경우가 명백히 계약상대방에게 유리하므로 관리인이 해제하지 않은 경우에는 신중하게 해제권 행사 여부를 결정하여야 한다'고 기술하고 있다.

되지 않는 것을 원칙으로 삼아야 하기 때문에 관리인의 선택권 특히 이행선택권은 제한되어야 한다고 본다.54)

반면 쌍방미이행 쌍무계약의 경우에는 계약상대방이 개시 전 취득한 법정해제권의 행사를 제한해야 한다는 견해55)도 발견된다. 쌍방미이행 쌍무계약에 관한 관리인의 선택권을 제한할 수 있으므로 개시 전 취득한 법정해제권이더라도 개시 후 행사를 허용하지 않는 것이 타당하다는 이유이다. 계약상대방은 불안의 항변권을 행사할 수 있으나(민법 제536조 제2항), 계속적 급부를 목적으로 하는 경우에는 그 이행을 거부할 수 없고(채무자회생법 제122조), 관리인이 이행을 선택하여 공익채권·재단채권화 된 뒤 채무불이행을 하지 않는 이상 불안의 항변권을 행사하여 해제할 수도 없다고 한다.

생각건대, 쌍방미이행 쌍무계약에 대한 관리인의 선택권은 도산절차의 목적달성을 위하여 인정되는 것인데, 계약상대방이 개시 전 취득한 법정해제권의 행사를 허용하게 되면 관리인의 선택권이 제약을 받게 된다. 특히 총채권자의 이익을 위하여 관리인이 이행선택을 하고자 하는 경우 계약상대방의 해제권 행사를 허용하게 되면 도산절차의 목적달성이 불가능하게 되는 문제점이 발생한다. 반면 관리인이 해제권을 선택하는 경우에는 계약상대방의 원상회복청구권은 공익채권이 되므로, 계약상대방은 오히려 유리한 지위를 얻게 된다. 이러한 점을 고려할 때 계약상대방의 기성의 법률관계에 대한 제약이 발생하게 되더라도 도산목적달성을 위해 평시 법률관계가 일정 부분 양보하는 것이 허용되어야 한다고 생각한다. 이는 계약상대방을 위하여 설정된 도산해지조항(Ipso Facto Clause)의 효력에 있어서 쌍방미이행 쌍무계약의 경우의 경우에는 관리인의 선택권

---

54) 최준규, 계약법과 도산법 -민법의 관점에서 도산법 읽기-, 홍진기법률연구재단(2021), 52면.
55) 伊藤眞, 破産法·民事再生法 第5版, 有斐閣(2021), 298頁, 395-397頁.

을 부여한 취지를 고려할 때 무효로 볼 수 있다는 판례의 태도에도 부합된다고 보인다.56)

다. 계약상대방의 환취권 인정 여부에 대한 정리

우선 계약상대방이 도산절차 개시 전 발생한 해제권을 도산절차 개시 후 행사하는 것은 원칙적으로 허용되나, 환취권이 인정되지 않는다는 점은 앞서 본 바와 같다.57) 즉 채무자의 도산절차 개시 전 채무불이행을 이유로 계약상대방의 해제권이 발생한 경우 계약상

---

56) 도산해지조항(Ipso Facto Clause)은 당사자 일방에게 지급정지나 파산, 회생절차의 개시신청 등 도산에 이르는 과정 상에 일정한 사실이 발생한 경우에 상대방에게 계약의 해제·해지권이 발생하는 것으로 정하거나 계약의 당연 해제·해지사유로 정하는 특약을 의미하는데, 계약자유원칙을 강조하는 입장에서는 그 효력을 긍정하는 반면 회생절차의 목적과 취지에 반한다는 이유로 무효로 보는 입장도 있다. 국내 다수설은 도산해지조항의 효력을 원칙적으로 부정하나 예외적인 경우에만 그 효력을 인정해야 한다는 견해[오수근, "도산실효조항의 유효성", 판례실무연구(IX), 사법발전재단(2010), 541면; 한민, "미이행쌍무계약에 관한 우리 도산법제의 개선방향", 선진상사법률연구 53호, 법무부(2011), 64면; 이연갑, "리스계약과 도산절차", 민사판례연구 제28권, 박영사(2006), 952면]를 취하고 있다. 우리 대법원(대법원 2007. 9. 6. 선고 2005다38263 판결)은 회생절차의 목적과 취지에 반한다는 이유만으로 도산해지조항을 일률적으로 무효라고 할 수 없다고 하면서도, 쌍방미이행 쌍무계약의 경우에는 도산해지조항의 효력을 부정할 여지가 있다고 판단하였다. 미국은 입법적으로 쌍방미이행 쌍무계약의 경우에 도산해지조항의 효력발생을 금지하고 있고[11 U.S.C § 365조 (e)(1)], 일본 最高裁判所 消和57.3.30. 判決 및 독일의 다수설[Eberhard Braun, Insolvenzordnung(Kommentar), 5. Auflage, Verlag C. H. Beck München(2012), 726-727면]도 쌍무계약의 경우에는 무효라는 입장이다. 보다 상세한 내용은 서울회생법원 재판실무연구회, 회생사건실무(상) 제6판, 박영사(2023), 408-410면 참조. 쌍방미이행 쌍무계약의 경우 도산해제조항이 원칙적으로 무효라는 하급심 판결로는 서울고등법원 2023. 1. 13. 선고 2021나2024972 판결(미상고 확정)이 있다.
57) 쌍방미이행 쌍무계약의 경우에는 계약상대방이 개시 전 취득한 법정해제권의 행사를 제한하는 것이 바람직하므로 역시 환취권이 인정되지 않는다.

대방이 도산절차 개시 후 해제권을 행사하게 되면 그 계약은 소급적으로 소멸한다. 해제의 효력에 대한 통설 및 판례의 입장인 직접효과설에 따르면 계약상대방의 원상회복청구권은 환취권의 기초되는 권리가 될 수 있다. 그러나 해제의 경우에도 관리인의 제3자성을 인정하게 되면, 계약상대방의 원상회복청구권은 제3자의 권리를 해하지 못하므로 결과적으로 제3자인 관리인에 대하여 환취권으로서 원상회복청구권을 행사할 수 없다. 따라서 계약상대방은 관리인에 대하여 손해배상청구권을 행사할 수 있을 뿐이다.

다음으로 도산절차 개시 전 발생한 해제권을 행사하고 그 뒤 도산절차 개시된 경우 계약상대방이 관리인에 대하여 원상회복청구권으로서 환취권을 행사할 수 있는지 문제된다. 그런데 계약해제로 인한 말소등기가 이루어지기 전에 해제사실을 모르고 해당 부동산을 압류한 채권자도 민법 제548조 제1항 단서의 제3자에 해당한다는 것이 판례의 태도이고,[58][59] 계약의 합의해제에 대해서도 같은 태도이다.[60] 나아가 도산절차가 개시되면 관리인이 아닌 채무자는 재산에 대한 관리·처분권한이 없고, 파산선고 내지 회생절차개시결정은 주요 재산에 이를 등기·등록하고 있으므로, 관리인은 압류채

---

58) 대법원 2000. 4. 21. 선고 2000다584 판결.
59) 伊藤眞, 破産法·民事再生法 第5版, 有斐閣(2021), 373頁에 따르면, 일본에서는 해제에 관한 다음과 같은 논의가 있다. 「도산절차 개시 후 (개시 전 채무불이행을 이유로) 해제권이 행사된 때에는 제3자 해당성의 문제로 보아 원상회복의 효과를 주장할 수 없다. 또한 해제권이 행사된 뒤 도산절차가 개시된 경우에는 제3자 해당성의 문제가 아니라 대항력의 문제로 보아 계약상대방이 관리인에게 대항할 수 없다고 보는 것이 일반적이다. 그런데 유력설은 도산절차 개시 후 해제도 관리인을 제3자로 보아서는 아니되고, 이와 균형을 이루어야 하기 때문에 도산절차 개시 전 해제도 관리인을 제3자로 보호받지 말아야 한다고 주장한다. 그러나 관리인을 제3자로 인정하는 이상 도산절차 개시 후 해제는 계약상대방이 원상회복의 효과를 주장할 수 없다고 보아야 하므로 위 유력설의 견해는 받아들이기 어렵다.」
60) 대법원 2005. 6. 9. 선고 2005다6341 판결.

권자의 지위와 동일하게 보아야 한다.61) 그렇다면 관리인 역시 도산절차 개시 전 발생한 해제권을 행사하고 그 뒤 도산절차 개시된 경우에도 민법 제548조 제1항 단서의 제3자에 해당한다고 보아야 할 것이므로, 계약상대방은 관리인에 대하여 원상회복청구권으로서 환취권을 행사할 수 없다고 보아야 한다.

그리고 도산절차가 개시되면 도산채권자의 개별적 권리행사는 금지되고 관리인의 임의 변제도 금지되는 것이 원칙이기 때문에 계약상대방은 관리인의 도산절차 개시 후의 채무불이행을 이유로 법정해제권을 행사할 수 없다는 점은 앞서 본 바와 같다. 따라서 계약상대방은 이와 같은 경우에도 환취권을 행사할 수 없다.

결국 계약상대방(채권자)은 도산절차 개시 전후의 관리인의 채무불이행에도 불구하고 어떤 경우에도 환취권을 행사할 수 없고, 도산채권자로서 절차참여를 하여 권리의 일부에 대해서만 만족하는 데에 그친다.

6. 무효·취소·해제에 따른 불공정성을 해소하기 위한 방안

앞서 본 바와 같이 무효·취소에 따라 법률행위 시점으로 소급하여 계약의 효력이 무효가 된 경우나 개시 전에 발생한 법정해제권이 행사된 경우에는 도산절차 개시 시점에 동시이행의 원상회복관계 내지 부당이득반환의 관계가 발생한다. 그런데 이러한 경우 관리인의 제3자성이 인정되므로, 계약상대방은 환취권을 행사할 수 없고 도산채권자로서 절차에 참가하여야 한다.

그러나 이러한 원상회복관계 내지 부당이득반환의 관계는 공평

---

61) 伊藤眞, 破産法·民事再生法 第5版, 有斐閣(2021), 370頁(파산관재인의 지위는 파산절차 개시 당시 압류채권자와 동일시 된다는 것이 기본원칙이다).

의 견지에서 동시이행항변권이 인정되는 경우임에도, 계약상대방은 도산채권자로서 권리행사를 하여야 하는 반면 관리인은 개시 전의 채권 내용 그대로 계약상대방에게 행사할 수 있어 형평성에 문제가 있다. 이러한 사정을 고려하여, 개시 전 공평에 기초하여 동시이행항변권이 인정되는 경우에는 쌍방미이행 쌍무계약의 법리를 유추적용하여 관리인에게 선택권을 부여하되, 법정법률관계이므로 해제권을 행사하는 것은 불가능하므로 이행거절권으로 쌍방이 금전청산을 하는 방안이 제시되고 있다.[62]

충분히 공감이 가는 해결방안이라고 생각된다. 다만 제4장 제2절에서 보는 바와 같이 고유의 견련성이 인정되지 않는 동시이행관계의 쌍방미이행 계약의 교착상태를 해소하기 위하여 동시이행관계를 후퇴 내지 소멸시키는 것이 도산 목적 달성에 부합된다는 점에서 신중한 검토가 필요해 보인다.

IV. 시사점

이상의 논의 과정을 참조할 때 다음과 같은 시사점을 찾을 수 있다.

「도산절차에서 평시 법률관계를 변경하는 경우에도 평시 법률관계를 고려하지 않은 채 도산절차의 목적달성만을 위해 법률관계를 일방적으로 변경하는 것이 아니라 도산법에 특별한 규정이 있는 경우에 한하여 변경하고, 또한 평시 법률관계와 도산목적달성의 조화를 달성하기 위하여 신중한 접근을 하고 있는 것으로 보인다.」

집행법적 법률관계의 변경에 있어서는, 집단적·포괄적 강제집행절차라는 파산절차의 목적달성을 위하여 개별 집행을 파산선고 즉

---

[62] 상세한 내용은 최준규, 계약법과 도산법 -민법의 관점에서 도산법 읽기-, 홍진기법률연구재단(2021), 152면 이하.

시 확정적으로 실효시키고, 채무자의 재건을 목적을 하는 회생절차에서는 인가결정 전까지만 잠정적으로 개별 집행을 금지 내지 중단시키고 있다. 이와 같은 집행법적 변경은 평시 법률관계의 기본 법질서인 채권자평등원칙을 도산절차에서도 실현하기 위한 기본적 장치이고, 각 도산절차의 목적달성에 필요한 범위를 고려하여 합리적인 선에서 적절히 변형하고 있다.

또한 실체법적 법률관계의 변경에 있어서도, 도산절차에서 실체법적 질서를 존중하기 위하여 환취권 제도를 명문으로 규정하고 있고, 쌍방미이행 쌍무계약상 관리인의 선택권 규정 등 도산법상 특별규정이 있지 않은 이상 도산절차개시가 평시 법률관계를 보장하는 환취권에 영향을 미치지 않는 것이 원칙이며, 임차권과 사용대차권뿐만 아니라 지식재산권에 관한 라이선시의 권리와 같은 사용수익할 권리를 보유하는 채권자가 도산절차 진행 중에도 그 권리를 계속 향유할 수 있도록 하는 실무에 대하여 환취권 제도가 그 법리적·논리적 근거가 될 수 있다는 점을 확인하였다.

그리고 도산절차의 기본적인 목적인 채권자 전체의 이익을 확보하기 위하여 임의변제금지원칙과 관리인의 제3자성을 인정하여 무효·취소·해제의 효력을 제한하되 관리인의 선의·악의에 대한 판단은 관리인이 아닌 총채권자를 기준으로 하도록 하고 있고, 한편 관리인의 권리가 그대로 보존됨에 반해 계약상대방은 도산채권자로서의 권리밖에 행사하지 못하는 불공정성이 발생하므로 이를 해결하기 위한 새로운 대안도 제시되고 있다는 점을 살펴보았다.

우리 채무자회생법은 위와 같이 환취권 제도 등을 통하여 평시 법률관계를 도산절차에서도 관철시키고 채권자평등원칙에 기초하는 법질서를 기본으로 하면서도, 도산목적의 달성을 위하여 무효·취소·해제의 법리 변경을 조심스럽게 다루고 있고 그에 따른 불합리를 제거하기 위한 방안에 대한 깊은 고민을 계속하고 있다. 즉 도산법은 도산 목적의 달성을 위해 일방적으로 일반법의 질서를 무시하고 왜곡시키는 것이 아니라, 도산절차에서도 평시 법률관계를 충분히 존중하고 있고 다만 채무자회생법의 본질과 특유의 목적달성을 위해 필요한 범위 내에서만 일반법의 법리에 기반하여 다소간의 변형을 하는 것으로 평가할 수 있다.

이와 같은 채무자회생법의 기본적 태도와 정신은 쌍방미이행 쌍무계약상 관리인의 선택권 규정에 대한 입법론과 해석론 등을 검토함에 있어도 반드시 고려되어야 할 것이다. 도산목적 달성을 위하여 필요불가결한 경우에는 평시 법률관계를 과감히 변경할 수 있을 것이나, 그러한 경우에도 평시 법률관계의 본질과 그에 관한 계약당사자의 신뢰를 훼손하지 않도록 배려하는 것을 잊지 말아야 한다.

제4장
라이선시 보호를 위한 해결방안 도입의 전제조건:
도산절차에 있어서 쌍방미이행 쌍무계약의 특별한 취급에 대한 이해

제 1 절 관리인의 선택권 규정에 대한 이해방식의 변화

Ⅰ. 쌍방미이행 쌍무계약에 대한 이해방식의 변화

1. 쌍방미이행 쌍무계약에 관한 법률관계의 개요

쌍무계약에 관하여 채무자 및 그 상대방이 모두 도산절차 개시 당시 아직 이행을 완료하지 아니한 때에는 관리인은 계약을 해제 또는 해지하거나 채무자의 채무를 이행하고 상대방에 대하여 채무이행을 청구할 수 있다(제119조, 제335조). 그 중 쌍무계약이라 함은 쌍방 당사자가 상호 대등한 대가관계에 있는 채무를 부담하는 계약으로서, 본래적으로 쌍방의 채무 사이에 성립·이행·존속상 법률적·경제적으로 견련성을 갖고 있어서 서로 담보로서 기능하는 것을 가리킨다.[1] 본래적으로 쌍방의 채무 사이에 법률적·경제적 견련관계가 없는데도 당사자 사이의 특약으로 쌍방의 채무를 상환 이행하기로 한 경우에는 '채무자회생법상의 쌍무계약'에 해당하지 않는다.[2][3]

관리인이 이행이 선택하여 계약관계가 존속하는 경우에는 계약 상대방의 권리는 공익·재단채권으로 취급되고(제179조 제7호, 제473조 제7호), 해제·해지를 선택한 경우에는 원상회복을 구하는 계약

---

1) 대법원 2007. 9. 6. 선고 2005다38263 판결 등 참조.
2) 대법원 2000. 4. 11. 선고 99다60559 판결, 대법원 2007. 3. 29. 선고 2005다35851 판결, 대법원 2007. 9. 7. 선고 2005다28884 판결.
3) 서울회생법원 재판실무연구회, 법인파산실무 제5판, 박영사(2019), 187면; 서울회생법원 재판실무연구회, 회생사건실무(상) 제6판, 박영사(2023), 169면.

상대방의 권리는 환취권 내지 공익·재단채권으로 지위를 가지며, 해제·해지로 인한 손해배상에 관하여도 청구할 수 있으나, 그 손해배상채권은 도산채권으로서 지위에 머무른다(제121조, 제337조).

2. 쌍방미이행 쌍무계약에 대한 전통적 이해

이와 같이 쌍방미이행 쌍무계약을 도산절차에서 특별하게 취급하고 있는 이유에 대해서 종래에는 아래의 2가지 관점에서 설명하고 있었다.[4]

첫째는 계약 당사자 간의 공평의 시점이다. 쌍무계약상 당사자 쌍방의 의무가 동시이행의 관계에 있고 서로 담보로 잡고 있음에도 관리인이 이행선택을 한 때에 상대방의 권리가 도산채권이 되면 관리인은 완전한 이행을 받을 수 있는 반면 상대방 권리의 완전한 만족은 확보되지 않으므로 공평에 반한다. 따라서 상대방의 권리는 도산절차 개시 전의 계약에 기초한 것으로서 '본래' 도산채권이 되어야 할 것이나 공평을 유지하기 위하여 채무자회생법이 이를 공익·재단채권으로 '격상'시킨 것이다.

둘째는 도산의 목적을 효율적으로 달성하기 위하여 관리인에게 계약이행과 해제·해지에 대한 선택권이 주어졌다고 한다. 파산절차에 있어서는 채권자평등의 원칙에 따라 공평한 환가와 배당을 하는 것이 제도의 본질이므로 총채권자에게 최대의 배당을 할 수 있는가의 관점에서 파산관재인으로 하여금 선택권을 행사할 수 있도록 하고, 회생절차에 있어서도 채무자의 재건을 달성하고 이를 통하여 총채권자에게 파산보다 이익이 되도록 변제할 수 있는가의 관점에

---

[4] 서울회생법원 재판실무연구회, 법인파산실무 제5판, 박영사(2019), 186면; 서울회생법원 재판실무연구회, 회생사건실무(상) 제6판, 박영사(2023), 168면; 노영보, 도산법 강의, 박영사(2018), 212면.

서 관리인에게 선택권을 부여하였다는 것이다.

이와 같은 전통적 관점은, 관리인에게 부여된 선택권은 도산목적 달성을 위한 특별한 수단이므로 관리인의 선택권 행사에 따른 법률관계는 평시 법률관계에 따르되 도산절차의 특수성으로 변용된다기보다는 처음부터 도산절차의 법률관계가 적용되어야 하나 공평의 차원에서 계약상대방에 대한 시혜적인 차원에서 입법적 배려를 하는 방식으로 설계되었다고 이해하는 듯하다.[5] 이하에서 보는 새로운 이해방식은 이와 같은 전통적 방식이 평시 법률관계를 지나치게 왜곡한다는 문제인식에서 제시된 것으로 보인다.

3. 쌍방미이행 쌍무계약에 대한 새로운 이해

최근에는 쌍방미이행 쌍무계약에 대한 관리인의 선택권 규정의 의의를 다음과 같이 이해하고 있고,[6] 이는 계약의 이행이 선택된 경우 상대방의 채권이 공익·재단채권으로 간주되는 범위 등에 영향을 준다. 입법자가 이러한 규정에 의하여 의도한 것은 관리인에게 계약해제·해지권을 인정하는 데에 있다.

관리인의 해제권은 계약당사자 간의 합의에 기초한 것이거나 채무불이행에 기한 법정해제권에 근거한 것도 아니고 채무자회생법에 의하여 관리인에게 부여된 특별한 권능으로서, 계약의 일방당사자인 채무자의 도산재단에 대한 관리처분권이 전속되는 관리인은 해제권을 부여받음으로써 종전 계약상 지위보다 유리한 법적 지위를 부여받는다.

먼저, 계약관계가 소멸하면 원상회복하는 것이 원칙이므로(우리

---

[5] 박병대, "파산절차가 계약관계에 미치는 영향", 파산법의 제문제(1-39), 사법연수원(1998), 439-440면도 같은 취지이다.
[6] 伊藤眞, 破産法·民事再生法 第5版, 有斐閣(2021), 391頁.

민법 제548조), 채무자가 이미 그 의무의 일부를 이행한 경우에는 계약상대방으로부터 반환을 구하고 반대로 계약상대방이 일부 의무이행을 한 경우에는 도산재단에서 상대방에게 원상회복을 하여야 한다. 상대방이 가지는 원상회복청구권은 관리인이 특별한 권능으로서 채무자회생법상 해제권을 행사한 결과이므로 공평을 고려하여 환취권 내지 공익·재단채권을 부여받을 수 있다.

이에 반하여 관리인의 해제로 인하여 상대방에게 발생하는 손해배상청구권은 도산채권으로 취급된다. '원래대로라면' 손해배상청구권도 관리인의 해제권 행사에 의하여 발생하는 것이므로 이를 공익·재단채권으로 하는 것을 생각해 볼 수 있을 것이나, 그럼에도 도산채권으로 규정한 것은 도산재단의 부담이 증가하여 관리인에게 특별한 권능으로서 해제권을 부여한 취지가 몰각되기 때문이다. 도산재단의 부담을 '경감'시키기 위하여 입법정책적으로 손해배상청구권의 발생 자체를 부정할 수도 있을 것이나, 한편으로는 도산채무자의 이익만 중시하고 상대방의 이익을 무시한 것이라고 비판하는 견해도 있다.[7]

다음으로, 관리인이 이행을 선택한 것은 관리인이 해제권을 포기하고 확정적으로 그 이행을 구하는 의사를 표시한 것이다. 때로는 기존 계약관계에서 상대방의 지위인 동시이행항변권을 인정하여야 하는데, 담보적 기능을 할 것이 예정된 동시이행항변권은 계약관계가 존속하는 이상 압류채권자나 관리인에 대해서도 그 주장이 인정된다. 따라서 관리인이 스스로 자신의 채무를 계약내용대로 이행할 것을 선택하였기 때문에 계약상대방도 자신의 채무를 계약

---

[7] 伊藤眞, 破産法·民事再生法 第5版, 有斐閣(2021), 391頁(파산채권의 내용이 되는 손해배상청구권의 범위와 관련하여 신뢰이익에 한정되는지, 아니면 이행이익까지 포함하는지에 대한 문제가 있으나, 해제를 수용하는 계약상대방의 이익을 보호하기 위하여 이행이익을 포함하는 것이 타당하다).

내용대로 이행하면 족하다. 상대방의 채권이 공익·재단채권으로 간주되는 것이 이러한 취지에 따른 것이다.

달리 말하자면, 계약상대방의 권리는 원래 도산채권으로 여겨져야 할 것이 입법에 의하여 공익·재단채권으로 격상된 것이 아니라 계약상대방의 채무이행으로 도산채권자 전체가 이익을 받았으므로 그 대가인 상대방의 채무이행을 파산채권자 공동으로 부담하는 것으로 '본래' 공익·재단채권이 될 것을 입법에 의하여 '확인'한 것일 뿐이다.[8]

4. 쌍방미이행 쌍무계약에 대한 또 다른 이해

가. 쌍방미이행 쌍무계약을 이해하는 또 다른 관점에 제시되고 있다.[9]

계약상대방의 권리의 본래적 성질은 동시이행항변권부 도산채권이고, 관리인의 상대방에 대한 이행청구는 동시이행항변권에 의하여 저지되며, 다른 한편으로 상대방의 관리인에 대한 이행청구는 도산채권으로서 제약을 받게 되므로 이른바 교착상태에 빠지고, 그렇기 때문에 이러한 교착상태를 해소하기 위하여 관리인에게 선택권을 부여한 것으로 본다.

이러한 이해를 전제로 관리인의 해제권 행사에 기초하여 필요

---

[8] 伊藤眞, 破産法·民事再生法 第5版, 有斐閣(2021), 389-392頁; 전병서, 도산법 제4판, 박영사(2019), 210-211면에서도 일본의 위 견해를 소개하고 있다.

[9] 伊藤眞, 破産法·民事再生法 第5版, 有斐閣(2021), 392頁에서 소개하는 견해로서 다음과 같은 관련 문헌을 인용하고 있다. 福永有利,「破産法五九条の目的と破産管財人の選択権」, 北大法学論集 39巻 56号(上)(1989年), 1373頁(福永·研究 32頁以下所収); 同「破産法五九条による契約解除と相手方の保護」, 曹時 41巻 6号(1989年), 1521頁(福永·研究 82頁以下所収); 水元宏典,「破産および会社更生における未履行双務契約法理の目的(1), 法学志林 93巻 3号 69(1996年), 87頁 등.

이상의 불이익이 상대방에게 발생하는 것은 막아야 하며, 구체적으로는 부동산매매계약의 매수인이 등기명의를 이전받았으나 부동산을 인도받지 못한 상태에서 매도인에 대하여 도산절차가 개시된 경우에는 매수인은 잔금을 지급함으로써 관리인의 해제권 행사를 막을 수 있다는 결론을 내린다.[10]

이에 대해서는 상대방의 권리가 도산채권의 요건에 해당하는지 여부는 설명의 문제일 뿐이며 동시이행항변권은 계약관계에서 파생되는 것으로서 채권에 부착되는 것은 아니라는 점, 어떤 이론적 근거에 의하여 상대방의 채권이 도산채권에서 공익·재단채권으로 변경되는지가 분명하지 않다는 점[11] 등을 근거로 비판하는 견해가 있다.[12]

위 견해에서 논의하는 교착상태의 발생과 그 해소에 대해서는 뒤(II.관)에서 상세히 살펴본다.

나. 또 다른 견해는 종래의 관점을 다음과 같이 재구성하여야 한다고 주장한다.[13]

상대방의 채권은 본래 도산채권이고 도산채권으로서의 제약으로부터 동시이행항변권도 부정되나, 그럼에도 관리인이 이행의 선

---

10) 제2장 제4절 III.관 제2항의 '라이선시는 로열티 지급을 완료함으로써 관리인의 계약해제를 막을 수 있다'는 결론과 동일한 논리이다.
11) 관리인의 선택은 형성권의 일종이며, 그 행사의 효과로서 도산채권이 공익·재단채권으로 변화한다고 주장하는 견해[水元宏典, 破産および会社更生における未履行双務契約法理の目的(1), 法学志林 93巻2号(1995年), 63·68頁]도 있고, 이것이 가장 설득력 있다고 보이지만, 채무자회생법상 관리인의 선택권은 관리처분권에 근거한 절차상 권능에 그치고 실체법상 형성권으로서 해제권이 존재하는 것이 아니라는 반론도 있다. 伊藤眞, 破産法·民事再生法 第5版, 有斐閣(2021), 393頁.
12) 伊藤眞, 破産法·民事再生法 第5版, 有斐閣(2021), 392-393頁.
13) 宮川知法, 「破産法五九条等の基本的理解」, 法学雑誌 37巻1号40頁(1990年), 87頁.

택을 한 때에는 그로 인하여 도산재단이 이익을 얻는 한도에서 상대방의 채권을 우대하는 것이 공익·재단채권으로 하는 취지이고, 해제 선택의 경우에도 마찬가지로 그에 의하여 도산재단이 이익을 받는 한도에서 상대방의 원상회복청구권으로서 공익·재단채권으로 한 취지라고 설명한다.

이에 대해서는 도산절차 개시 전의 원인에 기초한다는 이유로 상대방의 채권을 도산채권으로 한다고 하더라도 그로부터 계약법상 권능인 동시이행항변권까지 부정하는 것은 논리적 비약이 있다고 비판하는 견해가 있다. 위와 같이 종래의 관점을 재구성하는 견해는 공익·재단채권의 범위를 확대하게 되면 도산재단을 감소시키게 된다는 것을 염두에 둔 것으로 이해되나, 관리인이 이행을 선택하는 것은 도산재단에 이익이 그보다 높다고 판단하는 경우에 한정되므로 위와 같은 생각은 받아들이기 어렵다고 덧붙인다.[14]

5. 미국의 쌍방미이행 쌍무계약을 바라보는 태도

미국에서는 쌍방미이행 쌍무계약(executory contract)의 제도 취지에 대해서 "쌍방미이행 쌍무계약은 채무자가 파산재단에 편입시킬 수 있는 특별한 유형의 재산이라 할 수 있고, 도산절차에서 이러한 계약의 취급이 어려운 것은 계약에서의 재산에 관한 권리가 그에 수반되는 책임과 관계되기 때문이다. 즉 파산재단은 계약상 의무를 부담하지 않고서는 자산에 관한 권리를 취득할 수는 없다. 그러한 이유에서 어떤 계약이 파산재단에 관한 규정인 § 541(Property of the estate)에 의거해서 재단에 편입된다고 단순히 말하기는 어렵고, 이는 해당 자산에 수반되는 책임에 상응하는 가치가 있는지 여부가

---

14) 伊藤眞, 破産法·民事再生法 第5版, 有斐閣(2021), 393頁.

문제되기 때문이기도 하다. 그렇다면 채무자의 계약은 도산절차에서 어떤 문제가 발생한다는 것인가? 그 해답은 § 541에서 찾을 수 있는 것이 아니라, § 365 즉 쌍방미이행 쌍무계약 및 계속되는 임대차계약을 다루는 조문에서 찾을 수 있다."고 서술하는 문헌15)을 발견할 수 있다.

뒤(제5장 제3절 II.관)에서 다시 상세히 살펴보겠지만, 미국에서 쌍방미이행 쌍무계약을 도산절차에서 취급하는 방식은 관리인의 선택권을 부여하되 해제권이 아닌 이행거절권(rejection)을 허용하고 있고, 이행거절권도 계약해제와 같은 계약종결권한이 아니라 평시 법률관계에서 인정되는 계약거절 내지 이행거절과 같은 의미 정도로만 인정되고 있다(이행거절에 따른 법률관계의 처리를 위한 몇 가지 특칙을 가지고 있을 뿐이다). 이와 같이 미국에서는 쌍방미이행 쌍무계약에 관한 평시 법률관계는 도산절차에서도 그대로 관철되기 때문에, 도산절차 외에서의 권리는 도산절차에서도 그대로 존중되고, 파산법 외의 주법 등에서 형평법상 구제권한이 인정되지 않은 경우에는 도산채권으로 취급되며, 형평법상 구제권한이 인정되는 경우 형평법상 구제권한은 원칙적으로는 도산절차에서도 그대로 행사할 수 있어야 하고 다만 예외적으로 파산법상 정책목표가 더 중요하다고 인정되는 경우에는 그 권리가 제한되어 도산채권으로 취급된다.

도산절차상 쌍방미이행 쌍무계약을 바라보는 미국의 이러한 태도는 '도산법 외에서의 자산이 도산절차에서 어떻게 취급되어야 하는지'라는 다소 중립적인 관점에서 다루고 있다는 점에서 고유한 입법목적 즉 신속하고 효율적인 청산 내지 채무자의 재건이라는 특정한 방향성 있는 목표를 달성하기 위한 수단적 제도로 이해하는

---

15) Charles Jordan Tabb, The Law of Bankruptcy(4th), West Academic(2016), 791면.

우리의 그것과는 다소 미묘한 차이가 있다고 할 것이다.

6. 독일의 쌍방미이행 쌍무계약을 이해하는 태도

독일 도산법(InsO) 제103조 제1항에 의하면, 쌍무계약에 있어서 파산절차의 개시 당시에 파산자와 상대방이 자신의 채무를 완전히 이행하지 아니한 경우에, 파산관재인은 파산자를 대신하여 계약을 이행하고 상대방에게 이행을 요구할 수 있다. 즉 파산관재인이 계약의 이행을 결정한 경우에, 쌍방 당사자는 각자 급부를 제공하여야 한다. 이때 상대방의 반대채권은 단순한 파산채권이 아니라 재단채권으로 된다(제55조 제1항 제2호). 그러나 파산관재인이 이행의 거절을 선택한 때에, 상대방이 자신의 채무를 일부 이행한 경우에는 그에 대한 반환을 청구하지 못하고 단지 채무불이행을 이유로 손해배상을 청구할 수 있다. 이때 손해배상청구권은 단순한 파산채권으로서 채권액의 비율에 따라 배당을 받게 된다(제103조 제2항).[16]

이와 같이 독일 도산법에 있어서 이행선택의 경우는 우리 채무자회생법과 동일한 법리가 적용되나, 이행거절의 경우 계약상대방의 권리는 우리 채무자회생법보다 매우 열위에 있다. 즉 우리 채무자회생법에서 관리인이 해제를 한 경우에 인정되는 계약상대방의 원상회복청구권은 공익채권으로서 완전한 만족을 얻을 수 있으나, 독일 도산법에서는 관리인이 해제가 아닌 이행거절을 할 수 있고 이 경우 계약상대방은 파산채권으로서 일부만 변제받을 수 있을 뿐이다.

위와 같은 내용의 독일 도산법 제103조의 입법취지에 대하여는,

---

16) 양형우, "쌍무계약에 대한 파산절차개시의 효과 -독일통합파산법 제103조와 파산법 제50조를 중심으로-", 연세법학연구 6집 1권, 연세법학연구회 (1999), 320면.

채무자가 도산절차 개시 이전에 계약을 체결하였으나 계약에 기한 채권 및 채무 관계가 완전히 청산되지 않은 상태에서 도산절차가 개시되어 당해 계약이 도산재단에 속하게 된 경우(제35조 제1항), 도산절차 내에서 계약에 따른 법률관계를 합리적이고 공평하게 처리하기 위한 데에 있고,[17] 관리인이 채권자 모두의 이익을 위하여 전체 채권자에게 유리한 계약을 이행할 수 있도록 하는 한편, 만일 이 규정이 없다면 계약 상대방은 자신의 급부를 모두 이행하여야 하는 반면에 채무자가 이행하여야 할 반대급부에 대해서는 일반의 도산채권자로서 일부만 변제받는 결과가 되어 부당하므로 이를 방지하여 계약 상대방을 보호하기 위한 규정이기도 하다는 것이다.[18]

독일 도산법의 위와 같은 입법취지는 우리 채무자회생법에 대한 전통적인 이해방식과 유사한 듯하나, 다만 계약불이행을 선택하는 방식인 이행거절의 경우에 원상회복청구권을 인정하지 않는다는 점에서 우리 채무자회생법보다도 청산에 무게 즉 총채권자의 이익에 무게를 두고 있는 것으로 이해할 수 있다.

7. 검토

가. 채무자회생법이 쌍방미이행 쌍무계약을 인정한 취지나 그에 대한 이해방식은 참으로 다양하다. 앞서 살펴본 각 견해들은 현행 제도를 이해하는 방식에 관한 것이기는 하나, 각 관점에 따라 법해

---

17) Ludwig Häsemeyer, Insolvenzrecht(3. Aufl.), Carl Heymanns(2003), 435-436면[김영주, 도산절차상 미이행 쌍무계약에 관한 연구, 서울대학교 박사학위 논문, 서울대학교(2013), 42면에서 재인용].

18) Baur·Stürner, Zwangsvollstreckungs, Konkurs und Vergleichsrecht. Band Ⅱ. Insolvenzrecht(12. Aufl.), C. F. Müller(1990), 103면[김영주, 도산절차상 미이행 쌍무계약에 관한 연구, 서울대학교 박사학위 논문, 서울대학교(2013), 42면에서 재인용].

석론이나 향후 입법개정의 방향에도 영향을 미칠 수 있을 것이라고 생각된다. 예를 들어 해제권 선택 시 계약상대방의 원상회복청구권을 도산채권으로 하거나 손해배상채권을 공익채권으로 인정하는 등의 입법개정을 고려해볼 수 있다.

관리인에게 이행선택과 계약불이행(해제권, 이행거절권)의 선택권을 부여한 것은 도산목적을 효율적으로 달성하기 위한 것이라고 이해하는 관점은 모든 견해가 공통되는 듯하고, 그 자체를 비판하는 견해는 거의 찾아보기 어렵다.

그러나 관리인이 계약의 이행을 원치 않을 경우 관리인에게 부여되는 권한이 해제권인지 이행거절권인지 등에 대해서는 여러 가지 입법례가 있고, 각 방식에 대한 찬반의 논란이 있는 듯하다.

이러한 이해방식의 차이는 도산의 목적을 중시할지, 아니면 민법 등 평시 법률관계의 법리를 중시할지 등에 관한 정책선택의 문제로 보이기도 한다. 그러나 법논리적인 측면에서 볼 때, ① 채무자회생법상 쌍방미이행 쌍무계약의 특칙이 없을 때 계약상대방의 채권을 당연히 도산절차에 복종하는 권리로 보아야 하는지, 아니면 원래부터 동시이행항변권의 담보적 기능을 고려하여 (별제권이나 환취권 또는 공익·재단채권과 유사하게) 도산절차에 복종하지 않는 권리로 볼 것인지, ② 동시이행항변권이 채권 자체에 부착된 것으로 볼지, 아니면 계약관계에서 파생된 것이라고 볼지, ③ 동시이행항변권을 계약관계에서 파생된 것이라고 볼 경우에도 도산절차 개시에 따라 동시이행항변권을 제약 내지 소멸시킬 수 있는 것인지 등에 따라 현재의 법태도를 이해하는 방식이나 향후 입법개정 방향에 대한 관점이 달라지게 된다.

①의 문제는 채무자회생법이 도산절차에 복종하는 권리로서 도산채권을 어떻게 취급하는지에 관한 문제이다. 채무자회생법은 '도산절차에 복종하는 권리'로서 도산채권을 '채무자에 대하여 도산절

차 전의 원인으로 생긴 재산상의 청구권'으로 규정하고 있는데(제118조 제1호, 제423조), 동시이행항변권이 부착된 채권도 여기에 당연히 포함되는 것으로 볼 것인지, 아니면 채무자회생법이 명확히 규정하지 않았으므로 해석론에 따라 원칙적으로 도산절차에 복종하지 않는 권리로 볼 것인지와 관련이 있다고 이해할 수 있다.[19] 여기에 따라 쌍방미이행 쌍무계약의 도입의 필요성(교착상태에 대한 이해 등), 적용범위(고유의 견련성이 있는 경우로 한정할 것인지 등), 계약상대방 채권의 성격(도산채권 v. 공익·재단채권 내지 환취권 등), 그리고 이에 대한 입법개선 방향이 달라질 수 있다.

②, ③의 문제 역시 동시이행항변권을 이해하는 민법의 관점에 관한 것이나 도산절차 개시에 따라 동시이행항변권이 인정되는 권리를 어떠한 방식으로 취급할지에 대한 판단기준이 될 수 있다. 즉 동시이행항변권에 관한 평시 법률관계가 도산절차에서 어떻게 변경되는지에 관한 해석론뿐만 아니라 입법론의 문제라 할 것이다.[20] 이는 민법의 기본적인 이해방식에 관한 문제로서 그 자체가 쉽지 않은 내용이기도 하고, 여기에다가 도산법 특유의 법리까지 가해질 때 민법의 기본원리가 어떠한 방식으로 변형되는지에 관한 문제까지 보태어지므로 쉽게 결정될 수 있는 문제는 아니라고 보인다.[21]

---

[19] 채무자회생법 제118조가 회생채권에 대하여 '재산상 청구권'이라고만 규정하고 있음에도 판례(대법원 1994. 8. 12. 선고 94다25155 판결)는 그 해석상 '채권적 청구권'만을 의미하고 물권적 청구권은 회생채권에 속하지 않는다고 보았는데, 마찬가지로 동시이행관계에 있는 채권이 도산절차에 복종하는 권리인지 여부에 대해서도 해석론이 개입할 여지가 있다.

[20] 최준규, 계약법과 도산법 -민법의 관점에서 도산법 읽기-, 홍진기법률연구재단(2021), 91면(일본에서는 이 문제에 관해 학설대립이 팽팽하다. 과거 통설은 동시이행항변권 소멸·정지설을 취하였으나, 최근에는 동시이행항변권 유지설이 유력하다). 동시이행항변권 소멸·정지설은 宮川知法, 「破産法五九条等の基本の理解」, 法学雑誌 37巻1号40頁(1990年), 基本法 87頁 등이 있고, 동시이행항변권 유지설은 伊藤眞, 破産法·民事再生法 第5版, 有斐閣(2021), 393頁 등이 있다.

계약당사자의 신뢰를 고려할 때 평시 법률관계는 도산절차 개시에도 가급적 존중됨이 바람직하다고 생각된다.22) 그러나 한편으로는 도산목적 달성에 부합되는 방향으로 적절한 변형이 필요하다고도 할 것이다. 그런데 채무자회생법은 민법 등에 대한 특별법으로서 성격을 가지므로, 평시의 법률관계를 최대한 존중하는 방향으로 입법론을 펼칠지,23) 도산의 목적에 가장 부합되는 방향으로 입법론을 펼칠지24)는 입법자의 재량 영역에 속한다고 할 것이다.25) 채무

---

21) Charles Jordan Tabb, The Law of Bankruptcy(4th), West Academic(2016), 791면에서도 "파산절차에서 가장 혼동스럽고, 어려우며, 오해가 많은 분야 중 하나가 바로 '쌍방미이행 쌍무계약'의 법리이다.", "쌍방미이행 쌍무계약은 '이상한 나라의 앨리스'의 저자 Lewis Carroll이 썼을 것 같은 파산법의 가장 몽환적인 부분이라고 평가하는 것이 그 본질을 이해하는 데 가장 적합하고도 흥미진진한 표현일 것이다."라고 평가하고 있다.

22) 최준규, 계약법과 도산법 -민법의 관점에서 도산법 읽기-, 홍진기법률연구재단(2021), 91면.

23) 가장 극단적인 경우가 아래에서 볼 미국의 법리라 할 수 있다. 우리 학계에서 평시 법률관계를 최대한 존중하는 방향으로 입법론을 펼쳐야 한다는 대표적인 견해로는 최준규, 계약법과 도산법 -민법의 관점에서 도산법 읽기-, 홍진기법률연구재단(2021), 100면(교착상태를 해소하기 위해 도산법의 기본원리에 충실하게 생각을 전개하여 문제해결방안을 도출하면 관리인이 계약이행을 원치 않을 때에는 해제권 대신 이행거절권을 부여하고 1개의 도산채권인 금전채권으로 청산하여 하고, 이행을 원할 때에는 계약상대방의 권리를 공익·재단채권화하여 계약 내용대로 권리실현을 이루도록 하는 것이 바람직하다. 도산법의 원리인 채권자평등주의와 계약법의 원리인 쌍무계약상 견련성이 상호작용하여 도산법 특유의 법리를 만드는 것이다. 책임법의 임무를 수행하는 데 필요한 범위에서 계약법상 법률관계는 수정될 수 있으나 필요한 범위를 넘어서면서까지 계약법상 법률관계를 변형·왜곡하는 것은 타당하지 않다)이 있다. 위 견해에 대한 평가는 제5장 제3절 V.관 제3항 참조.

24) 우리와 일본의 현재의 태도가 그러하다고 할 수 있다.

25) 침해의 최소성을 판단한 아래 헌법재판소의 결정에서도 어떠한 방식이 적절한지에 대한 판단이 쉽지 않음을 확인할 수 있다.
〈헌법재판소 2016. 9. 29. 선고 2015헌바28 전원재판부 [채무자회생및파산에관한법률제119조제1항등위헌소원]〉 심판대상조항의 목적을 달성하면서 덜

자회생법상 규정을 둘 때에도 최대한 우리 민법의 법리를 반영할지, 아니면 비교법적인 예를 통해 최적의 것을 가지고 올지는 결국 선택의 문제라고 생각된다.

　나. 다만, 입법론을 떠나서 앞서 살펴본 여러 이해방식 중 현재의 우리 채무자회생법을 이해하는 데에 가장 적합한 방식은 새로운 이해방식인 위 3항의 관점이라고 생각한다. 도산법의 목적달성을 위해 평시 법률관계를 변형하는 것은 당연히 필요하나, 평시 법률관계에 대한 신뢰를 훼손할 정도로 변용하는 것은 바람직하지 않다고 보기 때문이다.
　즉 입법자는 쌍방미이행 쌍무계약의 규정을 도산채권 규정의 특칙으로 도입한 것이 아니라 채무자의 재산을 도산절차의 개시에 따라 도산재단에 편입하는 방식을 규정한 도산채권의 규정과 대등한 규정으로 도입한 것이고, 이러한 전제에서 담보적 기능을 하는 고

　　침익적인 다른 수단도 발견하기 어렵다. 관리인에게 계약의 해제권이 아닌 이행거절권을 부여하게 되면 상대방이 이행을 청구한 경우에야 비로소 관리인이 이행을 거절할 수 있고, 관리인이 이행거절권을 행사하였음에도 불구하고 상대방이 계약을 해제하지 아니할 가능성도 있어, 회생절차개시 이후부터 상당기간 동안 종래 계약관계로 인한 법률관계가 확정될 수 없게 된다. 또한, 앞서 살펴본 바와 같이 민법 및 채무자회생법은 계약 당사자 일방이 파산선고를 받은 경우 파산관재인이나 상대방에 해제권을 부여하고 있는데, 이러한 규정들과의 균형을 고려할 때 회생절차의 경우에도 관리인에게 이행거절권이 아닌 해제권을 인정하는 것이 법률관계의 일의적 해결에 더욱 용이한 측면도 있다. 특히, 관리인이 이행거절권을 행사하여 채무의 이행을 거절하고 상대방이 계약을 해제한 경우, 상대방의 원상회복청구권을 공익채권으로 규정하게 되면 다른 채권자들과의 형평 문제가 야기될 우려가 있고, 이를 회생채권으로 규정하게 되면 상대방은 계약에 따라 이미 이행한 부분을 즉시 반환받을 수 없게 되어 오히려 상대방에게 불리할 수도 있으므로, 현행 채무자회생법의 테두리 안에서는 관리인에게 해제권이 아닌 이행거절권을 부여하는 것이 반드시 상대방에게 덜 침익적인 수단이라고 단정할 수도 없다.

유의 견련성이 인정되는 쌍무계약 중 쌍방미이행의 경우에는 애당초 도산절차에 복종하는 권리로 규정하지 않았으며, 이에 해당하지 않는 경우에는 도산채권의 규정이 적용되는 것이라고 생각한다(이러한 이해방식은 관리인이 채무자의 재산을 도산재단에 편입할지 여부를 결정하는 방식으로 보는 미국의 법리와도 유사하다고 보인다).

나아가 해제권 제도를 선택한 이상 원상회복의 법리는 민법상 해제의 법리가 그대로 존중되어야 하므로, 계약상대방의 권리는 원래 도산채권으로 여겨져야 할 것이 입법에 의하여 공익·재단채권으로 격상된 것이 아니라 원래부터 환취권(법에 따라 개시 후 발생된 해제권이므로 해제로 인한 관리인의 제3자성도 인정되지 않는다) 내지 공익·재단채권의 성격을 갖는 것이고, 입법은 이를 확인하였을 뿐이라고 이해하는 것이 타당하다(그렇다고 하더라도 채무자회생법의 기본원리상 공익·재단채권은 명확한 규정이 있어야 인정되기 때문에 입법이 없이 공익·재단채권으로 볼 수는 없다).

관리인의 선택권 규정을 이해하는 관점은 관리인의 선택권 규정 특히 계약불이행 권한을 어떻게 설계하는지에 대한 중요한 기준이 된다. 관리인의 선택권 규정을 종래의 관점과 같이 평시 법률관계의 신뢰를 훼손하는 어떠한 경우에도 도산목적 달성을 위하여 허용되어야 하는 '절대적 계약종결권'으로 도입된 규정으로 이해할 것이 아니라 '도산절차에서 평시 법률관계를 합리적으로 처리하기 위한 수단으로서 도입한 제도'로 보아야 한다. 이와 같이 보는 것이 현대적 관점과 국제적 동향에도 부합되는 방향이라고 할 것이다. 제3장에서 살펴본 바와 같이 평시 법률관계를 도산절차에서도 존중하고자 하는 채무자회생법의 기본적인 정신은 쌍방미이행 쌍무계약의 처리에 있어서도 관철되어야 하고, 이와 같은 관점에 따라 채무자회생법의 전반적 체계에서 일반법과 특별법의 조화를 추구함으로써 법질서 전체에 대한 신뢰를 확보할 수 있을 것이다.

이하에서는 '채무자회생법이 관리인의 선택권을 도입한 원인'과 '도산절차에서 동시이행항변권이 어떻게 작용하는지'와 관련하여 '교착관계의 발생과 해소'에 대한 사고실험을 수행하면서 더욱 상세히 살펴보기로 한다.

II. 교착상태의 발생과 해소

1. 서설

채무자회생법에서 쌍방미이행 쌍무계약을 특별취급해야 하는 근거에 대해서는 앞서 본 바와 같이 여러 가지 관점이 있으나, 도산의 목적 달성의 중심에 있는 총채권자의 이익을 위하여 관리처분권을 행사하는 관리인에게 주도권(initiative)을 부여하고자 관리인의 선택권을 규정하였다는 점에 대해서는 큰 다툼이 없는 듯하다. 그런데 채무자회생법상 쌍방미이행 쌍무계약의 특칙이 없이 도산채권에 관한 규정만 존재할 경우 어떠한 상황이 발생하는지, 그러한 상황을 어떻게 해결해야 하는지를 검토해보는 것은 입법의 공백이 발생한 지점에서 해석론을 전개하는 것이나 향후 제도개선을 위한 입법론의 이해에 있어서 큰 시사점을 줄 수 있다고 보인다. 이하에서는 교착상태의 발생과 그 해소에 대하여 살펴본다.[26]

---

[26] 최준규, 계약법과 도산법 -민법의 관점에서 도산법 읽기-, 홍진기법률연구재단(2021), 90면 이하('I. 쌍방이이행 쌍무계약에 대한 도산법상 규율 필요성' 부분)에서 분석한 상황을 전제로 한다.

2. 전제법리 및 전제상황

(전제상황) 매도인 A가 매수인 B에게 자신 소유의 X 부동산을 100만 원에 매도하는 계약을 체결하였고, 쌍방 모두 의무를 이행하지 않고 있다. 이러한 상황에서 매수인 B에 대하여 도산절차가 개시되었다. 매도인 A의 소유권이전등기의무와 매수인 B의 매매대금지급의무는 동시이행관계에 있다.

(전제①) 도산절차 개시 당시 기성의 법률관계는 도산절차 내에서도 존중되어야 하고, 채무자와 계약상대방이 가진 동시이행항변권 중 고유한 견련성이 있는 것은 서로 담보로서 기능하기 때문에 도산절차의 개시에도 불구하고 그대로 유지된다.

(전제②) 채무자에 대하여 도산절차가 개시되면 관리인은 계약상 채권의 강제이행을 청구할 수 있으나, 계약상대방(채권자)은 강제이행을 청구할 수 없고, 나아가 관리인에게 자신의 채무이행의 수령을 청구할 수도 없다.[27] 관리인이 채무인수를 하지 않음으로 인하여 계약상대방이 입은 손해는 도산채권으로 행사할 수 있을 뿐이고, 관리인은 법원의 허가를 받아 계약상 채권을 포기할 수 있다.[28]

3. 관리인이 계약의 이행을 원치 않는 상황

가. 교착상태의 발생(부동산의 시가가 하락한 상황)

부동산의 시가가 20만 원으로 하락하였고, 매도인 A는 매수인 B

---

27) 최준규, 계약법과 도산법 -민법의 관점에서 도산법 읽기-, 홍진기법률연구재단(2021), 16면[계약상대방은 금전채무와 달리 범용성이 없는 소유권 등기인수(수취)의무에 대하여 공탁할 수도 없다].
28) 최준규, 계약법과 도산법 -민법의 관점에서 도산법 읽기-, 홍진기법률연구재단(2021), 16면.

에 대한의 파산절차가 진행되더라도 매매대금채권 100만 원 중 30만 원만을 안분변제받을 수 있는 상황이라고 생각해보자. 매도인 A는 시가 20만 원인 X 부동산을 넘기고 30만 원을 변제받는 것이 유리하다. 그러나 관리인은 도산채권에 대한 임의변제가 허용되지 않고, 최후배당이나 회생계획안 작성을 하면서도 동시이행항변권을 행사하여 등기이전이 되지 않으면 30만 원을 변제할 수 없다고 저항하고 실제로도 등기이전을 받을 생각이 없다. 따라서 매도인 A는 관리인에게 등기이전에 대한 강제이행을 하고자 할 것이다(전제①). 그러나 매도인 A는 관리인에게 이전등기를 인수해 가라고 청구할 수 없다. 도산채무자의 등기인수의무는 도산채무에 불과하므로 계약상대방은 관리인에게 등기인수청구의 소를 제기할 수 없다. 결과적으로 관리인이 X 부동산을 이전받기를 원하지 않음에도 불구하고 매도인 A는 이를 강제할 수 없다(전제②).

매수인 B의 관리인의 매매대금에 대한 임의변제가 허용되지 않는 것과 함께 매도인 A도 이전등기를 하지 못하기 때문에 양측의 의무가 모두 이행되지 않는 교착상태가 발생한 것이다.

나. 교착상태의 해소

1) 서설

이 경우 교착상태가 발생하는 것은 우선 매수인 B의 관리인에 대한 등기이전 수령에 대한 강제이행이 허용되지 않기 때문이다. 그런데 도산절차가 채무자인 매수인 B를 위한 것임을 고려할 때, 매수인 B의 관리인에 대한 등기이전 수령 강제 불가(전제②)를 해소하는 것은 받아들이기 어렵다. 따라서 다른 방향으로 해결책을 찾아야 한다. 계약 해소를 하여야 한다. 계약해소를 위해서 관리인에게 해제권을 부여하거나 이행거절권을 부여하는 방안을 고려해

볼 수 있다.

2) 매수인 B의 관리인에게 이행거절권을 부여하는 경우

가) 먼저 이행거절권에 대해 생각해보면 다음과 같다. 민법상 이행거절에 대해 상대방은 강제이행권, 해제권, 전보배상청구권을 행사할 수 있다. 그런데 상대방인 채권자는 채무자에 대한 도산절차의 개시에 따라 개별적 권리행사가 금지되므로 강제이행권의 행사는 허용되지 않는다. 그러나 해제권과 전보배상청구권을 허용하는 것은 인정할 여지가 있다.

도산절차 개시 전 상대방이 취득한 법정해제권은 행사할 수 있으나, 도산절차 개시 후 상대방이 취득한 법정해제권은 행사할 수 없다고 보아야 함은 앞서 본 바와 같다(제3장 제3절 Ⅲ.관 제5항). 도산절차 개시 후 관리인의 채무불이행으로 상대방이 취득하는 법정해제권의 행사를 불허하는 것은 채무자회생법상 관리인의 임의변제 금지로 인한 것일 뿐이고, 이러한 이유로 관리인의 채무불이행은 평시와 같은 위법성이 인정되지 않는다. 그러나 여기서(교착상태)의 이행거절은 매수인 B의 관리인이 등기이전을 받지 않겠다는 의사표시로서 계약의 종료 내지 해제를 확정적으로 한다는 의미의 채무불이행이므로 상대방의 해제권을 인정하는 것이 민법의 법리에 부합되는 것이다.[29]

---

[29] 관리인의 이행거절을 이유로 계약상대방이 새롭게 해제권을 취득하는 것은 원칙적으로 허용되지 않는다는 반대견해로는 최준규, 계약법과 도산법 -민법의 관점에서 도산법 읽기-, 홍진기법률연구재단(2021), 258-262면, 267-268면. 위 글 260면에서는 "여기서의 관리인의 이행거절은 도산절차개시로 인해 발생한 법률상태를 그대로 방치하는 것 즉 이행선택을 할 수 있는데 이행선택을 하지 않은 것이지, 해야 할 의무를 하지 않는다는 부정적 개념이 포함되어 있지 않다. 오히려 관리인의 이행거절은 채무불이행 유형 중의 하나인 이행거절과 상이하고, 법질서상 허용되는 것이기에 상대방의 해제권은 허용되어서는 아니 된다"고 기술하고 있다. 그러나 계약상대방

또한 도산절차 개시 후 상대방이 취득한 법정해제권의 행사를 불허하는 것은 도산채권의 개별적 행사가 금지되기 때문이기도 하다. 그러나 도산채권의 개별적 행사 금지는 채권자평등의 원칙과 도산절차의 안정성·예측가능성으로 인해 인정되는 것이다. 따라서 여기서의 이행거절은 관리인의 도산절차 개시 후의 새로운 행위에 따른 것이므로 다른 도산채권과의 차별성 및 도산절차의 안정성과 예측가능성에 위반되지 않는다. 따라서 이러한 관점에서도 관리인의 이행거절 후 계약상대방의 해제권 인정은 어색하지가 않다. 이러한 이유에서인지 실제로 계약상대방에게 해제권을 부여하는 입법례도 발견된다.30)

그러나 우리 판례와 다수설은 계약상대방의 해제권 행사를 허용하지 않고 있고, 계약상대방의 해제권 행사를 허용하는 법 규정도 없다.

나) 관리인의 이행거절 후 계약상대방의 해제권을 인정하지 않는 비교법적 예31)와 주장32)이 발견된다. 도산절차가 개시되면 계약

이 계약의 이행을 원하고 있는 상황이라는 점을 고려할 때 관리인이 계약을 그대로 방치한다는 취지로 의사표시를 하더라도 이는 계약종료를 확정적으로 한다는 의미로 해석할 수밖에 없다고 생각한다. 이행거절권 방식을 채택하고 있는 미국에서도 이런 상황을 고려하여 관리인이 계약을 그대로 방치하는 경위이른바 '아무것도 하지 않기(do nothing)'를 대비해서 Chapter 7의 파산절차에서는 관재인이 절차개시일로부터 60일 이내에 선택하지 않으면 거절한 것으로 간주하고 있고, Chapter 11 등의 회생절차에서는 일방 당사자의 요청에 따라 법원이 특정 기간 내에 인수나 거절을 선택하도록 명할 수 있도록 하고 있다(제5장 제3절 II.관 제1의 나. 2)항 참조].

30) 최준규, 계약법과 도산법 -민법의 관점에서 도산법 읽기-, 홍진기법률연구재단(2021), 267-268면에서는 계약상대방의 해제권을 인정하는 비교법적인 예(프랑스, 스위스, 네덜란드)를 소개하고 있다.
31) 이행거절권 방식을 채택한 독일 도산법과 UNCITRAL 입법지침의 경우가 그러하다. 미국의 경우에는 계약상대방에게 계약종결의 선택권이 인정되지만 이는 파산법에 의한 것이 아니라 평시 법률관계에서 인정되는 지위일 뿐이다. 제5장 제3절 참조.
32) 최준규, 계약법과 도산법 -민법의 관점에서 도산법 읽기-, 홍진기법률연구

상대방의 채권은 더 이상 강제이행을 할 수 없기 때문에 계약상대방의 의사에 따른 계약실현은 도산절차 내에서 불가능하다는 것을 출발점(default rule)으로 하는 관점이다. 계약상대방의 해제를 인정할 수 없고 또 계약내용대로 실현이 불가능하다면 교착상태의 해소는 손익청산의 방법으로 이루어질 수밖에 없다.[33]

손익청산은 3단계 즉 ① 계약상대방의 채권의 강제이행불능에 따른 금전화(1단계), ② 그와 견련관계에 있는 도산채무자의 채권의 금전화(2단계), ③ 두 금전채권 사이의 공제(3단계)를 거쳐 이루어진다. 1단계에서는 계약상대방의 채권이 금전화된다. 금전화되는 계약상대방의 채권은 도산채권으로서 채권자평등주의가 적용되고 더 이상 강제이행청구를 할 수 없는 채권이다. 2단계에서는 계약상대방의 채권과 견련관계에 있는 도산채무자의 채권도 함께 금전화된다. 계약상대방의 이행청구권이 강제이행될 수 없다면 그와 견련관계에 있는 도산채무자의 이행청구권도 강제이행될 수 없다고 봄이 공평하다. 3단계로 금전화된 두 채권은 서로 '공제'되어 단일한 금전채권으로 청산된다. 이러한 공제는 상계와 구별되는 것으로서 이 경우 도산법상 상계제한 법리가 적용되지 않는다. 금전화되기 전의 두 급부의무가 견련관계에 있었기 때문이다. 3단계에서 채무불이행으로 인한 손해배상청구권도 함께 고려하여 계약의 금전채권화가 이루어진다.[34] 다만 이러한 계약의 금전화는 책임법적 의미에서의 금전화채권일 뿐이고, 원 계약상 채권이 실체법적으로 소멸한다는 뜻은 아니라는 점에 유의해야 한다. 책임법은 책임법의 목적 달성에 필요한 한도 내에서만 계약법 법리를 변경하면 족하기 때문이다.[35]

재단(2021), 94-102면.
33) 최준규, 계약법과 도산법 -민법의 관점에서 도산법 읽기-, 홍진기법률연구재단(2021), 94면.
34) 파산절차의 경우 파산채권의 금전화·현재화가 원칙이고, 회생절차의 경우에도 손익청산을 위하여는 금전화가 되어야 한다는 취지이다.

계약관계가 단일한 금전채권으로 청산되면 계약상대방은 더 이상 기존 계약상 급부를 이행할 '권리'가 없다. 즉 계약상대방이 부동산소유권을 이전해 주고 매매대금은 도산채무로 지급받기를 원하더라도, 관리인이 이에 동의한 경우를 제외하고는 관리인의 의사가 우선한다. 부동산소유권을 이전받지 않고 계약관계를 단일한 금전채권으로 청산하는 것이 도산재산에 더 유리하다고 관리인이 판단하였다면 그러한 관리인의 의사는 존중되어야 한다. 이러한 손익청산 결과 계약상대방이 취득하는 80만 원(= 매매대금 100만 원 - 시가 20만 원)의 손해배상채권은 이행이익과 동일하다.[36]

3) 관리인에게 해제·해지권을 부여하는 경우

관리인에게 계약 해소를 하는 수단으로 해제·해지권을 부여하는 방안도 가능하다. 관리인이 해제·해지를 선택하게 되면 상대방에게 선택권을 부여할 여지가 없고, 계약의 강제이행을 구할 수도 없다. 민사상 법리가 그대로 적용되어 단지 민법상 해제·해지권의 법리상 원상회복 및 손해배상청구의 문제가 남는다. 즉 관리인에게 이행거절권을 부여한 경우와 같이 이후의 복잡한 문제가 많이 남지 않는다.

파산절차에서 상대방인 도산채권자의 해제권을 허용할 경우 상대방은 원상회복청구권과 전보배상청구권을 행사할 수 있다. 그러나 이를 공익·재단채권 내지 환취권으로 보장할지, 도산채권으로 인정할지는 도산의 목적달성과 총채권자들의 이익에 중요한 이해관계가 있다. 공평의 관념을 중시한다면 공익·재단채권 내지 환취

---

35) 최준규, 계약법과 도산법 -민법의 관점에서 도산법 읽기-, 홍진기법률연구재단(2021), 94-96면.
36) 최준규, 계약법과 도산법 -민법의 관점에서 도산법 읽기-, 홍진기법률연구재단(2021), 96-97면.

권으로 인정하여야 할 것이고, 도산의 목적달성을 중시한다면 도산채권으로 인정하여야 할 것이다. 이는 선택의 문제로서 입법자의 재량의 영역인 입법정책의 문제라고 생각된다. 관리인의 해제권 방식을 채택한 우리 채무자회생법은 원상회복청구권은 환취권 내지 공익채권으로, 손해배상청구권은 도산채권으로 인정하고 있다(제121조, 제337조).[37] 관리인에게 이행거절권을 부여하고 상대방에게 해제권을 부여하는 프랑스, 스위스, 네덜란드도 공익·재단채권 내지 환취권으로 인정하는 듯하다.[38]

그러나 앞서 본 '관리인의 이행거절 후 계약상대방의 해제권을 인정하지 않아야 한다는 주장'에서는 견련관계가 인정되는 범위까지는 공평의 견지에서 공익·재단채권과 같은 수준으로 전액을 변제받을 수 있는 '공제'를 허용한다. 다만 손해배상청구권은 채권자 평등의 원칙을 관철하기 위하여 도산채권으로 행사하여야 한다고 한다.[39]

---

[37] 계약상대방의 원상회복청구권을 공익·재단채권으로 보는 현행법의 태도에 대한 비판은 최준규, 계약법과 도산법 -민법의 관점에서 도산법 읽기-, 홍진기법률연구재단(2021), 251면 이하를, 손해배상청구권을 도산채권으로 보는 것은 마땅하다는 검토는 최준규, 계약법과 도산법 -민법의 관점에서 도산법 읽기-, 홍진기법률연구재단(2021), 245면 이하를 각 참조.

[38] 최준규, 계약법과 도산법 -민법의 관점에서 도산법 읽기-, 홍진기법률연구재단(2021), 267-268면에서 소개된 프랑스, 스위스, 네덜란드에 대한 입법례 참조.

[39] 최준규, 계약법과 도산법 -민법의 관점에서 도산법 읽기-, 홍진기법률연구재단(2021), 97-98면(계약상대방의 계약상 청구권이 채권인 이상 즉 계약의 이행여부와 관련하여 계약상대방이 도산채무자에게 신용을 부여한 이상 위와 같은 손해배상청구권도 일반채권이라고 보아야 한다. 즉 손해배상청구권과 관련한 도산채무자의 무자력 위험은 계약상대방이 부담한다. 따라서 계약상대방의 위 손해배상채권은 도산채권이다).

4. 관리인이 계약내용 대로의 이행을 원하는 상황

가. 교착상태의 발생(부동산의 시가가 상승한 상황)

부동산의 시가가 120만 원으로 상승하였다고 가정해 보자. 매도인 A는 자진해서 소유권의 이전의사가 없기 때문에 매수인 B의 관리인은 계약이행을 위하여 강제집행을 하여야만 하고, 도산법리상 채무자측인 관리인의 계약상 청구권에는 아무런 변경이 없다. 관리인은 강제이행을 위하여 소유권이전등기청구의 소를 제기하여 의사진술을 명하는 판결을 받아 집행권원을 확보해야 하나, 매도인 A는 동시이행항변권을 행사할 것이다. 따라서 관리인이 얻을 수 있는 것은 매매대금지급과 동시이행관계에 있는 상환이행판결일 뿐이다(전제①).[40] 관리인이 확정된 상환이행판결에 기초하여 강제집행을 할 수 있으나(민사집행법 제263조 제1항), 집행문을 부여받기 위해서는 반대의무인 매매대금지급의무의 이행 또는 이행의 제공을 증명하여야만 한다(민사집행법 제263조 제2항, 제30조). 그러나 매도인 A의 매매대금채권은 도산채권이므로 관리인은 임의변제를 할 수 없는 것이 원칙이다. 따라서 관리인은 매도인 A의 도움 없이 혼자서는 X 부동산의 등기이전을 받을 수 없다. 교착상태가 발생한 것이다.

나. 교착상태의 해소

1) 이 경우 교착상태가 발생하는 것은 (도산채권자인 매도인 A의 동시이행항변권으로 관리인 내지 파산관재인의 강제이행이 저지되고 이를 해소하기 위해 임의변제가 필요하지만) 관리인 내지 파산

---

40) 매도인이 동시이행항변권을 행사하지 않을 수도 있으나, 계약이행을 원치 않는 상황이기 때문에 기대하기는 어렵다.

관재인의 도산채권에 대한 임의변제가 금지되기 때문이다.

　회생채권에 관하여는 회생절차가 개시된 후에는 이 법에 특별한 규정이 있는 경우를 제외하고는 회생계획에 규정된 바에 따르지 아니하고는 변제하거나 변제받는 등 이를 소멸하게 하는 행위(면제를 제외한다)를 하지 못한다(제131조). 그러나 법원은 회생채권의 변제가 채무자의 회생을 위하여 필요하다고 인정하는 때에는 채무자와 채권자의 거래상황, 채무자의 자산상태, 이해관계인의 이해 등 모든 사정을 참작하여 회생계획인가결정 전이라도 관리인·보전관리인 또는 채무자의 신청에 의하여 그 전부 또는 일부의 변제를 허가할 수 있다(제132조). 따라서 회생절차가 개시된 경우라면 관리인은 위 규정을 통하여 매도인 A에게 매매대금 전액을 변제함으로써 동시이행항변권을 저지시킬 수 있다. 따라서 회생절차의 경우에는 채무자회생법 제132조를 통해 교착상태의 해소가 가능하다. 그런데 이러한 상황에 앞서 도산목적의 효율적인 달성을 위해 쌍방미이행 쌍무계약에 대한 관리인의 선택권이 부여되어야 한다는 것에 대해서는 큰 다툼이 없다. 관리인에게 이행을 할지 말지에 대한 선택권이 부여되어 있기 때문에 이행선택 시에는 매도인 A에 대하여 채무자회생법 제132조에 준하는 수준의 보호가 이루어져야 한다. 따라서 관리인이 계약의 이행을 선택할 경우에는 매도인 A의 매매대금 지급청구권은 공익채권으로 인정하는 것이 마땅하다.

　2) 파산절차의 경우에도 파산채권은 파산절차에 의하지 아니하고는 행사할 수 없고, 파산절차는 환가 후 안분배당이 원칙이기 때문에 파산관재인은 파산채권에 대해 임의변제를 할 수 없다. 따라서 파산관재인에게 임의변제의 권한을 부여하면 교착상태가 해소될 수 있다. 그런데 회생채권에 관한 채무자회생법 제132조와 같이 파산관재인의 임의변제를 허용하는 규정은 발견되지 않는다. 그러

나 앞서 본 바와 같이 파산채권의 재단채권화를 꾀할 수 있는 방법이 있다. 매수인 B가 동시이행항변권을 행사하고 있기 때문에 변제수령의 의사가 있다면 화해를 하고 법원의 허가를 받음으로써 등기이전을 받을 수 있다. 그러나 여기서 화해는 화해계약을 의미하므로 매수인 B가 동시이행항변권을 행사한다고 하여 변제를 수령할 의무까지 발생한다고 볼 수는 없다. 계약이행을 원치 않는 매도인 A로서는 변제를 수령하지 않을 것이기 때문에 화해계약도 체결하지 않을 것이다.

그렇다면 이러한 상황에서 교착상태를 해소하기 위한 방안은 무엇이 있을까? ① 우선 파산관재인으로 하여금 도산채권자로서 안분변제받을 것으로 예상되는 금액을 임의변제하도록 허용하는 입법방안을 생각해 볼 수 있다. 그러나 환가가 마쳐지지도 않았고 재단채권 등 우선순위인 채권에 대한 변제액이 확정되지도 않은 상황에서 안분변제받을 것으로 예상되는 금액을 산정하기는 어렵다. 따라서 이러한 해결방안은 또 다른 문제를 야기하므로 받아들이기 어렵다.

② 다음으로 파산절차에서는 채권의 현재화·금전화에 따라 평가된 금액을 기준으로 안분변제를 한다는 생각을 밀어붙여 볼 수 있다. 이 경우 동시이행관계가 소멸된다는 입법규정을 도입한다면(즉 전제①을 변경하는 입법을 도입하여) 파산관재인은 배당절차에 들어가기 전에 상환이행판결이 아닌 단순이행판결로서 의사진술을 명하는 판결을 받아 강제집행을 할 수 있을 것이다. 그러나 동시이행항변권의 담보적 기능이나 이와 같이 과소한 금액을 변제하도록 하는 것은 공평의 관념에 반한다는 점을 고려할 때 이와 같은 입법은 침해의 최소성과 비례원칙에 반할 여지가 크다고 볼 것이다. 따라서 이러한 해결방안도 적절치 않다.

③ 그리고 동시이행항변권의 담보적 기능에 주목하여 담보권인 별제권 환수의 규정을 고려해볼 수 있다. 채무자회생법 제492조(법

원의 허가를 받아야 하는 행위) 제14호에 의하면 파산관재인은 법원의 허가를 받아 '별제권의 목적의 환수'를 할 수 있다. 이를 담보적 기능이 있는 동시이행관계에도 유추적용하여 파산관재인으로 하여금 법원의 허가를 받아 매매대금을 전액 변제한 뒤 등기이전을 받도록 하면 된다. 그러나 채무자회생법에서 유추적용을 하는 경우는 드물다. 따라서 이 역시 받아들이기는 어렵다.

④ 마지막으로 파산관재인에게 이행을 선택할 권한을 부여하고 매도인의 매매대금지급청구권을 재단채권으로 승격시키는 입법방안을 생각해 볼 수 있다. 이는 결국 '별제권의 목적의 환수'를 유추적용하는 것과 동일한 결과가 된다. '별제권의 목적의 환수'를 위해서는 파산관재인은 피담보채권인 매매대금을 모두 지급하여야 하고 그 후에야 등기이전를 받게 된다. 이는 다음과 같은 관점에서도 이해할 수 있다. 즉 계약이 이행됨으로써 도산재단에 이득이 되는 상황이기 때문에 총채권자에게 이익이 되는 상황이라면 매도인 A의 도산채권은 재단채권으로 승격되어야 마땅하다. 따라서 파산관재인이 이행을 선택하면 매도인 A의 매매대금지급청구권은 도산채권에서 재단채권으로 승격되어야 한다.[41] 재단채권으로의 승격은 법에 명확한 규정이 있어야 하므로 이러한 내용을 입법으로 명확히 할 필요가 있다. 재단채권의 승인도 법원의 허가사항이다. 따라서 채무자회생법 제492조 제13호와 같이 법원의 허가를 받아야 하는 행위로 규정할 필요가 있다(현행 채무자회생법 제492조 제9호는 제335조 제1항의 규정에 의한 이행의 청구를 법원의 허가사항으로 규정하고 있다).

---

41) I.관 제2항의 전통적 이해방식에 따른 전개이다.

5. 정리 및 시사점

이상과 같이 쌍방미이행 쌍무계약에 있어서 도산절차 개시 이후 교착상태가 발생할 수 있고, 이를 해소하기 위한 방안으로 관리인이 아닌 계약상대방에게 선택권(해제권)을 부여하는 것도 가능하나 대부분의 입법례는 도산목적달성에 부합되도록 관리인에게 계약불이행과 이행선택이라는 선택권을 행사할 수 있도록 허용하고 있고, 나아가 이론적으로 계약불이행권한의 경우 이행거절권과 해제권이 모두 가능하며, 이행선택권한의 경우에도 계약상대방의 권리를 공익채권 내지 환취권으로 취급하는 것도, 도산채권으로 취급하는 것도 모두 가능하다는 점을 알 수 있다. 이 중 어떠한 제도를 선택할지는 I.관(쌍방미이행 쌍무계약에 대한 이해방식의 변화)에서 살펴본 바와 같이 쌍방이행 쌍무계약의 도입 취지를 어떻게 이해하는지, 도산제도에서 평시 법률관계를 얼마만큼 관철시킬지 등에 대한 가치관의 문제인 동시에 폭넓은 입법정책의 문제라고 할 것이다.

그런데 앞서 본 바와 같은 쌍방미이행 쌍무계약에 대한 새로운 이해방식[42]이 보다 적합하므로, 도산절차에서도 평시 법률관계는 도산법과 평시 법률관계의 조화를 모색할 수 있도록 조심스럽게 접근하여야 한다고 생각한다. 이러한 이유로 현행 채무자회생법에서 해제권방식을 채택하고 해제 시 계약상대방의 원상회복청구권과 이행선택 시 계약상대방의 채권을 도산채권이 아닌 공익채권 내지

---

42) '입법자는 쌍방미이행 쌍무계약의 규정을 도산채권 규정의 특칙으로 도입한 것이 아니라 채무자의 재산을 도산절차의 개시에 따라 도산재단에 편입하는 방식을 규정한 도산채권의 규정과 대등한 규정으로 도입한 것이고, 이러한 전제에서 담보적 기능을 하는 고유의 견련성이 인정되는 쌍무계약 중 쌍방미이행의 경우에는 애당초 도산절차에 복종하는 권리로 규정하지 않았으며, 이에 해당하지 않는 경우에 도산채권의 규정이 적용된다'라고 이해하는 방식을 말한다.

환취권으로 규정한 것은 나름의 합리적인 선택이라고 보인다.

그러나 쌍방미이행 쌍무계약에 있어서 관리인의 선택권 규정의 적용범위가 평시 법률관계를 지나치게 변동시키는 경우도 적지 않아 보이고, '견련성이 없는 동시이행관계'에 대한 논의 등 평시 법률관계와 도산법의 조화를 모색해야할 영역이 여전히 적지 않은 듯하다.

이하에서는 라이선스 계약과 함께 사용수익할 권리를 설정하는 대표적인 계약인 '임대차계약 및 이와 함께 체결되는 임대차보증금계약'에 대한 실무례와 법리를 분석함으로써 '고유의 견련성이 없는 동시이행항변권을 도산절차에서 어떻게 취급하는 것이 합리적인지', 그리고 이 책의 연구주제인 '도산절차에서의 라이선시 보호를 위한 해결방안에 대하여 찾을 수 있는 시사점이 무엇인지'에 대하여 살펴본다.

제 2 절 고유의 견련성이 없는 동시이행관계의 도산절차상 취급에 대한 검토

I. 서설

채무자회생법상 쌍방미이행 쌍무계약의 법리는 쌍방 당사자가 상호 대등한 대가관계에 있는 채무를 부담하는 계약으로서, 본래적으로 쌍방의 채무 사이에 성립·이행·존속상 법률적·경제적으로 견련성을 갖고 있어서 서로 담보로서 기능하는 것에 한하여 적용된다. 본래적으로 쌍방의 채무 사이에 법률적·경제적 견련관계가 없는데도 당사자 사이의 특약으로 쌍방의 채무를 상환 이행하기로 한 경우에는 채무자회생법상의 '쌍무계약'에 해당하지 않는다.[1]

그렇다면 고유의 견련성이 없으나 약정 내지 공평의 견지 등에 의하여 동시이행항변권이 인정되는 쌍무계약은 도산절차상 어떻게 취급해야 할까? 쉽지 않은 문제이다.

앞서 본 바와 같이 도산절차 개시에 따라 교착상태가 발생하는 것은 고유의 견련성이 있는 경우나 고유의 견련성이 없는 경우 모두 동일하다. 고유의 견련성이 있는 쌍무계약의 경우에는 채무자회생법 제119조, 제335조에 따라 관리인에게 부여된 선택권에 따라 취급하면 된다. 그러나 고유의 견련성이 없는 쌍무계약은 채무자회생법 제119조, 제335조이 적용되지 않기 때문에 어떻게 처리할지에 대한 검토가 필요하다. 또한 하나의 계약을 보았을 때에 일견 쌍방의 전체 채무에 대하여 동시이행관계가 인정되는 것으로 보이기는 하

---

[1] 서울회생법원 재판실무연구회, 법인파산실무 제5판, 박영사(2019), 187면; 서울회생법원 재판실무연구회, 회생사건실무(상) 제6판, 박영사(2023), 169면.

나 세밀하게 살펴보면 고유의 견련성이 있는 쌍방의무와 고유의 견련성과 무관한 쌍방의무가 혼재되어 있는 경우도 존재할 수 있다. 또한 수개의 계약이 함께 체결되었으나 그 실질이 하나의 계약인 경우도 있고, 반대로 하나의 계약인 경우에도 그 실질은 여러 개의 계약이 형식적으로만 하나의 계약으로 체결된 경우도 있다.

이하에서는 이러한 문제의식에 대한 구체적 검토에 앞서 위와 같은 쟁점들을 포함하고 가장 빈번하게 접하게 되는 임대차계약 중 '임대인에 대한 도산절차가 개시된 경우'에 대한 법리를 먼저 살펴본다. 임대차계약과 함께 체결되는 임대차보증금계약에 대한 검토를 먼저 수행하는 것은 임대차계약이 지식재산권 리스계약과 가장 유사한 형태의 계약이라는 점에서 많은 시사점을 줄 수 있기 때문이기도 하다.[2]

---

[2] 일본에서도 이와 같은 관점에서 도산절차에서의 라이선시의 보호에 대한 검토를 하면서 임차인의 보호 법리와 비교하면서 분석을 하고 있다. 山本研, "新破産法におけるライセンス契約の処理とイセンシーの保護", 知的財産ライセンス契約の保護 -ライセンサーの破産の場合を中心に-, 雄松堂出版(2004. 11.), 143頁; 島並良, "登録制度の活用", 知的財産ライセンス契約の保護 -ライセンサーの破産の場合を中心に-, 雄松堂出版(2004. 11.), 209頁; 田淵智久, "第三者対抗要件についての考察", 知的財産ライセンス契約の保護 -ライセンサーの破産の場合を中心に-, 雄松堂出版(2004. 11.), 227頁 등 참조. 특히 飯田聡, "知的財産ライセンス契約の保護の在り方とその方策案", 知的財産ライセンス契約の保護 -ライセンサーの破産の場合を中心に-, 雄松堂出版(2004. 11.), 281-284頁에서는 라이선스 계약의 특수성과 임대차계약의 관계에 대하여 상세히 분석하면서 라이선시 보호의 필요성에 대하여 강조하고 있다. 2017년 개정된 일본 민법의 경우에도 2013년 무렵 논의단계에서 지식재산권 라이선스 계약을 '임대차에 유사한 계약'으로서 임대차 조항 중에 규정하기로 하는 내용의 중간시안(中間試案)이 제안되기도 하였다(다만 입법까지는 이르지 못했다). 伊藤栄寿, "ライセンス契約と民法 -民法におけるライセンス契約の位置づけと課題-", 特許研究 No.64, 工業所有権情報・研修館特許研究室(2017. 9.), 37-41頁 참조.

Ⅱ. 임대인에 대한 도산절차가 개시된 경우의 법리 검토

1. 서설

임대차계약이 쌍무계약임에는 다툼이 없다. 임대인은 목적물을 사용·수익하게 할 의무가 있고, 임차인은 차임을 지급할 의무가 있으며, 이와 같은 임대인과 임차인의 의무는 상호 대가관계에 있다. 따라서 임차인이 차임을 전부 선납한 경우가 아니라면 임대차계약은 쌍방미이행 쌍무계약이고,3) 임대인에 대한 도산절차가 개시된 경우에는 채무자회생법 제119조, 제335조가 적용된다.4)

그런데, 대항력이 있는 임대차계약의 경우에는 채무자회생법 제119조, 제335조가 적용되지 않는다(제124조 제4항, 제340조 제4항). 나아가 확정일자까지 갖춘 임대차계약의 경우에는 회생담보권 내지 별제권으로 특별한 취급을 받는다(제141조, 제411조). 뿐만 아니라 임차인이 차임의 지급 등을 담보하기 위하여 임대인에게 지급한 임대차보증금은 임대차계약과 함께 체결되나 임대차계약과 별개의 계약으로서 편의상 하나의 계약으로 체결되었다고 보이기도 한다.

이하에서는 ① 대항력이 없는 임차권, ② 대항력이 있는 임차권, ③ 우선변제권이 있는 임차권의 순으로 도산절차상 어떻게 취급되는지에 대하여 살펴보고, 그에 앞서 논의의 전제가 되는 '도산절차 개시에 따라 고유의 견련성이 없는 동시이행관계가 소멸하는지 여부'에 대하여 먼저 검토해 본다.

---

3) 권순일 대표편집, 주석 채무자회생법(Ⅱ), 한국사법행정학회(2020), 388면(민지현 집필부분); 최준규, 계약법과 도산법 -민법의 관점에서 도산법 읽기-, 홍진기법률연구재단(2021), 337면.
4) 참고로 임차인이 파산선고를 받은 경우에는 임대인 또는 파산관재인은 해지의 통고를 할 수 있다(민법 제637조).

2. 도산절차 개시에 따라 고유의 견련성이 없는 동시이행관계가 소멸하는지 여부

도산절차 개시에 따라 고유의 견련성이 없는 동시이행관계가 소멸하는지 여부에 대해서는 일본에서도 다툼이 있었다. 일본에서는 이 문제에 관해 학설대립이 팽팽한데, 과거 통설은 동시이행항변권 소멸·정지설을 취하였으나, 최근에는 동시이행항변권 유지설이 유력한 것으로 보인다.[5] 그러나 우리 채무자회생법의 해석에 대해서는 동시이행관계가 소멸된다고 보는 것이 보다 유력한 견해인 것으로 보인다.[6]

---

[5] 최준규, 계약법과 도산법 -민법의 관점에서 도산법 읽기-, 홍진기법률연구재단(2021), 91면. 동시이행항변권 소멸·정지설은 宮川知法,「破産法五九条等の基本的理解」法学雑誌 37巻1号40頁(1990年), 基本法 87頁 등이 있고, 동시이행항변권 유지설은 伊藤眞, 破産法·民事再生法 第5版, 有斐閣(2021), 393頁 등이 있다.

[6] 임종헌, "파산절차가 쌍방 미이행계약관계에 미치는 영향", 고려대석사논문(2002), 55면; 임채홍·백창훈, 회사정리법(상) 제2판, 한국사법행정학회(2002), 369면(대항력이 없는 임대차계약상 임차인의 보증금반환채권은 도산채권에 대한 임의변제 금지원칙에 따라 목적물반환의무와의 이행상 견련관계가 단절된다고 볼 것이다). 대항력 있는 임차권의 경우 관리인의 선택권 규정인 채무자회생법 제119조, 제335조가 적용되지 않는다는 적용배제특칙인 채무자회생법 제121조 제4항, 제340조 제4항이 채무자회생법의 제정에 따라 도입되기 이전에 임차권 특히 대항력 있는 임차권에 대하여 해석론에 따라 관리인의 선택권 규정의 적용배제를 인정할 수 있는지 여부에 대한 다툼이 있었는데, 보증금반환채권에 관한 동시이행관계가 단절된다는 전제에서 논의되었다. 상세한 내용은 박병대, "파산절차가 계약관계에 미치는 영향", 파산법의 제문제(1-39), 사법연수원(1998), 470-472면 참조(임대보증금반환채권은 단순한 파산채권으로 신고하여 나중에 일부 금액만 배당받을 수밖에 없다). 이러한 점에 공감하나, 입법에 의한 제한이 필요하다는 의견으로는 서경환, "회사정리절차가 계약관계에 미치는 영향", 재판자료 86집(회사정리법·화의법상의 제문제), 법원도서관(2000), 658-659면(임차인과 다른 회생채권자들 사이의 형평을 고려하여 임차인의 동시이행항변권 행사에 대한 제한을 하는 입법이 필요하다).

관리인의 선택권 규정은 상계권과 같은 담보적 기능을 존중하여 고유의 견련성이 인정되는 경우에 한하여 인정되는 것으로 보는 것이 판례와 통설이라는 점, 그렇지만 고유의 견련성이 인정되지 않은 경우에도 교착관계가 발생하고 이를 해소할 필요성이 크며 이때 동시이행관계가 소멸된다고 보는 것이 합리적인 해결방안이 될 수 있다는 점, 관리인의 선택권 규정이 적용되지 않는 채권에 대해서는 도산채권 등의 규정이 적용되어야 하나 관리인의 임의변제금지 및 채권자의 개별권리행사금지원칙에 따라 이행상 견련성이 인정되기 어렵다고 보이는 점, 평시 법률관계는 도산절차에서도 존중되어야 하나 도산목적 달성에 필요한 범위에서는 변형이 허용되고 있다는 점, 아래에서 보는 바와 같이 임대차보증금 반환채권에 대한 실무례도 동시이행관계가 소멸된 것으로 취급하고 있는 점 등을 고려할 때, '동시이행관계 소멸설'이 타당하다고 생각한다.

3. 대항력이 없는 임차권의 취급

가. 앞서 본 바와 같이 임대차계약은 차임이 전부 선급되지 않는 이상 쌍방미이행 쌍무계약이고, 임대인은 목적물을 사용·수익하게 할 의무가 있으며, 임차인은 차임을 지급할 의무가 있다.

만일 임차인이 대항력을 취득하지 못하였다면, 임대인의 관리인은 채무자회생법 제119조, 제335조에 따라 계약을 해제·해지하거나 이행선택 즉 채무자의 채무를 이행하고 상대방의 채무이행을 청구할 수 있다. 그리고 임차인은 대항력을 취득하지 못하였기 때문에 대항력 취득을 전제로 하는 보증금반환채권에 대한 우선변제권도 인정되지 않는다. 관리인이 임대차계약의 해지를 선택한 경우, 계약이 종료되었으므로 임차인은 관리인에게 목적물을 반환하여야 하고, 손해가 있다면 도산채권자로서 그 권리를 행사할 수 있다(제

121조 제1항, 제337조 제1항).

　그런데 임대차보증금 반환채권은 도산절차 개시 전에 이미 그 발생에 필요한 기초적 법률관계가 존재하는 '조건부 채권'이다. 임대차보증금은 임대차 존속 중의 차임뿐만 아니라 임대차 종료 후 건물 명도에 이르기까지 발생한 손해배상채권 등 임대차계약에 의하여 임대인이 임차인에 대하여 갖는 일체의 채권을 담보하는 것으로서 임대차 종료 후에 임차건물을 임대인에게 명도할 때 연체차임 등 모든 피담보채무를 공제한 잔액이 있을 것을 조건으로 하여 그 잔액에 대하여서만 임차인의 보증금반환청구권이 발생한다.[7]

　관리인이 임대차계약의 해지를 선택하게 되면, 임차인의 임대차 보증금반환채권은 '조건 성취'를 하게 된다. 그렇다면 임차인은 임대인에 대하여 채무자회생법 제121조 제2항, 제337조 제2항에 따라 채무자의 재산 중에 현존하는 재산으로 보아 보증금 전액의 반환을 구하여 다른 도산채권자들보다 우선하여 임의변제를 받을 수 있을까? 즉 공익채권 내지 환취권으로 취급할 수 있을까?

　결론부터 말하자면, 임차인은 관리인으로부터 우선변제를 받을 수도 없고, 관리인도 임의로 변제를 할 수 없다고 생각한다. 임차인의 임대인에 대한 보증금반환채권은 임대차계약과 함께 1개의 계약으로 체결되는 것이 일반적이기는 하지만, 임대차계약이라는 기초적 법률관계를 전제로 임차인의 차임지급의무 등을 보증하는 별개의 계약으로 보아야 한다.[8] 관리인이 채무자회생법 제119조, 제

---

[7] 대법원 2016. 7. 27. 선고 2015다230020 판결.
[8] 최준규, 계약법과 도산법 -민법의 관점에서 도산법 읽기-, 홍진기법률연구재단(2021), 339면에서는 보증금계약은 임대차계약과 밀접한 관련이 있지만 별개의 계약이므로, 관리인이 임대차계약의 이행을 선택하였다고 해서 보증금반환채권이 공익·재단채권이 되는 것은 아니라고 설명하는 일본 문헌[堂菌幹一郎, "賃貸借", 破産法大2(2015), 312頁]을 소개하고 있다. 같은 취지의 견해로는 권순일 대표편집, 주석 채무자회생법(IV), 한국사법행정학회

335조에 따라 해지한 것은 임대차계약일 뿐 보증금반환계약이라고 볼 수 없다. 임차인의 보증금반환채권은 임대차계약의 종료로 조건이 성취된 '조권부 채권'일 뿐이다. 따라서 임차인이 임대인에게 지급한 보증금은 채무자회생법 제121조 제2항, 제337조 제2항의 반환을 구할 수 있는 대상이 아니다.[9]

일본의 경우, 보증금반환청구권은 민사재생절차 개시 전 원인에 기초한 재산상 청구권으로서 본래 민사재생채권이 되어야 하는 것이지만(민사재생법 제84조 제1항), 보증금반환청구권자인 임차인의 보호를 도모하면서도 임차인으로부터 계약내용에 따른 차임지급을 촉구하고 민사재생채무자인 임대인의 현금흐름을 확보하기 위하여, 임차인이 절차 개시 후 변제기가 도래하는 차임지급채무를 그 변제기에 변제한 때에는 임대차보증금반환청구권을 절차 개시 시의 6개월분에 상응하는 것은 공익채권으로 하고 있고, 임차인이 다른 재생채권을 가지고 있고 이를 자동채권으로 하여 차임의 6개월분의 범위 내에서 상계를 할 때에는 이에 상응하는 금액을 공제한 범위에서 보증금반환청구권이 공익채권화된다고 규정하고 있다.[10] 즉 일본의 위와 같은 입법태도는 보증금반환채권이 재생채권임을

(2020), 323면(이희준 집필부분) 등이 있다. 반대견해로는 임치용, "파산절차의 개시와 임대차계약", 파산법연구2, 박영사(2006), 134면(동시이행항변권이 부착된 임대차보증금반환채권을 파산채권으로 취급하는 것은 부당하고 파산관재인이 이행선택을 한 것과 같으므로 재단채권으로 보아야 한다) 등이 있다.

9) 최준규, 계약법과 도산법 -민법의 관점에서 도산법 읽기-, 홍진기법률연구재단(2021), 169-171면(① 양 채무 사이에 고유의 견련성이 없으므로 담보적 기능을 실현할 수는 없는 점, ② 보증금의 전액 변제는 대항력이 있는 경우에나 보장되는 점, ③ 유치권과 같은 견련관계가 인정되지 않는 점 등을 이유로 공익·재단채권과 같이 전액 변제 내지 임의변제를 받을 수 있는 것은 받아들이기 어렵다. 따라서 도산채권으로 봄이 타당하다).

10) 園尾隆司·山本和彦·中島肇·池田靖, 最新實務解說 一問一答 民事再生法, 靑林書院(2011), 286頁.

전제로 하는 것이다.

　나. 임차인의 임대차보증금 반환채권이 도산채권이라 하더라도, 동시이행항변권의 문제로 교착상태에 빠지게 된다. 임대차계약의 기간이 만료된 경우에 임차인이 임차목적물을 명도할 의무와 임대인이 보증금 중 연체차임 등 당해 임대차에 관하여 명도 시까지 생긴 모든 채무를 청산한 나머지를 반환할 의무는 동시이행의 관계가 있기 때문이다.[11] 관리인이 목적물반환을 구하면 임차인은 동시이행항변권을 행사하여 보증금반환을 받을 때까지 목적물을 반환할 수 없다고 하면서 저항할 것이고, 관리인은 도산절차 개시에 따라 임의 변제가 금지되므로 보증금을 반환할 수가 없다.

　앞서 본 바와 같이 회생절차에서는 채무자회생법 제132조에 따라 법원의 허가를 받아, 파산절차에서는 채무자회생법 제492조 제11호에 따라 화해계약을 체결하고 법원의 허가를 받아 목적물을 반환받으면서 정산된 보증금 전액을 지급할 수 있기는 하나, 이와 같이 공익·재단채권 내지 환취권의 수준으로 임차인을 우대하는 것은 다른 도산채권자들과의 형평성에 문제가 있고, 대항력을 인정한 임차권과 같은 취급을 하게 되는 것이어서 이 역시도 문제가 된다.

　따라서 교착상태의 해소방안으로서 '고유의 견련성이 없어 담보적 기능이 없는 경우에는 도산절차 개시 후 동시이행항변관계가 소멸된 것으로 보는 방안'이 바람직하다고 생각된다.[12][13] 대항력이

---

[11] 대법원 1977. 9. 28. 선고 77다1241,1242 전원합의체 판결, 대법원 1991. 10. 25. 선고 91다22605, 22612(반소) 판결 등.
[12] 同旨: 임종헌, "파산절차가 쌍방 미이행계약관계에 미치는 영향", 고려대석사논문(2002), 55면.
[13] 최준규, 계약법과 도산법 -민법의 관점에서 도산법 읽기-, 홍진기법률연구재단(2021), 172면, 339면은 "임차인이 대항요건을 구비하지 않았다면, 임차인은 보증금반환과의 동시이행항변을 주장하며 목적물 인도를 거절할 수

없는 임대차계약상 임차인의 보증금반환채권은 도산채권에 대한 임의변제 금지원칙에 따라 목적물반환의무와의 이행상 견련관계가 단절된다고 볼 것이다.[14] 또한 임대차계약상 쌍방미이행의 대가관계 있는 채무는 임대인의 목적물 사용·수익의무와 임차인의 차임지급의무이지 보증금 자체가 고유의 견련관계가 있는 것은 아니고, 해지 시 임대차보증금반환의무와 목적물반환의무에 대한 동시이행관계를 인정하는 것은 공평의 견지에서이기 때문에 동시이행항변권의 담보적 기능이 미치는 범위도 아니라고 할 것이다.[15]

이와 같이 관리인이 해지를 선택한 경우, 임차인의 보증금반환청구권과 임대인의 목적물반환청구권의 동시이행관계 특히 이행상 견련관계가 단절되었다고 보게 되면, 파산절차의 경우에는 파산관재인이 강제이행으로 목적물을 반환 받은 뒤 목적물의 시세대로 환가(매각)절차를 거쳐 변제재원으로 활용하게 되고, 임차인은 보증금반환채권을 파산채권으로 하여 안분배당을 받게 된다.

회생절차의 경우에도 관리인은 강제이행으로 목적물을 반환 받은 뒤 목적물의 시세대로 환가(매각)절차를 거쳐 변제재원으로 활용하거나, 주요자산으로서 사업활동에 이용하여 그 수익금을 변제재원으로 활용하게 된다. 임차인은 보증금반환채권을 회생채권으

없고, 보증금반환채권은 도산채권으로 만족을 얻는데 그쳐야 한다. 다만 회생채권자로서의 변제와 임차목적물반환 사이의 동시이행관계는 인정할 수 있다."고 한대김영주, 도산절차상 미이행 쌍무계약에 관한 연구, 서울대학교 박사학위 논문, 서울대학교(2013), 211면도 같은 취지이다. '보증금 전체에 대한 변제'와 '회생채권자로서의 변제'를 구별하는 이유가 불분명하고, 앞서 '교착상태의 해소' 부분에서 본 바와 같이 회생채권의 경우에는 회생계획안에 반영하면 해결가능하나 파산채권의 경우에는 교착상태의 해소가 불가능하다. 이러한 이유로 '회생채권자로서의 변제'에 대해서도 동시이행관계를 단절시키는 것이 타당하다고 생각한다.

14) 임채홍·백창훈, 회사정리법(상) 제2판, 한국사법행정학회(2002), 369면.
15) 반면 동시이행관계를 강조하여 공익·재단채권으로 보는 견해로는 임치용, "파산절차의 개시와 임대차계약", 파산법연구2, 박영사(2006), 134면이 있다.

로 하여 절차에 참여하게 되고, 관리인은 임차인의 보증금반환채권을 회생채권으로 분류하여 회생계획에 반영하게 된다. 다만 통상의 경우 임대인은 반환할 보증금의 원활한 확보를 위하여 임대차계약을 해지하기보다는 이행선택을 한 뒤 당초 계약대로 임차권을 공익채권으로서 보장한 다음 임대기간 종료 시 임대차보증금채권을 다른 회생채권과 같은 수준으로 감액하여 변제하는 것으로 회생계획을 수립하는 것이 실무의 모습이라고 보인다.16) 이는 파산절차와 다소 상이한데 파산절차는 청산형 도산절차로서 채권자평등의 원칙이 철저히 관철되는 데에 반해, 회생절차는 재건형 절차로서 공정형평의 원칙이 강조되기 때문인 것으로 보인다(앞서 본 제3장 제1절의 '파산과 회생의 차이' 참조).

다. 관리인이 이행선택을 한 경우에는, 임차인의 임차권은 공익·재단채권이 된다(제179조 제7호, 제473조 제7호). 그러나 앞서 본 바와 같이 임차인의 임대차보증금반환채권은 임대차계약과 별개의 계약에 따른 '조건부 채권'이므로,17) 임차임의 임차권과 동일하게 공익·재단채권이 된다고 단정할 수는 없다.

임차인의 임대차보증금반환채권은 채무자회생법 제179조 제2호(회생절차개시 후의 채무자의 업무 및 재산의 관리와 처분에 관한 비용청구권) 및 제473조 제3호(파산재단의 관리·환가 및 배당에 관한 비용) 내지 제179조 제7호(제119조 제1항의 규정에 의하여 관리인이 채무의 이행을 하는 때에 상대방이 갖는 청구권) 및 제473조

---

16) 서울회생법원 재판실무연구회, 회생사건실무(상) 제6판, 박영사(2023), 178면, 756-757면. 이 경우 임차권은 공익채권으로 취급되고 회생계획안에 반영되더라도 효력이 없으나 당해 채권자(임차인) 동의가 있으면 효력이 인정된다(대법원 2016. 2. 18. 선고 2014다31806 판결 등). 뒤에서 다시 살펴본다.
17) 대법원 2005. 9. 28. 선고 2005다8323, 8330 판결 등.

제7호(제335조 제1항의 규정에 의하여 파산관재인이 채무를 이행하는 경우에 상대방이 가지는 청구권)에 해당하는 공익채권이라고 보는 견해도 있다.18)

그러나 도산절차 개시 전에 이미 그 발생에 필요한 기초적 법률관계인 임대차계약이 존재하므로, 그 반환청구권이 개시 후 발생하였다 하더라도 이를 '회생절차개시 후의 채무자의 업무 및 재산의 관리와 처분에 관한 비용청구권' 내지 '파산재단의 관리·환가 및 배당에 관한 비용'으로 볼 수는 없다. 따라서 도산절차 개시 전 발생원인이 갖추어져 있고 그 조건성취 여부와 금액이 불확정한 채권으로서 도산채권이라고 보는 것이 타당하고,19) 이러한 취급이 실무적 태도이다.20)

---

18) 강병섭, "회생정리절차에 있어서 관리인의 쌍무계약해제권", 민사재판의 제문제 4권, 한국사법행정학회(1986), 273면.
19) 권순일 대표편집, 주석 채무자회생법(II), 한국사법행정학회(2020), 389면(민지현 집필부분); 최준규, 계약법과 도산법 -민법의 관점에서 도산법 읽기-, 홍진기법률연구재단(2021), 171-173면(① 교착상태 해소를 위해 이행선택을 하여 차임을 받는 것은 도산재단의 확충에 도움이 되나, 보증금반환은 교착상태 해소나 도산재단 확충과는 무관한 점, ② 관리인이 쌍방미이행 쌍무계약의 이행을 선택하였다고 해서, 그 계약의 종료 후 발생하는 원상회복의무의 법률관계에 대해서도 이행을 선택하였다고 볼 수 없는 점, ③ 법원의 허가가 없는데도 관리인의 일방적 의사표시에 의해 우선권이 형성될 수는 없는 점 등을 고려해서 도산채권설이 타당하다).
20) 서울회생법원 재판실무연구회, 회생사건실무(상) 제6판, 박영사(2023), 178면[쌍방미이행 쌍무계약의 배제특칙인 채무자회생법 제122조 제4항, 제340조 제4항은 임대차계약이 미이행 쌍무계약임을 전제로 하는 것인데, 관리인이 위 특칙에 기하여 임대차계약을 해지할 수 없거나 임차인이 대항력을 갖추지 아니하였다고 하더라도 관리인이 이행을 선택하는 경우 그 임대차보증금반환채권은 법 제179조 제1항 제7호 소정의 공익채권이 되는 것은 아닌가 하는 의문이 있을 수 있다. 임대차보증금이 임대인의 차임채권에 대하여 담보적 기능을 하고 있고, 임대차보증금의 반환과 임대차목적물의 반환이 동시이행의 관계에 있기는 하지만 현재 서울회생법원의 실무는 임대차보증금반환채권을 공익채권이 아닌 회생채권으로 보고 있다(같은 견해로는 東京地方裁判所 平城 14. 12. 5. 判決 참조)].

이와 같이 관리인이 이행을 선택한 경우, 임차인의 임차권은 공익·재단채권이 되나, 보증금반환청구권은 도산채권이 된다. 따라서 회생절차의 경우, 실무적으로 관리인은 공익채권으로서 임차권과 보증금반환청구권을 함께 회생계획에 반영하되, 당초 계약대로 임차권을 보장한 뒤 임대기간 종료 시 다른 회생채권과 같은 수준으로 감액하여 변제하는 것으로 회생계획을 수립하고 있다. 공익채권을 회생계획에 규정하더라도 권리변경에 영향을 미칠 수는 없으나 공익채권자가 동의하면 그 권리변경의 효력이 미치고,[21] 일반적으로는 당초의 계약내용대로 회생계획에 반영하기 때문에 문제가 되지 않는다.

파산절차에서 파산관재인이 이행을 선택한 경우에는 임차인의 임차권은 재단채권이 되므로 임차인은 계약 내용대로 목적물을 그대로 임차하여 사용할 수 있고, 차임을 지급하여야 한다. 이 경우 평시 계약관계에 관한 법리가 그대로 적용되므로, 누구라도 채무불이행을 하면 민법상 법정해제권을 행사할 수 있다. 그러나 보증금 반환채권은 이때에도 파산채권이므로 임차인은 파산채권자로서 파산절차에 참여하여 안분배당을 받아야 한다.

4. 대항력이 있는 임차권의 취급

가. 적용배제 특칙의 의의와 도입경위

'대항력이 있는 임차권'에 대해서는 채무자회생법 제119조, 제335조가 적용되지 않는다. 즉 임대인인 채무자에 대하여 도산절차가 개시된 경우 임차인이 「주택임대차보호법」 제3조(대항력 등) 제1항

---

21) 대법원 2016. 2. 18. 선고 2014다31806 판결, 대법원 2006. 1. 20.자 2005그60 결정, 대법원 2010. 1. 28. 선고 2009다40349 판결 등.

의 대항요건을 갖춘 때에나 「상가건물 임대차보호법」 제3조(대항력 등)의 대항요건을 갖춘 때에는 채무자회생법 제119조, 제335조가 적용되지 않는다(채무자회생법 제122조 제4항, 제340조 제4항). 위와 같은 적용배제(해제·해지금지)의 특칙을 명시적으로 규정한 것은 물권화된 채권인 '대항력 있는 임차권'을 임대인인 채무자에 대하여 도산절차가 개시되었다는 이유로 함부로 소멸시킬 수 없다는 당연한 법리와 함께, 만일 이러한 임대차계약에 대하여 쌍방미이행 쌍무계약에 관한 해제권을 인정한다면 다수의 임차인이 큰 피해를 입을 수 있다는 점을 고려한 것으로 이해된다.[22]

위와 같은 적용배제(해제·해지금지)의 특칙은 구 회사정리법이나 구 파산법에는 없던 규정이다. 당시에는 물권화된 채권으로 승격된 '대항력 있는 임차권'뿐만 아니라 '대항력을 취득하지 못한 임차권'에 대해서도 현행 채무자회생법 제119조, 제335조와 같이 관리인 내지 파산관재인의 선택권(해제권, 이행선택권)을 규정한 구 파산법 제50조, 구 회생정리법 제103조를 적용할 수 있을 것인지에 대한 논의가 있었다.[23]

이는 임차인이 파산선고를 받은 경우에는 임대차기간의 약정이 있는 때에도 임대인 또는 파산관재인이 계약해지를 통고할 수 있다

---

22) 서울회생법원 재판실무연구회, 회생사건실무(상) 제6판, 박영사(2023), 177면.
23) 상세한 논의는 적용배제설(대항력 있는 임차권에 대해 파산관재인의 선택권을 부정하는 견해)을 취한 박병대, "파산절차가 계약관계에 미치는 영향", 파산법의 제문제(1-39), 사법연수원(1998), 470-472면; 노경섭, "지적재산 라이센스 계약에서 라이센시 보호에 관한 연구: 법정실시권 제도의 활용을 중심으로", 지식재산연구 제7권 제3호, 한국지식재산연구권·한국지식재산학회(2012), 60-61면 참조. 반면 적용긍정설 즉 회생절차에 대해서는 대항력이 있는 임차권에 대해서도 구 회사정리법 제103조가 적용되어 관리인이 해제를 선택할 수 있다는 전제에서 관리인은 부동산의 환가가 불가피한 경우에는 임차권이 딸린 상태대로 처분하는 수밖에 없다고 기술하는 문헌으로는 서경환, "회사정리절차가 계약관계에 미치는 영향", 재판자료 86집(회사정리법·화의법상의 제문제), 법원도서관(2000), 568면 참조.

는 민법 제637조가 있으나, 임대인이 파산선고를 받은 경우에 대해서는 이러한 규정이 없어 형평성에 문제가 있지는 않은가 하는 이유에서 비롯된 듯하다.

'적용긍정설'은 법규정에 그 적용을 배제하고 있지 않고, 민법이 임차인의 파산에 대해서만 규정하고 있으며, 그 적용의 배제를 인정하게 되면 파산절차의 신속성을 저해하게 되고 환가를 하더라도 저가에 매각할 수밖에 없다는 점 등을 고려한다. 따라서 임대인이 파산한 경우 구 파산법 제50조의 적용을 긍정하여 파산관재인에 의한 계약해지를 선택하게 되면 임차인은 즉시 사용수익권을 상실하게 된다.

'적용부정설'은 구 파산법 제50조의 적용을 긍정하여 파산관재인이 계약해지를 선택하게 되면 임차인은 즉시 사용수익권을 상실하는데, 이는 임차인 자신이 파산을 하여 민법 제637조에 따라 해지통고를 받는 경우보다 더욱 불리하게 된다는 점, 민법에 임차인에 대한 파산만을 규정한 것은 임대인 파산 시 파산관재인의 해지권을 배제하려는 입법자의 의도라는 점 등을 고려한다.

'절충설'은 대항력 있는 임차권의 경우에는 구 파산법 제50조의 적용을 부정하고, 그 외의 경우에는 적용을 긍정한다. 대항력 있는 임차권의 경우에는 물권에 준하는 효력이 부여되고, 파산절차가 진행되는 경우에도 임차인 보호의 사회적 요청과 법률의 취지는 관철되어야 한다는 점에서 위와 같이 주장한다.[24]

위와 같은 논의를 거쳐 현재와 같이 대항력 있는 임차권에 대해서는 채무자회생법 제119조, 제335조의 적용을 배제하는 규정이 도입되었다(제124조 제4항, 제340조 제4항). 도입 전의 위와 같은 논의

---

24) 노영보, 도산법 강의, 박영사(2018), 234면(부동산의 임차권은 주택임대차보호법 제3조 등의 일정한 요건을 갖추면 물권적인 효력이 인정된다는 점 등을 이유로 유추적용이 가능하다는 것이 종래 통설이었다).

는 임차권 외에 대항력 있는 채권 특히 지식재산권에 대한 대항력 있는 통상실시권에까지 확장적용할 수 있는지 등에 대한 많은 시사점을 준다. 이에 대해서는 뒤에서 살펴보기로 한다.25)

나. 대항력 있는 임차권의 법적 성질

1) 대항력 있는 임차권에 대하여 채무자회생법 제119조, 제335조의 적용 즉 관리인의 선택권이 배제되는 경우, 대항력 있는 임차권을 도산절차에서 어떻게 취급할지가 문제된다.

일본의 경우 우리와 동일하게 관리인의 선택권을 배제하는 규정을 두고 있고, 그 경우 대항력 있는 임차권은 공익·재단채권임을 명확히 규정하고 있다(일본 파산법 제56조 제2항, 회사갱생법 제63조, 민사재생법 제51조). 반면 우리 채무자회생법은 대항력 있는 임차권의 법적 성질에 대한 규정이 없다. 결국 해석론으로 규명하여야

---

25) 권순일 대표편집, 주석 채무자회생법(II), 한국사법행정학회(2020), 389면(민지현 집필부분); 서울회생법원 재판실무연구회, 회생사건실무(상) 제6판, 박영사(2023), 178면에서는 위 규정의 적용범위에 대한 추가 논의를 소개하고 있다. 즉 주택 또는 상가임차인이 회생담보권인 저당권의 설정등기보다 늦게 대항요건을 갖춘 경우에도 여전히 해제금지(적용배제)의 특칙이 적용되는 것인가에 관하여 논란이 있다고 지적한다. 즉 민사집행법상 경매가 이루어지는 경우에는 저당권보다 대항요건을 늦게 갖춘 주택 또는 상가 임대차는 매각으로 소멸하므로 저당권자는 그로 인한 매각대금 하락 등의 불이익을 전혀 받지 않은 채 피담보채권을 회수할 수 있으나, 회생절차에서 구조조정의 일환으로 주택임차권 또는 상가임차권이 설정된 토지 및 건물을 매각하는 경우 임대차계약을 해지할 수 없는 제약으로 인하여 매각이 어려워지거나 매각대금이 임차권의 부담만큼 낮아지게 되어 저당권자와 다른 채권자들에게 불이익이 되기 때문에 해제금지(적용배제)특칙이 적용되지 않아야 한다는 것이다(해지가능설). 이에 대한 반대견해로는 최준규, 계약법과 도산법 -민법의 관점에서 도산법 읽기-, 홍진기법률연구재단(2021), 338면 참조(법문언상 특칙의 적용을 배제할 이유는 없다. 다만 담보권소멸청구제도를 별도로 입법하면서 관리인이 일정범위의 보증금을 지급함으로써 대항력 있는 임차권을 소멸시키는 제도를 마련할 필요는 있다. 관리인의 해지권을 인정하는 규정을 마련할 필요는 없다).

할 사항이다.

　대항력 있는 임차권은 물권화된 채권으로 보호를 하고 있다. 즉 임차주택 내지 상가건물(이하 '임차주택'이라고만 한다)의 양수인(그 밖에 임대할 권리를 승계한 자를 포함한다)은 임대인의 지위를 승계한 것으로 본다(주택임대차보호법 제3조 제4항, 상가건물 임대차보호법 제3조 제2항). 대항력 있는 임차권과 유사한 전세권은 물권으로서 대세효를 가진다. 도산절차가 개시된 경우 전세권자는 점유권으로서 전세권에 기하여 환취권을 행사할 수 있고(채무자회생법 제70조, 제407조), 우선변제권에 기초하여 담보권자로서 권리를 행사할 수 있다(채무자회생법 제141조는 전세권이 회생담보권임을, 제411조는 별제권임을 명시적으로 규정하고 있다). 이러한 전세권에 관한 채무자회생법의 취급은 점유권으로서의 전세권을 환취권으로 행사하는 것을 부정하는 것이 아니다. 전세권이 소멸된 후 전세금반환청구권을 피담보채권으로 하는 담보권의 행사를 규정한 것이다. 따라서 대항력 있는 임차권도 환취권의 기초된 권리로 보아야 한다.

　앞서 본 바와 같이 환취권의 기초된 권리는 물권뿐만 아니라 채권 등 실체법에 기초한 권리의 해석에 관한 문제이고, 환취권은 관리인의 사실적 지배의 배제를 목적으로 하는 권리이다. 환취권이 도산절차에 복종하지 않는 권리라는 것은 결국 환취권의 대상이 되는 '관리인이 관리처분하고 있는 재산'을 처분하더라도 여전히 대항할 수 있는 권리라는 뜻으로 이해해야 한다(상세한 내용은 앞[26]의 '환취권' 부분 참조).

　대항력 있는 임차권은 임대인과 그 관리처분권의 승계인인 관리인, 그리고 목적물을 매수한 양수인 내지 임대할 권리를 승계한 제3

---

[26] 제3장 제3절 Ⅲ.관 제2항.

자에 대하여 그 효력 즉 목적물을 계속 사용수익할 권리를 주장할 수 있다. 따라서 관리인에 대해서도 점유권으로서 목적물을 점유할 권리는 환취권의 기초된 권리로 보아야 한다.

2) 대항력 있는 임차권이 환취권으로 인정되더라도 물권이 아닌 이상 채권으로서 도산절차상 어떤 지위를 갖는지는 명확히 하여야 한다. 도산절차에 복종하지 않는 것은 점유권으로서 사용수익을 하는 데에 한한다.

대항력 있는 임차권을 공익·재단채권으로 보는 견해도 있다.[27] 그러나 현행 채무자회생법의 체계상 공익·재단채권은 법률상 명시적인 규정이 있는 경우에 한하여 인정될 수 있다(열거주의).[28] 따라서 대항력 있는 임차권은 도산채권으로 보아야 한다. 대항력 있는 임차권은 관리인이 채무자회생법 제119조, 제335조에 의거해 해제·해지할 수 없고 환취권을 행사함으로써 계속 사용수익을 하면서 사실상 공익·재단채권에 준하는 정도의 보호를 받게 되나, 여전히 도산채권이므로 채권신고 등의 절차를 거쳐 절차 참여를 하지 않으면 채권조사절차 종결로 권리인정을 받을 수 없게 된다. 이러한 이유로 일본과 같이[29] 공익·재단채권으로 명확히 규정할 필요가 있다고 생각한다.

다. 대항력 있는 임차인의 도산절차에서의 취급

임차인이 대항력을 획득한 경우에도 임대보증금반환채권은 여

---

[27] 최준규, 계약법과 도산법 -민법의 관점에서 도산법 읽기-, 홍진기법률연구재단(2021), 337면.
[28] 서울회생법원 재판실무연구회, 회생사건실무(상) 제6판, 박영사(2023), 494면은 채무자회생법이 공익채권의 발생에 관하여 열거주의를 취하고 있다고 설명하면서, '대항력 있는 임차권'은 그 예로 들고 있지 않는다.
[29] 일본 파산법 제56조 제2항, 회사갱생법 제63조, 민사재생법 제51조.

전히 임대차계약 종료를 정지조건으로 하는 '조건부 채권'으로서 도산채권이고, 조건 성취 시 동시이행항변권이 인정되는 권리이다.

그런데 대항력 있는 임차인은 임대인의 지위를 승계한 제3자에 대하여도 보증금반환청구권에 관한 동시이행항변권을 행사할 수 있다. 즉 임대차기간이 끝난 경우에도 임차인이 보증금을 반환받을 때까지는 임대차관계가 존속되는 것으로 보고(주택임대차보호법 제4조 제2항, 상가건물 임대차보호법 제9조 제2항), 임차주택의 양수인(그 밖에 임대할 권리를 승계한 자를 포함한다)은 임대인의 지위를 승계한 것으로 본다(주택임대차보호법 제3조 제4항, 상가건물 임대차보호법 제3조 제2항).

따라서 대항력 있는 임차권의 경우 임차인의 보증금반환채권은 도산채권이기는 하나 동시이행항변권이 부착된 도산채권으로 인정되어야 한다.[30] 대항력이 없는 임차권의 경우 보증금반환채권의 동시이행관계가 단절되어야 한다는 것과는 차이가 있다. 동시이행항변권은 유치권과 달리 당사자 사이에서만 그 효력이 인정되는 것이나, 이 경우에는 '법률에 따라' 양수인인 제3자에 대해서도 동시이행관계가 인정되고, 도산의 목적 달성을 위해 임차주택을 매각하더라도 매수인은 임차권뿐만 아니라 보증금반환의무까지도 부담해야 한다.

파산절차에 있어서는, 대항력 있는 임차인은 임차권을 환취권으로 행사하면서 계약상 정해진 기간 동안 사용수익을 하는 동시에 보증금반환채권을 동시이행항변권이 있는 파산채권으로 신고하여 권리행사를 한다. 파산관재인이 임대차계약 종료를 이유로 목적물 반환을 구하더라도 보증금 전액을 반환받을 때까지 동시이행항변권을 행사하면서 반환을 거부할 수 있다. 파산관재인으로서는 임차

---

30) 同旨: 최준규, 계약법과 도산법 -민법의 관점에서 도산법 읽기-, 홍진기법률연구재단(2021), 339면.

주택을 회수하여 매각하기 위해서 임차인과 보증금 전액의 지급을 하는 화해계약을 체결한 뒤 법원의 허가를 받아 지급하여야 한다(채무자회생법 제492조 제11호. 도산채권의 재단채권화). 또한 파산관재인이 임차주택을 제3자에게 매각하는 경우에도 제3자는 임차권 및 보증금반환채무를 부담하여야 하고, 제3자로부터 보증금을 전액 반환받으면 임차인의 파산채권은 소멸된 것으로 처리하면 된다.

회생절차에 있어서도, 대항력 있는 임차인은 임차권을 환취권으로 행사하면서 당초의 임대기간 동안 사용수익을 계속할 수 있다. 임차인은 회생절차에 회생채권으로 신고하여 권리행사를 할 수 있고, 관리인은 대항력 있는 임차권에 대해서 당초의 계약에서 정한 수준의 내용으로 임차권 및 보증금반환채권을 보장하는 내용으로 회생계획을 작성한다.[31] 이는 다른 회생채권자들보다 우대하는 취급이나, 공정형평원칙(실질적 평등원칙을 말한다)에 따른 것으로서 정당하다(우선변제권이 있는 임차권이 아니기 때문에 '당해 임차주택에 대한' 청산가치보장의 원칙이 적용되는 것은 아니다). 앞서 본 바와 같이 환취권은 도산절차에 복종하지 않는 권리이므로 공익채권과 마찬가지로 회생계획에 권리변경을 규정하더라도 그 효력이 없으나 임차권자의 동의가 있으면 효력이 인정되고, 또 사실상 당초의 임대차계약의 내용대로 규정하기 때문에 문제되지 않는다. 또한 관리인은 채무자회생법 제132조에 따라 법원의 허가를 받아 보증금 전액을 변제하고 임차주택을 반환 받을 수도 있다.

---

31) 이와 같은 회생계획 작성의 실무는 임차권이 회생채권(확정일자까지 받은 경우에는 회생담보권)임을 전제로 한 것인지, 아니면 공익채권임을 전제로 한 것인지는 불분명하다. 그러나 실무에서 회생계획에 대한 당해 임차권자가 반대한 경우에도 인가결정의 효력이 미치는 것으로 보고 있는데, 이는 회생채권임을 전제로 하는 것으로 이해할 수 있다.

라. 우선변제권이 있는 임차권의 취급

대항력 있는 임차권에 대해서 확정일자까지 부여받은 경우에도 임차인은 임차권에 기초하여 환취권을 행사하면서 임차주택을 계속 사용수익을 할 수 있고, 나아가 도산절차에 보증금반환청구권에 대해서 별제권자 내지 회생담보권자로 참가할 수도 있다. 주택임대차보호법 제3조의2 제2항, 상가건물 임대차보호법 제5조 제2항에 따라 임차주택 내지 임차건물의 환가대금에서 후순위권리자나 그 밖의 채권자보다 우선하여 보증금을 변제받을 권리가 있기 때문이다.

파산절차의 경우에는 환취권에 기하여 임차주택을 계속 사용수익하면서 파산절차 외에서 우선변제권을 행사하여 보증금을 전액 변제받을 수 있다. 회생절차의 경우에는 환취권에 기하여 임차주택을 계속 사용수익하면서 회생담보권자로 권리를 행사하면 된다. 관리인은 회생계획에 회생담보권으로 분류하여 권리변경사항을 규정하나, 당초의 임대차계약의 수준으로 규정하는 것이 실무이다(청산가치 보장의 원칙 및 공정형평원칙·평등원칙이 적용된다).[32]

'우선변제권이 있는 임차권'과 '대항력만 있는 임차권'의 취급은 사실상 동일하나, 약간의 차이가 있다. 파산절차의 경우 우선변제권이 있는 임차권은 별제권으로서 파산절차 외에서 행사하고 당해 임차주택을 환가하여 보증금을 직접 변제받을 수 있는 반면, 대항력만 있는 임차권은 동시이행항변권을 행사하여 간접강제와 같은 방식으로 보증금을 간접적으로 변제받게 된다. 회생절차의 경우에도 우선변제권이 있는 임차권이나 대항력만 있는 임차권이 거의 같은 수준으로 권리변경이 되지만, 우선변제권이 있는 임차권은 회생담보권으로서 당해 임차주택에 대한 청산가치보장의 원칙에 따라 보장을 받으나, 대항력만 있는 임차권은 당해 임차주택에 대한 청

---

[32] 구체적인 기재례는 서울회생법원 재판실무연구회, 회생사건실무(상) 제6판, 박영사(2023), 746-747면.

산가치보장의 원칙이 적용되지는 않고,33) 또한 공정형평의 원칙에 따르더라도 회생담보권과 회생채권의 조분류를 달리함으로써 차등을 두어도 위법하지 않다.

결국 도산절차에 있어서 대항력의 유무, 확정일자의 유무에 따라 임차권을 달리 취급하는 것은 주택임대차보호법이나 상가건물임대차보호법이라는 실체법의 법리가 도산법에서도 그대로 존중되는 것이라고 평가할 수 있다.

Ⅲ. 정리 및 지식재산권 라이선스 계약에 대한 시사점

1. 임대인에 도산절차가 개시된 경우 임차권 특히 보증금반환청구권이 있는 임차권의 취급에 대해서 살펴보았다. 이상의 논의를 정리하면 다음과 같다.

임대차계약과 임대차보증금반환계약은 통상 함께 체결되기는 하나 실무상 별개의 계약으로 취급된다. 그렇기 때문에 임대차계약 종료를 조건으로 하는 정지조건부 채권인 임차인의 임대차보증금반환채권과 임대인의 목적물 반환채권은 동시이행관계가 인정되지만 고유의 견련성에 따라 인정되는 것이 아니라 공평의 견지에서 인정되는 것이다. 그런데 교착상태 해소 등 도산목적 달성을 위하여 상계와 유사하게 '담보적 기능'을 가지는 고유의 견련성이 인정되는 동시이행관계에 대해서만 관리인에게 특별한 권한을 부여하는 '쌍방미이행 쌍무계약에 관한 관리인의 선택권 규정(이행선택, 해제·해지)'의 취지를 고려할 때 도산절차 개시에 따라 법에 특별한

---

33) 대항력만 있는 임차권에 대해서는 당해 임차주택에 대한 청산가치보장의 원칙이 적용되지는 않으나, 채무자의 전체 재산에 대한 청산가치보장의 원칙이 적용된다.

규정이 없는 이상 공평의 견지에서 인정되는 동시이행관계는 소멸되는 것으로 봄이 타당하다.

나아가 도산절차에서 '대항력 없는 임차권'에 대해서는 쌍방미이행 쌍무계약에 관한 관리인의 선택권 규정이 적용되어 관리인의 선택에 따라 환취권을 상실하거나(임대차계약 해지로 목적물을 반환하여야 하는 경우) 공익채권 내지 환취권으로 보호받게 되며(이행선택의 경우), 그와 별개로 보증금반환채권은 고유의 견련성이 없기 때문에 동시이행관계가 단절되어 도산채권으로 행사되어야 한다(구체적인 보호의 수준은 파산과 회생절차의 각 특성에 따라 달라진다).

반면 '대항력 있는 임차권'에 대해서는 채권이지만 물권화된 채권으로 승격된 평시 법률관계의 취지를 존중하기 위하여 '관리인의 선택권 규정을 배제하는 특칙'이 적용되기 때문에 임차권은 환취권(도산절차 계속 중 임대차계약에 기한 점유권원 유지)이자 회생채권으로 취급되고(공익채권으로 규정하는 명시적인 법 규정이 없어 도산절차에 참가하여야 한다), 그와 별개로 보증금반환채권은 도산채권으로서 행사되어야 하나 주택임대차보호법 등에 따라 임대인의 지위를 승계한 양수인에 대해서까지 그 권리를 주장할 수 있으므로 사실상 공익채권에 준하는 보호를 받을 수 있다.

2. 이를 바탕으로 지식재산권 라이선스 계약에 대한 시사점을 찾아 보면 아래와 같다.

가. 대항력이 없는 유상의 사용수익 채권은 쌍방미이행 쌍무계약으로서 채무자회생법 제119조, 제335조에 따른 관리인의 선택권 규정이 적용된다. 반면 무상이거나 사용료(차임) 전부가 선급된 경우에는 편무계약 내지 일방미이행 쌍무계약으로서 관리인의 선택권 규정이 적용되지 않는다.

즉 지식재산권 라이선스 계약도 유상의 사용수익계약이므로, 관리인은 채무자회생법 제119조, 제335조에 따라 이행선택을 하거나 해제·해지 선택을 할 수 있다. 관리인이 이행선택을 할 경우 라이선시(임차인[34])의 통상실시권(임차권)은 공익·재단채권이 되므로 도산절차에 복종하지 않는다(제179조 제7호, 제473조 제7호). 관리인이 해제·해지 선택을 하면 라이선시(임차인)의 통상실시권은 소멸하게 되고, 손해가 있으면 손해배상채권을 도산채권으로 행사할 수 있다.

무상으로 사용수익을 허락하는 계약인 사용대차계약은 유상의 임대차계약과 달리 편무계약이므로 관리인은 채무자회생법 제119조, 제335조에 따라 이행선택을 하거나 해제·해지 선택을 할 수 없다. 사용대차의 차주의 권리는 도산절차 개시 전 발생한 재산적 청구권인 도산채권일 뿐이다. 마찬가지로 무상이거나 사용료(차임) 전부가 선급된 라이선스 계약의 경우에는 편무계약 내지 일방미이행 쌍무계약으로서 관리인의 선택권 규정이 적용되지 않고, 도산채권으로 취급된다.

나. 라이선스 계약(임대차계약)과 관련하여 고유의 견련성이 인정되는 의무 내지 권리에 대해서만 채무자회생법 제119조, 제335조가 적용되고, 고유의 견련성이 인정되지 않는 동시이행항변권의 쌍무계약에 대해서는 채무자회생법 제119조, 제335조가 적용되지 않을 뿐만 아니라 법에 특별한 규정이 없다면 도산절차에서는 동시이행관계가 단절된 것으로 취급되어야 한다. 나아가 다양한 내용이 포함된 라이선스 계약의 경우에는 고유의 견련성이 인정되는 부분에 대해서는 이행선택을 하고 고유의 견련성이 인정되지 않는 부분

---

[34] 이하 괄호 안의 표시는 라이선스 계약에 대응되는 임대차계약의 용어를 기재한 것이다.

에 한하여는 해제를 하는 '부분해제'의 가능성도 고려될 수 있다.

즉 지식재산권 라이선스 계약(임대차계약)을 체결하면서 라이선시(임차인)가 보증금을 지급하기로 하는 약정을 함께 체결한 뒤 보증금을 지급하였더라도, 이는 사용료(차임)를 선급한 것이 아니라 사용료 미지급을 보증하는 것에 불과하고 계약 종료를 조건으로 미지급 사용료를 공제하는 정지조건부 채권일 뿐이다.

라이선스 계약(임대차계약)과 보증금 지급계약이 함께 체결되었더라도 고유의 견련성에 따라 담보적 기능이 있는 것은 라이선서(임대인)의 사용수익하게 할 의무와 라이선시(임차인)의 사용료(차임) 지급의무일 뿐이고, 계약체결에 따른 라이선시(임차인)의 보증금 지급의무 내지 계약종결에 따른 라이선서(임대인)의 보증금반환의무는 라이선스 계약(임대차계약)의 본질인 사용수익과는 직접 관련이 없다. 라이선서(임대인)의 보증금반환의무와 라이선시의 사용중지 및 폐기의무(임차인의 목적물 반환의무)[35] 사이에 동시이행관계가 인정되더라도 고유의 견련성에 따른 것이 아니라 약정 내지 공평의 견지에서 동시이행관계가 인정될 뿐이다.

이러한 관점에 비추어 보면, 라이선스 계약(임대차계약)에 있어서 고유의 견련관계로서 담보적 기능을 수행하는 의무에 한해서 채무자회생법 제119조, 제335조의 적용이 있는 것이고, 그 외의 의무 내지 권리에 대해서는 채무자회생법 제119조, 제335조의 적용이 없다고 볼 것이다.

관리인이 채무자회생법 제119조, 제335조에 따라 임대차계약에 대한 이행을 선택하건 해제·해지를 선택하건 간에 보증금반환채권

---

[35] 지식재산권을 무체물에 대한 사용허락계약이므로 유체물에 대한 임대차계약과 달리 계약 종료 시 목적물 반환의무가 없고, 단지 지식재산권의 사용중지 및 관련 물품의 폐기의무(계약상 인정되는 경우 한한다)가 인정될 뿐이다.

은 도산채권으로 취급되어야 하는 것과 같이, 라이선서(임대인)에 대한 도산절차가 개시된 경우에도 지식재산권에 대한 사용허락과 무관한 라이선시의 권리(예를 들어 라이선시가 라이선서의 실험실을 무상으로 사용할 권리, 정보를 제공받을 권리, 원재료를 구매할 권리 등)는 원칙적으로 관리인의 선택권 행사와 무관하게 도산채권으로 취급되어야 한다. 라이선서(임대인)에 대한 도산절차가 개시되어 관리인이 채무자회생법 제119조, 제335조에 의하여 라이선스 계약(임대차계약)에 대한 이행선택을 한 경우 지식재산권에 대한 통상실시권은 공익·채단채권으로 취급되나 지식재산권에 대한 사용허락과 무관한 권리는 도산채권으로 행사할 수 있을 뿐이다. 다만 일견 무관한 의무 내지 부수적 의무로 보이는 경우에도 통상실시권의 행사를 위해 밀접한 관련이 있는 경우라면 통상실시권과 운명을 함께 해야 할 것이다.

지식재산권에 대하여 사용수익하게 할 라이선서(임대인)의 의무와 사용료(차임)를 지급할 라이선시(임차인)의 의무 외에 사용수익권한인 통상실시권(임차권)과 직접 관련이 없어 보이는 쌍방의 의무 사이에 약정 등에 따라 동시이행관계가 인정되더라도 고유의 견련성에 따라 담보적 기능이 있는 경우가 아니라면 도산절차 개시에 따라 동시이행관계는 단절되는 것이 원칙이라고 보아야 한다. 도산절차 개시에 따라 관리인의 도산채권에 대한 임의변제가 금지되어 이행상 견련관계가 단절되고, 고유의 견련성에 따라 담보적 기능이 있는 경우가 아니라 공평의 견지에서 동시이행관계가 인정되는 경우이기 때문이다. 따라서 라이선시(임차인)는 이러한 권리에 대해서는 동시이행항변권을 행사할 수 없고 단순한 도산채권자로서 도산절차에 참가할 수밖에 없다. 이러한 법리는 라이선스 계약(임대차계약)이 무효·취소 내지 도산절차 개시 전 해제된 경우 부당이득 반환 내지 원상회복관계가 인정되는 경우에도 마찬가지라고 생각된다.

 나아가 다양한 내용이 포함된 라이선스 계약의 경우에는 고유의 견련성이 인정되지 않는 부분에 한하여만 해제하는 '부분해제'의 가능성도 고려될 수 있다. 도산목적 달성을 위해 고유의 견련관계에 있는 부분에 대해서는 이행선택을 하되, 나머지 부분에 대해서는 해제를 허용하는 것은 임대차계약과 보증금계약을 별개로 취급하는 것과 크게 다르지 않다고 보인다. 이에 대해서는 제5장 제5절에서 다시 살펴본다.

 다. 라이선시가 대항력을 취득한 경우에는 해당 지식재산권이 제3자에게 매각되더라도 여전히 환취권을 행사할 수 있으나, 이 경우에도 관리인은 채무자회생법 제119조, 제335조에 따라 해제·해지 선택을 할 수 있다. 그러나 대항력 있는 임차권에 대해서는 채무자회생법 제119조, 제335조의 적용을 배제하는 특칙이 있어 결과적으로 해제·해지를 할 수 없다. 따라서 대항력 있는 라이선시에 대해서도 유추적용 내지 적용배제특칙 확대의 필요성이 있다. 또한 채무자회생법 제119조, 제335조의 적용이 배제되더라도 여전히 회생채권이므로 공익·재단채권으로 승격할 필요가 있다.

 즉 라이선시(임차인)가 대항력을 취득하였다는 것은 해당 지식재산권(임차주택)이 제3자에게 처분된 경우에도 통상실시권(임차권)으로 사용수익을 계속할 수 있다는 뜻이다. 따라서 관리인이 해당 지식재산권(임차주택)을 제3자에게 매각하더라도 제3자는 통상실시권(임차권)을 부담하게 된다. 이와 같은 라이선시(임차인)의 통상실시권(임차권)은 환취권의 기초된 권리로서 계속 사용수익할 권원이 된다.[36]

---

36) 임차권도 환취권이 될 수 있다는 점은 제3장 제3절 III.관 2.항(채권적 청구권 특히 사용수익할 채권이 환취권에 속하는지 여부) 참조.

그러나 대항력이 있다고 하여도 라이선스 계약(임대차계약)은 여전히 쌍방미이행 쌍무계약이므로 관리인은 채무자회생법 제119조, 제335조에 따라 선택권을 행사할 수 있다. 대항력 있는 통상실시권(임차권)에 대해 관리인이 이행선택을 한다면 공익·재단채권으로 보호받을 수 있으나, 관리인은 계약의 해제·해지를 선택할 수 있고, 이에 따라 라이선시(임차인)의 통상실시권(임차권)은 소멸하여 더 이상 환취권을 행사할 수 없다. 라이선시(임차인)는 손해가 있는 경우 손해배상청구권을 도산채권으로 행사할 수 있을 뿐이다. 결국 물권화된 채권인 대항력 있는 라이선시(임차인)의 통상실시권(임차권)의 경우에도 도산절차 개시에 따라 대항력을 취득하지 못한 라이선시(임차인)와 유사한 취급을 받을 뿐이다.

이러한 문제의식에 따라 물권화된 채권인 '대항력 있는 임차권'을 임대인인 채무자에 대하여 도산절차가 개시되었다는 이유로 함부로 소멸시킬 수 없다는 이유로 임차권에 관한 적용배제(해제·해지 금지)의 특칙인 채무자회생법 제124조 제4항, 제340조 제4항을 규정하게 되었다. 이에 따라 대항력 있는 임차권은 여전히 환취권의 기초된 권리가 될 수 있어, 임차인은 임차주택을 계속 사용수익할 수 있고, 관리인의 인도청구를 거부할 수 있다. 관리인으로서는 목적물을 회수하여 환가하기 위해서는 법원의 허가를 받아 전액 변제를 하는 등으로 도산채권의 공익·재단채권화를 할 수밖에 없다.

평시 법률관계에서 임차인의 보호를 위해 대항력 제도를 도입한 것과 마찬가지 이유로 지식재산권에 대해서도 대항력 제도를 도입하였다. 이러한 대항력 제도의 입법취지를 고려한다면 물권화된 채권인 '대항력 있는 라이선시의 실시권'에 대해서도 채무자회생법 제124조 제4항, 제340조 제4항의 유추적용 내지 입법확대의 필요성이 있다. 일본 회사갱생법 등에서는 이러한 이유로 입법보완이 있었는데, 이에 대해서는 제5장 제2절 III.관에서 다시 살펴본다.

한편 대항력 있는 임차권은 관리인이 채무자회생법 제119조, 제335조에 의거해 해제·해지할 수 없고 환취권을 행사함으로써 계속 사용수익을 하면서 사실상 공익·재단채권에 준하는 정도의 보호를 받게 되나, 공익·재단채권은 법률에 명시적 규정이 있어야 인정되므로 여전히 회생채권이다. 따라서 채무자회생법 제119조, 제335조의 적용이 배제되는 경우에는 공익·재단채권으로 승격할 필요가 있다. 마찬가지로 재식재산권의 통상실시권에 대한 적용배제특칙을 확대하는 경우에도 공익·재단채권임을 명확히 규정할 필요가 있다.

라. 임차권과 같은 적용배제의 특칙이 없는 경우에도 대항력을 취득한 라이선시는 도산절차 개시 전 사용료를 모두 선급하여 일방미이행 쌍무계약으로 만듦으로써 채무자회생법 제119조, 제335조의 적용을 피할 수 있다.

즉 위 가.항에서 본바와 같이 통상의 경우 쌍방미이행 쌍무계약이더라도 고유의 견련성은 지식재산권(임차주택)을 사용수익하게 할 라이선서(임대인)의 의무와 라이선시(임차인)의 사용료(차임) 지급의무 사이에 인정되는 것이므로, 라이선시(임차인)가 사용료(차임)를 도산절차 개시 전 모두 선급하게 되면 라이선시(임차인)의 사용료(차임) 지급의무만 남게 되어 일방미이행 쌍무계약이 된다. 따라서 관리인은 더 이상 채무자회생법 제119조, 제335조에 따라 선택권을 행사하여 라이선스 계약을 해제·해지할 수 없다. 이러한 아이디어는 독일에서도 논의된 바가 있다.[37]

대항력이 없는 라이선시의 통상실시권 역시 환취권으로서 해당 지식재산권을 사용수익 할 수는 있고, 또 위와 같이 관리인의 해제·

---

[37] 제5장 제3절 Ⅲ(독일의 이행거절권 방식) 제3의 가.항(라이선시 보호방안에 대한 독일에서의 논의) 참조.

해지를 막을 수 있기는 하지만, 도산절차가 진행됨에 따라 결과적으로 도산채권자로서 권리행사를 할 수밖에 없어 사용수익을 계속하기는 어렵다. 파산절차의 경우에는 파산채권의 금전화·현재화에 따라 금전으로 안분배당을 받을 수 있을 뿐이고, 회생절차의 경우에도 회생계획에 통상실시권을 감축 내지 소멸시키고 금전지급을 하는 것으로 권리변경을 하더라도 막을 방법이 없다. 그러나 대항력이 있는 라이선시라면 해당 지식재산권이 제3자에게 처분되더라도 환취권을 행사함으로써 해당 지식재산권을 계속 사용수익할 수 있다. 대항력 있는 임차권에 대해 채무자회생법 제119조, 제335조의 적용을 배제하는 것과 유사한 결과이다.

한편 라이선스 계약을 체결하면서 사용료를 직접 금전으로 지급하지 않아 일견 무상의 사용허락계약으로 보이는 경우에도 계약의 실체를 면밀히 살펴 유상의 사용대가가 인정되는지 여부를 결정하여야 한다. 크로스라이선스 계약의 경우 쌍방이 직접 금전으로 사용료를 지급을 하지 않더라도 서로간의 특허권에 대한 실시허락을 하는 것 자체가 사용료 지급에 갈음하는 것으로 해석될 수 있다. 따라서 크로스 라이선스계약의 경우에는 계약이 지속되어 쌍방이 서로의 특허권에 대한 통상실시권을 행사하고 있는 이상 여전히 쌍방미이행 쌍무계약이라고 보아야 한다.

마. 확정일자까지 취득한 임차인은 보증금반환청구에 대해 별제권자 내지 회생담보권자로서 권리행사를 할 수 있어, 사실상 공익·재단채권에 준하는 수준으로 보호를 받는다. 그러나 라이선스 계약에 있어서는 우선변제권까지 인정할 필요는 없어 보인다.

즉 임차인의 보증금반환채권을 보호하는 것은 일반적으로 임대차계약과 보증금계약이 함께 체결되는 것이 관행이라는 점과 서민과 소상공인의 보호라는 명분이 있다는 점을 고려한 것이다. 이에 반해 지식재산권 라이선스 계약은 보증금 계약이 함께 체결된다는 것을 관행으로 보기도 어려울 뿐만 아니라 서민과 소상공인 보호의 명분도 부족하다.

바. 대항력을 취득하지 못한 라이선시(임차인)의 경우에도 보호의 필요성이 인정되는 경우에는 신의칙에 따라 관리인의 채무자회생법 제119조, 제335조에 기한 해제권을 제한할 필요가 있다.

즉 라이선시(임차인)가 통상실시권(임차권)에 기반하여 많은 자본과 시설 등을 투자하여 사업을 진행하고 있는 경우 라이선서(임대인)에 도산절차가 개시되었다는 사정으로 관리인의 채무자회생법 제119조, 제335조에 기한 해제권을 행사하게 되면 라이선시(임차인)는 그 동안 투입한 자본가 시설 등을 상실하게 되는 불합리가 발생하게 된다. 이러한 이유로 대항력을 취득하지 못한 라이선스(임차인)에 대해서도 관리인의 채무자회생법 제119조, 제335조에 기한 해제권을 제한할 필요가 있다. 일본에서도 신의칙을 적용하여 관리인의 해제권 행사를 제한한 사례가 발견된다. 이에 대해서는 제5장 제2절 I.관에서 다시 살펴본다.

사. 도산법 외에 존재하는 특별규정은 도산법의 법리를 변형함으로써, 도산법 외의 일반법 규정을 통한 도산법과 일반법의 조화를 모색할 수도 있다. 따라서 특허법 등 지식재산권법에 특별규정을 신설함으로써 라이선시를 보호하는 방법을 탐구해 볼 수 있다.

즉 위에서 살펴본 바와 같이 고유의 견련성이 인정되지 않는 동시이행관계의 쌍무계약에 대해서는 채무자회생법 제119조, 제335조가 적용되지 않을 뿐만 아니라 도산절차에서는 동시이행관계가 단절된 것으로 취급되어야 하나 법에 특별한 규정이 있다면 동시이행관계가 유지된다고 볼 수 있다. 즉 대항력 있는 임차권에 대해서는 임대인 지위를 승계한 자에 대하여 임차목적물을 사용수익할 권리 뿐만 아니라 보증금을 반환받을 수 있는 지위까지도 주장할 수 있도록 하는 특별규정(주택임대차보호법 제3조 제4항, 상가건물 임대차보호법 제3조 제2항)을 두고 있고, 이러한 이유로 고유의 견련관계가 아닌 공평의 견지에서 인정된 동시이행항변권임에도 도산절차에서 여전히 동시이행항변권이 유지된다.

　이러한 예를 참조할 때, 특허법 등 지식재산권법에 특별규정을 신설함으로써 라이선시를 보호하는 방법을 모색해 볼 수 있다. 이에 대해서는 제5장 제4절(도산법 외의 일반법 규정을 통한 도산법과 일반법의 조화를 모색하는 방안)에서 살펴본다.

제5장
도산절차에서의 라이선시 보호방안:
도산법과 일반법의 조화를 모색하는 관점

제1절 서설

지식재산권 라이선스 계약이 체결된 뒤 라이선서에 대하여 도산절차가 개시된 경우 관리인은 쌍방미이행 쌍무계약이라는 이유로 라이선스 계약에 대해 이행선택을 할 수도 있지만 해제·해지 선택을 할 수도 있다. 관리인이 라이선스 계약에 대해 해제·해지 선택을 하게 되면 라이선시의 통상실시권은 소멸하게 되고, 통상실시권에 기반하여 투입한 많은 자본과 시설 등은 무위로 돌아간다. 지식재산권 라이선스 계약의 경우에는 통상의 경우와 달리 계약관계 그 자체로 인한 손해를 넘어 2차적 손해의 발생 규모는 차원을 달리하고, 이는 개인적 문제가 아니라 사회경제적인 손실로 이어진다.[1]

뿐만 아니라 라이선스 계약과 함께 대표적인 사용수익권에 관한 계약인 임대차계약에는 목적물 대체성이 있어 공장 내지 사업장에 대한 임대차계약이 해제되어도 다른 장소에서의 사업 실시가 가능

---

1) 이를 지적하는 문헌으로는 제1장 제2절에서 살펴본 山本崇晶, "ライセンサー倒産時等のライセンシーの地位の保護", 知的財産ライセンス契約の保護 -ライセンサーの破産の場合を中心に-, 雄松堂出版(2004. 11.), 84-85頁의 설명 외에도 다수가 있다. 예를 들어 島並良, "登錄制度の活用", 知的財産ライセンス契約の保護 -ライセンサーの破産の場合を中心に-, 雄松堂出版(2004. 11.), 205頁에서는 "라이선서의 파산이라는 라이선시가 모르는 사태에 의해 라이선스 계약이 갑자기 종료되고, 지적재산의 활용에 대해 이미 일정한 자본을 투하하고 있던 라이선시가 경제적으로 불안정한 입장에 놓여진다면 나중에 라이선스 계약을 통한 지적재산의 유효활용이 저해될 수 있다. 지적재산의 활용에 대한 국가적 대처가 국가적 과제로 모색되고 있는 오늘, 특히 자금력이 부족한 중소벤처기업이 가지는 지적재산에 대해서도 안심하고 라이선스를 받을 수 있어 뛰어난 지적재산을 가진 중소벤처기업이 라이선스 약을 통한 자금조달을 용이하게 할 수 있는 법제를 사전에 정돈할 필요가 있다."고 서술하고 있다.

하고 이전 비용 등이 발생하는 것에 불과하지만, 라이선스 계약이 해제되는 경우에는 대체성이 없고 장래에 걸쳐 일체 사업을 할 수 없게 될 가능성이 있어, 라이선스 계약이 임대차 계약 등의 다른 쌍무 계약보다 보호의 필요성이 높다.2) 따라서 지식재산권 라이선스 계약에 대해 도산절차 개시에 따른 관리인의 선택권으로서 해제·해지권에 대한 제한의 필요성은 국내외를 막론하고 꾸준히 제기되고 있다.

이와 같이 도산절차의 개시에 따른 지식재산권 라이선시 보호의 필요성에 부응하여 관리인의 계약불이행권을 제한하는 법리발전 내지 입법개선이 해외에서 발견된다.

우리 채무자회생법과 마찬가지로 관리인이 계약불이행을 선택하는 방식으로 해제권 방식을 취하는 일본의 경우에는 대항력이 인정되는 지식재산권 라이선스 계약에 대해서는 관리인의 선택권 규정의 적용을 배제하는 특칙을 도산법에 도입하고 여기에다가 대항력 취득의 실효성을 확보하기 위하여 지식재산권법에서 당연대항

---

2) 飯田聡, "知的財産ライセンス契約の保護の在り方とその方策案", 知的財産ライセンス契約の保護 -ライセンサーの破産の場合を中心に-, 雄松堂出版 (2004. 11.), 281-282頁(라이선시가 실시권에 기반하여 사업을 실시하는 경우에는 라이선스 계약이 해제되면 사업 자체를 정지시켜야 할 사태가 되는 점, 지적재산권에 관한 비지니스가 국제성을 가지고 있어 일본 국내만의 문제에 그치지 않는 점, 포괄 무상 크로스라이선스계약, 특허풀, 기술표준화 등 지적재산권 비즈니스의 복잡화에 대한 대응이 필요한 점 등의 라이선스 계약의 특수성에도 배려가 필요하다. 또한 라이선스 계약은 임대차 계약 등의 다른 쌍무 계약과는 다른 특수성이 있으며, 각별한 배려가 필요하기 때문에 라이선스 계약에만 특별한 수단을 강구하는 정당성이 있다는 견해도 있다. 이 견해는 임대차에는 일체의 대체성이 있으며, 공장의 임대차가 해제되어도 다른 장소에서의 사업 실시는 가능하고 이전 비용 등이 발생하는 것에 불과하지만, 라이선스 계약의 해제의 경우에는 대체성이 없고, 장래에 걸쳐 일체 사업을 할 수 없게 될 가능성을 라이선스 계약이 임대차 계약 등의 다른 쌍무 계약보다 보호의 필요성이 높다는 근거로 꼽고 있다).

제도를 도입하는 방식으로 발전하였다. 관리인의 계약불이행 권한으로 이행거절권 방식을 취하는 미국의 경우에는 도산절차에서도 평시 법률관계를 그대로 인정할지 여부 즉 미국 파산법상 규정된 관리인의 계약거절(rejection)이 계약종결권한인지 아니면 평시 법률관계에서의 계약거절과 같은 의미인지에 대한 해석론을 중심으로 판례가 발전되어 왔고, 그 과정에서 지식재산권법에 관한 특별규정을 도입하는 방식으로 입법개선이 있어 왔다. 그 밖에도 일본에서는 신의칙에 따라 관리인의 해제권을 제한할 수 있다는 판례가 나오기도 하였다.

일본의 해제권 방식과 미국의 이행거절권 방식은 대륙법과 영미법의 기본적 법제 차이에 기인하여 구체적 타당성을 꾀하는 방식과 적용영역에서 큰 차이가 있지만, 원칙과 예외의 이원적 체계를 가진다는 점에서 일견 비슷해 보여 많은 시사점을 준다.[3]

한편 지식재산권 라이선스 계약과 관련하여 도산법의 법리와 무관하게 관리인이 법률상 의무를 부담하는 방식으로서 법정실시권 제도를 도입함으로써 라이선시를 보호하자는 주장도 있다. 나아가 이러한 라이선시 보호방안과의 균형을 위하여 라이선서의 보호방

---

3) 이와 같은 관점에서 미국 파산법상 이행거절권방식으로부터 문제해결의 시사점을 찾으려는 일본 문헌으로는 松田俊治, "米國倒産法アプローチを踏まえたライセンス契約の保護策の檢討", 知的財産ライセンス契約の保護 - ライセンサーの破産の場合を中心に-, 雄松堂재판(2004. 11.) 등이 있다. 松田俊治의 위 글 91-93頁에서는 "2004년 일본 파산법 개정으로 '대항력 있는 사용수익권' 일반에 대하여 적용배제특칙을 도입하였음에도 특허권에 대한 통상실시권의 등록이 쉽지 않은 실무로 여전히 라이선시 보호에 미흡하다는 문제점을 해결하기 위하여 미국 도산법상 접근법이 제도로서 가지는 이점을 일본에서도 누려야 한다는 관점에서 1988년의 미국 도산법상 접근방법의 채용경위와 제도로서의 특징을 소개함과 동시에 일본이 비슷한 이점을 누리기 위한 방안에 대해서 검토를 실시한다. 1988년 미국 도산법 개정을 계기로 일본 산업계 및 법조실무가가 일본도 미국과 같은 제도를 갖추어야 한다는 목소리가 있다."고 밝히고 있다.

안으로서 부분해제를 도입할 필요성이 있다는 주장도 발견된다.

　이하에서는 도산법과 일반법의 조화를 추구하는 메커니즘으로서 관리인의 계약불이행권에 대한 비교법적인 검토를 통해 라이선시 보호를 위한 개선방안에 대하여 해석론과 입법론의 순으로 살펴보기로 한다.

제 2 절 해제권 방식에 있어서 라이선시를 보호하기 위한 해결방안

I. 해제권의 제한: 신의칙(해석론)

1. 서론

가. 해석론적 해결방안 모색의 필요성

어떠한 법률체계 하에서 발생한 문제점을 해소하기 위해서는 해석론에 의한 해결방안을 모색해 본 다음 그것이 미진한 경우에 입법론에 의한 해결방안을 모색하는 것이 일반적인 방법론일 것이다. 도산절차에서 관리인의 해제권 행사에 따라 라이선시가 보호받지 못하는 문제점이 발생하고 이를 해결할 필요성이 크다는 점은 앞서 본 바와 같으므로, 이를 해결하기 위한 해석론적 방안으로서 가장 직접적인 접근은 적용배제특칙의 유추적용을 통해 관리인의 해제권 행사를 차단할 수 있는지 여부에 대한 검토일 것이고, 그것이 여의치 않다면 신의칙의 적용에 따라 관리인의 해제권 행사를 제한하는 방안을 검토해 볼 수 있을 것이다.

이하에서는 이와 같은 순서에 따라 해석론적 해결방안에 대해 살펴보기로 한다.

나. 적용배제특칙의 유추적용 가능성에 대한 검토

우리 채무자회생법이 2005년 제정됨에 따라 적용배제의 특칙인 채무자회생법 제124조 제4항, 제340조 제4항이 비로소 도입되었는데, 그 이전에는 해석론에 따라 임차권에 대해서 현행 채무자회생법 제119조, 제335조와 같은 내용의 구 파산법 제50조, 구 회생정리법 제103조의 적용을 배제할 것인지에 대한 논의가 있었다.[1] 이는 임차인에 대한 파산이 선고된 경우 임대인이 해지통고를 할 수 있다고 규정한 민법 제637조와 관련된 해석의 문제였기는 하나, 그 논의의 핵심은 물권화된 채권의 성질을 갖는 '대항력 있는 임차권'에 대해 관리인의 선택권으로서 해제권의 적용을 배제할 수 있는지에 관한 해석론의 문제였다.

그 중 절충설은 대항력 있는 임차권의 경우에는 구 파산법 제50조의 적용을 부정하고, 그 외의 경우에는 적용을 긍정하여야 하는데, 대항력 있는 임차권의 경우에는 물권화된 채권의 효력이 부여되고, 파선절차가 진행되는 경우에도 임차인 보호의 사회적 요청과 법률의 취지는 관철되어야 한다는 점에서 위와 같이 보아야 한다고 주장하였다.

이러한 학설의 논의를 고려해보면, 적용배제의 특칙인 채무자회생법 제124조 제4항, 제340조 제4항이 비록 대항력 있는 임차권에 대해서만 규정되어 있으나, 물권화된 채권에 대한 보호의 필요성이 동일하다는 점에서 라이선스 계약에 있어 대항력을 취득한 라이선시의 권리 즉 통상실시권에 대해서도 유추적용할 수 있다고 볼 여지도 있다. 실제로 채무자회생법 제124조 제4항의 대항요건을 갖춘 임차인 보호규정을 유추적용하여 지식재산권의 라이선시(실시권자 등)에 대해서도 쌍방미이행 쌍무계약 법리의 적용배제를 인정하여야 한다는 견해도 있고,[2] 반면 법적 안정성을 해치고 문리적 해석

---

[1] 이에 대한 상세한 내용은 제4장 제2절 II.관 제4의 가.항 참조.
[2] 이태진, "통합도산법상의 파산채무자 보유의 미국등록 특허에 대한 실시계약의 해제·해지와 관련한 국제도산법상의 몇 가지 쟁점", 변호사 제50집, 서울지방변호사회(2017), 188-189면; 노경섭, "지식재산 라이센스 계약에서

을 뛰어넘는 다소 무리한 주장이라고 평가하면서 유추적용에 반대하는 견해도 있다.3)

그런데 채권자의 권리가 채무자회생법상 어떤 권리에 해당하는지는 도산목적 달성에 중요한 영향을 미치고, 전체 채권자의 이해관계에도 미치는 파급효도 작지 않기 때문에 엄격해석의 원칙을 적용하여야 한다는 것이 기본적인 태도로 보인다. 특히 공익채권은 법규정에 명확히 있는 경우에만 인정되고, 도산채권이나 별제권 내지 회생담보권에도 해당하지 않는 권리는 개시후채권 내지 후순위 파산채권으로 분류되어 열위한 취급을 받는다는 점에서 더욱 그러하다. 이와 같이 적용배제특칙을 유추적용할지 여부는 쌍방미행 쌍무계약상 채권자 권리의 성질을 결정하는 결과를 가져오기 때문에 엄격한 해석을 하는 것이 타당하다고 보인다. 실제로 이러한 이유에서인지 채무자회생법이 제정되기 이전에 대항력 있는 임차인에 대해 관리인의 선택권 규정의 적용배제를 인정한 사례는 발견하기 어렵다.

더욱이 대항력을 취득한 라이선시에 대해서 채무자회생법 제124조 제4항, 제340조 제4항을 유추적용하여 채무자회생법 제119조, 제335조의 적용배제를 인정하게 되면 대항력을 취득한 다른 채권(물권화된 채권)에 대하여도 유추적용을 통한 적용배제특칙의 확대를

라이선시 보호에 관한 연구: 법정실시권 제도의 활용을 중심으로", 지식재산연구 제7권 제3호 , 한국지식재산연구원·한국지식재산학회(2012), 61면; 강헌, "통상실시권의 당연대항제도에 관한 연구", 정보법학 제17권 제1호, 한국정보법학회(2013), 446면 등 참조.
3) 회생절차에 대해서는 대항력이 있는 임차권에 대해서도 구 회사정리법 제103조가 적용되어 관리인이 해제를 선택할 수 있다는 전제에서 관리인은 부동산의 환가가 불가피한 경우에는 임차권이 딸린 상태대로 처분하는 수 밖에 없다고 기술하는 문헌으로는 서경환, "회사정리절차가 계약관계에 미치는 영향", 재판자료 86집(회사정리법·화의법상의 제문제), 법원도서관(2000), 568면 참조.

인정하여야 한다는 주장이 있을 수 있고, 이 경우 그 유추적용의 인정 여부에 대한 경계를 설정하기가 쉽지 않으며, 이를 인정하게 되면 결과적으로 법적 안정성을 훼손하는 심각한 문제가 발생할 수 있다. 따라서 적용배제특칙의 유추적용을 통해 라이선시를 보호하는 방안은 받아들이기 어렵다고 생각한다.[4]

2. 신의칙에 따른 관리인의 해제권 제한 가능성

가. 신의칙 적용 시의 유의점

관리인의 해제권 행사를 신의칙에 따라 제한하는 것은 신의칙을 확대 적용하는 위험성에 경고를 하는 '일반조항으로 도피'라는 지적이 있을 수 있다. 성문법 자체가 지닌 한계 때문에 포괄적인 내용을 규정하는 성문법의 경우 다소간의 일반조항[5]을 포함할 수밖에 없는데,[6] 독일의 민법학자인 헤데만(Hedemann)은 법학자·입법자·재판관이 일반조항으로 도피 즉 일반조항을 만연히 도입·적용하거나 악용하게 될 때의 3가지 위험성인 유약화(Verweichlichung), 불안정성

---

4) 同旨: 백종현, "특허권자의 회생절차와 통상실시권자의 지위", 도산법연구 제9권 제2호, 도산법연구회(2016), 112면; 심활섭, "일본 도산절차에서의 라이선시 보호", 도산법연구 제11권 제1호, 도산법연구회(2021), 56면(유추적용의 해석론의 방법도 가능하나, 조심스럽다. 임대차와 지식재산권의 사용은 유사한 점도 있지만 각각의 지식재산권마다 등록, 대항력, 실시권 등에 차이가 있으므로 임대차에 관한 법리를 통하여 해결하려 할 경우 법적 안정성을 해칠 수 있기 때문이다).
5) 일반조항이란 법률상 요건을 추상적·일반적으로 규정하고 있는 조항을 말하고, 우리 민법상 대표적인 일반조항으로 신의칙과 권리남용(민법 제2조), 선량한 풍속 기타 사회질서(민법 제103조) 등이 있다. 윤철홍 역주, J. W. Hedemann(1933년 저), 일반조항으로의 도피 -법과 국가에 대한 하나의 위험-, 법원사(2019), 106면.
6) 윤철홍 역주, J. W. Hedemann(1933년 저), 일반조항으로의 도피 -법과 국가에 대한 하나의 위험-, 법원사(2019), 128면.

(Unsicherheit), 자의성(Willkür)을 경고하였다.7)

헤더만에 의하면 일반조항이 만연하게 될 때에는 법학자로 하여금 심도 있는 개별 원칙에 대한 연구를 멀리하고, 입법자로 하여금 개별적인 구성요건을 취급할 수 있는 자료를 철저히 숙고할 시간·능력·흥미를 상실하게 하여 자연스럽게 일반조항을 내용으로 하는 법률 등을 양산하게 하며, 특히 재판관으로 하여금 아주 손쉽게 일반조항으로 도피하게 하여 사법부 전체가 해를 입게 하고(유약화),8) 일반조항이 가지는 개념의 불확정성 때문에 법원의 판결들을 위한 척도의 기능을 잃어버리게 하는 등 전체 법률생활을 불안정하게 하며(불안정성), 재판관이 자신의 세계관을 법의 세계에서 관철하기 위한 도구로 일반조항을 사용함으로써 자의적인 판결이 이루어질 위험이 있게 한다(자의성).

이러한 위험성이 지적되는 일반조항으로의 도피 현상은 실제 우리 판례에 있어서도 발견되고 있고, 특히 신의성실의 원칙을 근거로 하여 복잡한 문제들을 해결하면서 특수한 요건들이 충족되는 경우에는 원칙을 확대 적용하여 사정변경의 원칙,9) 실효의 원칙,10) 모순행위 금지원칙11) 등 이른바 파생원칙들을 만들어 내고 있다는

---

7) 윤철홍 역주, J. W. Hedemann(1933년 저), 일반조항으로의 도피 -법과 국가에 대한 하나의 위험-, 법원사(2019), 82-94면, 120-124면(법률가들에 의한 법학에 대한 위험성 외에도 국가에 대한 위험성 즉 정치권력자들이 일반조항을 자신의 행위를 위하여 사용할 경우 유연성 요소와 권력 요소가 하나로 결합하게 되어 일방적이며 제어할 수 없는 무기가 될 수 있다는 점을 경고하고 있다); 이계정, "변호사 보수청구 제한의 근거로서 신의칙과 신인관계 -법관의 합리적 재량 행사의 문제를 겸하여", 서울대학교 법학 60권 4호, 서울대학교 법학연구소(2019. 12.), 28면.
8) 같은 취지에서 특허법 제128조의 손해배상액 산정의 특례 규정을 적용함에 있어 만연히 재량손해규정을 적용하여서는 아니 된다고 주의를 주는 판례인 대법원 2011. 5. 13. 선고 2010다58728 판결 등이 있다.
9) 대법원 2014. 11. 13. 선고 2009다91811 판결 등.
10) 대법원 2014. 9. 4. 선고 2014다210074 판결 등.

지적이 있다.12)

　이와 같은 신의칙 적용에 대한 '일반조항으로 도피'라는 역기능적 관점에서 보면 일반조항은 절대적으로 유해한 것으로 인식될 수도 있으나, 일반조항이 사법(司法)의 영역과 법률이론에서 역동성, 자유, 완화를 보장해주는 대단히 큰 역할을 수행해왔다는 점을 무시할 수 없다.13) 특히 신의칙과 권리남용의 법리는 첨예하게 대립하는 개별 문제의 해결에 있어서 실정법의 경직성을 완화하여 구체적 타당성을 제고하는 기능을 하고, 또한 개별적인 사안을 넘어 일반적으로 적용가능한 규범 내지 새로운 법률제도의 구축하는 '규범창설기능'도 수행한다.14) 특히 신의칙 내지 권리남용의 규범창설기능은 실정법상의 권리가 당초의 입법의도와 달리 왜곡되어 행사되는 예가 상당하고 그로 인하여 현실적으로 많은 폐해가 양산되고 있음에도 이를 시정할 수 있는 다른 법규정이 없는 경우에 발휘되

---

11) 대법원 1998. 4. 23. 선고 95다26476 전원합의체 판결 등.
12) 윤철홍 역주, J. W. Hedemann(1933년 저), 일반조항으로의 도피 -법과 국가에 대한 하나의 위험-, 법원사(2019), 130-133면. 이계정, "변호사 보수청구 제한의 근거로서 신의칙과 신인관계 -법관의 합리적 재량 행사의 문제를 겸하여", 서울대학교 법학 60권 4호, 서울대학교 법학연구소(2019. 12.)에서는 변호사의 소송위임 사무처리 보수에 대하여 신의칙에 따른 일부 무효의 법리를 적용하여 일부 감액이 가능하다는 법리를 판시한 대법원 2018. 5. 17. 선고 2016다35833 전원합의체 판결에 대하여 우리 민법이 계약에 부여하는 강한 구속력을 훼손시키는 결과를 야기한다는 점과 신의칙에 기하여 계약을 무효로 하는 것은 일반조항으로 도피로서의 폐단을 발생시킨다는 점 등을 고려할 때 부적절한 법리라고 비판하면서 위임계약상 선관주의의무(민법 제681조)에 포함되는 신인의무 특히 충실의무 중 이익취득금지원칙 내지 이익토출책임을 적용하여 감액을 허용하는 것이 타당하다고 지적하고 있다.
13) 윤철홍 역주, J. W. Hedemann(1933년 저), 일반조항으로의 도피 -법과 국가에 대한 하나의 위험-, 법원사(2019), 125면.
14) 윤철홍 역주, J. W. Hedemann(1933년 저), 일반조항으로의 도피 -법과 국가에 대한 하나의 위험-, 법원사(2019), 125-126면; 이계정, "체납처분압류와 유치권의 효력", 법학 56권 1호(통권174호), 서울대학교 금융법센터(2015), 239면.

는 기능이라고 할 수 있다.15)

그런데 이 책에서 다루는 관리인이 지식재산권 라이선시에 대하여 해제권을 행사하는 예가 바로 사회경제적으로 큰 폐해가 발생하고 있음에도 이를 시정할 수 있는 다른 법규정이 없는 경우에 해당한다고 볼 수 있으므로, 관리인의 해제권 행사를 제한하기 위한 법리로서 신의칙 내지 권리남용의 이와 같은 규범창설적 기능을 적용하는 것은 검토해볼 가치가 충분히 있다. 다만 '일반조항으로 도피'에 따른 역기능이 발생하지 않도록 그 적용요건의 설정이나 적용범위에 대한 신중한 접근이 필요하다.

나. 계약해소를 제한하는 근거로서의 신의칙 적용

신의칙의 적용을 무리하게 확대하면 개별 법규칙이 무력화되고 법관의 자의에 의한 재판이 일상화되는 등의 폐해가 발생하므로 일반조항으로의 도피가 매우 위험하다는 점을 고려하면서 신의칙의 적용 여부와 그 요건을 섬세하게 검토하여야 함은 앞서 본 바와 같다.16) 우리 대법원은 계약에 대하여 신의칙을 적용하면서 계약 해석의 국면에서 규범적·보충적 해석을 하는 것 외에도 계약의 해소 국면에서도 다양한 법리를 발전시켜오면서도 신중한 접근을 하고 있는 듯하다.

우리 대법원은 사정변경의 원칙을 해제와 해지에 모두 적용하면서도 해제를 인정한 사안은 아직까지 없었고, 사정변경으로 인한 계약해제의 인정요건을 정면으로 판시한 대법원 2007. 3. 29. 선고

---

15) 이계정, "체납처분압류와 유치권의 효력", 법학 56권 1호(통권174호), 서울대학교 금융법센터(2015), 239면.
16) 이계정, "변호사 보수청구 제한의 근거로서의 신의칙과 신인관계 -법관의 합리적 재량 행사의 문제를 겸하여", 서울대학교 법학 60권 4호, 서울대학교 법학연구소(2019. 12.), 20-21면.

2004다31302 판결에서는 '계약의 기초가 되었던 객관적인 사정'에 관하여만 적용되고 주관적 행위기초의 문제는 사정변경의 원칙이 적용되지 않는다고 판시하였다.17)

나아가 우리 대법원은 계약해소를 '제한'하는 근거로서도 신의칙을 적용하고 있다. 채무불이행이 사소하거나 과대최고를 함에 따른 계약해제의 의사표시가 채권관계를 지배하는 신의성실의 원칙에 비추어 무효라고 하거나,18) 임차인이 임대인으로부터 별도의 승낙을 얻은 바 없이 제3자에게 임차물을 사용·수익하도록 한 경우에 있어서도 임차인의 당해 행위가 임대인에 대한 배신적 행위라고 인정할 수 없는 특별한 사정이 있는 경우에는 위 법조항에 의한 해지권은 발생하지 않는다고 판시하기도 하였다.19) 이와 같이 계약해소를 제한하면서 신의칙을 근거로 하는 판례의 태도를 고려할 때, 관리인의 해제권 행사를 신의칙에 따라 제한한다고 하여 이례적이라고 평가하기는 어렵다고 보인다.

다. 권리남용에 있어서 적용요건의 완화

우리 민법 제2조는 '신의성실'이라는 표제 하에 신의성실의 원칙(제1항)과 권리남용의 원칙(제2항)을 함께 규정하고 있고, 또한 앞서 본 바와 같이 신의칙 내지 권리남용은 모두 구체적 타당성 제고기

---

17) 이계정, "변호사 보수청구 제한의 근거로서 신의칙과 신인관계 -법관의 합리적 재량 행사의 문제를 겸하여", 서울대학교 법학 60권 4호, 서울대학교 법학연구소(2019. 12.), 23-25면. 해제에 관한 사안으로는 대법원 2007. 3. 29. 선고 2004다31302 판결, 대법원 2017. 6. 8. 선고 2016다249557 판결 등이 있고, 해지에 관한 사안으로는 대법원 1992. 5. 26. 선고 92다2332 판결, 대법원 2002. 5. 31. 선고 2002다1673 판결 등이 있다.
18) 대법원 1966. 5. 31. 선고 66다626 판결, 대법원 1988. 12. 13. 선고 87다카3147 판결 등.
19) 대법원 1993. 4. 27. 선고 92다45308 판결, 대법원 2007. 11. 29. 선고 2005다64255 판결, 대법원 2010. 6. 10. 선고 2009다101275 판결 등.

능과 규범 창설기능을 가진다.

그런데 권리남용 요건으로서 가해의사 내지 가해목적 등의 주관적 요건이 필요한지에 대해서는 견해대립이 있고, 주관적 요건 불요설이 지배적인 견해로 보이나,[20] 우리 대법원은 원칙적으로 주관적 요건 필요설을 취하고 있는 듯하다. 즉 우리 대법원은 민법상 권리남용의 요건에 관하여 '권리 행사가 권리의 남용에 해당한다고 할 수 있으려면, 주관적으로 그 권리 행사의 목적이 오직 상대방에게 고통을 주고 손해를 입히려는 데 있을 뿐 행사하는 사람에게 아무런 이익이 없는 경우이어야 하고, 객관적으로는 그 권리 행사가 사회질서에 위반된다고 볼 수 있어야 한다.'고 판시하여 원칙적으로 주관적 요건과 객관적 요건을 함께 요구하고 있다.[21]

그러나 권리남용의 법리를 개별사안의 구체적 타당성을 제고하기 위하여 적용하는 경우는 별론으로 규범창설기능을 발현하는 경우에 있어서는 객관적 기준에 의한 법적 안정성의 구축이 우선시되어야 한다는 측면에서 주관적 요건은 불필요하다고 보인다.[22]

우리 대법원도 상계권 행사가 신의칙에 반하거나 상계에 관한 권리남용에 해당하기 위한 요건으로는 일반적인 권리남용의 경우에 요구되는 주관적 요건을 필요로 하는 것은 아니라고 판시한 바가 있다.[23] 즉 대법원은 "당사자가 상계의 대상이 되는 채권이나 채

---

20) 이계정, "체납처분압류와 유치권의 효력", 법학 56권 1호(통권174호), 서울대학교 금융법센터(2015), 240면[주관적 요건 불요설로는 곽윤직·김재형, 민법총칙(민법강의I) 제9판, 박영사(2014), 82면 등이 있고, 주관적 요건 필요설로는 이동형, "권리남용에 있어서 주관적 요건의 필요성", 저시티스 통권 107호, 한국법학원(2008), 33면 등이 있다.
21) 대법원 2010. 2. 25. 선고 2009다58173 판결 등.
22) 이계정, "체납처분압류와 유치권의 효력", 법학 56권 1호(통권174호), 서울대학교 금융법센터(2015), 240면.
23) 대법원 2003. 4. 11. 선고 2002다59481 판결, 대법원 2013. 4. 11. 선고 2012다105888 판결 등.

무를 취득하게 된 목적과 경위, 상계권을 행사함에 이른 구체적·개별적 사정에 비추어, 그것이 위와 같은 상계 제도의 목적이나 기능을 일탈하고, 법적으로 보호받을 만한 가치가 없는 경우에는 그 상계권의 행사는 신의칙에 반하거나 상계에 관한 권리를 남용하는 것으로서 허용되지 않는다고 함이 상당하고, 상계권 행사를 제한하는 위와 같은 근거에 비추어 볼 때 일반적인 권리 남용의 경우에 요구되는 주관적 요건을 필요로 하는 것은 아니다."라고 판시하였다.

나아가 우리 대법원은 지식재산권 분야에 있어서도 권리남용에 대하여는 주관적 요건을 요구하지 않고 있고, 또한 권리남용의 객관적 기준으로 해당 지식재산권 제도의 목적과 기능을 일탈한 경우일 것을 요구하고 있다. 즉 우리 대법원[24]은 "상표권자가 당해 상표를 출원·등록하게 된 목적과 경위, 상표권을 행사하기에 이른 구체적·개별적 사정 등에 비추어, 상대방에 대한 상표권의 행사가 상표사용자의 업무상의 신용유지와 수요자의 이익보호를 목적으로 하는 상표제도의 목적이나 기능을 일탈하여 공정한 경쟁질서와 상거래 질서를 어지럽히고 수요자 사이에 혼동을 초래하거나 상대방에 대한 관계에서 신의성실의 원칙에 위배되는 등 법적으로 보호받을 만한 가치가 없다고 인정되는 경우에는, 그 상표권의 행사는 설령 권리행사의 외형을 갖추었다 하더라도 등록상표에 관한 권리를 남용하는 것으로서 허용될 수 없고, 상표권의 행사를 제한하는 위와 같은 근거에 비추어 볼 때 상표권 행사의 목적이 오직 상대방에게 고통을 주고 손해를 입히려는 데 있을 뿐 이를 행사하는 사람에게는 아무런 이익이 없어야 한다는 주관적 요건을 반드시 필요로 하는 것은 아니다."라고 판시하였다.[25]

---

[24] 대법원 2007. 2. 22. 선고 2005다39099 판결 등.
[25] 박정희, "등록상표권자의 상표권 행사가 권리 남용에 해당한다고 한 사례", 대법원판례해설 78호(2008 하반기), 법원도서관(2009. 7.), 420-421면(일본의

따라서 우리 대법원은 지식재산권의 영역에 있어서의 권리남용의 기준에 대하여 기존의 권리남용의 일반적 요건을 보다 완화하여 제도의 기본적 목적에 부합하는지 여부를 중심으로 그 해당 여부를 판단하고자 하는 경향으로 변화하고 있다고도 볼 수 있다.26)

더욱이 우리 대법원은 최근 '권리자가 회생절차 진행 중인 채무자를 상대로 권리를 행사하는 경우, 신의성실의 원칙을 위반하는지 판단하는 기준이 문제된 사안'에서 도산절차에서의 신의칙 적용에 대한 판단기준을 상세히 제시하면서 그 적용을 긍정하였는데, 이와 같은 대법원의 태도를 고려할 때 도산절차에서도 신의칙의 적용을 적극적으로 고려하는 경향으로 변화하고 있다고 이해할 수 있다.27)

라. 소결

이상과 같이 우리 법체계에서는 이미 신의칙을 근거로 계약해소를 제한하는 법리가 확립되어 있는 점, 규범창설기능이 발휘되는 경우로서 상계권 행사에 있어서 신의칙 내지 권리남용의 적용요건

실무도 이를 폭넓게 인정하고 있다고 한다. 이 사건은 상표권자가 권리를 행사한 상대방과 일정한 관계가 있는 경우뿐만 아니라 일정한 관계가 없는 경우에도 상표권의 행사가 권리남용이 될 수 있음을 보여준 점에서 의의가 있다).
26) 권창환, 저작재산권 양도시 허락이용권자의 보호방안에 관한 연구, 서울대 법학석사논문(2010), 59면.
27) 대법원 2022. 10. 14. 선고 2018다210690 판결(갑 주식회사가 을 의료법인과 의료기기인 기계에 관하여 리스계약을 체결하고 을 법인에 기계를 리스해 주었는데, 을 법인에 관한 회생절차가 개시되자 갑 회사가 리스계약에 따른 채권을 회생담보권으로 신고하였다가 을 법인이 위 기계를 이용하여 계속적으로 영업활동을 하는 것을 전제로 한 회생계획이 인가된 후 '리스계약에서 정한 바에 따라 계약을 해지하고 환취권을 행사하였다.'고 주장하면서 위 기계의 인도를 구한 사안에서, 제반 사정에 비추어 갑 회사가 리스계약을 해지하고 환취권을 행사하는 것은 신의성실의 원칙에 비추어 허용될 수 없는 것이라고 볼 여지가 있는데도, 이를 심리하거나 고려하지 않은 원심판단에 심리미진 등의 잘못이 있다고 한 사례).

을 완화하여 가해의사 등 주관적 요건을 요구하지 않은 채 객관적 기준으로 제도의 목적이나 기능을 일탈하고 법적으로 보호받을 만한 가치가 없는 경우일 것만을 요구하고, 지식재산권에 속하는 상표권에 있어서도 동일한 법리를 적용하고 있는 점, 나아가 도산절차에서도 신의칙의 적용을 적극적으로 고려하고 있다는 점 등을 고려할 때, 관리인이 지식재산권 라이선시에 대하여 해제권을 행사함으로써 사회경제적으로 큰 폐해가 발생하고 있음에도 이를 시정할 수 있는 다른 법규정이 없는 경우에 대하여는 관리인의 해제권 행사를 제한하기 위한 법리로서 신의칙 내지 권리남용의 규범창설기능을 발휘할 수 있도록 하는 것이 타당하다고 보인다.

이하에서는 이와 관련한 일본의 판례와 학설에 대하여 살펴본다.

3. 신의칙에 의한 관리인의 해제권 제한에 대한 일본 판례와 학설

가. 일본 최고재판소 판례

2004년 개정된 일본 파산법 등에서는 파산관재인이나 관리인은 쌍방미이행 쌍무계약에 관하여 선택적으로 계약해제를 하거나 이행의 청구를 할 수 있으나, 임차권 기타 사용 및 수익을 목적으로 하는 권리를 설정하는 계약에 대하여 등기, 등록 그 외의 제3자에게 대항할 수 있는 요건을 구비하는 경우에는 계약해제를 할 수 없도록 규정하였다.

그러나 2011년 특허법 개정으로 당연대항제도가 도입되기 이전에는 등록대항제도에도 불구하고 실무적으로 통상실시권 등록이 쉽게 이루어지지 않아 파산관재인 등은 특허권에 관한 라이선스계약을 자유로이 해제할 수 있었다. 마찬가지로 2020년 저작권법 개정으로 이용권에 관한 당연대항제도가 도입되기 이전에는 등록제도가 구비되어 있지 않은 저작물의 이용허락에 관하여도 파산관재인 등이 이용허락계약인 라이선스 계약을 자유로이 해제할 수 있어 상당한 자본과 노력으로 사업을 영위하던 이용권자가 뜻하지 않은 저작재산권자의 파산으로 불의의 피해를 보는 문제점이 있었다.[28]

이와 관련하여 일본에서는 2004년 일본 파산법 등의 개정 이전 즉 적용배제특칙인 현행 파산법 제56조를 도입하기 이전에도 해제권 행사가 제한 없이 인정되는 것은 아니라는 전제에서 상대방에 대하여 불공평한 상황이 발생하면 파산관재인 내지 관리인의 해제권 행사를 허락할 수 없다는 학설이 주류였고, 일본 최고재판소도 같은 취지로 판시한 바가 있다.[29]

즉 일본 최고재판소[30]는 골프회원인 A회사가 입회보증금을 예탁하고 골프장을 경영하는 피고 회사와 연회비의 정함이 있는 예탁금회원제 골프회원계약을 체결하였으나 그 후 파산하여 파산관재인이 골프회사를 상대로 일본 구 파산법 제59조(현 파산법 제53조)에 기하여 회원계약을 해제하고 예탁금의 반환을 구하는 소송을 제기한 사안에서 "파산관재인에게 해제권을 부여하는 취지는 계약당사자 쌍방의 공평을 도모하면서 파산절차의 신속한 종결을 꾀하기 위한 것이므로 파산선고 당시 쌍무계약의 당사자 쌍방에게 미이행의 채무가 존재하고 있어도 계약이 해제되면 상대방에게 현저히 불공평한 상황이 생기는 경우 관재인은 해제권을 행사할 수 없다. 상대방에게 불공평한 상황이 생기는가를 결정함에 있어 고려하여야 할 사항으로는 ① 해제에 의하여 계약당사자 쌍방이 부담하는 원상

---

28) 상세한 내용은 아래 III.관 제2장 참조.
29) 金子宏直, "ライセンサー倒産における破産管財人による解除權制限", 知的財産ライセンス契約の保護 -ライセンサーの破産の場合を中心に-, 雄松堂出版(2004. 11.), 160-161頁; 임치용, "회사정리절차와 쌍무계약", 사법논집 36집, 법원도서관(2003), 310-311면.
30) 日本 最高裁判所判決 平成12. 2. 29. 最高裁判所民事判例集 54券2号 553頁.

회복의 급부내용상 균형성, ② 상대방이 입는 불이익의 회복정도, ③ 파산자측의 미이행채무가 쌍무계약에서 본질적, 중핵적인 것인가 아니면 부수적인 것인가의 여부 등이다"라고 판시하면서 신의칙을 적용하여 해제권 행사를 제한하였다.31)

나. 라이선스 계약에 있어서 관리인의 해제권 제한에 대한 일본의 견해

일본에서는 2011년 특허법 개정 이전 등록대항제도를 채택하던 시절에 위 최고재판소 판례를 근거로 등록되지 않은 통상실시권에 대해 파산관재인에 의한 해제권 행사를 제한하는 방향으로 해석하는 것은 곤란하다는 견해가 있었는데, 통상실시권자로서는 그 실시권을 등록한다면 파산관재인에 의한 해제를 면할 수 있는 기회가 있었음에도 불구하고 구태여 등록하지 않았다는 점을 근거로 들고 있다.32)

그러나 일본에서는 위 최고재판소 판례의 태도에 대해서, 도산채무자에게 계약해제권까지 주는 것은 입법론으로 지나치게 과하다거나 비교법적으로 예외적이라는 견해에도 부합되는 판결이라는 평가가 있고,33) 대항력 있는 임차권에 대해 관리인의 선택권을 제

---

31) 金子宏直, "ライセンサー倒産における破産管財人による解除権制限", 知的財産ライセンス契約の保護 －ライセンサーの破産の場合を中心に－, 雄松堂出版(2004. 11.), 161頁에서는 위 최고재판소 판결이 골프장측 사정으로 다른 회원과의 관계에서 항상 이용할 수 있는 상태로 둘 필요가 있고, 예탁금 전액의 즉시반환이나 회원권 매각은 곤란하다는 점과 회원측 사정으로 해제에 따른 출연이 없고, 연회비 지불의무는 부수적이며, 가치가 낮은 회원권 상실의 대가로 예탁금을 즉시 반환하는 것은 현저하게 부당하고, 연회비를 면하는 탈퇴로 충분하다는 점을 비교하여 신의칙 적용을 긍정하여 관리인의 해제권 제한을 인정하였다고 설명하고 있다.
32) 三村量一(椙山敬士 外 3名 編), "特許實施許諾契約", ビジネス法務大系 I(ライセンス契約), 日本評論社(2007. 2.).
33) 園尾隆司·山本和彦·中島肇·池田靖, 最新實務解說 一問一答 民事再生法, 靑林書院(2011), 276頁.

한하는 적용배제의 특칙과 함께 사상적으로 공평을 중시한 사례라는 평가도 있으며,34) 나아가 사회정의에 반한다는 이유로 관리인의 해제권 행사가 제한될 수 있다는 견해35)도 있는 등 대체로 긍정적으로 평가하는 듯하다.

나아가 2020년 저작권법 개정 이전 대항제도 자체가 없던 시절이기는 하나 ① 위와 같은 최고재판소 판시에 기초하여 이용허락이 사업의 기반이 되었다면 이용허락계약의 해제가 이용허락을 받은 자(실시권자)의 사업 중지 및 도산에 직결되는 경우에는 해제권을 제한할 수 있다는 견해36)도 있고, ② 대항요건을 구비하지 못한 지식재산권 라이선스계약에 관하여는 계약을 해제하는 것이 상대방에게 현저하게 불공정한 상황이 발생하게 되는 경우에는 위 최고재판소 판례37)의 법리에 따라 라이선스 계약에 대한 해제권을 제한해야 한다는 견해38), ③ 위 최고재판소 판례에 따른 판결의 축적을 기다리면서 관리인의 해제권에 대한 내재적 제약을 의식적으로 운용함으로써 등록제도의 개정과 무관하게 라이선시를 보호할 수 있도록 해야 한다는 견해39)도 유력하게 제시되기도 하였다.

---

34) 新破産法の基本構造, 271頁(山本克己発言).
35) 伊藤眞, 破産管財人の職務再考-破産清算による社会正義の実現を求めて, 判タ 1183号 35(2005), 42頁.
36) 半田正夫·松田政行 編, 著作權法コメンタール2 第2版, 株式會社 勁草書房 (2015), 793頁(諏訪野大 집필부분); 牧野利秋 外 4人 編, 知的財産法の理論と実務 4, 新日本法規(2007), 175頁(松田俊治 집필부분).
37) 伊藤眞, 會社更生法, 有斐閣(2012), 274頁은 유사한 취지의 판결로 最判平成 12·3·9判時 1708호, 127頁을 소개하고 있다
38) 竹下守夫 編集代表, 「大コンメンタール破産法」, 青林書院(2007), 236頁 [園尾隆司·山本和彦·中島肇·池田靖, 最新實務解說 一問一答 民事再生法, 靑林書院(2011), 276頁에서 재인용].
39) 飯田聡, "知的財産ライセンス契約の保護の在り方とその方策案", 知的財産ライセンス契約の保護 -ライセンサーの破産の場合を中心に-, 雄松堂出版 (2004. 11.), 314-316頁. 위 글 314-315頁에서는 관리인이 라이선스 계약을 해

4. 구체적 검토

가. 신의칙에 의한 관리인의 해제권 제한의 타당성

이상과 같이 우리 법체계에서는 이미 신의칙을 근거로 계약해소를 제한하는 법리가 확립되어 있고, 지식재산권 분야에서 권리남용 요건을 완화하고 있으며, 도산절차에서도 신의칙의 적용을 적극적으로 고려하고 있다는 점에서 라이선스 계약에 대한 관리인의 해제권 행사는 신의칙 내지 권리남용의 법리에 따라 제한할 수 있다고 보는 것이 타당하고, 나아가 일본의 판례와 학설을 참조할 때 국제적인 동향에도 부합되는 방향이라고 보인다.[40]

뿐만 아니라 채무자회생법 제124조 제4항의 적용배제특칙인 '대항요건을 갖춘 임차인에 대한 보호규정'을 유추적용하여 지식재산권의 라이선시(실시권자 등)에 대해서도 관리인의 선택권 규정의 적용을 배제하는 것에 다소 조심스러운 점은 있지만,[41] 위 규정이 임차인 보호의 필요성이 도산법이 추구하는 입법정책의 가치를 뛰어 넘는 경우에 관리인의 선택권 규정 적용의 배제를 인정하는 조항이라는 점을 고려하면 라이선시에 대한 관리인의 선택권 규정에 대하여도 신의칙을 적용할지 여부를 결정하는 하나의 중요한 근거가 될 수는 있을 것이다.

또한 채무자회생법 제218조 제1항 제3호에서 회생계획안 인가요건 중 평등의 원칙의 예외로서 '채무자의 거래상대방인 중소기업자의 회생채권에 대하여 그 사업의 계속에 현저한 지장을 초래할 우

제한 뒤 제3자에게 해당 지식재산권을 양도한 때에는 제3자로 하여금 해제를 주장할 수 없도록 하는 '해제권의 권리행사금지제도'를 도입하되 라이선스 기간을 제한함으로써 합리성을 도모할 수 있다는 제안도 하고 있다.
40) 同旨: 백종현, "특허권자의 회생절차와 통상실시권자의 지위", 도산법연구 제9권 제2호, 도산법연구회(2016), 113면.
41) 제1의 나.항 참조.

려가 있어 다른 회생채권보다 우대하여 변제하는 때'를 규정하고 있는 것은 라이선스 계약에서의 라이선시에 대하여 그대로 적용될 수 있고 보이는데, 이러한 채무자회생법상 제도의 취지 역시 라이선스 계약에 있어서 관리인의 해제권 행사의 제한으로서 신의칙을 고려해 볼 수 있는 또 다른 근거가 될 수 있다고 보인다.

나. 신의칙의 적용에 의한 관리인의 해제권 행사 제한에 대한 적용범위 및 구체적 판단기준

앞서 본 바와 같은 지식재산권 영역에서의 권리남용 내지 신의칙의 적용기준을 완화하는 한편 도산법 영역에서도 신의칙 적용의 필요성을 중시하는 우리 대법원의 태도와 더불어 채무자회생법의 개별 규정의 입법취지 등을 고려할 때, 라이선스 계약에 관하여 관리인이 해제권을 행사하는 것에 대한 제한 수단으로서 신의칙 내지 권리남용의 법리를 적극적으로 고려하는 것은 매우 필요할 뿐만 아니라 바람직하다고 생각한다. 이러한 맥락에서 일본 최고재판소[42]가 '파산관재인에게 해제권을 부여한 것은 파산절차에 있어서 당사자 쌍방의 공평과 파산절차의 신속을 도모하기 위한 것으로서 계약을 해제하는 것이 현저히 불공평하다면 해제권을 제한할 수 있다'고 판시한 것은 매우 타당하다.

그러나 앞서 본 바와 같이 신의칙이나 권리남용을 적용함에 있어서 '일반조항으로 도피'라는 우려를 고려할 때 신의칙 내지 권리남용의 요건을 설정함에 있어서는 신중한 접근이 필요한데, 이를 위해서는 기존 법리를 참조할 필요가 있다.

우리 판례는 상계권 행사나 상표권 행사의 사안에서 권리남용의 요건으로서 주관적 요건을 요구하지 않으면서도 객관적 요건으로

---

[42] 日本 最高裁判所判決 平成12.2.29. 最高裁判所民事判例集 54券2号 553頁.

서 제도의 목적과 기능을 일탈하였는지 여부 등을 고려하도록 요구하고 있다. 즉 우리 판례는 상계권과 상표권 행사 사안에서 공통적으로 '당해 권리를 취득하게 된 목적과 경위, 당해 권리를 행사함에 이른 구체적·개별적 사정에 비추어 그것이 제도의 목적이나 기능을 일탈하고, 법적으로 보호받을 만한 가치가 없는 경우에는 그 권리 행사는 신의칙에 반하거나 권리를 남용하는 것으로서 허용되지 않는다고 함이 상당하고, 일반적인 권리 남용의 경우에 요구되는 주관적 요건을 필요로 하는 것은 아니다.'라고 판시하고 있다.

이를 본 쟁점에 적용해 보면 '라이선스계약을 체결하고 또 도산절차에 이르게 된 목적과 경위, 관리인이 해제권을 행사함에 이른 구체적·개별적 사정에 비추어 그것이 도산제도의 목적이나 기능을 일탈하고, 법적으로 보호받을 만한 가치가 없는 경우에는 그 권리 행사는 신의칙에 반하거나 권리를 남용하는 것으로서 허용되지 않는다고 함이 상당하고, 일반적인 권리 남용의 경우에 요구되는 주관적 요건을 필요로 하는 것은 아니다.'라는 법리를 고려해 볼 수 있다.

나아가 신의칙과 권리남용의 적용은 현저히 불공평한 경우에 적용되어야 한다는 점을 고려할 때, 신의칙 내지 권리남용을 적용하여 관리인의 해제권을 제한하는 것은 모든 라이선시를 대상으로 할 것이 아니라, '사업의 기반이 되는 라이선스계약에 기초하여 상당한 자금과 노력으로 사업을 추진하던 라이선시가 실시권 등의 상실로 막대한 피해를 볼 경우'에 한하여 적용하는 것이 타당하다고 보인다. 이와 같은 경우에는 일응 도산목적 달성을 통해 얻은 사회경제적 이익보다 라이선시 보호를 통해 얻은 사회경제적 이익이 더 큰 경우라 할 수 있을 것이다.[43]

---

43) 金子宏直, "ライセンサー倒産における破産管財人による解除権制限", 知的財産ライセンス契約の保護 -ライセンサーの破産の場合を中心に-, 雄松堂出

이러한 사정을 종합하여 신의칙 적용의 판단기준을 구체화하면 '관리인의 해제권 행사에 따른 도산목적 달성을 통해 얻는 사회경제적 이익'과 '관리인의 해제권 제한을 통해 라이선시의 사업계속을 통해 얻는 사회경제적 이익'을 중심으로 보되, 여기에다가 구체적 사정 즉 ① 라이선스계약의 체결경위와 내용, ② 라이선서인 채무자가 도산절차에 이르게 된 경위, ③ 라이선시의 대항력 취득 여부, ④ 라이선시가 라이선스계약에 기반하여 투입한 사업자금과 노력 및 사업진행경과, ⑤ 당해 지식재산권이 채무자와 채권자에 가지는 각 경제적 가치, ⑥ 관리인의 해제권 행사로 얻게 되는 도산절차의 이익과 그로 인한 라이선시의 불이익의 비교 등을 종합적으로 참작하여 신의칙에 따른 해제권 행사 제한 여부를 결정하는 것이 바람직하다고 생각한다.

다. 신의칙 적용에 따른 해제권 제한의 한계

이와 같은 신의칙 적용에 따른 관리인의 해제권 행사 제한은 아래 Ⅲ.관에서 보는 '관리인의 선택권 규정에 대한 적용배제특칙을 확대하는 입법개정' 및 '당연대항제도를 도입하는 입법개정'을 하기 이전에는 대항력을 취득한 라이선시의 보호에 대해서도 적용가능하고, 적용배제특칙의 확대 및 당연대항제도를 도입한 경우에는 특히 대항력을 취득하지 못한 라이선시의 지위를 도산절차에서 보호할 수 있는 보충적 역할을 하는 데에 의의가 있다고 할 것이다.[44]

版(2004. 11.), 162-165頁에서는 2004년 파산법 개정으로 '대항력을 취득한 사용수익권 일반'에 대한 적용배제특칙이 도입된 상황을 전제로 파산재단측과 계약상대방 각각의 입장에서의 해제 이익 유무에 따라 경우의 수로 나누어 당사자별 이익상황의 변화를 고려하는 법경제학적 분석의 관점에서 신의칙 적용 가능성에 대한 검토를 진행하고 있다. 결론적으로는 파산재단측과 계약상대방의 이익불균형이 큰 경우에 신의칙 내지 권리남용에 따라 관리인의 해제권을 제한할 수 있다는 것이다.

그러나 이와 같이 신의칙 적용이라는 해석론에 따른 해결방안은 일반조항으로의 도피에 따른 위험성(유약화, 불안정성, 자의성) 특히 전체 법률생활의 불안정성 및 재판관의 자의성의 문제를 최소화하기 위해서는 제한적으로 적용되는 것이 바람직하고, 또한 위 나. 항에서 살펴본 '신의칙 적용의 구체적 판단기준'은 사업실시를 본격적으로 진행하지 못한 채 준비단계에 머물러 있는 라이선시에 대해서는 적용하지 못하는 등 그 적용범위에 있어서도 매우 제한적일 수밖에 없다.[45]

따라서 이하에서는 도산절차에서 라이선시를 보호하기 위한 방안으로서 입법론적인 해결방안으로 무엇이 있는지에 대하여 살펴보기로 한다.

---

44) 金子宏直, "ライセンサー倒産における破産管財人による解除権制限", 知的財産ライセンス契約の保護 -ライセンサーの破産の場合を中心に-, 雄松堂出版(2004. 11.), 168頁에서도 "신의칙에 관한 최고재판소 판례에 기초한 관재인의 해제권 제한 이론은 쌍방미이행 쌍무계약의 전반에 걸친 해제에 관한 이론이고, 개정 파산법 하에서도 이루어질 수 있는 일반이론으로서의 명확화는 충분히 기대되며, 더욱이 라이선스 계약은 매우 다양하고 파산절차에서는 개별적인 다양한 라이선스 계약을 처리해야 하므로 구체적인 경우에 있어서 해제(제한)의 타당성을 판단하는 기준으로서 기능할 수 있다"는 의견을 제시하고 있다. 또한 위 글의 171頁에서도 "본 논문에서 논의한 라이선서의 관재인에 의한 해제권의 제한이론은 대항요건 제도가 없는 지적재산의 라이선스 계약 및 대항요건을 취득하지 못한 라이선스 계약에 대해서도 적용되는 이론이다. 따라서 해제권 제한의 이론은 개정 파산법의 대항요건을 기준으로 한 라이선시 보호를 보충하는 것으로 자리잡을 수 있다"고 평가하고 있다.
45) 同旨: 심활섭, "일본 도산절차에서의 라이선시 보호", 도산법연구 제11권 제1호, 도산법연구회(2021), 56면(그러나 신의칙의 적용이 갖는 내재적 한계, 즉 요건이 불명확하고 사안에 따라 적용될 수밖에 없어서 분쟁 발생의 가능성이 높으며, 신의칙에 따른 해제권 제한 여부가 불안한 상태에서 라이선시가 사업을 계속 영위할 수 있는지가 문제된다).

II. 해제권의 제한: 관리인의 선택권에 대한 법원의 허가(입법론)

1. 관리인의 선택권에 대한 법원의 허가 관련 규정

실무상 회생절차에서는 회생절차개시결정 시 '제119조의 규정에 의한 계약의 해제 또는 해지'에 관한 관리인의 행위를 채무자회생법 제61조에 따라 법원의 허가사항으로 지정하고 있다. 따라서 위 I.관에서 살펴본 바와 같이 신의칙상 해제권의 제한이 필요한 정도에 이른 사안이라면 법원이 허가 여부를 결정함에 있어 이를 고려함으로써 지식재산권의 이용과 회생절차의 조화로운 운용을 모색할 수 있을 것이다.

반면 파산절차에 있어서는 회생절차와 반대로 쌍방미이행 쌍무계약에 관하여 '제335조 제1항의 규정에 의한 계약의 이행청구'만을 법원의 허가를 받아야 하는 행위로 규정하고 있고(제492조 제9호) '제335조 제1항의 규정에 의한 계약의 해제 또는 해지'는 법원 허가 대상행위로 규정하지 않고 있다. 그러나 위 I.관에서 살펴본 바와 같이 신의칙상 해제권의 제한이 필요한 정도에 이른 사안에 대한 합리적 운용의 필요성이 크므로, 해제권의 제한을 재판부의 허가로서 규율하기 위하여 '제335조 제1항의 규정에 의한 계약의 해제 또는 해지'를 채무자회생법 제492조(법원의 허가를 받아야 하는 행위) 제16호의 '그 밖에 법원이 지정하는 행위'로서 법원의 허가대상으로 지정함으로써 회생 재판부의 허가 여부를 통한 유연한 운용이 가능할 것이다.[46]

---

46) 권창환, "도산절차에서의 쌍방미이행 쌍무계약과 지식재산권 라이선스 계약의 관계", 사법 통권 제50호, 사법발전재단(2019), 416-418면.

그런데 파산절차에 관한 채무자회생법 제492조에서는 '파산관재인이 다음 각 호에 해당하는 행위를 하고자 하는 경우에는 법원의 허가를 받아야 하며'라고 규정하고 있는 반면, 회생절차에 관한 채무자회생법 제61조는 '법원은 필요하다고 인정하는 때에는 … 법원의 허가를 받도록 할 수 있다'고 규정하여 법원의 재량범위를 넓히고 있다. 다만 실무상 우리 회생법원은 회생절차를 개시함과 동시에 법원의 허가를 받아야 하는 사항으로 '제119조의 규정에 의한 계약의 해제 또는 해지'를 디폴트로 지정하고 있어 큰 차이는 없다.[47]

2. 법원의 허가기준에 관한 검토

채무자회생법 제61조와 제492조는 쌍방미이행 쌍무계약 등에 대한 관리인의 허가행위를 함에 있어서 법원의 판단기준에 대하여 구체적인 기준이나 고려사항을 규정하고 있지 않다. 채무자회생법 제61조에서 '필요하다고 인정하는 때에'라고 규정하고 있을 뿐이다.

그런데 채무자회생법에 법원의 허가기준을 정하고 있는 조문으로는 회생채권의 변제허가를 규정하고 있는 제132조가 있다. 관리인은 채무자회생법 제131조에 의하여 회생채권의 변제가 금지되나, 제132조에서 중소기업자의 소액채권 변제 등의 예외를 규정하고 있고 이를 위한 법원의 허가기준으로 제132조 제3항에서 '채무자와 채권자의 거래상황, 채무자의 자산상태, 이해관계인의 이해 등 모든

---

[47] 이에 대하여는 파산절차와 마찬가지로 회생절차에 있어서도 법원의 허가가 재량권이 아닌 필수적인 것임을 법규에 명문으로 규정하여 해제권의 남용을 제도적으로 방지하고 법원의 통제를 통하여 회생절차의 원활한 진행과 상대방의 보호가 균형있게 이루어짐을 명확히 하는 것이 바람직하다는 견해[이민호, "회생절차에서의 쌍방이이행 쌍무계약의 해제 -대상판결: 대법원 2017. 4. 26. 선고 2015다6517,6524,6531 판결-", 재판과 판례 제27집, 대구판례연구회(2019), 201면]도 있다.

사정을 참작하여야 한다'고 규정하고 있다.

따라서 채무자회생법 제61조와 제492조에 쌍방미이행 쌍무계약의 선택권에 대한 법원허가의 기준으로 위 제132조 제3항을 참조하여 "법원은 제119조(또는 제335조)의 규정에 의한 계약의 해제·해지에 대한 허가를 할 경우에는 해제·해지에 의하여 계약당사자 쌍방이 부담하는 원상회복의 급부내용상 균형성, 상대방이 입는 불이익의 정도, 이해관계인의 이해 등 모든 사정을 참작하여야 한다"고 입법개정을 하는 것도 고려해볼만 하다.[48)49)]

나아가 관리인이 해제권 행사에 대한 허가를 구할 때에 위와 같은 고려요소에 대한 구체적 사정이 법원에 현출되지 않아 정보 부족으로 법원의 허가판단에 어려움이 있을 경우를 대비하여 법원으로 하여금 계약상대방인 채권자에게 의견조회를 할 수 있는 권한을 명시적으로 부여하는 방안도 고려해볼만 하다.[50)]

---

48) 이는 일본 판례의 신의칙 규정을 참조한 것이고, I.관 제4의 나.항에서 제안한 신의칙 고려요소인 "① 라이선스계약의 체결경위와 내용, ② 라이선서인 채무자가 도산절차에 이르게 된 경위, ③ 라이선시의 대항력 취득 여부, ④ 라이선시가 라이선스계약에 기반하여 투입한 사업자금과 노력 및 사업진행경과, ⑤ 당해 지식재산권이 채무자와 채권자에 가지는 각 경제적 가치, ⑥ 관리인의 해제권 행사로 얻게 되는 도산절차의 이익과 그로 인한 라이선시의 불이익의 비교 등"을 참작하도록 하는 것도 고려해볼 수 있다.
49) 입법개정에 찬성하는 견해로는 山本研, "新破産法におけるライセンス契約の処理とイセンシーの保護", 知的財産ライセンス契約の保護 -ライセンサーの破産の場合を中心に-, 雄松堂出版(2004. 11.), 149-151면(이와 같이 재판소의 허가 판단기준으로 입법화하는 방안은 파산관재인의 해제권행사의 내재적 제약을 명문화한다는 형태이므로 '현저한 불이익' 내지 '현저하게 불공평' 등의 일반적 기준을 먼저 입법화한 뒤 학설·판례의 축적을 기다려 구체화하여 개정하는 것이 바람직하다).
50) 山本研, "新破産法におけるライセンス契約の処理とイセンシーの保護", 知的財産ライセンス契約の保護 -ライセンサーの破産の場合を中心に-, 雄松堂出版(2004. 11.), 150頁에서는 법원의 허가를 일률적으로 요구하도록 하는 것은 파산절차의 신속성에 저해되므로 계약당사자인 채권자의 이의신청 내지 부동의 신청이 있는 경우에 한하여 법원의 허가를 필요로 하는 제도

이와 관련하여 해제권을 합리적으로 제한하기 위한 위와 같은 해결방안이 오히려 관리인의 해제권 행사의 방패로 사용될 우려가 있다는 지적이 있을 수도 있다. 즉 위와 같이 쌍방미이행 쌍무계약상 관리인의 해제권을 법원의 허가를 통해 실질적으로 제한하는 실무례가 활성화될 경우 관리인의 해제권 행사가 법원의 허가를 받은 행위가 되므로 추후 다른 절차에서 그에 구속되지는 않는다고 하더라도 적어도 신의칙 내지 권리남용에 해당한다고 볼 여지가 줄어든다고 보는 견해가 있을 수 있다.

그러나 관리인의 해제권에 대한 법원의 허가는 회생법원의 판단이기는 하나 비송사건적·행정처분적 성격 내지 가처분에 준하는 성격으로 보는 것이 타당하므로 채무자회생법 제61조 제3항이나 제495조에 따라 허가받지 않은 행위가 무효일 뿐이고, 그 반대로 허가받은 행위에 대해 신의칙이 적용되지 않는다고 해석되지는 않다고 볼 것이다.

이와 같이 법원의 허가를 통해 관리인이 라이선시에 대하여 해제권 행사를 제한하는 방안은 라이선시 보호의 수단으로서 일차적 기능을 수행할 수는 있지만, 관리인이 해제권 행사에 대한 허가를 구할 때에 구체적 사정이 법원에 현출되지 않아 정보 부족으로 적정한 운용에는 한계가 있을 수밖에 없다.51) 따라서 라이선시의 보호를 전면적으로 그리고 안정적으로 확보할 수 있는 방안에 대한

설계가 타당하다고 제안한다. 그러나 이와 같이 제도설계를 하게 되면 관리인의 선택권 신고가 있을 때마다 계약상대방인 채권자에게 이를 통지하여 기다려야 하므로 이 역시 도산절차의 신속성에 반하고, 더욱이 위와 같은 운영은 법원의 허가심사를 배제하는 것이 원칙적인 모습이 되므로 본문과 같이 법원이 필요한 경우 채권자에게 의견조회를 하는 방식이 타당하다고 생각한다.

51) 심활섭, "일본 도산절차에서의 라이선시 보호", 도산법연구 제11권 제1호, 도산법연구회(2021), 56면(쌍방 미이행쌍무계약의 해제에 관한 허가권을 적절히 행사하는 방법도 있으나, 역시 한계가 있다).

검토가 필요하므로 이하에서는 관리인의 선택권 규정에 대한 적용배제특칙의 확대방안에 대한 입법론에 대하여 살펴보기로 한다.

Ⅲ. 해제권의 제한: 관리인의 선택권 규정에 대한 적용배제특칙의 확대 및 당연대항제도의 도입(입법론)

1. 서론

관리인의 선택권 규정의 적용을 배제하는 특칙을 지식재산권 라이선시에 대해서까지 확대하는 방안은 라이선시 보호를 위한 가장 강력하고도 직접적인 해결방안이 될 수 있다. 도산절차에서도 라이선시를 보호할 필요성은 대항력 취득 유무에 상관 없이 요구된다고 할 것이나, 이와 같은 적용배제특칙의 확대는 채권자평등의 원칙을 기본으로 하는 채무자회생법의 중요한 예외가 될 수 있고, 또한 채무자회생법의 전체 체계의 균형성 즉 일반법과 특별법의 조화의 관점에도 실질적인 영향을 미치게 되므로 신중하게 접근하여야만 한다. 따라서 이미 해외의 비교사례(일본의 입법개정)가 있는 '대항력을 취득한 라이선시에 대한 보호방안'에 대하여 먼저 살펴보고, '대항력을 취득하지 못한 라이선시에 대한 보호방안'에 대해서는 제4절(법정실시권제도의 신설)에서 살펴보기로 한다.

2. 도산절차상 라이선시 보호강화를 위한 일본의 최근 입법개정경위

가. 일본 도산법상 쌍방미이행 쌍무계약에 관한 조문 개괄

일본의 파산법·회사갱생법·민사재생법상 쌍방미이행 쌍무계약에 관한 조문은 우리 채무자회생법 제119조, 제335조 등과 대동소이하고, 적용요건과 효과면에서도 큰 차이가 없는 듯하다. 즉 일본은 우리나라와 마찬가지로 쌍방미이행 쌍무계약에 대한 관리인과 파산관재인의 선택권 중 계약불이행권한으로서 해제권을 인정하고 있으며(파산법 제53조, 회사갱생법 제61조, 민사재생법 제49조), 계약이 해제된 경우 상대방이 갖는 권리도 우리나라 채무자회생법과 유사하다(파산법 제54조, 회사갱생법 제61조 제5항, 민사재생법 제49조 제5항).[52]

일본에서는 쌍방미이행 쌍무계약에서 파산관재인 내지 관리인에게 해제권을 부여하는 대신 이행거절권능을 부여해도 충분하다는 견해가 있고, 이에 대하여 이행거절권이라는 특별한 권능을 파산법 내지 회사갱생법에 창설하는 경우에는 상대방의 손해배상청구권을 인정할지 여부나 이미 이행된 일부 급부를 어떻게 취급할지 등의 문제가 남아 있다는 이유에서 현행법상의 해제권 구성이 유지되어야 한다는 반론이 있다.[53] 이러한 반론에도 불구하고 해제권 방

---

52) 「일본 파산법」 제53조 (쌍무계약) 1. 쌍무계약에 대해서 파산자 및 그 상대방이 파산절차 개시 시에 있어서 함께 아직 그 이행을 완료하지 않을 때는 파산관재인은 계약 해제를 하거나 파산자의 채무를 이행하고 상대방의 채무 이행을 청구할 수 있다. 2. 전항의 경우에는 상대방은 파산관재인에 대해 상당한 기간을 정하여 그 기간 내에 계약을 해제할지 또는 채무의 이행을 청구할지를 확답해야 하는지를 최고로 할 수 있다. 이 경우에 있어서, 파산관재인이 그 기간 내에 확답을 하지 않을 때는 계약의 해제를 한 것으로 본다. 3. 전항의 규정은 상대방 또는 파산관재인이 민법 제631조 전단의 규정에 의한 해약의 신청을 할 수 있는 경우 또는 동법 제642조 제1항 전단의 규정에 의한 계약의 해제를 할 수 있는 경우에 대해서 준용한다.
제54조 1. 전조 제1항 또는 제2항의 규정에 의한 계약의 해제가 있었을 경우에는 상대방은 손해배상에 있어서 파산채권자로서 그 권리를 행사할 수 있다. 2 전항에 규정하는 경우에 있어서, 상대방은 파산자가 받은 반대급부가 파산재단 중에 현존할 때에는 그 반환을 청구할 수 있으며, 현존하지 않을 때에는 그 가액에 대해 재단채권자로서 그 권리를 행사할 수 있다.
53) 伊藤眞, 會社更生法, 有斐閣(2012), 272頁 각주 56[해제권을 이행거절권으로

식을 취하는 현행법의 체계에 대한 변화는 없을 것으로 예상된다.

나. 일본 도산법의 개정에 따른 '관리인의 선택권 규정 적용배제 특칙'의 도입

장기불황을 타개하고 일본 경제 활성화의 단서를 지식재산 창출에서 찾고자 본격적으로 지식재산권정책의 재구축에 나선 일본 정부는 2002. 7. '지적재산전략 대강'을 설정하고54) 이에 따라 2002. 11. 제정된「지적재산기본법」에 근거하여 2003. 3. 내각에 지적재산전략본부를 설치한 뒤, 2003. 7.에는 이를 구체적으로 추진하기 위한 '지적재산추진계획'을 수립하였다. 그 후 2004. 5.에는 404개 항목에 이르는 '지적재산추진계획 2004'를 발표하였는데, 이를 통해 지적재산의 활용분야에서 지적재산권의 실시의 안정과 강화를 위하여 '도산절차 등에 있어서 지적재산 실시권의 보호를 도모'하기로 하였다.

그런데 일본의 구 파산법 제59조 제1항에는 파산관재인은 쌍방미이행의 쌍무계약을 파기할 수 있다고 되어 있기 때문에, 결국 실시권을 잃게 된 실시권자는 진행되던 사업을 중단하여야 하고 실시를 위한 생산설비투자비용 등 막대한 손실을 입게 된다. 이에 따라 2004년 일본 파산법은 지적재산의 실시계약에 있어서 실시허락자가

대체하자는 견해는 田頭章一,「倒産法における契約の処理」ジュリ1111号 (1997年), 106, 107頁을, 이행거절권구성에 관한 상세한 분석에 대해서는 竹内康二,「双務契約再考」, 小島古稀(上), 1013頁;「条解破産法」, 382頁을 각 참조.

54) 지식재산전략대강의 요지는 다음과 같다. 1. 지식재산창출의 추진: 대학·기업에 있어서의 지적 재산 창출, 창조성을 육성하는 교육·연구 인재의 양성 2. 지적재산의 보호강화: 신속하고 정확한 심사와 심판, 실질적인 특허재판소 기능의 창출, 모방품·해적판 대책의 강화, 국제적인 제도 조화와 협력 강화 촉진, 영업기밀의 보호 강화, 새로운 분야 등에 관련된 지적재산의 보호 3. 지적재산의 활용촉진: 대학 등으로부터의 기술이전 촉진, 지적재산의 평가와 활용 4. 인재 기반의 육성: 전문인재의 양성, 국민의 지적재산 의식 향상.

파산한 경우 당해 실시가 제3자에 대하여 대항력이 있음을 조건으로 하여 파산관재인의 해제권을 제한하고 실시권자의 입장을 보호하는 내용으로 개정되었다.55)

이에 따르면 임차권 기타 사용 내지 수익을 목적으로 하는 권리를 설정하는 계약에 대하여는, 상대방이 당해 권리에 대하여 등기, 등록 기타 제3자에게 대항할 수 있는 요건을 갖춘 때에는 파산법 제53조의 파산관재인의 선택권 규정은 적용하지 아니한다고 규정하고, 이는 특허권의 통상실시권 등 제3자에 대항할 수 있는 권리를 목적으로 하는 실시계약에 있어서 실시허락자가 파산한 경우에도 적용한다고 해석하고 있다. 이러한 파산법 개정은 지식재산권에 대한 특별취급의 필요성을 인식한 것으로 그것만으로도 큰 진전이라고 할 수 있다.56)

즉 일본 파산법 제56조는 "임차권 기타 사용 및 수익을 목적으로 하는 권리를 설정하는 계약"에 있어서 파산자의 상대방 권리가 "등기, 등록 기타 제삼자에게 대항할 수 있는 요건"을 갖추고 있는 경우에는 쌍방미이행 쌍무계약의 규정이 적용되지 않는다고 규정하고 있고, 민사재생법 제51조, 회사갱생법 제63조는 위 규정을 준용하고 있어, 2005년 제정된 우리 채무자회생법이 제124조 제4항과 제340조 제4항에서 주택임대차보호법 및 상가건물 임대차보호법상 대항요건을 갖춘 임차권의 경우에만 그 적용을 배제하는 것과 대비된다.

---

55) 1922년 공포된 일본의 '구 파산법'은 2004. 5. 25. 성립되어 2004. 6. 2. 공포된 뒤 2005. 1. 1.부터 시행된 '파산법'(평성 16년 법률 제75호)에 따라 폐지되었다부칙 (구법의 폐지) 제2조 파산법(대정 11년 법률 제71호)은 폐지한다. 따라서 '2004년 신 파산법이 제정되었다'고 서술하는 것이 정확한 표현이나 편의상 '2004년 파산법이 개정되었다'고 표시하기로 한다.
56) 김선정, "지적재산권소유자의 파산과 실시(사용)권자의 보호 -미국과 일본의 입법례를 중심으로-", 비교사법 12권4호(윤보옥 박사 화갑기념), 한국비교사법학회(2005), 639-640면.

이러한 특별조문에 기인하여 일본에서는 라이선서(특허권자 등)의 파산절차나 갱생·재생절차에 있어서, 라이선스계약이 '사용 및 수익을 목적으로 하는 권리를 설정하는 계약'으로 간주되기 때문에, 라이선시는 부동산 임대인의 갱생·재생절차나 파산절차에서와 동일하게 취급되어 재단채권 내지 공익채권으로서 권리를 계속 보유할 수 있게 된다.57)

즉, 라이선시(실시권자 등)로서는 목적물인 특허권, 의장권 등을 이용하여 거액의 초기투자를 실시하여 자기 사업을 발전시키고 있었음에도, 자기에게 어떠한 책임이 없는 '라이선서(특허권자 등)의 갱생 내지 파산'으로 인하여 계약이 해제되면 엄청난 손해를 입지 않을 수 없고, 따라서 라이선시(실시권자 등)의 통상실시권과 같은 권리에 대해 등록 등 대항요건이 구비되어 있으면, 라이선서(특허권자 등)의 관재인(관리인)은 해제권을 행사할 수 없다.58) 이 경우 라이선시의 권리는 재단채권·공익채권으로 규정되어 있다(파산법 제56조 제2항, 회사갱생법 제63조, 민사재생법 제51조).59)

---

57) 권순일 대표편집, 주석 채무자회생법(Ⅳ), 한국사법행정학회(2020), 340면(이희준 집필부분).
58) 伊藤眞, 會社更生法, 有斐閣(2012), 287頁.
59) 「일본 파산법」 제56조(임대차계약등) 1. 제53조 제1항 및 제2항의 규정은 임차권 기타 사용 및 수익을 목적으로 하는 권리를 설정하는 계약을 파산자의 상대방이 해당 권리를 등기, 등록 기타 제삼자에게 대항할 수 있는 요건을 갖추고 있는 경우에는 적용하지 않는다. 2. 전항에 규정하는 경우에는, 상대가 가지는 청구권은 재단채권으로 한다.
「일본 회사갱생법」 제63조(쌍무계약에 대한 파산법의 준용) 파산법 제56조, 제58조 내지 제59조의 규정은 갱생절차가 개시된 경우에 대해서 준용한다. 이 경우, 동법 제56조 제1항 중 "제53조 제1항 및 제2항"은 "회사갱생법 제61조 제1항 및 제2항"으로, "파산자"는 "갱생회사"로, 동조 제2항 중 "재단채권"은 "공익채권"으로, 동법 제58조 제1항 중 "파산절차개시"는 "갱생절차개시"로, 동조 제3항에서 준용하는 제54조 제1항 중 "파산채권자"는 "갱생채권자"로, 동법 제59조 제1항 중 "파산절차"는 "갱생절차"로, 동조 제2항 중 "청구권은 파산자가 가진 때는 파산 재단에 속하는"은 "청구권은"으

다. 일본 도산법상 적용배제특칙의 실질화를 위한 지식재산권법 대항제도의 입법개선

그러나, 통상실시권에 관하여 등록이 이루어지는 경우는 적기 때문에, 실제로는 라이선시가 보호되는 기능을 제대로 하지 못한다는 비판이 있었다. 즉 당시 일본에서는 특허실시계약에 있어서 통상실시권의 설정등록이라는 대항제도가 존재하나 실제로 이 제도는 전혀 활용되지 않는 상황이고 개정 파산법·회사갱생법·민사재생법이 시행됨에도 불구하고 실시계약에 관한 실효성 있는 대항 제도는 충분하지 않기 때문에 라이선시의 도산 시에 실시계약은 개정 파산법·회사갱생법·민사재생법에도 불구하고 여전히 방치되어 있다는 비판에 직면하고 있었다.[60]

이에 2011년(평성 23년)에는 특허법 제99조[61] 등의 개정으로 특허권에 대하여는 통상실시권에 관한 당연대항제도가 도입되어, 파산법 제56조 제1항, 회사갱생법 제63조, 민사재생법 제51조에 따라 파산법 제53조, 회사갱생법 제61조, 민사재생법 제49조가 적용되는 경

로, "파산채권"은 "갱생채권"으로 한다.
「일본 민사재생법」 제51조 파산법 제56조, 제58조 및 제59조의 규정은 재생절차가 개시된 경우에 대하여 준용한다. 이 경우, 동법 제56조 제1항 중 "제53조 제1항 내지 제2항"은 "민사 재생법 제49조 제1항 내지 제2항"으로, "파산자"는 "재생채무자"로, 동조 제2항 중 "재단채권"은 "공익채권"으로, 동법 제58조 제1항 중 "파산절차 개시"는 "재생절차 개시"로, 동조 제3항에 있어서 준용하는 동법 제54조 제1항 중 "파산채권자"는 "재생채권자"로, 동법 제59조 제1항 중 "파산절차"는 "재생절차"로, 동조 제2항 중 "청구권은, 파산자가 있을 때는 파산 재단에 속한다"는 "청구권은"으로, "파산채권"은 "재생채권"으로 읽어야 한다.

60) 일본의 상세한 논의는 김선정, "지적재산권소유자의 파산과 실시(사용)권자의 보호 -미국과 일본의 입법례를 중심으로-", 비교사법 12권4호(윤보옥 박사 화갑기념), 한국비교사법학회(2005), 641면 이하 참조.
61) 일본 특허법 제99조(통상실시권의 대항력) 통상실시권은 그 발생 후에 그 특허권 혹은 전용실시권 또는 그 특허권에 대한 전용실시권을 취득한 자에게도 효력을 가진다.

우는 극히 드물다고 보인다.[62] 실용신안법과 의장법도 특허법 제99조를 준용하고 있기 때문에 동일하게 실시권자가 보호되나,[63] 상표법은 이를 준용하고 있지 않다. 한편 일본 저작권법은 저작물의 이용허락, 즉 '저작물을 이용하는 권리'를 허락하는 것에 대하여 등록제도 자체를 두고 있지 않다가 2020년 법 개정을 통해 저작권법 제63조의2(이용권의 대항력)를 신설함으로써 그 용어를 '이용권'으로 변경하고 당연대항제도를 도입하였다.[64] 이로써 일본은 지식재산권법 중 표지법인 상표법을 제외한 창작법의 영역(특허법, 실용신안법, 의장법, 저작권법)에서 모두 당연대항제도를 채택하게 되었다.

3. 우리 채무자회생법상 적용배제특칙 확대의 필요성과 가능성에 대한 검토

가. 적용배제특칙 확대의 필요성: 국가정책적 필요성과 사회적 공감대의 형성

1) 우리의 국가지식재산 기본계획

우리 정부는 2009. 7. 29. 국가경쟁력강화회의(대통령 주재)에서 범정부적 지식재산정책 추진을 위한 '지식재산 강국 실현전략'을 마련하고, 2009. 10. 27. 총리실에 지식재산정책협의회를 설치하여 지식재산 기본계획 수립 등 주요과제의 실효적인 추진을 하였으며,

---

62) 神田雄, 当然対抗制度における実務上の留意点, NBL 969号(2012年), 37頁; 伊藤眞, 會社更生法, 有斐閣(2012), 288頁의 각주 93 참조.
63) 일본 의장법 제28조(통상실시권) ③ 특허법 제73조 제1항(공유), 제97조 제3항(포기) 및 제99조(통상실시권의 대항력)의 규정은 통상실시권에 준용한다. 일본 실용신안법 제19조(통상실시권) ③ 특허법 제73조 제1항(공유), 제97조제3항(포기) 및 제99조(통상실시권의 대항력) 규정은 통상실시권에 준용한다.
64) 일본 저작권법 제63조의2(이용권의 대항력) 이용권은 해당 이용권에 관계된 저작물의 저작권을 취득한 자 그 밖의 제3자에게 대항할 수 있다.

2011. 5. 19. 「지식재산 기본법」을 제정하여 2011. 7. 20. 시행하게 되었고, 위 법 제6조에 근거하여 지식재산강국 실현을 위한 국가전략 수립, 관련정책의 심의·조정·점검 등 지식재산 분야의 컨트롤 타워 역할을 수행하는 대통령 소속 기관으로 지식재산기본법 제6조 규정에 의거하여 국가지식재산위원회를 설립하였다.

이와 같은 경위로 탄생한 「지식재산 기본법」의 제정이유는 "발명, 상표, 도서·음반, 게임물, 반도체 설계, 식물의 품종 등 여러 개별 법률에 근거를 두고 있는 지식재산에 관한 정책이 통일되고 일관된 원칙에 따라 추진될 수 있도록 하기 위하여 정부의 지식재산 관련 정책의 기본 원칙과 주요 정책 방향을 법률에서 직접 제시하는 한편, 정부 차원의 국가지식재산 기본계획을 수립하고 관련 정책을 심의·조정하기 위하여 국가지식재산위원회를 설치하는 등 추진 체계를 마련함으로써, 우리 사회에서 지식재산의 가치가 최대한 발휘될 수 있는 사회적 여건과 제도적 기반을 조성하려는 것"이다.

우리 정부는 「지식재산 기본법」 제8조에 따라 5년마다 중장기 정책 목표 및 기본방향을 정하는 '국가지식재산 기본계획'을 수립하고 있는데, 2011년 수립한 '제1차 국가지식재산 기본계획'에서는 정책방향 및 중점 추진과제로 가치 있는 지식재산 창출 체계로 전환, 지식재산의 신속한 권리화 및 국내외 보호 체계 정비, 지식재산을 활용한 신산업 창출 및 공정 이용질서 확립, 지식재산 친화적 사회 기반 조성, 신지식재산 보호·육성 체계 정립을 설정하였고, 2021년 수립한 '제3차 국가지식재산 기본계획'에서는 디지털 대전환 시대의 핵심 IP 창출·활용 촉진, 전략적 IP 보호체계 강화, IP 기반 글로벌 강소기업 육성, 신한류 확산을 선도하는 K-콘텐츠 육성, 글로벌 IP 선도국가 기반 조성을 비전 및 추진전략으로 제시하고 있다.

이와 같은 국가경제에서 차지하는 지식경제의 중요성과 필요성, 그리고 지식재산 기본법의 제정과 지식재산에 관한 국가정책의 수립 현황 등을 고려할 때, 우리 사회에는 지식재산의 가치가 최대한 발휘될 수 있도록 함으로써 국가의 경제·사회 및 문화 등의 발전과 국민의 삶의 질이 향상될 수 있도록 하고자 하는 사회적·국가적 공감대가 형성되어 있다고 볼 수 있다.

이러한 맥락에서 일본이 지식재산 강화정책의 성과로 내세우는 '도산절차에서의 라이선시의 보호강화'의 구체적 수단인 도산법에서의 적용배제특칙의 도입을 위한 입법개정은 우리 채무자회생법 개정의 필요성을 뒷받침하는 중요근거가 될 수 있을 것이다.

라이선시의 도산절차에서의 보호가 구체적으로 어떠한 의미에서 중요한지에 대해서는 일본의 지적재산추진계획이나 미국 파산법에서 지식재산권에 관한 특별규정을 도입한 입법경위에서도 확인할 수 있다.

2) 일본의 지적재산추진계획

지식재산권을 통한 기술입국을 강력하게 추진하는 일본의 위와 같은 도산법과 특허법의 개정 경위는 충분히 공감이 간다.

일본의 지적재산전략본부는 2004. 1. 「일본의 산업경쟁력의 현황과 대응책」을 발표한 뒤 이 내용을 좀 더 구체화하기 위하여 2004. 5. 5. 「지적재산추진계획 2004」를 발표하였는데,[65] 그 배경은 '잃어버린 10년'이라고 일컬어지는 1990년대의 거품경제 붕괴와 그 원인이 된 고령화의 진전에 따른 노동인구 감소 등으로 인한 경제위기를 극복하기 위하여 '지식경제 하에 있어서 기술혁신(innovation)의 중요성과 개혁의 필요성'에 공감하였기 때문이다. 「지적재산추진계획 2004」는 '지식경제'라는 새로운 환경 하에서는 기술혁신과 컨텐

---

[65] 일본은 2003년 이후 매년 '지적재산추진계획'을 수립하여 제도 정책을 강화하고 있는데, 초기에는 기본적인 인프라 구축에 중점을 두다가 점차 콘텐츠·국제표준 획득 등 전략 분야를 선택하여 역량을 집중하고 있다.

츠를 생산하는 것은 경제성장의 원동력이고, 먼저 대학 등에 있어서 지적 창조 활동을 자극하고 활성화를 시킬 필요가 있으나, 그것만으로는 충분하지 않으며 그 성과를 지적재산으로서 적절하게 보호하고 유용하게 활용하는 것에 의하여 경제의 활성화가 도모된다는 점에 주목하였다.[66]

위 추진계획에서는 '지적재산입국' 실현을 달성하기 위한 추진방침을 다음 3개의 관점 즉 ① 종래의 틀에 구애받지 않는 지적재산에 관한 특례를 만들고, ② 국제경쟁력이 있는 세계에 통용하는 제도를 만들며, ③ 기회를 놓치지 말고 신속한 개혁을 이룬다는 관점 하에서 추진하되, ㉠ 중소기업·벤처기업 지원, ㉡ 지역의 진흥, ㉢ 행정·사법 서비스 향상, ㉣ 경쟁 정책의 중요성과 표현의 자유 중시 등의 배려를 하도록 하였다.

일본에서는 위 추진계획을 크게 창조분야, 보호분야, 활용분야, 컨텐츠 비지니스 진흥, 전문 인재의 육성·보급 및 개발활동으로 나누어 추진하였는데, 그 중 활용분야에 있어서의 대표적인 성과로 '라이선스의 보호강화'를 들고 있고, 그 구체적 내용은 2004년 파산법 개정으로 대항력을 구비한 사용수익권 일반에 대한 적용배제특칙을 도입함으로써 라이선시가 도산절차에서도 보호될 수 있게 되었다는 것이었다.[67]

3) 미국 입법자료에서 밝힌 도산절차에서 라이선시 보호의 필요성

뒤[68]에서 살펴보는 바와 같이, 미국 의회는 1988년 지식재산권의

---

66) 김봉진·김명지, "일본의 지적재산추진계획 2004", Patent21 통권 57호, 한국특허정보원(2004. 9.), 3-4면.
67) 김봉진·김명지, "일본의 지적재산추진계획 2004", Patent21 통권 57호, 한국특허정보원(2004. 9.), 7면.
68) 제3절 II.관 제1장.

파산보호법(Intellectual Property Bankruptcy Protection Act; IPBPA)을 통해 지식재산권의 라이선스계약에 관한 § 365(n)을 신설하였다. 미국 파산법 11 U.S.C. § 365은 우리 채무자회생법 제119조, 제335조에 대응되는 규정으로 쌍방미이행 쌍무계약(executory contract)을 다루는 조항인데, 당시 하급심 법원이 지식재산권을 보유한 라이선서가 도산한 경우 § 365를 해석·적용함에 있어 라이선시에게 불리한 판단을 거듭 내리자 라이선시 보호의 강화를 위하여 § 365(n)을 신설하게 된 것이다.

1988년 미국 의회가 § 365(n)을 도입하면서 라이선시를 도산절차에서도 보호해야 하는 이유에 대하여 상세히 밝히고 있는데, 그 내용은 다음과 같다.[69]

「이 법안이 보호하고 촉진하기 위한 '기술의 라이선스 계약(licensing of technology)'은 기술 발전과 혁신의 과정에서 중요한 역할을 한다. 그 과정은 발명적 개념(inventive concept)에서 시작되고 연구, 개발, 제조 및 마케팅을 포함한 값비싸고 위험한 일련의 단계를 거쳐야 한다. 각 단계에서 자금과 아이디어에 대한 추가적인 개선작업이 모두 필요하다. 종종 자금 조달과 추가적인 개선작업은 최초 아이디어를 낸 혁신가(original innovator) 외의 다른 사람의 참여를 통해서만 가능하다.

라이선스 계약은 최초의 혁신가로 하여금 자신의 혁신에 대한 충분한 소유권을 유지할 수 있도록 하여 최대한의 경제적 보상을 보유하도록 하는 동시에 그러한 경제적 성공을 달성하는 데에 필요한 자금 조달 및 개선작업을 제공한 다른 사람들과도 보상을 공유하도록 하는 메커니즘을 제공한다. 또한 라이선스 계약은 자신의 발명이 다른 영역에서도 응용될 수 있다는 것을 알게 된 최초의 혁

---

69) Senate Report No. 100-505, 100th Congress 2d Session. (Sept. 14, 1988), p.p.3-4.

신가로 하여금 각각의 분야에서 협업자(partner)를 찾을 수 있도록 하고, 이로써 좁은 시야로 인하여 다른 분야에서 응용하여 얻게 될 경제적 보상을 얻지 못할 위험을 제거할 수 있다.

라이선스 계약을 대체할 수 대안으로는 완전한 매각을 생각해 볼 수 있다. 최초의 혁신가가 그의 혁신결과물을 매각한다면 매수자에게 개발의 위험을 모두 전가할 수 있을 것이다. 그러나 만일 법적 환경이 라이선스 계약보다 매각에 의존하도록 하는 경우라면 새로운 기술개발에 참여할 수 있는 협업자의 수는 급격히 줄어들 것이다.

지식재산을 라이선스하지 않고 매각한 경우 최초의 창작자는 자신의 몫을 잃게 된다. 라이선시나 양수인은 종종 특정한 응용영역이나 특정한 지역시장에 있어서의 지식재산에 관심을 가진다. 그러나 지식재산을 특정한 용도로 이용하고자 하는 협업자는 창작자의 도산(creator's bankruptcy) 가능성 때문에 당해 지식재산의 지속적인 사용가능성을 확보하기 위하여 라이선스가 자신의 목적달성에 더 유리한 경우임에도 매수를 원할 수 있다. 이렇게 되면 창작자는 그의 창작으로부터 완전히 분리될 것이고, 그나마 최선인 것은 거꾸로 양수인으로부터 라이선스를 받는 것일 것이다. 이러한 상황으로 인해 창작자는 해당 지식재산을 완전히 개발하는 데에 있어 의욕이 꺾일 것이 명백하다. 만일 어떠한 상황에서 창작자가 매각을 원치 않는다면, 거래는 간단히 종결되지 않을 것이다. 달리 말하자면, 라이선시는 § 365에 내재되어 있는 위험을 고려하여 지불하고자 하는 금액을 깎으려고 할 것이다. 요약하자면 § 365는 미국 발명가들의 보상을 과소평가하게 하는 결과를 낳는다. 아이러니하게도 현재의 파산법 조항을 (라이선서에게 유리하도록) 해석하는 하급심의 태도는 라이선스 계약의 형식을 취할 때에 계약법적으로 제거할 수 없는 위험을 조정하기 위하여 경제적 보상을 줄이게 되어 결국 발명가의 경제적 위기를 낳게 할 수 있다.」

요약하자면 미국의 하급심 법원 중 일부는 라이선서가 도산한 경우 Lubrizol 사건70) 등에서 § 365을 적용하면서 라이선서의 관리인이 라이선스 계약의 계약거절(rejection)을 선택한 경우 라이선스 계약이 파기되어 라이선시로서는 더 이상 실시권을 행사할 수 없다고 하여 라이선서에게 유리하도록 판단을 하였는데, 이러한 § 365의 해석·적용이 라이선서에게 일견 도움이 되는 것처럼 보이지만 실제로는 라이선시 계약을 체결함에 있어 위와 같은 도산절차에서의 계약파기의 위험성을 이유로 라이선스 계약에 따른 로열티(사용료)를 감액하게 하는 부담을 안게 된다는 것이다.

이러한 이유에서 미국 파산법은 1988년 개정을 통하여 § 365(n)을 신설함으로써 도산절차에서 라이선서의 관리인이 계약거절을 선택한 경우에도 라이선시는 라이선스 계약을 계속 유지할 수 있다는 점을 명시하였고, 이는 일본의 적용배제특칙의 도입에 따라 관리인의 선택권 규정에 따른 해제권 행사가 라이선스 계약에는 적용되지 않게 되어 라이선시가 라이선서의 도산에도 불구하고 라이선스 계약을 계속 유지할 수는 것과 동일한 결론에 이르게 된다.

4) 정리

이상과 같은 미국과 일본의 입법개정 경위와 그 배경, 특히 도산절차에서의 라이선시의 보호가 결국은 라이선서의 보호와 혁신에도 도움이 된다는 점과 우리의 지식재산 보호에 대한 국가정책적 결단과 공감대 등을 고려할 때, 도산절차에서 라이선시를 보호하기 위하여 관리인의 선택권 규정 특히 해제·해지권을 제한하도록 입

---

70) Lubrizol Enterprises, Inc, v. Richmond Metal Finishers, Inc. 756 F.2d 1043(4th Cir. 1985). 상세한 내용은 제3절 II.관 제3항 참조.

법개정은 매우 필요하고도 시급하다고 할 것이다.

　일본에서도 라이선시 보호의 필요성(관리인의 해제권 행사 제한)과 도산목적 달성의 중요성(관리인의 해제권 행사 허용) 양자 사이에서 무엇을 우위에 둘지의 비교형량을 하면서 적용배제특칙 도입의 논의가 진행되다가,71)72) 미국에서 1988년 파산법 개정에 따라 지식재산권에 대한 특칙인 § 365(n)을 도입하여 평시 법률관계가 파산법에도 그대로 적용된다는 점을 명확히 함으로써 도산절차에서도 라이선시를 보호하도록 하게 된 비교입법례를 참조하여 2004년 파산법 개정을 단행하였다.

　이와 같이 대항력을 취득한 라이선시73)에 대해서는 관리인의 선택권 규정을 적용배제함으로써 도산절차에서도 보호하여야 한다는 것은 위와 같은 정책적인 관점뿐만 아니라 평시 법률관계를 도산절차에서도 존중하고 관철해야 한다는 법이론적 관점에도 부합되는 방향이라고 보인다.

　이하에서는 적용배제특칙의 확대 가능성과 허용성에 대한 법논리적 근거를 살펴보기로 한다.

---

71) 일본의 2004년 파산법 개정 이전의 논의는 島並良, "登錄制度の活用", 知的財産ライセンス契約の保護 -ライセンサーの破産の場合を中心に-, 雄松堂出版(2004. 11.), 205-206頁 참조. 미국의 1988년 파산법 개정에 대한 상세한 내용은 제3절 II.관 참조.

72) 일본의 2011년 특허법 개정 이전에 논의되던 '라이선시의 평시 및 도산 시 보호에 대한 다양한 개선방안'을 정리한 대표적인 문헌으로는 飯田聰, "知的財産ライセンス契約の保護の在り方とその方策案", 知的財産ライセンス契約の保護 -ライセンサーの破産の場合を中心に-, 雄松堂出版(2004. 11.)이 있다. 飯田聰의 위 글 328-363頁에서는 일본에서 논의되던 무려 11가지의 개선방안을 구체적 구조, 파생적 구조, 효과 등으로 구분하여 상세히 정리하고 있다.

73) 미국 파산법이 § 365(n)의 적용을 위하여 라이선시가 대항력을 취득할 것을 요구하지는 않지만, 미국은 특허권과 저작권에 있어서 당연대항제도를 취하고 있다(제2장 제2절 I.관 제2항 참조).

나. 적용배제특칙 확대의 가능성: 물권과 채권의 준별, 그리고 물권화된 채권이라는 관점에서의 정당성

1) 대륙법계인 우리 민법이 채택하고 있는 이른바 판덱텐 체계(Pandekten system)는 재산권을 물권과 채권으로 엄격하게 준별하는 구조를 취하고 있다. 이러한 물권·채권 준별론의 기본구조에 따라 기본적으로 물권은 물건에 대한 권리로 절대적으로 지배하는 특징이 있고 채권은 사람에 대한 권리로 상대적인 권리에 해당한다고 설명한다.[74] 즉 물권과 달리 채권은 계약당사자 사이에서만 효력이 있다. 도산채권은 재산상 청구권으로서 물권은 포함되지 않고 채권적 청구권이어야만 한다. 따라서 채권은 도산절차에 복종해야 하는 것은 도산법리상 기본적인 전제이다.[75]

---

74) 이계정, 신탁의 수익권의 성질에 관한 연구, 민사법학 제77호, 한국민사법학회(2016), 129면.
75) 島並良, "登錄制度の活用", 知的財産ライセンス契約の保護 -ライセンサーの破産の場合を中心に-, 雄松堂出版(2004. 11.), 210-211頁에서는 미국의 1988년 파산법 개정이 지식재산권 라이선시를 보호하고 평시 법률관계를 도산법에도 존중한다는 점에서 일본 파산법에도 도입할 필요성이 있기는 하나 일본의 민법 체계는 미국과 달리 채권과 물권을 준별하고 있기 때문에 미국의 법개정의 결과만을 이유로 도입하기보다는 일본의 법률체계 하에서의 평시 법률관계와 도산절차의 전체 법질서 관점에서 등록제도의 정합성을 검토해야 한다는 관점에서 대항제도의 개선방안에 대하여 분석을 진행하고 있다. 같은 관점에서 본문에서는 '물권화된 채권의 특수성' 관점에서 적용·배제특칙의 논거를 검토한 것인데, 島並良의 위 글은 이보다는 등록제도의 공시성의 관점에서 등록제도의 개선안에 대한 검토만을 진행하였다. 참고로 위 글의 213-219頁에서는 특허권에 대해서는 기술활용의 비밀성 보장이 필요하므로 라이선스 계약에 관한 등록사항이나 인적범위 등에 대하여 필요적 기재사항과 임의적 기재사항으로 나누거나 열람공개제한을 하는 방식 등의 개선안을 제시하였고, 상표권은 표지법이라는 특성상 비밀보장의 필요성이 없어 현행 등록제도를 그대로 유지하며, 저작권은 등록제도의 도입 필요성이 있고, 부정경쟁방지법상 지위는 굳이 등록제도를 도입할 것이 아니라 권리보호자격요건을 설정하면 충분하다고 제안하였는데, 앞서 본 바와 같이 일본은 특허권에 대해서는 당연대항제도로 전환하였고, 저작권에 대해서도 당연대항제도를 새롭게 도입하였으나, 상표

그런데 청산형 도산절차인 파산절차는 집단적·포괄적 청산절차로서 안분배당을 하기 위하여 환가 즉 도산재단의 처분을 하는 것이 본래적인 모습이고, 재건형 도산절차도 주요자산의 처분을 전제로 하지는 않지만 파산원인에 준하는 사유가 있을 때에 개시되는 절차로서 회생계획을 수립할 때 주요자산의 처분을 고려하고, 회생채권에 대한 권리변경을 규정할 때에는 청산가치보장의 원칙을 준수하여야 하는데 청산가치보장의 원칙은 채무자의 재산을 처분할 때에 보장받을 수 있는 지위를 의미한다.

따라서 파산절차이건 회생절차이건 간에, 채권자의 기대는 자신의 권리가 처분되었을 때에도 보장받을 수 있는 한도에서는 보호되어야 한다. 이러한 기대는 도산절차에서도 평시 법률관계가 최대한 존중되어야 한다는 점에서도 마땅하다. 그러므로 평시 법률관계에서 채권일지라도 채권의 목적물이 처분되는 경우 채권자의 이익이 보호되는 경우라면 도산절차에서도 보호되는 것이 바람직하다. 그러한 경우가 바로 채권자가 대항력을 취득하는 경우이다.

이와 같이 채권자가 대항력을 취득함으로써 물권화된 채권의 지위를 얻도록 하는 대표적인 제도로는 임차권 제도가 있다.[76] 평시 법률관계에서 물권화된 채권으로 취급을 받는 점에다가 다수의 임차인이 큰 피해를 입을 수 있다는 점을 고려하여 관리인의 해제권을 제한해야 한다는 주장은 구 회사정리법, 구 파산법 시절부터 수없이 주장되어 왔고, 그 결과 2005년 채무자회생법이 제정되면서 그 적용배제의 특칙이 도입되었다. 적용배제의 특칙인 채무자회생법 제124조 제4항, 제340조 제4항에 따라 채무자회생법 제119조, 제335조가 적용되지 않은 결과 대항력 있는 임차인은 도산절차의 개시에도 불구하고 환취권자로서[77] 임차인의 지위를 계속 누리게 되고,

---

권에 대해서는 등록대항제도를 그대로 유지하고 있다.
76) 주택임대차보호법 제3조, 상가건물 임대차보호법 제3조 등.

파산절차 내지 회생절차가 진행되더라도 실질적으로 그 권리를 보장받는다.[78]

일본도 지식재산입국으로서의 지향점을 표방하면서 특허권 등에 대하여도 도산절차에서의 보호 필요성이 강조됨에 따라 사용수익권 일반에 대한 적용배제 특칙을 도입하는 입법을 단행하였다. 즉 일본 파산법 제56조는 "임차권 기타 사용 및 수익을 목적으로 하는 권리를 설정하는 계약"에 있어서 파산자의 상대방 권리가 "등기, 등록 기타 제삼자에게 대항할 수 있는 요건"을 갖추고 있는 경우에는 쌍방미이행 쌍무계약의 규정이 적용되지 않는다고 규정하고 있고, 회사갱생법 제63조 및 민사재생법 제51조는 위 규정을 준용하고 있다.

비록 일본의 논의가 물권화된 채권을 도산절차에서도 존중하여야 하기 때문에 대항력 있는 채권 일반에 대해 적용배제특칙을 도입하여야 한다는 취지로 입법개정을 한 것은 아니지만 최소한 지식재산권에 대한 보호의 필요성에 따라 사용수익을 목적으로 하는 채권 전부에 대하여도 보호하는 방향으로 입법개정을 하게 된 것은 바람직하다고 생각한다.[79]

---

77) 일본은 공익채권자임을 명확히 규정하고 있고, 우리 법의 해석에 따라 공익채권자의 지위라고 보는 견해[최준규, 계약법과 도산법 -민법의 관점에서 도산법 읽기-, 홍진기법률연구재단(2021), 337면]도 있다.
78) 상세한 내용은 제3장 제3절 Ⅲ.관 참조.
79) 이와 같은 취지의 논의가 있어 소개한다. 즉 현행 채무자회생법 제66조(회생절차개시 후의 등기와 등록) 제1항과 쌍방미이행 쌍무계약에 기한 관리인의 선택권 규정이 중첩하여 적용되는지와 관련하여, 도산절차 개시 전 가등기를 경료한 채권자가 본등기를 경료할 수 있는지, 그럼에도 위 규정과 별개로 관리인의 선택권 특히 해제권 행사가 가능한지와 관련하여 다툼이 있는데, 도산절차 개시 전에 가등기를 경료한 채권자는 적용배제특칙이 규정된 '대항력 있는 임차권'에 준하는 물권화된 채권의 지위를 가진 자이므로 보호되어야 되기 때문에 위 규정 단서에서의 '본등기'에는 '가등기에 기하여 경료된 본등기'가 포함되더라도 쌍방미이행 쌍무계약에 기한

2) 그런데 이러한 사고는 카나리스(Canaris) 교수[80]의 물권·채권 준별론에 대한 비판에 따른 '물권화된 채권'에 관한 주장에 의해서도 뒷받침된다. 카나리스 교수는 입법자의 의사에 기하여 채권에 대하여도 물권적 특성의 일부를 갖게 할 수 있으므로 채권이 물권적 성질을 가질 수 있다고 주장하는데, 절대성(Absolutheit)을 가지는 물권의 표지를 ① '포괄적인 소(訴)에 의한 보호(umfassende Klageschutz)',[81] ② '처분·승계에 대한 보호(Verügungs- und Sukzessionsschutz)',[82] ③ '도산 및 강제집행에서의 보호(Konkurs- und Zwangsvollstreckungs-festigkeit)'[83]로 보았다.[84]

채권이 위와 같은 물권의 표지 중 어느 하나 이상을 가지는 경우 '물권화된 채권'으로 인정할 수 있는데,[85] 채권의 성질을 물권화된

관리인의 선택권 규정은 적용배제된다고 해석하는 것이 바람직하고, 이를 명확히 하기 위하여 입법을 하여야 한다(최준규, 계약법과 도산법 -민법의 관점에서 도산법 읽기-, 홍진기법률연구재단(2021), 330-331면). 보다 상세한 내용은 제5장 제4절 II.관 3.항(적용배제 특칙 외의 법률규정에 따라 쌍방미이행 쌍무계약의 적용이 배제되는 경우) 참조.
80) 독일 뮌헨대학의 법학교수였던 Claus-Wilhelm Canaris.
81) 물권은 모든 사람을 상대로 반환청구권 방해제거청구권 부작위 청구권을 행사할 수 있고 불법행위법상 손해배상청구권도 행사할 수 있음을 의미한다. '포괄적인 소에 의한 방어'라고도 번역할 수 있다.
82) 물권은 권리자가 모든 사람에 대하여 효력을 주장할 수 있으므로 권리자 이외의 자는 유효한 처분을 할 수 없다는 것을 의미한다. '처분 및 승계에 대한 방어'라고도 번역할 수 있다.
83) 물권은 절대성을 가지므로 파산과 강제집행의 경우에도 보호되는데, 파산절차에서 물권자는 자기에게 귀속된 물건에 대하여 환취권과 별제권을 가지며 자기의 물건에 제3자가 강제집행을 실시하려고 하는 경우에 제3자이의의 소를 제기할 수 있고 우선변제권을 주장할 수 있다는 것을 의미한다. '도산 및 강제집행에서의 견고함'이라고 번역할 수도 있다.
84) 이계정, 신탁의 수익권의 성질에 관한 연구, 민사법학 제77호, 한국민사법학회(2016), 129-130면.
85) 이계정, 신탁의 수익권의 성질에 관한 연구, 민사법학 제77호, 한국민사법학회(2016), 131면,

채권으로 보게 되면 채권자의 지위를 적극적으로 해석하여 채권자의 보호에 충실한 입법을 펼칠 수 있어 법정책적으로 중요한 함의를 띠게 된다.[86]

우리 민법상 '물권화된 채권'의 대표적인 예로는 등기된 부동산 임차권[87]을 들 수 있는데, 공시방법을 갖춘 임차권에 대해서는 방해배제청구권이 인정된다고 보는 것이 일반적인 견해이고, 이를 '포괄적인 소(訴)에 의한 보호'의 성질을 가지는 경우로 볼 수 있다. 또한 우리 주택임대차보호법이나 상가건물 임대차보호법의 적용을 받는 임차권도 물권화된 채권의 예로 들 수 있는데, 이러한 임차권은 우선변제권을 가지고 있어서 물권의 세 번째 표지인 '도산 및 강제집행에서의 보호'를 받는 권리로 볼 수 있다.[88]

마찬가지로 지식재산권의 실시권자가 대항력을 갖춘 경우에는 당해 지식재산권이 양도되는 경우에도 그 권리를 주장할 수 있으므로, '처분·승계에 대한 보호'가 이루어지는 성질을 가진다고 볼 수 있다. 따라서 대항력을 갖춘 라이선시는 물권화된 채권을 보유한 자에 해당한다고 볼 수 있으므로, 채권자의 지위를 적극적으로 해석하여 도산절차에 있어서도 채권자의 보호에 충실한 입법을 펼치는 것이 타당하다.[89] 이러한 이유로 채무자회생법이 제정되기 이전에 대항력 있는 임차권에 대해서는 관리인의 해제권은 인정되지 않

---

[86] 이계정, 신탁의 수익권의 성질에 관한 연구, 민사법학 제77호, 한국민사법학회(2016), 141면.
[87] 민법 제621조(임대차의 등기), 제622조(건물등기 있는 차지권의 대항력).
[88] 이계정, 신탁의 수익권의 성질에 관한 연구, 민사법학 제77호, 한국민사법학회(2016), 130-131면.
[89] 다만 물권화된 채권 중 담보권적 성격을 가지는 경우 예를 들어 확정일자를 부여받아 우선변제권이 인정되는 임차권과 같은 경우에는 도산절차에서 별제권 내지 회생담보권으로 취급되고 있고, 제4절 II.관 제3의 다.항에서 보는 바와 같이 담보권적 성격과 쌍방미이행 쌍무계약의 성격을 동시에 가지는 계약관계의 채권은 회생담보권으로 취급되는 것이 타당하다.

는다고 해석하는 견해가 종래 통설이기도 하였음은 이를 뒷받침한다고 할 것이다.90)

더욱이 앞에서 살펴본 바와 같이91) 현재의 실무례에 따르면 대항력 있는 임차권은 파산절차에서는 파산채권이기는 하나 파산관재인이 제3자에게 임차목적물을 매각하더라도 주택임대차보호법 등에 따라 임차권 및 임대차보증금반환채권의 만족을 얻을 수 있고, 회생절차에서도 회생채권자이기는 하나 다른 일반 회생채권자들보다 우대를 받기 때문에 회생계획에서 당초의 임대차계약의 수준으로 권리변경을 하는 것이 일반적이라는 점에서 사실상 공익채권에 준하는 보호를 받고 있기 때문에 대항력을 갖는 임차권에 대하여 도산절차에서도 물권적 지위를 인정하더라도 다른 채권자에게 큰 피해는 없다고 보인다.

3) 다만 위와 같은 물권화된 채권의 특수성을 고려할 때 대항력을 갖는 채권 일반에 대해 적용배제 특칙을 확대하는 방향이 바람직하나, 도산목적의 달성이라는 도산법의 기본정신을 무시할 수는 없다.92) 따라서 ① 위 가.항에서 살펴본 바와 같이 도산 목적을 뛰어넘는 국가정책적 필요성과 사회적 공감대가 인정된 경우에 한정

---

90) 다만 제5장 제2절 I.관 제1의 나.항(적용배제특칙의 유추적용 가능성에 대한 검토)에서 살펴본 바와 같이 모든 물권화된 채권에 대하여 유추적용하는 것은 채무자회생법의 엄격해석원칙에 반하고, 유추적용의 범위에 대한 경계를 설정하기 어렵다는 점에서 유추적용 부정설이 타당하다고 생각한다.
91) 제3장 제3절 III.관 제2의 나.(3)항(임차권에 대한 검토).
92) 島並良, "登錄制度の活用", 知的財産ライセンス契約の保護 -ライセンサーの破産の場合を中心に-, 雄松堂出版(2004. 11.), 207-208頁에서는 "평시 법률관계와 도산절차 사이에서의 합리성을 '수직적 밸런스'로, 라이선스 계약과 다른 계약과의 균형성을 '수평적 밸런스'라고 할 수 있다"고 기술하고 있는데, 물권화된 채권을 그렇지 못한 채권보다 우대하는 취급을 수평적 밸런스의 관점이라 할 수 있고, 도산법의 목적을 고려하는 것을 수직적 밸런스의 관점이라 할 수 있다.

하거나 ② 도산목적 달성을 통해 얻는 사회경제적 이익보다 해제권 행사제한을 통해 얻을 수 있는 사회경제적 이익이 큰 경우에 한하여 적용배제특칙을 확대하는 것이 바람직하다고 할 것이다.

이러한 관점에서 볼 때, 지식재산권을 포함하여 사업실시의 기반이 될 수 있는 "임차권 기타 사용 및 수익을 목적으로 하는 권리가 등기, 등록 기타 제삼자에게 대항할 수 있는 요건을 취득한 경우"는 위 ①, ②의 경우에 해당한다고 보이므로, 이와 같이 '대항력을 취득한 사용수익권 일반'에 있어서는 관리인의 선택권 규정이 적용되지 않도록 하는 적용배제특칙의 확대 입법을 하는 것이 바람직하다고 생각한다(입법론).

4. 우리 지식재산권법상 당연대항제도 도입의 필요성과 가능성에 대한 검토

가. 일본의 당연대항제도 도입의 타당성 검토

1) 특허법 및 의장법에서 당연대항제도로의 변경

가) 일본은 2002년 지적재산기본법을 제정한 이후 기술의 고도화와 복잡화, 경제의 글로벌화의 심화를 배경으로 개방혁신의 진전에 의한 지식재산 활용의 중요성이 높아지고, 혁신 창출에 있어서 중소기업이나 대학의 역할의 증대, 세계적인 특허출원의 급증 등 지적재산을 둘러싼 국내외 환경이 크게 변화하고 있다는 점에 주목하는 가운데, 2010. 6. '신성장 전략'을 통하여 '이노베이션 창출을 위한 제도·규제개혁과 지적재산의 적절한 보호·활용의 실시'와 '중소기업이 지식 재활용을 촉진'이라는 방향성을 제시하였다. 이러한 방향성은 '지적재산추진계획 2010'에서 '오픈·이노베이션에 대응한 지적재산제도를 구축한다', '권리의 안정성을 향상시킨다', '벤처·중소

기업이나 지역에서의 지적재산이 활용을 촉진하고 국내뿐만 아니라 세계에서도 통용하는 사업을 창출한다'라는 과제를 설정하는 데에도 나타난다.[93]

이러한 국가적 추진계획 하에서 일본은 이전에는 특허법에서 등록대항제도를 채택하고 있었지만 2011년(평성 23년) 특허법 개정(2011. 6. 8. 법률 제63호)을 통해 '제99조(통상실시권의 대항력) 통상실시권은 그 발생 후에 그 특허권 혹은 전용실시권 또는 그 특허권에 대한 전용실시권을 취득한 자에게도 효력을 가진다.'고 규정함으로써 통상실시권에 관한 대항제도를 '당연대항제도'로 변경하였다.[94]

나) 일본이 특허법상 당연대항제도를 도입하게 된 입법검토 자료를 살펴보면 우리 특허법 개정을 위한 중요한 시사점을 찾을 수 있다.

당연대항제도 도입을 제언한 일본 산업구조심의회 지적재산정책부의 2011. 2. 회의보고서[95]에서는 당연대항제도를 채택하여야 하는 이유(필요성)로서 ① 한 제품에 다수의 통상실시권이 허락되는 경우도 많은데, 그러한 경우에는 등록이 곤란하고,[96][97] ② 라이선스

---

93) 特許制度に関する法制的な課題について, 産業構造審議会知的財産政策部会(2011. 2.) 중 'はじめに' 부분 참조.
94) 실용신안법과 의장법은 이를 준용함으로써 등록대항제도에서 당연대항제도로 변경되었다.
95) 特許制度に関する法制的な課題について, 産業構造審議会知的財産政策部会(2011. 2.), 'はじめに(들어가며)' 부분 참조.
96) 그 예시로 든 표준규격에 포함되는 특허권 중 DVD 셋톱박스 등에 적용되는 ① MPEG23(동영상)의 경우는 약 790건의 필수 특허권이 적용되고 라이선서는 25개사, 라이선시는 약 1,500개사이고, ② DVD(6C)의 경우는 약 850건의 필수 특허권이 적용되고 라이선서는 7개사, 라이선시는 약 300개사이다.
97) 山本崇晶, "ライセンサー倒産時等のライセンシーの地位の保護", 知的財産ライセンス契約の保護 -ライセンサーの破産の場合を中心に-, 雄松堂出版(2004. 11.), 85-86頁도 '3. 파산법의 개정과 남은 문제점'에서 파산법 개정에

계약상의 상세한 조건을 모두 등록하는 것도 곤란하며, ③ 등록은 공동신청주의이지만 특허권자에게 협력 의무가 인정되는 것은 아니고, ④ 글로벌 비즈니스 시대에는 제도의 국제적 조화가 중요하다고 할 것인데 등록대항제도를 채택한 국가가 적으며,[98] ⑤ 기술의 오픈화·복합화를 계기로 통상실시권 보호의 필요성이 높아지고 있고, ⑥ 외자(外資)에 의한 특허권 취득 등이 증대되고 있어 미등록 통상실시권자에 대하여 권리 행사의 우려가 높아지고 있으며, ⑦ 당연대항제도의 도입에 의해 파산관재인의 해제권으로부터 보호되는 통상실시권이 늘어날 수 있다는 점 등을 들고 있다.[99][100]

따라 라이선시에 대해서도 관리인의 해제권 규정이 적용되지 않으나 통상실시권 등록이 쉽지 않아 보호되지 않는 문제를 대항제도의 개선을 통해 해결해야 한다고 지적하고 있다.

98) 특허권에 있어서 미국, 독일은 당연대항제도를, 프랑스, 영국은 악의자대항제도를 취하고 있다는 점을 들고 있다.

99) 特許制度に関する法制的な課題について, 産業構造審議会知的財産政策部会(2011. 2.), 1-3頁; 文化審議会著作権分科会報告書, 文化審議会著作権分科会(2019. 2.), 119頁.

100) 한편 일본에서는 위와 같이 2011년에 특허법상 당연대항제도로 전환하기 이전에, 등록대항제도를 그대로 두는 것을 전제로 개선방안을 모색한 바가 있다. 그 예로, 島並良, "登録制度の活用", 知的財産ライセンス契約の保護 -ライセンサーの破産の場合を中心に-, 雄松堂出版(2004. 11.), 213-219頁에서는 특허권에 대해서는 기술활용에 관한 비밀성 보장이 필요하므로 라이선스 계약에 관한 등록사항이나 인적범위 등에 대하여 필요적 기재사항과 임의적 기재사항으로 나누거나 열람공개제한을 하는 방식 등의 개선안을 제시하였고, 상표권은 표지법이라는 특성상 비밀보장의 필요성이 없어 현행 등록제도를 그대로 유지하며, 저작권은 등록제도의 도입 필요성이 있고, 부정경쟁방지법상 지위는 굳이 등록제도를 도입할 것이 아니라 권리보호자격요건을 설정하면 충분하다고 제안한 바가 있다. 또한 田淵智久, "第三者対抗要件についての考察", 知的財産ライセンス契約の保護 -ライセンサーの破産の場合を中心に-, 雄松堂出版(2004. 11.), 226-239頁에서도 유사하게 민법상 대항제도(부동산물권, 동산물권, 부동산임대차, 지명채권 등)와 지식재산권의 대항제도를 비교분석하면서 포괄적 라이선스의 등록제도 등 개선방안을 제안하고, 또 기존 등록제도를 폐지하고 인

나아가 당연대항제도 도입의 허용성(가능성)에 관해서는 ⑧ 특허권은 무체물에 관한 권리이고, 또한 통상실시권은 특허권에 대한 제약이 작으며, ⑨ 종래부터 법정실시권에 있어서는 당연대항제도가 인정되고 있고, ⑩ 실무상 특허권의 양수에 있어서는 적정평가절차(실사)가 행해지고 있으며,101) ⑪ 파산절차를 통해 특허권을 취득하는 자는 다양한 제약이 있다는 위험성을 알고서 매수하는 것이고, ⑫ 임의 매각의 경우에는 파산관재인을 통하여 통상실시권의 존부 등을 확인할 수 있으며, ⑬ 특허권이 강제집행의 대상이 되는 사례는 거의 없다고 보이고, ⑭ 현재의 법률체계 하에서는 통상실시권의 이전 등의 제3자 대항요건은 등록대항주의를 취하고 있지만 지명채권 양도의 대항요건에 의해서도 대응가능하다는 점을 제시하고 있다.102)103)

　　적편성주의를 전제로 한 새로운 등록제도를 제안하기도 하였다. 鎌田薫, "ライセンス契約の対抗と公示", 知的財産ライセンス契約の保護 -ライセンサーの破産の場合を中心に-, 雄松堂出版(2004. 11.), 264頁에서도 평시 법률관계에서의 대항요건과 도산절차에서의 대항요건을 차원이 다른 문제라고 지적하면서도 미국과 독일의 당연대항제도나 영국·프랑스의 악의자 대항제도도 고려할 수 있다고 제안하고 있다.

101) 적정평가절차(due diligence)는 기업 매수 등을 할 때 기업의 재무 내용이나 기술력 등을 상세히 조사·평가하는 작업 내지 실제로 시장에서 통용되는 가격 산정을 위한 감정 평가를 뜻한다.
102) 特許制度に関する法制的な課題について, 産業構造審議会知的財産政策部会(2011. 2.), 3-7頁; 文化審議会著作権分科会報告書, 文化審議会著作権分科会(2019. 2.), 119頁.
103) 특허권이 제3자에게 양도될 경우 제3자가 라이선스 계약상 라이선서의 지위까지 승계하는지에 관하여는, 라이선스 계약에서 통상실시권 허락의 합의뿐만 아니라 로열티의 지급, 기술정보나 노하우의 제공 등 다양한 채권·채무에 관한 합의가 포함되고 있고, 또한 포괄적 라이선스계약, 크로스라이선스계약 등 다양한 계약형태가 존재하기 때문에 개별사안마다 판단하는 것이 바람직하므로, 당연대항제도를 채택하더라도 특허법에 계약상 지위 이전에 관한 특별규정을 마련하지 않는 것이 타당하다는 의견을 제시하였다. 또한 통상실시권자가 다시 라이선스를 허여한 서브라이

그리고 '당연대항제도 도입 시 고려할 구체적 사항'에 관하여는 ⑮ 민법상 임차권의 대항력제도와 같이 '확정일자 취득'을 대항요건으로 도입하는 것도 고려해 볼 수 있지만, 라이선스 계약의 체결 사실은 통신기록 등 다른 수단을 통해 입증가능하고, 비용만 증가시킬 뿐이고, 더욱이 국제적으로도 유례가 없는 제도라는 이유에서 부적당하다는 의견이 있었다.104) 또한 ⑯ 특허권 거래 시의 적정평가절차(실사)에서 특허권자가 통상실시권에 대해 회답하는 것이 라이선스 계약에서 일반적으로 부과되고 있는 비밀유지의무에 저촉되지 않는다는 것을 명확히 하기 위해 통상실시권에 대한 '고지의무'를 법률상 규정해야 한다는 지적이 있으나, '고지의무'를 법률상 규정하고 있지 않은 상황에서도 실사에 대한 회답에 문제가 발생하지 않은 점, 실무상 대응방안 등에 의해 이들 회답은 라이선스 계약상 비밀유지의무에 저촉되지 않는다고 보고 있으며, 또한 고지의무를 법률상 마련하지 않더라도 특허권자가 특허권의 양수인으로부터 민법상 담보책임을 추궁당하는 것을 면하기 위해 스스로 통상실시권의 존재를 양수인에게 고지해야 하므로 담보책임의 규정이 사실상 고지의무로 기능할 수 있다는 이유에서 특허권을 양수하려는 자의 거래안전 관점에서도 고지의무를 법률상 마련할 필요는 없다

선스 계약의 경우에도 당연대항제도에 따라 보호된다고 분석하고 있다. 特許制度に関する法制的な課題について, 産業構造審議会知的財産政策部会(2011. 2.), 4頁.
104) 特許制度に関する法制的な課題について, 産業構造審議会知的財産政策部会(2011. 2.), 5頁. 山本崇晶, "ライセンサー倒産時等のライセンシーの地位の保護", 知的財産ライセンス契約の保護 -ライセンサーの破産の場合を中心に-, 雄松堂出版(2004. 11.), 88-90頁도 '5. 라이선시보호의 방안'에서 라이선서의 관리인의 계약해제의 필요성보다 라이선시 보호의 필요성이 더 크므로 관리인의 해제권 제한이 필요하고, 그 방안으로 무조건적인 대항요건(당연대항요건을 말하는 듯하다)을 도입하여야 하며, 통상실시권의 등록, 계약서의 서면화, 공정증서화를 요구할 필요가 없다고 분석한다.

고 분석하였다.105)

그 밖에 등록대항제도에서 당연대항제도로 변경할 경우 '특허법상 다른 제도와의 충돌 등의 문제'와 관련하여 ⑰ 중용권106)이나 존속기간연장등록출원은 그대로 인정하여야 하고, ⑱ 무효심판청구의 통지, 재정청구서 부본송달은 통상실시권의 존재를 파악하기 어렵기 때문에 이를 실행할 수 없으며, ⑲ 특허권자가 특허권을 포기하거나 정정심판을 청구하기 위해서는 통상실시권자의 승낙을 받아야 하나 특허청은 통상실시권의 존재를 알기 어렵고, 또 특허권이 포기되어가 정정되더라도 실시권자의 실시에는 큰 지장이 없다는 이유에서 위의 경우에서 통상실시권자의 승낙을 요구하지 않도록 법률을 개정하는 것이 필요하다는 의견을 제시하였다.107)

2) 저작권법에서 당연대항제도의 도입

가) 일본 저작권법은 원래 저작권에 대한 등록제도나 대항력제도를 규정하고 있지 않다가, 2020년 저작권법 일부 개정으로 '제63조의2(이용권의 대항력) 이용권은 당해 이용권에 관련된 저작물의 저작권을 취득한 자 그 밖의 제3자에게 대항할 수 있다.'는 규정이 신설되었다.

저작권법이 2020년 개정되기 이전에는 저작권법상 등록제도 내지 대항제도가 전혀 없었기 때문에 저작물의 이용허락계약(라이선스 계약)에 있어서의 이용자(라이선시)는 저작권이 제3자에게 양도된 경우 양수인에 대하여 저작물을 이용할 권리(이용권)를 대항하

---

105) 特許制度に関する法制的な課題について, 産業構造審議会知的財産政策部会(2011. 2.), 5頁.
106) 일본 특허법 제80조 제1항의 법정실시권으로서 우리 특허법 제104조(무효심판청구 등록 전의 실시에 의한 통상실시권)에 대응되는 법정실시권이다.
107) 特許制度に関する法制的な課題について, 産業構造審議会知的財産政策部会(2011. 2.), 7-9頁.

거나 저작권자(라이선서)가 도산한 경우 관리인이 쌍방미이행 쌍무계약에 해당한다고 주장하면서 계약해제를 선택한 경우 이를 저지할 수 없어 해당 라이선스를 전제로 한 사업을 중단할 수밖에 없는 상황에 직면하는 등 그 지위가 매우 불안정한 상황이었으나, 2020년 법 개정으로 '당연대항제도'를 도입함으로써 이러한 문제가 모두 해결되었다.[108]

앞서 본 바와 같이 2011년 일본 특허법 개정으로 등록대항제도가 당연대항제도로 변경되었고 이를 실용신안법·의장법에서도 준용하였는데, 2020년 저작권법 개정으로 당연대항제도를 도입함에 따라 지식재산권법 중 표지법인 상표법을 제외한 창작법의 영역(특허법, 실용신안법, 의장법, 저작권법)에서 당연대항제도를 규정하게 된 것이다.

위와 같이 2020년 저작권법상 당연대항제도를 도입한 중요한 이유 중 하나는 2004년 개정으로 파산법·회사갱생법·민사재생법상 관리인의 선택권 규정을 적용배제하는 특칙이 도입되었음에도 이용허락에 관한 저작물을 이용할 권리를 대항하는 수단이 없기 때문에, 저작권자(라이시서)가 도산한 경우 라이선시는 관리인의 해제·해지권 행사에 따라 해당 라이선스를 전제로 한 사업을 중지할 수밖에 없게 되는 불안정한 지위에 있다는 점도 들고 있다.[109]

나) 일본에서 2020년 저작권법 제63조의2(이용권의 대항력)를 도입하면서 검토한 입법자료를 살펴보면, 우리 저작권법과 채무자회생법의 개선을 위한 많은 시사점을 찾을 수 있다.

저작권법에서 당연대항제도를 도입하기 위한 검토를 진행한 일본 문화심의회 저작권분과회의 2019. 2. 회의보고서에서는 이용권에

---

108) 권용수, "2020 개정 일본 저작권법 분석", 한국저작권위원회(2020), 10면.
109) 文化審議会著作権分科会報告書, 文化審議会著作権分科会(2019. 2.), 103頁.

대한 당연대항제도의 도입의 필요성과 허용성에 대하여 민법 법리와의 정합성, 제도 도입이 당사자계약 실무에 미칠 수 있는 영향, 다른 지식재산권법이나 저작권법의 다른 제도와의 정합성 등의 다양한 관점에서 수행한 분석 결과를 상세히 제시하고 있다.[110]

저작권법상 '대항제도 도입의 허용성'과 관련하여 ① 실무계의 설문조사결과에 의하면 저작물 이용권에 대한 대항제도 도입의 필요성에 대한 의견이 일치하였다는 점을 밝히면서[111], ② 민법상 임차인 보호를 도모하기 위하여 민법상 원칙을 수정하여 채권을 보호하기 위한 임차인 대항제도를 도입하였다는 점에서 저작권에서도 대항제도를 도입하는 것은 민법 법리와 배치되지 않고, ③ 저작권은 무체물의 이용에 관한 권리이기 때문에 여러 사람이 동시에 같은 저작물을 이용하는 것이 가능하다는 특성[112]을 고려할 때 대항제도를 도입하더라도 저작권의 양수인의 이용을 방해하지 않고,[113]

---

110) 또한 위 보고서에서는 위 1)항의 특허권에서의 결론과 같이, 이용 허락에 관한 권리의 대항에 수반하는 계약의 승계에 대해서는 일정한 기준을 법정하고 계약이 승계되는지 여부가 결정되는 제도를 마련하는 것은 타당하지 않고, 계약이 승계되는지 여부에 대해서는 개별 사안에 따라 판단이 이루어지는 것이 바람직하다는 의견을 제시하였다. 文化審議会著作權分科会報告書, 文化審議会著作權分科会(2019. 2.), 124-130頁.
111) 文化審議会著作權分科会報告書, 文化審議会著作權分科会(2019. 2.), 107頁에서는 실무가와 관련 업계종사자들에 대한 도입의 필요성에 대한 설문조사결과도 소개하고 있는데, 저작권법에서 이용권에 대한 대항제도 도입에 대해서는 의견이 일치했다고 밝히고 있다(설문대상자 중 라이선시로서 라이선서의 저작권 양도의 경험이 있는 그룹은 30.5%, 라이선서가 파산한 경험이 있는 그룹은 23.6%에 이른다).
112) 제2장 제1절 I.관에서 살펴본 무체물로서의 특징인 비경합성을 의미한다.
113) 실무상 저작물의 양수인이 기존 라이선시(이용권자)에게 계속 허락을 주고 있는 예도 많기 때문에 대항제도의 도입이 되었을 경우에 양수인에게 생기는 실제상의 불이익은 대항제도가 도입되지 않는 경우 라이선시가 겪는 불이익에 비해 크지 않다고 평가할 수 있다는 의견도 제시하였다. 독점적 이용을 기대하고 있는 양수인에게 발생하는 실제상의 불이익에 대해서도 대항제도 도입을 하게 되면 타인으로부터 저작권을 매입할 때

또한 양도인(저작권자, 라이선서) 및 양수인은 양도계약을 체결하면서 채무불이행의 책임이나 양도목적물에 대한 실사를 할 기회 등으로 라이선스 계약의 체결사실을 조사할 충분한 기회와 책임이 있는 반면,114) ④ 대항제도가 도입되지 않는 경우 라이선시는 이용허락에 근거한 이용을 계속할 수 없는 불이익을 받고, 사전에 저작권의 이전이나 저작권자의 파산을 알 수 없어 위험을 적절히 내부화하기 어렵다는 점을 근거로 대항제도를 도입해야 한다고 보고하고 있다.115)

나아가 대항제도를 도입할 경우 그 방식과 관련하여 등록대항제

는 주의를 요하지만 이미 그러한 실무가 있다고 해도 허용성의 관점에서 큰 문제는 없다는 의견, 양수인이 독점적인 이용을 기대하고 있다고 해도 조사하면 충분하다는 의견, 저작권을 양수받는 경우에는 실사를 하는 것이 보통이라는 것을 전제로 생각하면 양수인에게 정형적으로 과실이 있다고 할 수 있다고 생각된다는 의견 등이 있었다고 한다. 文化審議会著作権分科会報告書, 文化審議会著作権分科会(2019. 2.), 111頁.

114) 보고서 작성 당시 기준으로도 양수인은 저작권의 양수 시에 타인에게의 이용 허락의 유무를 확인하고 있는 경우가 많고, 양수인은 양도계약에 있어서 저작권자에게 이용허락의 부재에 대해 진술·보증(representation and warranty)하게 하는 예도 상당히 존재하고 있다(진술·보증을 하고 있는 경우에는 그 내용과 다르게 이용허락이 존재했을 경우에는 양수인은 저작권자에게 손해배상청구를 할 수 있다). 저작권 양도 시의 이용 허락의 유무의 확인에 관해서는, 저작권의 양도시의 이용 허가의 유무의 확인의 상황이 불충분하다고 하는 의견이나 제도가 도입된 경우에 이용 허락의 유무의 확인을 하는 것은 곤란하다고 하는 의견은 보이지 않았다. 文化審議会著作権分科会報告書, 文化審議会著作権分科会(2019. 2.), 113-114頁.

115) 저작권의 라이선스에 기해 이용권자의 지위는 극히 불안정한데, 그 이유의 하나는 "매매는 임대차를 깨뜨린다"는 민법의 원칙이 저작권에도 당연히 적용된다고 하는 전제가 채택되고 있는 것에 있다는 하다. 그러나 무체물인 저작물은 이용에 대한 물리적 제약이 도대체 존재하지 않고, 여러 사람에 의한 동시·병존적인 이용이 성립하는 것이므로, 이용권에 대한 규율을 물권(소유권)의 경우와 동일하게 해야 할 필요성은 반드시 존재하지 않는다. 古城春実, "著作物の利用と対抗問題", 現代知的財産法実務と課題飯村敏明先生退官記念論文集, 発明推進協会(2015).

도가 아닌 '당연대항제도를 도입해야 하는 타당성'과 관련하여서는 ⑤ 대항제도가 거래안전을 보호하는 제도라는 점에서 공시기능을 가지는 등록제도가 원칙적인 모습일 것으로 보이지만 기존의 법 체계에서 이미 공시기능을 갖지 않는 대항요건을 채용하거나 대항 요건을 필요로 하지 않는 대항제도도 적지 않게 도입되어 있고,116) 라이선시 보호의 필요성이나 양수인에게 주는 불이익의 정도 등을 근거로 하면, 공시 기능을 가지는 대항 요건을 필요로 하는 것이 반드시 요구되고 있지 않은데, ⑥ 앞서 본 바와 같이 양수인에게 주는 불이익이 크지 않다고 평가할 수 있는 것을 근거로 하면 선의의 양수인을 보호하는 요청은 라이선시 보호의 요청에 비해 크지 않다고 보이고, 또 등록대항제도에 도입 시 부담하게 될 라이선시의 비용부담 등을 고려할 때 당연대항제도의 도입이 적절하다고 밝히고 있다.117)118)

또한 '다른 지적재산권법 제도와의 정합'성에 대해서도 검토한

---

116) 공시되지 않는 대항요건의 종류로는 ㉠ '인도(간접점유)'(동산에 대한 점유 개정, ㉡ '당연대항'(법정 담보물권인 일반선취특권, 동산선취특권, 공유물에 대한 채권 및 법정 대위에 의한 채권이전)을 들 수 있다. 각각의 권리와 그 변동에 대해 무엇을 대항 요건으로 할지는 각 권리와 그 변동마다 제도의 비용, 권리자의 (양태에 따른) 보호의 필요성, 제3자의 (양태에 따른) 보호의 필요성을 종합적으로 판단하여 결정되고 있다고 할 수 있다. 文化審議会著作権分科会報告書, 文化審議会著作権分科会(2019. 2.), 111頁.

117) 대항제도에 관련된 관계자에 대한 설문조사 결과(복수응답)에 의하면, 당연대항제도가 가장 많은 88.6%의, 사업실시 대항제도가 63.6%의, 악의자대항제도가 45.5%의, 등록대항제도가 38.6%의 지지를 받고 있다. 여기서 사업실시 대항제도는 라이선시 계약에 근거하는 사업실시를 대항요건으로 하는 제도를 의미한다. 文化審議会著作権分科会報告書, 文化審議会著作権分科会(2019. 2.), 112頁, 116頁.

118) 라이선스 계약에서 라이선스계약 체결 사실에 대한 비밀유지의무를 규정한 경우 라이선서의 고지의무와 충돌되는지 여부에도 위 1)항의 특허권 개정이유에서 살펴본 바와 같이 문제가 되지 않는다고 밝히고 있다. 文化審議会著作権分科会報告書, 文化審議会著作権分科会(2019. 2.), 114-115頁.

결과 ⑦ 위 1)항에서 살펴본 특허법상 당연대항제도 도입의 분석결과는 저작권법에도 그대로 적용될 수 있어 오히려 저작권에 대한 당연대항제도를 도입하는 것이 체계 정합성에 부합되고, ⑧ 산업재산권 제도 중 상표법에서는 당연대항제도를 도입하지 않고 등록대항제도를 유지하고 있으나 상표권은 다른 지식재산권과 달리 품질보장이 중요하기 때문에 1개의 상표권에 대하여 다수의 라이선스계약을 체결하는 복잡한 상황을 상정하기 어렵고, 당연대항제도를 도입하게 되면 상표권 양도 시 기존 라이선시가 상표를 계속사용함에 따라 양수인으로서는 품질관리의 부담 및 부정사용취소심판(일본 상표법 제53조)에 따라 상표권 취소의 위험을 안게 되는 문제가 있어 특허법보다 그 제약이 훨씬 크다는 점에서 창작법인 특허법이나 저작권법과는 사정이 다르다고 분석하였다.119)120)

나. 우리 지식재산권법에서 당연대항제도 도입의 필요성과 가능성

1) 창작법에서 당연대항제도의 도입에 대한 검토

위에서 살펴본 일본의 특허법이나 저작권에서의 당연대항제도 도입의 필요성과 가능성(허용성)에 대한 검토결과는 우리 지식재산권법에도 그대로 적용될 수 있다고 보인다. 우리 지식재산권법이나 민법의 기본적인 체계는 일본과 유사하고, 더욱이 지식재산권이 국가경제에서 가지는 의미와 비중이나 그 대항제도가 라이선스계약의 실무에 미치는 영향은 크게 다르지 않기 때문이다.

우선 공시되지 않은 권리변동요건인 당연대항제도를 지식재산

---

119) 文化審議会著作権分科会報告書, 文化審議会著作権分科会(2019. 2.), 121-122頁.
120) 그 밖에 저작권 분야의 다른 제도 등과의 관계로서 신탁 양도형 관리위탁계약, 위임형 관리위탁계약, 출판권 등에 대하여도 분석하고 있는데, 당연대항제도도입에 따른 영향은 없다고 보았다. 文化審議会著作権分科会報告書, 文化審議会著作権分科会(2019. 2.), 131-149頁.

권법 영역에 도입하는 것이 민법·상법 등 일반법과의 체계정합성에 부합되는지에 대한 검토가 필요한데, 민법상 물권화된 채권의 대표적인 예로서 임차권에 대한 대항제도가 이미 도입되어 있을 뿐만 아니라 공시되지 않는 권리변동요건으로 ㉠ 동산 소유권 이전에 대한 점유 개정(민법 제189조), ㉡ 법정 담보물권인 선박우선특권(상법 제777조 이하), 해난구조자의 우선특권(상법 제893조) 등도 정착되어 있어 체계정합성의 관점에는 큰 문제가 없다고 보인다. 따라서 권리변동요건 내지 대항제도로서 공시되지 않는 요건을 채택할지 여부는 각각의 권리와 그 변동에 대해 어떠한 요건을 채택할지는 각 권리와 그 변동마다 소요되는 제도의 비용, 권리자와 제3자의 보호 필요성의 비교형량을 종합적으로 고려하여 결정하면 충분하다고 할 것이다.

그런데 하나의 특허권이나 저작권에 다수의 통상실시권이 허락되는 경우가 적지 않고, 일반적으로 약자의 지위에 있는 라이선시로서는 라이선서에게 등록을 요구하기가 곤란하고 그 비용도 부담이 된다는 점에서 등록대항제도보다는 당연대항제도의 도입 내지 전환의 필요성이 크고, 지식재산권 제도에 관한 선진국인 미국, 독일, 일본도 당연대항제도를 취하고 있는 국제적 동향에도 부합된다.[121]

뿐만 아니라 라이선서(권리자)가 지식재산권을 양도할 경우 대

---

121) 특히 독일과 미국은 라이선시의 권리를 물권적 지위에 준하는 것으로 보고 있는 듯하다. 즉 독일(특허권, 실용신안권, 디자인보호권, 상표권, 저작권)에서는 실시권의 존속에 대한 실시권자의 신뢰를 보호하고 실시권자의 투자회수를 가능하게 하기 위하여 당연대항제도를 채택하고 있는데, 이와 같이 실시권 등을 사후적 물권변동으로부터 보호하는 방식에 대하여 '승계적 보호(Sukzessionsschutz)'라고 칭하면서 '권리자로서는 자신이 보유하는 권리만 허여할 수 있다'는 생각에 기초하고 있다고 설명한다. 미국 특허권에 관한 당연대항제도의 법리도 독일의 '승계적 보호'와 유사한 사고에 기초한 것으로 이해할 수 있다. 상세한 내용은 제2장 제2절 I.관 제2항(당연대항제도) 참조.

항력을 취득하지 못한 라이선시로서는 실시권에 기반하여 진행하던 사업 자체를 중단해야 하는 피해가 발생하고, 라이선서의 양도 사실을 알기도 어려워 적절한 대처를 하기 어려운 반면, 라이선서로서는 양수인과 양도계약을 체결하면서 기존 라이선스 계약의 존재를 이미 알고 있어 고지할 의무를 부담하게 되고(하자담보책임 내지 채무불이행 책임을 진다), 양수인으로서도 진술·보증(representation and warranty) 규정을 계약서에 포함시키는 실무례에 따라 라이선스 계약의 존재를 사전에 조사할 수 있고 손실보상도 받을 수 있을 뿐만 아니라 라이선시의 지위를 인정하더라도 양수인 스스로 해당 지식재산권을 실시하는 데에 아무런 지장이 없다는 점을 고려하면, 당연대항제도의 도입에 따른 효용이 비용을 초과한다고 할 수 있다.

  이와 유사한 관점으로 독일에서는 지식재산권법 전반에 걸쳐서 채택하고 있는 당연대항제도를 통해 이용권의 존속에 대한 이용권자의 신뢰를 보호하고 이용권자의 투자회수를 가능하게 하는 장점이 있다고 설명하고 있다. 더욱이 미국의 1988년 입법개선 자료에서도 적절히 지적한 바와 같이, 우리 채무자회생법상 관리인의 선택권 규정에 의하여 라이선스 계약이 해제될 위험이 있기 때문에 일응 라이선서에게 유리해보이지만 라이선스계약에서 정하게 되는 로열티에 대하여 도산의 위험을 고려하여 과소한 금액을 지급받게 되는 불이익한 상황도 배제할 수 없다 할 것인데, 이는 평시 법률관계에서 라이선서가 권리를 제3자에게 양도하는 경우에도 마찬가지로 할 것이므로, 당연대항제도를 도입함으로써 평시 법률관계에서 권리양도의 위험을 고려한 과소한 로열티 책정의 불이익한 상황을 제거하는 것이 바람직하다.[122]

---

122) 상세한 내용은 제2장 제2절 I.관 제2항(당연대항제도) 참조.

이와 같은 당연대항제도 도입의 필요성과 허용성은 창작법인 특허법, 실용신안법, 디자인보호법, 저작권법에 공통으로 적용된다고 할 것이다. 이와 같이 당연대항제도를 우리 채무자회생법상 적용배제특칙을 '대항력을 취득한 사용수익권 일반'에 대해서까지 확대하는 입법개정과 함께 도입한다면 도산절차에서도 라이선시를 보호하는 강력한 해결방안이 될 수 있다는 점은 일본의 입법개정을 통해서도 확인할 수 있다.

특히 저작권에 있어서 당연대항제도를 도입해야 하는 것은 다른 지적재산권법 제도와의 정합성의 관점에서도 더욱 필요하다고 보인다. 전기나 통신 관련과 같은 기술분야의 라이선스계약에서는 특허권 라이선스와 함께 관련된 소프트웨어의 저작권 라이선스가 포함되는 경우도 많은데, 이러한 계약에서 특허권 라이선스는 등록대항제도를 취하고 있고 나아가 당연대항제도로 변경하게 되면 저작권 라이선스에 대해서는 대항제도가 없기 때문에 라이선서가 자신이 보유한 권리를 제3자에게 양도하는 경우에 복잡한 상황이 발생하므로 이와 같은 대항제도의 불통일성은 조속히 시정될 필요가 있기 때문이다.[123] 더욱이 도산절차에서 대항력을 취득한 사용수익권 일반으로 적용배제특칙을 확대할 경우에는 이와 같은 문제는 더욱 심각한 상황을 가져오게 될 것이다.

다만 특허법, 실용신안법, 디자인보호법의 심판제도에 있어서는 무효심판청구의 통지, 재정청구서 부본송달은 통상실시권의 존재를 파악하기 어렵기 때문에 이를 실행할 수 없고, 특허권자가 특허권을 포기하거나 정정심판을 청구하기 위해서는 통상실시권자의 승낙을 받아야 하나 특허청은 통상실시권의 존재를 알기 어렵고, 또 특허권이 포기되어가 정정되더라도 실시권자의 실시에는 큰 지

---

[123] 古城春実, "著作物の利用と対抗問題", 現代知的財産法実務と課題飯村敏明先生退官記念論文集, 発明推進協会(2015).

장이 없다는 점에서 통상실시권자에 대한 통지, 송달 제도와 권리포기 제도에 대한 개선이 필요하다고 보인다.124)125)

2) 상표법에서 당연대항제도의 도입에 대한 검토

그러나 등록대항주의를 채택하고 있는 현행 상표법에 있어서는 다음과 같은 이유로 당연대항제도로 변경하는 것은 적절치 않다고 보인다.

---

124) 다만 저작권법은 현재에도 저작물 포기에 이용권자의 승낙을 요구하고 있지 않다.
125) 한편 쌍방이 서로에 대한 지식재산권에 관한 라이선스(통상실시권)를 부여하는 '크로스라이선스계약'의 경우에도 대항력을 구비하지 않았다면 관리인은 해제를 선택할 수 있으나, 크로스라이선스계약은 상호간에 보유하는 지식재산권의 사용에 계약의 본질이 있고 지식재산권의 일부만 사용하는 상황을 방지해야 한다는 특별한 요청이 있는 경우이므로 관리인의 해제권을 제한해야 하는 필요성이 더욱 크다고 할 것이다. 실무적으로는 크로스라이선스 계약관계에 이탈하고자 하는 경우 지식재산권 승계인에게 크로스라이선스 계약의 지위를 이전하거나 상대방에게 지식재산권의 매입을 요청하고 있다고 보인다[園尾隆司·山本和彦·中島肇·池田靖, 最新實務解說 一問一答 民事再生法, 靑林書院(2011), 291頁]. 이러한 문제의식에서 일본은 지식재산권에 관한 대항제도를 보완하는 입법개정을 함으로써 우리의 특허법보다 더욱 넓게 통상실시권을 보호하도록 하고 있다. 즉 크로스라이선스 계약에서 주로 이용되는 포괄적 라이선스 계약의 경우에는 특허번호가 특정되지 않아 대항력 획득을 위한 등록이 어려운 문제를 해결하기 위하여 2019년 '산업활력의 재생 및 산업활동의 혁신에 관한 특별조치법'(2020. 10. 1. 시행)을 개정하면서 포괄적 라이선스계약을 '특정통상실시권허락계약'으로 정의하면서 특정통상실시권등록부에 통상실시권의 등록을 인정하기로 하였고, 이와 함께 특허출원 후 등록시까지의 '특허를 받을 권리'에 대해서도 통상실시권으로 보호하기로 특허법을 개정하였으며(2021. 4. 1. 시행), 전용실시권·가실시권을 창설하여 그 등록을 각 효력발생요건 및 대항요건으로 규정하였고(특허법 제34조의2, 제34조의3), 이러한 실시권 등록을 한 라이선시에 대해서는 도산절차의 관리인이 해제권을 행사할 수 없다. 이 경우에도 당연대항제도를 도입하는 것이 타당하다고 보이지만, 현재와 같은 등록대항제도 체계 하에서 위와 같은 등록제도를 도입하는 것은 적극적으로 검토해볼 필요가 있다.

즉 상표법은 표지법으로서 창작법인 특허법, 저작법 등과 달리 표지의 선점 및 그에 따른 출처표시기능 및 품질보장기능을 지속적으로 관리하여 유지하는 것이 중요한데, 이러한 이유로 통상 1개의 상표권에 대하여 다수의 라이선스 계약을 체결하는 경우는 많지 않다. 상표권자가 여러 명과 라이선스 계약을 체결하게 되면 품질관리를 하는 것이 어렵게 되고, 이를 이유로 상표등록이 취소될 위험도 부담하게 된다(상표법 제119조 제1항 제2호, 제5호).

이러한 이유로 상표권에 대하여는 당연대항제도를 도입하게 되면 상표권자(라이선서 내지 양수인)로서는 특허권이나 저작권보다 권리상실 등의 더 큰 위험부담을 안게 되므로 당연대항제도를 도입하는 것에는 신중을 요한다.

이러한 점은 미국의 파산법 개정에 대한 검토자료를 통해서도 확인할 수 있다. 미국에서는 1988년에 § 365(n)을 신설하는 파산법 개정을 하면서 상표권에 대해서도 위 규정을 적용하도록 할지 여부에 대하여 검토하였는데, 당시 입법자료에 의하면 상표(trade mark), 상호(trade name), 서비스표(service mark)에 관해서는 라이선시가 판매·제공하는 제품이나 품질에 대한 품질관리가 라이선스 계약의 법률관계에 아주 큰 부분을 차지하므로, 이러한 문제에 대한 추가적인 심층검토 없이는 위 규정의 적용을 미룰 수밖에 없다고 밝히고 있다.[126] 또한 이러한 문제에 대한 추가적인 검토를 진행한 2014년 ABI 보고서에서는 같은 문제의식에 따라 § 365(n)을 그대로 적용할 수는 없고, 관리인이 계약거절(rejection)을 선택할 경우 특허권 등과 달리 당초의 라이선스 계약에서 정한 품질관리에 관한 권한은 그대로 유지하는 것으로 수정하는 내용으로 입법개선을 하는 것이 타당하다는 의견을 제시하기도 하였다.[127] 이와 같은 미국의 문제

---

126) Senate Report No. 100-505, 100th Congress 2d Session. (Sept. 14, 1988), p.5.
127) Final Report of the ABI Commission to Study the Reform of Chapter 11(2014),

의식은 도산법에 관한 것이나 상표권과 다른 지식재산권과의 차별성을 고려하여 입법개정에 참작하여야 한다는 관점에서 당연대항제도의 도입에도 차별성을 갖게 하는 중요한 근거가 된다고 할 것이다.

결국 당연대항제도를 도입할지 여부 내지 어떠한 대항제도가 합리적인지는 해당 지식재산권의 특성, 권리변동에 소요되는 제도의 비용, 그리고 권리를 둘러싼 관련자들의 보호필요성과 피해정도 등을 종합적으로 고려하여 결정할 문제로서, 상표권에 대해서는 현재의 등록대항제도를 당연대항제도로 변경하는 것에 신중한 접근이 필요하다고 생각한다.

5. 소결

이상의 논의를 정리하면, 우리 채무자회생법에 있어서는 쌍방미이행 쌍무계약에 해당하는 라이선시 계약을 포함하여 '대항력을 취득한 사용수익권 일반'에 대하여 관리인의 선택권을 제한하는 적용배제특칙을 확대함으로써 라이선시가 실시권에 기반한 사업계속을 할 수 있도록 하는 길을 허용하고, 나아가 창작법인 특허법, 실용신안법, 디자인보호법 및 저작권법에 있어서 당연대항제도를 도입함으로써 라이선시의 권리를 도산절차에서도 실효적으로 보호할 수 있도록 하는 입법개정을 적극적으로 고려하는 것이 바람직하다고 생각한다.[128]

---

p.p.126-127. 그럼에도 아직까지도 위 입법개선의견에 따른 개정은 이루어지고 있지 않다.
128) 지식재산권 중에서 표지법인 상표법은 창작법과는 결을 달리하고 있어, 이에 대한 도입은 신중히 검토할 필요가 있다고 보인다. 일본도 이러한 관점에서 상표법에 대해서는 특허법·의장법·저작권법의 개정을 그대로 답습하지는 않은 듯하다.

IV. 해제권 방식에 있어서 해결방안에 대한 종합정리

　이상에서 검토한 바와 같이, 우리 채무자회생법상 관리인의 선택권 규정 중 관리인의 해제권을 지식재산권 라이선시에 대해서도 제한 없이 행사할 수 있도록 하는 현재의 입법태도는 실시권에 기반하여 많은 시설과 자본을 투자하여 사업을 진행하던 라이선시로 하여금 라이선서의 도산이라는 우연한 사정에 의하여 사업을 중단하게 함으로써 그 지위를 불안정하게 하고, 나아가 지식재산 입국을 지향하는 우리 국가적 과제 달성에도 큰 장애가 될 수 있기 때문에 해제권 행사를 제한할 필요성이 크다고 할 것이다.

　이러한 문제를 해결하기 위해서는 채무자회생법상 적용배제특칙을 대항력 있는 임차권에서 '대항력 있는 사용수익권 일반'으로 확대하고, 나아가 특허권 등의 실시권에 대한 대항력 취득의 실효성을 높이기 위해 당연대항제도를 도입하는 입법개정이 필요하며, 그러한 입법개정이 없더라도 계약을 해제하는 것이 상대방에게 현저하게 불공정한 상황이 발생하게 되는 경우에는 신의칙을 적극 적용함으로써 관리인의 해제권 행사를 제한하는 것이 바람직하고(적용배제특칙을 확대하는 입법개정을 한 경우에는 특히 대항력이 없는 라이선시를 보호하는 수단이 될 수 있다는 데에 의의가 있다), 나아가 관리인의 선택권 행사에 대한 법원의 허가기준으로 신의칙의 판단기준을 적용하도록 입법개정을 하는 것이 타당하다고 생각한다.

　이상은 현재 우리 채무자회생법이 취하고 있는 해제권 방식을 전제로 한 해결방안을 검토한 것이고, 이하에서는 이행거절권 방식을 취하는 비교법적인 예와 관련 학설로부터 라이선시를 보호하기 위한 해결방안으로서 참조할 점이 있는지에 대하여 살펴보기로 한다.

　그런데 본 절에서 검토한 라이선시 보호를 위한 해결방안을 도입하는 것은 단순히 특수한 일부 영역에서의 문제점을 해결하기 위한 방안을 모색하는 것이 아니라 관리인의 선택권 규정 나아가 도산절차에서 평시 법률관계를 존중하는지에 관한 채무자회생법의 근본구조에 관한 것이므로 해결방안 도입을 전제로 한 해제권 방식과 이행거절권 방식의 장단점에 대해서도 함께 검토해 보기로 한다.

제 3절 이행거절권 방식으로부터의 라이선시 보호방안에 대한 시사점

I. 서설: 이행거절권 방식의 다양성

1. 계약상대방의 선택권 부여 여부에 관한 다양성

쌍방미이행 쌍무계약에 대한 관리인의 선택권 중 계약불이행권한으로서 해제권 방식이 아닌 '이행거절권 방식'을 채택한 경우에도 다시 계약상대방에게 계약유지 여부를 선택할 권리를 부여할지와 관련하여서는 여러 형태가 있는 듯하다.[1]

관리인이 계약이행을 원치 않을 경우 해제권을 행사하면 계약이 즉시 종결되는 것은 그 의미상 명백하나, 이행거절권을 행사할 때 계약이 즉시 종결되는지에 대해서는 검토의 여지가 있다. 도산목적 달성을 위해 관리인에게 계약종결권한으로서 이행거절권을 부여하였다고 생각하면 상대방에게 강제이행권을 부여할 수 없지만, 관리인의 이행거절권 방식을 채택한 미국의 경우에는 미국 파산법 § 365의 계약거절(rejection)은 도산법상 특유한 개념이 아니라 평시 법률관계에서의 계약거절에 불과하므로 관리인에게 계약종결권한으로서 이행거절권을 부여한 것은 아니라고 본다.

미국 판례와 입법개정의 경위를 살펴보면, 관리인이 선택한 계약거절 내지 이행거절이 계약파기(termination, rescission)를 의미한다

---

1) 제4장 제1절 II.관(교착상태의 발생과 해소)에서 본 바와 같이 관리인의 선택권 제도는 이론적으로 다양하게 설계할 수 있다.

고 보는 하급심 판례도 있었고, 관리인의 계약거절에 대한 채권자의 선택권을 규정한 몇 가지 특칙[§ 365(h), (i), (j), (n)]도 이러한 전제로 규정된 것이라는 오해를 불러오기도 했다. 그러나 최근 미국 연방대법원은 일반법의 법리는 도산법에도 그대로 적용되어야 하고 연방파산법 § 365(g)항의 계약거절은 계약파기를 의미하는 것이 아니라 말 그대로 이행을 거부하는 채무불이행(breach)의 의미에 불과하여 계약상대방은 일반법에서와 같은 법적 수단을 행사할 수 있고, 나아가 지식재산권 라이선스 계약과 같이 특정이행(specific performance)이 인정되는 경우에는 계약의 이행강제 내지 특정이행을 구할 수 있다고 판시하였고, 학설은 이 경우에도 다시 도산법과 형평법의 비교형량을 하여 상대방의 이행강제권을 제한할 여지가 있다고 한다.

　독일의 경우에도 해제권 방식이 아닌 이행거절권 방식을 취하나, 미국과 달리 관리인의 이행거절 시 상대방의 이행강제는 허용되지 않으므로 이행거절권한을 계약종결권한으로 부여한 것으로 이해할 수 있다. 즉 독일 도산법은 관리인의 선택권으로서 이행거절권 방식을 취하는데, 도산절차 개시에 따라 상대방의 이행강제권은 도산절차의 개시에 따라 소멸하기 때문에 파산관재인이 이행의 거절을 선택한 때에 상대방은 계약유지를 선택할 수 없다는 것이 판례와 다수설의 태도이다. 또한 관리인이 이행거절을 선택하게 되면 계약상대방은 자신의 채무를 일부 이행한 경우에도 그에 대한 반환을 청구하지 못하고 단지 채무불이행을 이유로 손해배상을 청구할 수 있을 뿐이다. 이때 손해배상청구권은 파산채권으로서 채권액의 비율에 따라 배당을 받게 된다.

　반면 프랑스, 스위스, 네덜란드 등은 관리인이 이행거절을 한 경우 계약상대방은 이행강제를 청구하거나 해제권을 선택적으로 행사할 수 있다.

2. 계약상대방에게 선택권을 부여한 경우에 있어서 법률관계의 다양성

관리인이 이행거절을 선택하면 상대방에게 해제권이 인정되는 입법례도 있고, 상대방의 해제권을 인정할 경우 기지급부분을 정리하는 방식도 여러 가지가 가능하다. 상대방에게 원상회복청구권을 인정할지 여부도 논리필연적이지는 않고, 손해배상청구권 등 금전정산방식에 의하는 경우에도 대가관계가 인정되는 부분이나 초과부분을 어떻게 정리할지에 대해서도 다양한 견해가 가능하다.

프랑스, 스위스, 네덜란드 등은 관리인이 이행거절을 한 경우 계약상대방은 이행강제를 청구하거나 해제권을 선택적으로 행사할 수 있다. 그러나 계약상대방이 해제권을 행사한 때에, 스위스의 경우에는 다른 나라와 달리 계약상대방이 원상회복청구를 하는 것은 허용되나 채무불이행으로 인한 손해배상을 구할 수는 없다.[2]

---

[2] 최준규, 계약법과 도산법 -민법의 관점에서 도산법 읽기-, 홍진기법률연구재단(2021), 267-268면에서는 계약상대방의 해제권을 인정하는 비교법적인 예를 다음과 같이 소개하고 있다. ① 프랑스 판례는 관리인이 이행선택을 거절한 경우 채무불이행의 피해자인 계약상대방은 평시 실체법에 따라 계약을 해지할 수 있다고 본다. ② 스위스 채권추심 및 파산에 관한 연방법 제211조 제2항 제2문에 따르면, 쌍방미이행 쌍무계약에서 계약상대방은 관리인에게 이행청구권의 보장을 요구할 수 있다. 이때 관리인이 보장을 거부하면 계약상대방은 해제권을 행사할 수 있다는 것이 학설의 입장이다. 다만 채무자는 계약상대방의 채권을 보장할 의무가 없으므로 계약상대방은 채무불이행을 이유로 한 손해배상청구를 할 수 없다. 또한 관리인이 채무자의 의무를 인수하지 않았고 채무자 대신 계약을 이행할 의무도 없으므로, 계약상대방은 관리인에 대해서도 채무불이행을 이유로 한 손해배상을 청구할 수 없다. 결과적으로 계약상대방이 해제를 하였다면 원상회복만 문제된다(계약상대방이 해제를 하지 않았다면 계약상대방의 채권과 도산채무자의 반대채권이 모두 금전화됨으로써 금전채권 형태의 단일한 이득반환청구권만 남게 된다. 채무불이행을 이유로 한 손해배상청구가 허용되지 않으므로 계약상대방은 이행이익 상당의 손해배상청구권을 취득할

II. 미국의 이행거절권 방식: 라이선시 보호방안에 대한 사례를 중심으로3)

1. 쌍방미이행 쌍무계약(executory contract)에 관한 법리 개괄

가. 서설

미국 연방대법원4)은 채무자에 대한 도산절차가 개시된 경우 관재인5)은 도산절차 신청 이전에 채무자가 체결한 계약이 파산재단에 불이익하거나 바람직하지 않은 경우에는 반드시 계약을 인수하지는 않아도 되고, 관재인은 계약을 인수하거나 거절할 선택권이

수 없다). ③ 네덜란드 도산법은 스위스와 마찬가지로 계약상대방에게 주도권(initiative)를 부여한다. 즉 쌍방미이행 쌍무계약에서 상대방 당사자는 관리인에게 적당한 기간을 정하여 이행여부를 밝힐 것을 최고할 수 있고, 관리인은 이행선택 시 이행에 대한 담보를 제공하여야 한다. 관리인이 이행을 선택하지 않으면 계약상대방은 계약을 해제할 수 있다.

3) 'II. 미국의 이행거절권 방식'에 대하여는 권창환, "도산절차에서의 쌍방미이행 쌍무계약과 지식재산권 라이선스 계약의 관계", 사법 통권 제50호, 사법발전재단(2019)의 내용을 일부 수정·보완하여 기재하였다. 위 글은 2019년 미국 Mission 판결이 선고된 것을 계기로 국내에서도 도산절차에서 지식재산권 라이선시를 보호하는 방안을 강구하는 것이 국제적 동향에 부합된다는 취지의 문제제기를 하였다는 점에서 의의가 있고, 이 책은 이러한 문제의식 하에서 라이선시 보호의 다양한 해결방안에 대한 이론적·비교법적 검토를 보다 근원적인 차원에서 보강하고, 나아가 해결방안의 도입이 도산제도 전체 특히 쌍방미이행 쌍무계약을 다루는 방식에 미치는 영향을 일반법과 특별법의 조화를 추구하는 메커니즘으로서 합리적인 기능을 수행할 수 있는지의 관점에서 분석을 진행하였다.

4) United States Trust Co. v. Wabash Western Ry., 150 U.S. 287(1893).

5) 미국 도산법은 일반규정(Chapter 1, 3, 5)에 이어 파산(Chapter 7 Liquidation), 회생(Chapter 11 Reorganization) 등을 규정하고 있는데, 파산절차와 회생절차를 구별하지 않고 '관재인(trustee)'라는 용어를 사용하고 있다. 이하 'II. 미국의 이행거절권 방식'에서는 관리인 내지 파산관재인이라는 용어 대신 '관재인'이라고만 칭한다.

있다고 판시한 바가 있으며, 미국 파산법은 이러한 판례법에 기초하여 쌍방미이행 쌍무계약에 관한 규정을 파산법에 도입하였다.

'파산재단은 좋은 거래는 인수하고, 나쁜 거래는 거절(불이행)하면 된다'고 단순히 이해하면 충분하지만, 파산법은 이러한 기본적인 경제적 아이디어를 해석하면서 너무나도 복잡하게 규정하고 있다.[6]

이와 같은 미국 파산법의 체계는 대륙법계인 우리 채무자회생법이나 일본의 파산법·회생갱생법·민사재생법과는 전혀 상이하고 특히 쌍방미이행 쌍무계약에 관한 규정도 전혀 다른 체계로 규정하고 있을 뿐만 아니라 기본적인 법체계인 평시 법률관계의 법리도 전혀 상이하여 우리 채무자회생법에 대한 시사점을 얻기 위해서는 상세한 검토가 필요하다.

나. 관련 조문의 개괄

1) 쌍방미이행 쌍무계약의 정의

미국 파산법 11 U.S.C. § 365는 (a)항에서 (p)항까지 총 11개 항으로 구성되어 있고 쌍방미이행 쌍무계약(an executory contract)과 계속되는 임대차계약(an unexpired lease)만을 다루고 있지만, '쌍방미이행 쌍무계약'에 대한 정의는 법조문 어디에도 없어 법원의 해석에 의해 그 간극이 메워지고 있다.

'쌍방미이행 쌍무계약'에 관한 정의는 '채무자와 다른 일방(채권자)이 그 계약에 관한 의무를 그때까지 이행하지 않아서, 어느 일방이 계약이행을 하지 못한 것이 다른 일방의 이행을 면제시켜줄 정도로 중대한 계약위반(a material breach excusing the performance of the

---

[6] Elizabeth Warren·Jay Lawrence Westbrook·Katherine Porter·John A.E. Pottow, The Law of Debtors and Creditors: Text, Cases, and Problems(7th edition), Wolters Kluwer(2014), p.562.

other)을 구성하는 경우'라는 컨트리맨(Vern Countryman) 교수의 견해가 일반적으로 받아들여지고 있으나,7) 최근에는 이와 다른 주장을 하는 견해도 적지 않은 듯하다.8) 컨트리맨 교수의 정의를 따르는 법원으로는 미국 제3, 4, 5, 7, 9, 10연방항소법원 등이 있다.9)10)

---

7) Vern Countryman, "Executory Contracts in Bankruptcy: Part I", 57 Minn. L. Rev.(1973), p.439(A contract under which the obligation of both the bankrupt and the other party to the contract are so far unperformed that the failure of eitherto complete performance would constitute a material breach excusing the performance of the other). Charles Jordan Tabb, The Law of Bankruptcy(4th), West Academic(2016), p.795.
8) 중대한 위반(material breach)의 개념이 모호하다는 등의 이유로 Countryman 교수의 정의에 반대하는 견해로는 ① 계약의 이행이나 불이행을 선택하는 것은 파산절차 개시 이전에 이미 채무자가 실체법상으로 가지고 있는 권리이므로 그 요건을 정형화하는 것을 불필요하고 파산법은 단지 그로 인한 선택의 효과만을 다루면 족하다는 '기능적 효과론'[Jay Lawrence Westbrook, "A Functional Analysis of Executory Contracts", 74 Minn. L. Rev.(1989), pp.282-285]과, ② 채무자와 채권자가 각각 의무를 이행하지 않았고, 채무자가 더 이상 이행을 중단한다면 상대방의 계속적 이행을 요구할 권리가 없는 계약으로 정의하는 견해[Michael T. Andrew, "Executory Contracts in Bankruptcy: Understanding rejection", 59 U. Colo. L. Rev.(1988), pp.889-894]가 대표적이다[Charles Jordan Tabb, The Law of Bankruptcy(4th), West Academic(2016), p.796]. 이은재, "한국과 미국의 회생절차에서의 미이행계약에 대한 비교", 사법 35권, 사법발전재단(2016), 270-271면에서도 위 견해들을 소개하고 있다. 그 외에도 ③ 관재인 또는 점유를 계속하는 점유자가 파산재단(estate)의 이익을 위하여 그 계약의 인수나 거절여부를 선택할 필요가 있으면 족하고, 굳이 미이행계약일 것을 요구할 필요가 없다는 견해[Jordan, R. L & Warren, W. D. Bankruptcy(3rd ed), Foundation Press(1993), p.316. 서경환, "회사정리절차가 계약관계에 미치는 영향", 재판자료 86집(회사정리법·화의법상의 제문제), 법원도서관(2000), 674면에서 재인용]도 있다. 보다 상세한 논의는 김영주, 도산절차상 미이행 쌍무계약에 관한 연구, 서울대학교 박사학위논문(2013), 22-32면 참조.
9) Charles Jordan Tabb, The Law of Bankruptcy(4th), West Academic(2016), p.795.
10) 영미법상 "executory contract"는 계약당사자 모두가 이행을 완료한 계약인 "executed contract"에 대비되는 개념으로서 일방미이행 쌍무계약도 포함되는 용어로 사용되기도 하나(예를 들어 2010 Georgia Code TITLE 13 -

2) 관리인과 상대방의 선택(option)

쌍방미이행 쌍무계약은 선택(option), 제한(limits), 그리고 그 법적 효과(legal effects)의 관점에서 분석될 수 있다.[11]

관재인(trustee)은 계약거절(reject the contract), 계약인수(assume the contract), 계약인수를 전제로 한 계약양도(assign the contract, after first assuming it), 아무것도 하지 않기(do nothing)라는 4가지 선택지(option)가 있다. § 365(a)[12]에서 계약거절과 계약인수를 법원의 허가를 전제로 선택할 수 있도록 규정하고 있고,[13] 계약양도는 § 365(f)에서

CONTRACTS CHAPTER 1 - GENERAL PROVISIONS § 13-1-2에서도 위와 같이 규정하고 있다), 도산법의 영역에서는 쌍방이 모두 미이행한 경우만을 의미한다. 참고로 "executed contract"는 경우에 따라서는 계약 당사자가 서명을 하는 등 계약성립을 위한 모든 행위를 마친 상태(to sign and finalize the contract)를 의미하기도 하고, 때로는 계약이행을 모두 완료한 상태를 의미하기도 하는데, 후자의 경우 이를 명확히 하기 위해 "fully executed contract"라고 표시하기도 한다. 이와 달리 채무 전부 또는 일부가 이미 이행된 계약을 기이행계약(executed contract)으로, 채무가 장래에 이행되어야 할 계약을 미이행계약(executory contract)로 구분하는 경우도 있다[이계정, "변호사 보수청구 제한의 근거로서 신의칙과 신인관계 -법관의 합리적 재량 행사의 문제를 겸하여", 서울대학교 법학 60권 4호, 서울대학교 법학연구소 (2019. 12.), 14면에서는 계약구속력의 근거로서 아티야(Patrick Selim Atiyah)의 신뢰이론을 소개하면서 위와 같은 구분을 언급하고 있다.

11) Charles Jordan Tabb, The Law of Bankruptcy(4th), West Academic(2016), p.792.
12) 11 U.S.C. § 365 (a) Except as provided in sections 765 and 766 of this title and in subsections (b), (c), and (d) of this section, the trustee, subject to the court's approval, may assume or reject any executory contract or unexpired lease of the debtor[§ 765, § 766 및 본 조의 (b), (c), (d)항의 경우를 제외하고는, 관리인은 법원의 허가를 받아 쌍방미이행 쌍무계약 내지 계속되는 임대차를 인수하거나 거절할 수 있다.
13) 계약거절과 계약인수 모두 법원의 허가를 받도록 한 점은 우리 채무자회생법보다 법원의 통제가 강하다고 평가할 수 있다. 우리 채무자회생법은 회생의 경우에는 해제·해지에 한해 허가를 받도록 할 수 있고(제61조 제1항 제4호), 파산의 경우에는 이행선택의 경우에 한해 허가를 받아야 하는 것으로 규정하고 있다(제492조 제9호).

다루고 있다.14) 아무것도 하지 않기의 선택지에 대해서는 명시적으로 규정하고 있지 않고 § 365(d)의 '선택에 관한 시간적 한계 규정'을 통해 다루고 있다.15)

관재인이 계약을 인수하고자 할 때의 제한은 § 365(b)와 (c)에서 다루고 있고, 반대로 제한을 해제하는 중요한 조항인 § 365(e)에서는 파산신청이나 지급불능의 발생 시 자동적으로 계약을 종결 내지 수정하게 하거나 채권자로 하여금 그 선택권을 주는 계약조항인 이른바 도산해제조항(ipso facto clause)은 무효임을 선언하고 있다. 계약양도에 관한 제한은 § 365(f)에서 규정하고 있는데, § 365(f)(2)(A)에 따르면 계약양도는 계약인수를 하였을 때에만 할 수 있기 때문에 계약인수에 관한 모든 조건이 계약양도에도 동일하게 적용된다.16) § 365조는 계약인수(assumption)나 계약양도(assignment)의 법적 효과에 대해서는 상대적으로 덜 다루고 있는데, 계약인수는 § 365(b), (g)에서, 계약양도는 § 365(k), (l)에서 다루고 있다.17)

§ 365의 가장 중요한 법적 효과는 계약거절(rejection)에 관한 것이다. 그런데 많은 학자들은 이러한 거절의 효과가 매우 혼동스럽다고 말한다. 어쨌든 § 365(g),18) (h), (i), (j), (n) 및 (p)항은 모두 계약거

---

14) Charles Jordan Tabb, The Law of Bankruptcy(4th), West Academic(2016), p.p.792, p.p.799-800.
15) Charles Jordan Tabb, The Law of Bankruptcy(4th), West Academic(2016), p.800.
16) Charles Jordan Tabb, The Law of Bankruptcy(4th), West Academic(2016), p.792.
17) 영국 도산법(Insolvency Act 1986)도 미국 파산법제와 유사한데, 파산관재인은 파산재단에 이익이 되지 않는 계약 등을 거절(disclaim)할 수 있고 이에 따라 손해를 입은 자는 손해액을 한도로 파산절차 내에서 우선권 없는 일반의 파산채권(a bankruptcy debt)을 행사할 수 있다(제315조 제1항, 제2항, 제5항). 또한 UNCITRAL의 도산법입법지침도 미국 파산법과 유사하게, 관리인은 미이행 계약의 이행을 거절할 수 있으며(제73조), 이행을 거절함에 따라 발생하는 손해에 대한 취급방식은 준거법에 따라 결정하되 손해배상채권은 통상적인 무담보채권(an ordinary unsecured claim)이라는 내용의 입법 권고를 하고 있다(제82조).

절의 효과를 다루고 있고, 제11장에서는 특별한 유형의 계약에 관한 조문이 2개 있는데 단체협약(collective bargaining agreements)을 다루는 § 1113과 퇴직수당(retiree benefits)을 다루는 § 1114가 있다.[19]

§ 365(d)는 관재인의 선택에 관한 절차적 규칙을 주로 다루고 있는데 선택에 관한 시간적 한계에 관한 부분이 가장 핵심이다.[20] 관

---

18) 아래 § 365(g)(2)는 조문의 구조가 복잡해보이기는 하나, 요약하자면 회생절차(제11, 12, 13장)에서 파산절차(제7장)로 전환하는 규정인 제1112, 1208, 1307조에 따른 전환이 있고, 그 과정에서 계약거절된 상태를 최종적으로 인수를 한 때에 있어서 채무불이행 효과의 발생 시점을 규정하고 있다.
11 U.S.C. § 365 (g) Except as provided in subsections (h)(2) and (i)(2) of this section, the rejection of an executory contract or unexpired lease of the debtor constitutes a breach of such contract or lease—[본 조의 (h)(2)항 및 (i)(2)항에서 정한 경우를 제외하고는, 쌍방미이행 쌍무계약이나 계속되는 임대차계약에 대한 계약거절은 아래의 각 시점을 기준으로 채무불이행을 구성한다] (1) if such contract or lease has not been assumed under this section or under a plan confirmed under chapter 9, 11, 12, or 13 of this title, immediately before the date of the filing of the petition; or [본 조 내지 제9, 11, 12, 13장에 따라 인가된 회생계획에 의하여 계약인수가 되지 않았다면 도산신청일 직전을 기준으로 하고] (2) if such contract or lease has been assumed under this section or under a plan confirmed under chapter 9, 11, 12, or 13 of this title—[본 조 내지 제9, 11, 12, 13장에 따라 인가된 회생계획에 의하여 계약인수가 되었다면 아래의 각 시점을 기준으로 하는데] (A) if before such rejection the case has not been converted under section 1112, 1208, or 1307 of this title, at the time of such rejection; or [계약거절이 되기 전에 제1112, 1208, 1307조에 따라 전환되지 않았다면 계약거절이 되었을 때를 기준으로 하고] (B) if before such rejection the case has been converted under section 1112, 1208, or 1307 of this title—[계약거절이 되기 전에 제1112, 1208, 1307조에 따라 전환되었다면 아래의 각 시점을 기준으로 하는데] (i) immediately before the date of such conversion, if such contract or lease was assumed before such conversion; or [위와 같은 전환이 되기 전에 계약인수가 되었다면 전환한 날 직전을 기준으로 하고] (ii) at the time of such rejection, if such contract or lease was assumed after such conversion[위와 같은 전환을 한 뒤에 계약인수가 되었다면 전환한 날을 기준으로 한다].
19) Charles Jordan Tabb, The Law of Bankruptcy(4th), West Academic(2016), p.793.
20) § 365(d)는 현행 파산법이 제정된 1978년 이래 미국 국회가 이해관계인들을 위한 법 개정을 함에 있어서 가장 선호하는 조문이라 할 수 있는데, 상업

재인은 종종 계약인수, 계약양도를 선택하지 않은 채 가급적 오래 동안 선택을 미루고자 하는 강한 유인이 있을 수 있다. 계약이 지속되는 동안 계약을 통한 이익을 얻을 수 있으면서도 계약거절의 선택지를 계속 가질 수 있기 때문이다. 이러한 경우를 대비하여 Chapter 7의 파산절차에 있어서 관재인은 절차개시일로부터 60일 이내 또는 법원이 추가로 부여하는 60일 이내의 기간 내에 인수 내지 거절을 결정하여야 하고 이를 선택하지 않으면 계약거절을 선택한 것으로 간주된다[§ 365(d)(1)].[21]

반면 Chapter 9, 11, 12, 13의 회생절차에 있어서 관재인은 회생계획인가결정 시까지 언제든지 인수나 거절을 선택할 수 있고, 일방 당사자의 요청에 따라 법원은 특정 기간 내에 인수나 거절을 선택하도록 명할 수 있는데[§ 365(d)(2)], 관재인이 위 기간 내에도 아무런 선택을 하지 않을 때의 효과에 대해서 미국 파산법은 침묵하고 있다. 이에 미국 법원은 판례법으로 이른바 관통 원칙('run through' or 'pass through' doctrine)을 채택하고 있는데,[22] 관재인이 아무런 선택을 하지 않으면 회생절차에 영향을 받지 않고 회생계획인가결정 이후 그 계약에 구속된다.[23]

용 부동산(commercial real estate), 공항(airport), 시설(equipment)의 대여자(lessor) 등을 위해 개정한 바가 있다. § 365(d)(1) 및 (2)은 '쌍방미이행 쌍무계약'과 '주거용 부동산 내지 동산에 관한 계속되는 임대차계약'에 대해서 규정하고 있고, '비주거용 부동산에 대한 계속되는 임대차계약'에 대해서는 § 365(d)(4)에서 다루고 있다.

21) Charles Jordan Tabb, The Law of Bankruptcy(4th), West Academic(2016), p.800. 우리 채무자회생법은 파산절차에 있어서 관리인의 선택권에 대한 시간적 한계에 대하여 규정하고 있지 않고, 다만 상대방이 상당한 기간을 정하여 그 기간 안에 관재인의 선택권 행사의 확답을 최고할 수 있고, 그 기간 안에 확답을 하지 아니한 때에는 해제·해지를 선택한 것으로 본다(제335조 제2항).

22) In re National Gypsum Co., 208 F.3d 498, 504(5th Cir. 2000). 위 사건에서는 1978년 이전 파산법하에서 판시된 Federal's, Inc. v. Edmonton Inv. Co., 555 F.2d 577, 579(6th Cir. 1977)을 언급하고 있다.

다. 계약인수(assumption)

관재인이 계약인수를 하게 되면 해당 계약은 파산재단(bankruptcy estate)에 편입되어 계약의 당사자가 되고, 더 이상 채무자는 계약의 당사자가 아니다. 파산재단은 상대방의 계약이행으로 인한 혜택을 누리고, 반면 계약에 따른 채무자의 의무를 모두 이행하여야만 한다.[24]

계약인수는 파산재단이 파산절차를 관리하는 동안 채권자와 '새로운 계약'을 체결한 것으로 취급되기 때문에 채권자가 가지는 청구권은 관리우선청구권(administrative priority claim) 즉 공익채권 내지 재단채권이 된다. 관리우선청구권은 관리비용으로서 회생채권 내지 파산채권에 관한 규정인 § 501가 아닌 공익·재단채권에 관한 규정인 § 503에 따라 규율되기 때문에 회생채권 내지 파산채권의 시인에 관한 제한인 § 502(b)도 적용되지 않는다. 유일한 제한은 상업용 부동산의 리스에 관한 § 503(b)(7)에 따른 금액 제한이 있을 뿐이다. 계약인수 후 파산재단의 계약위반(breach)이 있거나 계약거절이 있더라도 상대방의 손해배상청구권은 관리우선청구권이 된다.[25]

---

[23] Charles Jordan Tabb, The Law of Bankruptcy(4th), West Academic(2016), p.801. 미국 파산법 운영에 있어서 이와 같은 태도는 우리 채무자회생법과 매우 유사하다고 보인다. 즉 우리 채무자회생법은 미국과 달리 회생절차에 있어서 관리인이 선택권을 행사하지 않은 때의 효과에 대해서 규정하고 있는데, 관리인은 회생계획안 심리를 위한 관계인 집회가 끝난 후에는 해제·해지권을 행사할 수 없다고 규정하고 있기 때문에(제119조 제1항 단서), 결과적으로 위 기간 도과 시까지 선택권을 행사하지 않은 때에는 이행선택을 한 것으로 보아야 할 것이고(대법원 2012. 10. 11.자 2010마122 결정), 이는 결국 미국의 관통 원칙을 적용한 것과 같이 회생계획인가결정 이후 쌍방이 그 계약에 구속되는 것을 의미한다.

[24] Charles Jordan Tabb, The Law of Bankruptcy(4th), West Academic(2016), p.p.838-839.

[25] Charles Jordan Tabb, The Law of Bankruptcy(4th), West Academic(2016), p.p.839-840.

라. 계약거절(rejection)

1) 거절의 기준: 법원 허가의 기준

관재인은 계약이 부담(burdensome)될 때 거절할 수 있다. 이러한 부담은 전체적인 손해를 의미하는 것이 아니라 이익이 되지 않는 것을 의미한다. 통상 경영판단의 법칙(business judgement rule)의 관점에서 판단하게 된다. 대부분의 경우 계약거절을 선택하게 되면 채권자에게 적은 금액(cents on the dollar)[26]만을 지급하게 되므로 거절을 하는 것이 현실적으로 가능하다. 미국 대법원은 철도회사(railroad)의 회생절차에 관한 GRp. of Inst. Inv. v. Chicago. M., St. P.&P. R.R. Co., 318 U.S. 523(1943) 사건에서 이를 명확히 하였다.[27]

2) 계약거절의 구체적 의미와 효과

가) 계약거절의 구체적 의미와 그로 인한 효과는 아래와 같이 제1, 2원칙 및 각 원칙에서 파생되는 효력을 살펴봄으로써 명확히 할 수 있다.

(제1원칙) 계약거절은 '인수를 하지 않는 것'이다.

영국의 1818년 판례인 Copeland v. Stephens 106 Eng. Rep. 218(K.B. 1818)에서 확인된 원칙으로부터 영향을 받은 것으로, 도산절차가 신청되거나 개시되었다는 것만으로 당연히 파산재단에 해당 계약이 편입되는 것이 아니라, 관재인(trustee)이나 관리인(DIP)이 채무자의 계약을 인수하기로 결정한 때에 비로소 파산재단의 의무와 이익에

---

[26] 파산절차에서 충분한 변제를 받지 못하는 것을 일컬어 'payment in Tiny Bankruptcy Dollars' 즉 'payment in TBD'라고 하기도 한다(Elizabeth Warren·Jay Lawrence Westbrook·Katherine Porter·John A.E. Pottow, The Law of Debtors and Creditors: Text, Cases, and Problems(7th edition), Wolters Kluwer(2014), 561면.
[27] Charles Jordan Tabb, The Law of Bankruptcy(4th), West Academic(2016), p.807.

속하게 된다는 것을 의미한다. 이러한 제1원칙으로부터 ① 파산재단은 계약에 따라 이행할 책임을 지지 않는다는 것과 ② 파산재단은 계약의 이익을 받을 자격이 없다는 결론이 도출된다.28)

(제2원칙) 계약거절은 채무불이행이다.

미국의 1916년 판례인 Central Trust Co. v. Chicago Auditorium Association 240 U.S. 581(1916)에서 확인된 원칙으로 § 365(g)에 규정되게 되었는데, 계약거절은 파산채권을 낳는 계약위반을 구성한다는 것을 의미한다. 1997년 ABI29) Commission Report는 '계약거절'을 '채무불이행의 선택(election to breach)'로 교체할 것을 제안하였으나 미국 의회에서 채택되지는 않았다. 이러한 제2원칙으로부터 ① 채권자는 파산절차에서 일반의 무담보 청구권을 가지는 것으로 간주된다는 것[이러한 법리는 § 502(g)(1)30)에서 동일하게 규정되게 되었는데, 제2원칙이 없다면 계약상대방(채권자)으로서는 파산절차에서 청구권을 가질 수 없고, 그래서 파산절차에서 배당을 받을 수 없다는 결론에 이를 것이다]과 ② 계약거절은 파산채권을 낳기 때문에 채무자는 그 해당 채무를 면제받을 수 있다는 결론(면책되지 않는다면 파산절차가 끝난 뒤 해당 채권자는 개별적으로 집행을 할 수 있을 것

---

28) Charles Jordan Tabb, The Law of Bankruptcy(4th), West Academic(2016), p.810.
29) American Bankruptcy Institute.
30) 11 U.S.C. § 502 (g) (1) A claim arising from the rejection, under section 365 of this title or under a plan under chapter 9, 11, 12, or 13 of this title, of an executory contract or unexpired lease of the debtor that has not been assumed shall be determined, and shall be allowed under subsection (a), (b), or (c) of this section or disallowed under subsection (d) or (e) of this section, the same as if such claim had arisen before the date of the filing of the petition[관리인이 계약인수하지 않은 '쌍방미이행 쌍무계약'이나 '계속되는 임대차계약'에 있어서 § 365에 의한 계약거절이나 제9, 11, 12, 13장 절차에서의 회생계획에서 정한 계약거절에 따라 발생한 청구권은 도산신청일 이전에 발생한 청구권과 마찬가지로 결정되고, 또 본 조의 (a), (b), (c)항에 의하여 허용되거나 본조의 (d), (e)항에 의하여 불허된다].

이다)이 도출된다.31)

이를 다시 정리하면 다음과 같이 요약할 수 있다.

〈계약거절에 관한 원칙과 그 파생효과의 정리〉
(제1원칙) 계약거절은 '인수하지 않는 것'이다(rejection is 'not assumption').
  - 제1효과: 파산재단은 계약에 따라 이행할 책임을 지지 않는다(the bankruptcy estate will not become liable to perform under the contract).
  - 제2효과: 파산재단은 계약의 이익을 받을 자격이 없다(the estate will not be entitled to receive the benefits of that contract).
(제2원칙) 계약거절은 '채무불이행'이다('rejection as breach' rule).
  - 제3효과: 채권자는 파산절차에서 일반의 무담보 청구권을 가지는 것으로 간주된다(the non-debtor party is deemed to have a general unsecured prepetition claim in the bankruptcy case).
  - 제4효과: 계약거절은 파산채권을 낳기 때문에 채무자는 그 해당 채무를 면제받을 수 있다(recognizing that rejection gives to a prepetition claim leads th the consequence which that the debtor will be able to discharge that claim).

나) 위에서 살펴본 제1, 2원칙과 그 파생효과에 따라, 쌍방이이행 쌍무계약에 대한 계약거절은 파산절차에서 계약상대방인 채권자에

---

31) Charles Jordan Tabb, The Law of Bankruptcy(4th), West Academic(2016), p.p.811-812.

게 일반의 무담보 청구권(general unsecured claim)을 부여한다는 것이 확립된 법리이다. 그런데 계약상대방인 채권자의 권리를 일반의 무담보 청구권으로 인정할 경우 도산신청일 전일을 기준으로 청구금액이 확정되는데[§ 502(g)(1)], 시장가격이 변동될 때 중요한 문제점이 생기게 된다.

대표적인 예로, 엔론(Enron) 사건[32]을 들 수 있고, 이 사건의 채무자는 엔론사로서 전기 판매자였다. 채무자가 판매자이고 채권자가 매수자이며 파산신청 당시 시장가격(market price)이 계약가격(contract price)보다 같거나 낮은 경우, 파산신청 이후 시장가격이 낮아지면 관재인 내지 관리인은 이행선택을 할 것이고 이는 당초부터 계약에 내재된 위험이므로 문제될 것이 없겠지만, 반대로 시장가격이 높아지게 되면 관재인 내지 관리인은 계약거절을 선택할 것이고 이때 매수자인 채권자의 손해배상채권(= 시장가격 - 계약가격)은 실제 계약거절일을 기준으로 하면 (+)일 것이나 파산신청 전일을 기준으로 하면 0달러가 될 것이므로, 파산신청 전일을 기준으로 손해를 산정하여야 한다고 해석하면 채권자에게 지나치게 불리하여 불공정하게 된다. 엔론 사건에서 실제 계약거절 시의 채권자의 손해는 미화 660만 달러였으나 파산신청 전일 기준으로는 시장가격이 계약가격보다 같거나 낮아서 손해가 0달러였기 때문에 채권자의 청구권이 전혀 인정되지 않았다.[33]

1978년 파산법 이전에는 파산법상 특별한 규정이 없다면[34] 파산법 외의 법률(주로 주법)이 청구금액의 계산을 결정하는 기준이 되

---

32) In re Enron Corp., 330 B.R. 387(Bankr. S.D.N.Y. 2005), aff'd, 354 B.R.652(S.D.N.Y. 2006).
33) Charles Jordan Tabb, The Law of Bankruptcy(4th), West Academic(2016), p.p.812-813.
34) 현재의 파산법을 예로 들면 미국 의회는 특별한 경우에 청구금액 제한의 필요성을 인식하여 § 502(b)와 같은 규정을 두었다.

었기 때문에 실제 계약거절 시점을 기준으로 청구금액이 산정되었고, 현재의 파산법이 § 502(g)(1)을 도입할 당시에도 채권자의 손해배상채권을 파산채권으로 인정하기 위한 장치로서 파산신청 전일에 손해배상채권이 발생한 것으로 규정한 것이라는 의미로만 이해되었으나, 최근 하급심 판례는 위 규정을 손해액 산정의 기준시점의 근거규정으로도 확장해석을 하는 잘못을 범하고 있다. 이러한 문제를 해결하기 위해 미국 의회는 2005년 파산법 개정[§ 562(a)]을 통해 스왑계약(swap agreement), 증권계약(securities contract), 선도계약(forward contract), 상품계약(commodity contract), 재매입계약(repurchase agreement), 마스터네팅합의(master netting agreement)에 있어서는 실제 거절일 내지 그보다 빠른 계약 종료일을 기준으로 청구금액을 산정하도록 하였다.35)

이상에서 살펴본 계약거절의 원칙과 효과 특히 제3, 4효력은 보통법(common law)상 구제(remedy)에 관한 것으로 형평법상 구제(equitable remedy)에 대하여는 항을 달리하여 살펴보기로 한다.

2. 계약거절 이후의 형평법상 구제(equitable remedy)의 보호범위

계약거절 이후의 형평법상 구제의 보호범위에 대하여는 대표적으로 ① 채무자가 경업금지조항(a covenant not to compete)에 기속되는지 여부와 ② 채권자가 파산절차 밖에서 특정이행(specific performance)

---

35) Charles Jordan Tabb, The Law of Bankruptcy(4th), West Academic(2016), p.813. 우리 채무자회생법 제121조 제1항, 제338조 제1항에 의하면 관리인의 해제선택에 따른 채권자의 손해배상채권은 도산채권으로 취급되는데, 손해액 산정 시점에 대한 명확한 기준은 정해져 있지 않은 듯하나, 실무적으로는 평시 법률관계에서 채무자의 이행거절에 대한 채권자의 손해배상액을 산정하는 기준과 같이 관리인이 해제 선택을 한 시점을 기준으로 보고 있는 듯하다.

권한을 가지고 있을 때 파산절차에서도 그러한 권한을 가지는지 여부가 문제된다. 특정재산에 관한 권리인 부동산과 지식재산권을 주로 다루는 ②의 경우와 달리 ①의 경우는 특정재산에 관한 것이 아니지만 형평법상 권리인 금지청구에 관한 것으로서, ①, ② 모두 주법상 구제(state remedies laws)와 파산법상 거절권한(rejection power) 간의 긴장에 관한 문제로 볼 수 있다.36)37)

---

36) Elizabeth Warren·Jay Lawrence Westbrook·Katherine Porter·John A.E. Pottow, The Law of Debtors and Creditors: Text, Cases, and Problems(7th edition), Wolters Kluwer(2014), p.589; Charles Jordan Tabb, The Law of Bankruptcy(4th), West Academic(2016), p.818.

37) 영미법상 계약의 이행을 명하는 '특정이행(specific performance)'과 형평법상 대인적(in personam) 명령(decree)으로 선고하는 판결 주문의 내용 전부를 가리키는 '금지청구(injunction)'의 개념과 양자의 관계에 대해서는 주의를 요한다. 역사적으로 볼 때 영국의 보통법(common law)은 잉글랜드 전역의 법원에서 내려져 누적된 판결들인 선례(stare decisis: precedent)에서 확인되는 공통(common)된 법원칙·법리로 구성되는데, 사실관계의 패턴을 찾고 그것에 대하여 명료화되어 있는 효과를 적용함으로써 예측가능성을 높이는 장점은 있었지만 보통법의 엄격한 적용에 따른 부작용 즉 구제의 필요성이 큰 사건에서도 구제받을 수 없는 문제점이 발생하였고, 이를 해결하기 위하여 챈슬러(chancellor)에게 청원을 하면서 형평법원(equity court)이 형성되게 되었다. 그런데 보통법 법원(커먼로 법원)에서는 원칙적으로 작위·부작위 의무를 명하는 판결은 불가하고 금전배상(damage) 판결(judgement)만이 내려지고, 형평법원에서는 동산·부동산의 인도, 계약의 체결, 소유권의 이전, 작위의무, 부작위의무 등 다양한 내용의 의무이행을 명하는 판결(decree)이 내려지는데 이를 금지명령(injunction)이라 한다(이러한 금지명령에 대한 불응이 있을 때 이행을 강제하기 위하여 동원되는 법원을 권한을 총칭하여 법원모욕(Contempt of Court)라 한다. 금지명령(injunction)에는 특정 행위를 강제하는 의무적 명령(mandatory injunction)과 특정 행위를 금지하거나 제약하는 금지적 명령(prohibitory injunction)이 모두 포함되는데, 이러한 이유로 'injunction'을 '금지명령'이라고 번역하기보다 '이행명령'이라고 번역하는 것이 그 본래적 의미에 부합된다고 보인다. 또한 명령의 절차상 단계를 기준으로 하면, 소송 전이나 도중에 내려져 잠정적 효력을 유지하는 예비적 명령(preliminary injunction)과 중간적 명령(interlocutory injunction), 본안의 마지막 심문절차 이후에 발령되는 종국적 명령(permanent injunction)으로 나눌 수 있다. 그런데 계약의 이행을 명하는 '특정이행(specific

근본적인 해결책은 § 365에서 찾을 수 있는 것이 아니다. § 365는 계약거절은 계약위반이라는 점(rejection-as-breach)만을 말하고 있어 그 분석의 시작에 불과하다. 계약위반이 있을 경우 채권자는 주법(state law)과 같은 파산법 외의 준거법에 따라 인정되는 형평법상 구제권한 즉 경업금지조항을 강제하는 부작위적 금지청구권(negative injunction)을 파산절차에서도 그대로 행사할 수 있을 것인지, 또는 반 고흐의 작품을 구매하는 경우처럼 특정이행을 파산절차에서도 그대로 구할 수 있을 것인지의 문제로 귀결된다.[38]

주법에서 금지청구나 특정이행을 인정하지 않는다면 채권자는 파산절차에서도 이를 행사할 수 없고 단지 금전적 청구권(claim)만을 행사할 수 있다. 이는 § 365(g)와 § 502(g)가 '계약거절(rejection) = 계약위반(breach) = 단지 금전적 청구권만 인정하는 것(claim)'이라고 규정하였기 때문은 아니다(즉 파산법 규정 때문에 그러한 것이 아니라 주법에서 그렇게 취급되기 때문이다). 예를 들어 캘리포니아 주법에 따르면 경업금지조항 내지 전속계약이 포함된 계약의 체결 당시에 채무자가 유명인(celebrity)인 경우에만 금지청구를 할 수 있는데, 만일 계약체결 당시에 채무자가 유명인이 아니었다면 그 이후 유명인이 되어 파산신청을 하였다 하더라도 경업금지를 강제할 수는 없다.[39][40]

---

performance)'은 의무적 명령(mandatory injunction)에 포함되므로 결국 특정이행은 금지명령에 포함되는 개념이다. 보다 상세한 내용은 전원열, "법원모욕(Contempt of Court)의 도입 가능성에 관한 연구", 저스티스 통권 제198호, 한국법학원(2023), 228-237면 참조.

38) Charles Jordan Tabb, The Law of Bankruptcy(4th), West Academic(2016), p.818.
39) Charles Jordan Tabb, The Law of Bankruptcy(4th), West Academic(2016), p.818-819.
40) In re Brown, No. Civ. A. 97-5425, 1997 WL 786994 at *5-6 (E.D. Pa. Nov. 26, 1997). 유명한 래퍼(rapper)인 'Richardo Brown Jr.'('Kurupt'로 더 잘 알려져 있다)이 음반사인 'Death Row Records'와 전속계약(a covenant not to compete)을 체결할 당시에는 유명인의 지위(celebrity status)에 있지 않아 계약거절을 하여도

또한 파산법 이외의 법률에 따라 채권자에게 형평법상 구제의 권한이 주어지더라도 파산절차에서 계약거절에 따른 궁극적 효과를 결정하는 데에는 파산법상 정책목표(bankruptcy policy)를 반드시

음반사의 금지명령청구(injunction claim)로부터 자유롭다고 판단한 사건이다. Brown은 위 전속계약에 따라 20만 달러 이하로만 소득을 얻을 수 있었고 그럼에도 음반사로부터 100만 달러의 채무를 부담한다고 청구를 받자 미국 파산법 Chapter 11의 회생신청을 한 뒤 계약거절을 선택하였는데, 파산법원은 Brown이 전속계약에 구속된다고 보았으나 지방법원은 '파산법상 관리인의 계약거절에 따른 법률관계는 캘리포니아 주법에 따라야 하고 관련 민법 규정을 해석한 결과 계약 체결완료 시[execution of the contract. 역자 주: 계약당사자가 서명을 하는 등 계약성립을 위한 행위를 모두 마치는 것(to sign and finalize)을 의미하는데, 계약의 효력발생일(effective date)과 다른 개념이나 통상적으로는 계약체결완료 시에 계약의 효력이 발생하는 것으로 한다]에 유명인의 지위(star quality, celebrity status)에 있는 경우에만 음반사는 금지명령(injunction)을 구할 수 있다는 전제에서 Brown이 전속계약에 구속되지 않는다'고 판단하였다. 위 관련 규정은 캘리포니아 민법인 Cal. Civ. Code § 3423(West 1997)으로서 "① 약속된 서비스(service)가 특별하거나 유일하거나 일상적이지 않거나 지적인 캐릭터(intellectual character)에 관한 것인 때에 소송을 제기하여 손해배상을 받는 것만으로는 합리적 내지 충분한 보상이 되지 않고, ② 만일 그 계약의 효력이 1993. 12. 31. 이전에 발생되었다면 계약상 해당 서비스에 대한 대가로 최소 매년 6,000달러 이상을 받도록 정한 경우에는 금전손해배상은 부적당하다"고 규정되어 있고, 지방법원은 위 규정을 해석하면서 같은 내용의 법리를 선언한 Motown Record Corp. v. Brockert, 207 Cal. Rptr. 574, 578(Cal. ct. App. 1984) 판결의 법리를 적용하였다. 위 사안을 상세히 소개한 Michael A. Bloom and Ashely M.Chan, "The Rap on Personal Services Contracts & Noncompete Clauses", The Bankruptcy Strategist, Morgan,Lewis&Bockius LLP(May 1988), 6-9면에서는 당시 유명인들이 전속계약에 관한 협상을 위하여 전략적으로 사용하는 대표적인 2가지 법률규정이 있다고 하면서 Cal. Civ. Code § 3423(West 1997) 외에 Cal. Lab. Code § 2855(Deering 1997)도 들고 있다. § 2855는 인적 서비스(personal services)에 관한 계약은 7년을 넘길 수 없다는 이른바 '7년 규칙(Seven-Year Rule)'을 규정한 것으로서 유명한 가수인 Toni Braxton과 Smashing Pumpkin이 원치 않는 계약을 파기하거나 협상을 할 때에 사용한 바가 있다고 소개하고 있다. 참고로 우리 문화체육관광부 고시 제2018-47호인 '대중문화예술인(가수·연기자) 표준전속계약서'에서도 전속계약기간을 7년을 초과하지 않는 것으로 규정하고 있다.

고려하여야만 한다. 파산법상 정책목표가 파산법 밖에서의 형평법상 구제의 가치를 뛰어넘을 때도 있기 때문이다. 파산법의 중요한 정책목표 중 하나는 새로운 출발(fresh start)이고 또 다른 하나는 채권자의 평등한 취급(equality of treatment of creditors)이다. 그런데 개인 채무자(individual debtor)에 있어서는 새로운 출발이라는 정책목표가 채무면제로 구체화되어 있기 때문에 이는 경업금지조항의 가치를 뛰어넘는다고 볼 것이다. 따라서 경업금지조항에 기한 부작위적 금지청구권은 § 101(5)(B)[41]에 따라 청구권(claim)으로 분류되어 § 502(c)[42]에 따라 파산채권으로 인정된 뒤 면책의 대상이 되게 된다. 다시 한 번 더 말하지만, '계약거절(rejection) = 계약위반(breach)'은 위 분석과 아무런 관련이 없다. 문제는 당해 형평법상 구제가 파산법상

---

[41] 11 U.S.C. § 101 (5) The term "claim" means—[본 법에서 "청구권"은 다음을 의미한다] (A) right to payment, whether or not such right is reduced to judgment, liquidated, unliquidated, fixed, contingent, matured, unmatured, disputed, undisputed, legal, equitable, secured, or unsecured; or [금전채권: 판결이 내려졌는지, 액수가 확정되었는지, 조건이 충족되었는지, 기한이 도래했는지, 다툼이 있는지, 합법적인지, 형평에 맞는지, 담보부인지 여부 등에 상관이 없다] (B) right to an equitable remedy for breach of performance if such breach gives rise to a right to payment, whether or not such right to an equitable remedy is reduced to judgment, fixed, contingent, matured, unmatured, disputed, undisputed, secured, or unsecured[채무불이행에 따른 형평법상 구제권한으로부터 발생한 금전채권: 판결이 내려졌는지, 조건이 충족되었는지, 기한이 도래했는지, 다툼이 있는지, 담보부인지 여부 등에 상관이 없다].

[42] 11 U.S.C. § 502 (c) There shall be estimated for purpose of allowance under this section— (1) any contingent or unliquidated claim, the fixing or liquidation of which, as the case may be, would unduly delay the administration of the case; or (2) any right to payment arising from a right to an equitable remedy for breach of performance[(1) (경우에 따라 조건충족 내지 액수확정이 도산절차 진행을 과도하게 지연시키기도 하는) 조건이 충족되지 않거나 액수가 확정되지 않은 청구권 내지 (2) 채무불이행에 대한 형평법적 구제권한으로부터 발생하는 금전채권은 본조에 따른 파산채권으로 인정받기 위하여 채권액 평가가 이루어져야 한다].

으로도 면책대상이 되는 청구권으로 분류할 수 있는지 여부이다.[43]

특정이행이 유지되는지는 채권자가 채무자에 대해서뿐만 아니라 다른 채권자들 전부에 대해서도 특정이행을 구할 수 있는지 여부에 좌우되어야만 한다. 파산절차에서 특정이행이 허용된다면 이는 안분배당을 받게 되는 다른 모든 채권자에 대하여 우선권을 가진다는 의미를 가지기 때문이다. 특정이행청구권이 § 101(5)(B)의 파산채권으로 분류된다면 당해 채권자는 다른 채권자와 함께 배당절차에서 안분배당을 받을 것이고, 이는 모든 채권자에 대하여 더 공정한 것이라고 볼 수 있다. 그러나 채권자가 강제이행청구권에 따라 피할 수 없는 이익이 있다면, 그때는 당해 물권적 이익이 파산절차에서도 그대로 유지되어야 한다. 여기에 해당하는지 여부는 § 544(a) 등에 따라 관재인 내지 관리인이 부인권을 행사할 수 있는지 여부를 테스트의 기준으로 삼아도 좋을 것이다.[44]

요약하자면, 파산절차 외에서의 권리는 파산절차에서도 그대로 존중되어야 하는데, 파산법 외의 주법 등에서 형평법상 구제권한이 인정되지 않은 경우에는 § 101(5)(A)의 파산채권으로 취급되고, 형평법상 구제권한이 인정되는 경우 형평법상 구제권한은 원칙적으로는 파산절차에서도 그대로 행사할 수 있어야 하며 다만 예외적으로 파산법상 정책목표가 더 중요하다고 인정되는 경우에는 그 권리가 제한되어 § 101(5)(B)의 파산채권으로 취급된다 할 것이다.

---

43) Charles Jordan Tabb, The Law of Bankruptcy(4th), West Academic(2016), p.819.
44) Charles Jordan Tabb, The Law of Bankruptcy(4th), West Academic(2016), p.819.

3. 지식재산권에 관한 미국 하급심의 잘못된 판단(Lubrizol 사건)

가. 개요

앞서 언급한 계약거절에 관한 제1원칙(계약거절은 '인수하지 않는 것'이다)과 제2원칙(계약거절은 '채무불이행'이다)은 불행히도 하급심 법원이 그 원칙이 의미하는 것 이상으로 해석함으로써 많은 문제와 혼동을 가져왔다. 이에 대하여 미국 의회는 잘못된 법원의 판단을 바로잡기 위하여 일련의 특별규정을 제정하였다. 그러나 이러한 미국 의회의 특별규정 제정은 § 365를 더욱 복잡하게 만들었고 각 특별규정의 반대해석(negative inference)이라는 잘못된 근거에 기초하여 많은 오류의 판결들을 내리게 되었다.

가장 근원적인 잘못은 계약거절(rejection)을 '채무불이행(breach)' 그 이상의 의미로 해석하는 것에 기인한다. 몇몇 하급심 법원은 계약거절을 계약파기 즉 계약해지(termination), 계약취소(cancellation), 계약해제(rescission)[45]와 동일한 의미로 해석함으로써 사실상 부인권(quasi-avoiding power)과 동일한 효과를 부여하였다. 이러한 잘못된 결정으로 인해 예외적인 '계약거절권(rejection power)'의 이용을 주된 목적으로 파산절차를 신청하는 채무자들도 생겨났다.[46]

나. Lubrizol 사건

잘못된 사례의 최고봉은 단연 제4연방항소법원의 Lubrizol 사건[47]

---

[45] 영미법상 'termination', 'cancellation', 'rescission'은 우리 민법상 해지, 취소, 해제로 번역되지만(법제처 국가법령정보 법령용어 참조), 정확히 일치하는 개념은 아니다. 다만 'termination'은 계약을 장래를 향하여 소멸시키는 것으로, 'rescission'은 계약을 소급적으로 소멸시키는 것으로 이해되고, 'cancellation'은 문맥에 따라 'termination' 내지 'rescission'을 의미하기도 한다.

[46] Charles Jordan Tabb, The Law of Bankruptcy(4th), West Academic(2016), p.813.

[47] Lubrizol Enterprises, Inc. v. Richmond Metal Finishers, Inc. 756 F.2d 1043(4th Cir.

이라 할 것이다. Lubrizol 사건의 결과를 바로잡기 위하여 미국 의회는 1988년도에 § 365(n)을 도입하였으나 위 조문 역시도 잘못된 해석론으로 많은 잘못된 후속 판결을 낳게 하였다.[48]

RMF사는 Lubrizol사에게 금속코팅기술에 관한 비배타적 라이선스계약(nonexclusive license)을 허락하였는데, 위 기술은 RMF사의 주요자산으로서 그 기술의 판매(sale) 내지 사용허락(licensing)을 통한 매출이 RMF사의 주된 수입이었다. 그런데 위 비배타적 라이선스계약에는 RMF사가 다른 실시권자들에게 허락하는 가장 낮은 로열티와 동일한 수준으로 로열티를 감축하는 최혜허여조항(most favored licensee clause)이 포함되어 있었다. RMF사는 Lubrizol사와의 비배타적 라이선스계약에 대한 부담을 없앤다면 제3자에게 더 좋은 조건으로 위 기술을 매각하거나 새로이 라이선스계약을 체결할 수 있다고 생각하고 Chapter 11의 회생절차를 신청한 뒤 § 365에 따른 계약거절을 하고자 하였고, 이에 파산법원은 계약거절을 허가하였으나 해당 연방지방법원은 RMF사가 원하는 계약거절의 효과 즉 Lubrizol사의 기술사용권한을 빼앗는 법적 효력을 인정하지 않았다. 그러나 제4연방항소법원은 연방지방법원의 결정을 파기하고 RMF사가 라이선스에 대하여 계약거절을 함으로써 Lubrizol사가 RMF사의 기술을 계속 사용할 수 없다는 판단을 내렸다.

제4연방항소법원은 우선 위 라이선스계약이 쌍방미이행 쌍무계약에 해당하는지 여부를 판단하였는데, 믿을 수 없게도 아주 사소한 의무인 '분기별로 판매보고서를 제출하고, 회계장부를 유지하는 의무'가 남아있다는 이유에서 쌍방미이행 쌍무계약으로 판단하였고, 그 다음으로 핵심적인 쟁점 즉 위 라이선스계약에 대한 계약거

1985). 대법원에서 상고(이송명령)가 불허되었다[cert. denied, 475 U.S. 1057(1986)].
48) Charles Jordan Tabb, The Law of Bankruptcy(4th), West Academic(2016), p.814.

절이 Lubrizol사의 기술사용권한을 박탈할 수 있는지에 대하여 판단하여야 했는데, 그에 전제로서 계약거절의 기준을 만족하는지에 대하여는 경영판단의 법칙에 따라 Lubrizol사의 기술사용권한을 박탈하는 것이 RMF사에게 이익이 된다는 이유에서 계약거절을 허가하는 것이 정당하다고 판단하였다.

그러나 계약거절이 단순히 계약위반 즉 채무불이행(a breach of contact)과 동일한 의미라고 한다면 Lubrizol사는 위 기술을 계속사용할 수 있어야 한다. 왜냐하면 § 365(g)는 채권자에게 파산절차에서 손해배상청구권(claim for damages)을 인정하는 이전의 판례법을 성문화한 것이기는 하나[49] 손해배상청구권이 채권자에게 주어진 유일한 권리(exclusive right)라고 추론할 수는 없기 때문이다. Lubrizol사는 파산절차 외에서 위 기술사용권한을 RMF의 계약위반에도 불구하고 계속 보유할 수 있기 때문에 제4연방항소법원은 계약거절의 효과를 계약파기가 아닌 채무불이행으로만 보고 Lubrizol사에게 유리한 판결을 내렸어야 했다.[50]

그럼에도 불구하고 제4연방항소법원은 § 365(g)에 관한 입법과정을 잘못 이해하여 Lubrizol사에게 단지 손해배상청구권만이 있다고 판단하였다. 제4연방항소법원은 이러한 결론이 불공정하다는 점을 인식하기는 하였으나 § 365에서 기술라이선스의 실시권자에게 특권을 부여하는 특별조문이 없기 때문에 어쩔 수 없다고 판단하였다. 결국 제4연방항소법원의 결론은 부인권(avoiding power)을 인정하는 것과 동일한 결론을 가져왔다.[51]

위 법원이 말하는 특별조문은 채무자가 부동산 대여자(lessor of

---

49) 제1의 라.항 중 계약거절에 관한 제2원칙인 '계약거절은 채무불이행이다' 부분 참조.
50) Charles Jordan Tabb, The Law of Bankruptcy(4th), West Academic(2016), p.815.
51) Charles Jordan Tabb, The Law of Bankruptcy(4th), West Academic(2016), p.815.

real property)인 경우의 § 365(h)나 부동산의 판매자(vendor of real property)인 § 365(i) 등을 염두에 두는 듯하다. 위 조문들은 1978년에 그 이전의 하급심판례의 결론에 대한 대응으로 생겨난 것이다. 즉 New York Investors Mutual Group, Inc. 143 F.Supp. 51(S.D.N.Y. 1956) 사건에서 채무자인 New York Investors는 부동산 판매자였는데 채권자인 매수자가 파산절차 외에서 특정이행을 청구하였음에도 뉴욕남부파산법원은 채무자의 계약거절에 따라 채권자의 권한을 박탈하고 손해배상청구권만을 인정하였다. 뉴욕남부파산법원은 파산절차에서도 형평법적 권리에 기초한 채권자들은 다르게 취급되어야 한다는 점을 간과하고 모든 채권자들은 동일하게 취급하여야 한다는 논리를 펼치며 이와 같은 판단을 하였다.52)

4. Lubrizol 판결 이후의 §365(n) 신설 및 그에 관한 논란

가. 지식재산권 라이선스계약에 관한 특별조문의 신설: § 365(n)

Lubrizol 판결 이후 미국 의회는 1988년 지식재산권의 파산보호법(Intellectual Property Bankruptcy Protection Act; IPBPA)을 통해 지식재산권의 라이선스계약에 관한 § 365(n)을 신설하였다. § 365(n)은 총 4개의 항으로 구성되는데, 지식재산권(intellectual property)을 보유하여 실시허여를 하는 채무자(licensor)의 관재인이 파산절차에서 쌍방미이행 쌍무계약을 거절할 경우 실시권자(licensee)인 채권자는 계약이 종료된 것으로 취급하거나, 실시권한을 계속 유지하도록 선택할 수 있다.53) 그 전문은 아래와 같다.

---

52) Charles Jordan Tabb, The Law of Bankruptcy(4th), West Academic(2016), p.815.
53) Charles Jordan Tabb, The Law of Bankruptcy(4th), West Academic(2016), p.p.826-828; 김선정, "지적재산권소유자의 파산과 실시(사용)권자의 보호 -미국과 일본의 입법례를 중심으로-", 비교사법 12권4호(윤보옥 박사 화갑기념), 한

11 U.S.C. § 365(n)
(1) 만일 관재인이 채무자가 지식재산권의 실시허여자인 쌍방미이행 쌍무계약을 거절하였다면, 실시권자는 아래 중 하나의 방법을 선택할 수 있다.
   (A) 관재인의 계약거절이 당해 계약조항이나 파산법 이외의 준거법 또는 제3자와 실시권자의 계약에 의하여 실시권자로 하여금 당해 계약을 종료된 것으로 취급할 권한을 주는 정도의 계약위반이라면 실시권자는 당해 계약을 종료된 것으로 취급할 수 있다.
   (B) 당해 지식재산권(파산법 이외의 준거법에 의하여 보호되는 범위 내에서 지식재산권의 실시품을 포함한다)에 대한 당해 계약 내지 그 계약에 부속되는 어떠한 합의 하에서 그 권리(당해 계약에 의한 독점적 실시권한을 포함하나, 당해 계약의 강제이행에 관한 파산법 이외의 준거법상의 다른 권리는 제외한다)를 보유할 수 있고, 그러한 권리는 절차 개시 직전에 존재하던 아래의 기간 동안 존속한다.
      (i) 당해 계약기간
      (ii) 파산법 이외의 준거법상 권리에 따라 실시권자가 당해 계약을 연장하는 기간
(2) 실시권자가 위 (1)(B)의 규정에 의하여 당해 계약상의 권리를 계속 유지하는 때에는 아래에 따른다.
   (A) 관재인은 실시권자로 하여금 그 권리를 행사하도록 허용하여야 하고,
   (B) 실시권자는 위 (1)(B)에서 규정한 당해 계약기간 및 연장된 기간 동안 당해 계약에 의하여 지급해야 하는 로열티 전부를 지급하여야 한다.
   (C) 사용권자는 아래의 권리를 포기한 것으로 간주한다.
      (i) 당해 계약에 관하여 이 법 또는 파산법 이외의 준거법에 의하여 가질 수 있는 상계권
      (ii) 당해 계약의 이행에서 발생하는 이 법 § 503(b)항의 규정에 의하여 인정되는 채권
(3) 실시권자가 위 (1)(B)의 규정에 의하여 그 권리를 계속 유지하기로 한 때에는 관재인은 실시권자의 서면에 의한 청구에 의하여 아래의 행위를 하여야 한다.
   (A) 당해 계약 또는 당해 계약의 부속합의에 의하여 정한 한도에서 관리인이 보유하는 지식재산권(실시품을 포함한다)을 실시권자에게 제공하여야 한다.

국비교사법학회(2005), 632면 이하; 이태진, "통합도산법상의 파산채무자 보유의 미국등록 특허에 대한 실시계약의 해제·해지와 관련한 국제도산법상의 몇 가지 쟁점", 변호사 제50집, 서울지방변호사회(2017), 182면 이하 참조.

> (B) 제3자로부터 받은 지식재산권(또는 그 실시품)을 취득할 권리를 포함하여 당해 계약 또는 그 부속합의에서 정한 지식재산권(그 실시품을 포함한다)에 대한 실시권자의 권리를 방해하여서는 아니 된다.
> (4) 관재인은 당해 계약을 거절할 때까지 또는 당해 계약을 거절하지 아니하는 때에는 실시권자의 서면에 의한 청구에 의하여 아래의 행위를 하여야 한다.
>   (A) 당해 계약 또는 부속합의에 의하여 정한 한도에서 아래의 행위를 하여야 한다.
>   (i) 그 계약의 이행
>   (ii) 관재인이 보유하는 지식재산권(파산법 이외의 준거법에 의하여 보호되는 한도에서 지식재산권의 실시품을 포함한다)을 실시권자에게 제공하는 행위
>   (B) 제3자로부터 받은 지식재산권(또는 그 실시품)을 취득할 권리를 포함하여 당해 계약 또는 그 부속합의에서 정한 지식재산권(그 실시품을 포함한다)에 대한 실시권자의 권리를 방해하여서는 아니 된다.

나. § 365(n) 신설 이후의 새로운 논란: 규정에서 제외된 상표권

그런데 11 U.S.C. § 101(35A)[54]에서는 '지식재산권(intellectual property)'을 정의하면서, 영업비밀, 특허법에 의하여 보호되는 발명·방법발명·디자인·식물특허, 특허출원, 식물다양성, 저작권법에 의하여 보호되는 저작물, 1984년의 반도체칩보호법에 의하여 보호되는 마스크워크만을 한정적으로 열거하고 있을 뿐 상표권은 포함하고 있지 않다. 당시 의회에서도 '특허권 등과 달리 상표권은 중앙집중형으로 지속적으로 품질관리가 필요하다는 사업적 특성이 있기 때문에 좀 더 심도 있는 연구 없이 위 조문에 포섭하기는 어렵고, 법원의 형평법적 취급에 대한 법리발전을 지켜 본 뒤 추후 도입 여부를 검

---

54) 11 U.S.C. § 101 - Definitions (35A) The term "intellectual property" means—(A) trade secret; (B) invention, process, design, or plant protected under title 35; (C) patent application; (D) plant variety; (E) work of authorship protected under title 17; or (F) mask work protected under chapter 9 of title 17; to the extent protected by applicable nonbankruptcy law.

토할 것이다'고 언급한 바 있다.55)

이러한 이유로 11 U.S.C. § 101(35A) 및 § 365(n)의 반대해석(negative inference)상 상표권의 경우에는 사용허여자인 채무자가 파산절차에서 계약거절을 하면 사용권자는 당해 상표를 계속할 권리를 보유할 수 없다고 보는 견해가 적지 않았다. 이러한 해석은 계약거절을 계약해제로 해석하는 'rejection-as-rescission 이론'으로 불려지는데, 이러한 견해를 채택한 하급심 법원의 판결은 기본적으로 Lubrizol 판결의 논리를 채택한 것에 기인한다. 이러한 하급심 법원의 판단은 Lubrizol 판결의 논리에 오류가 있다는 점뿐만 아니라 § 365(n)을 도입한 입법자의 의도도 오해했다는 점에서 문제가 많다 할 것이다.56)

그러나 다행히도 몇몇 하급심 법원은 이러한 논리접근에 반대하고 제대로 된 길을 가고 있는 듯하다.57) 예를 들어 제3연방항소법원은 Exide Techs., 607 F.3d 957, 964(3d Cir. 2010) 사건에서 실질적 의무가 남아 있지 않아 위 사건의 라이선스계약은 쌍방미이행 쌍무계약이 전혀 아니기 때문에 계약거절을 할 수 없고, 따라서 법원은 계약거절의 효과를 결정할 필요도 없다고 판시했다. Thomas Ambro 판사는 법원의 형평법상 권한은 사용허여자가 계약거절을 하였을 경우에도 상표 사용권자로 하여금 그 사용권리를 계속 보유하도록 인정하여야 한다고 하면서, 위 반대해석 논리를 채택하지 않았다. 보충의견을 낸 Thomas Ambro 판사는 '사용허여자로 하여금 계약을 종료하도록 하는 것은 파산법을 방패가 아니라 검으로 만들어 채무자인 실시허여자로 하여금 종종 그러할 만한 가치가 없는 유리한 입장에 놓이게 한다'고 판시하였다.

---

55) S. Rep. No. 100-505, 100th Cong., 2d Sess. At 5(1988); 2014 ABI Commission to Study the Reform of Chapter 11, p.p.126-129.
56) Charles Jordan Tabb, The Law of Bankruptcy(4th), West Academic(2016), p.p.816-819.
57) Charles Jordan Tabb, The Law of Bankruptcy(4th), West Academic(2016), p.817.

제7연방항소법원은 Sunbeam Products, Inc. v. Chicago American Manufacturing, LLC, 686 F.3d 372(7th Cir, 2012) 사건[58]에서 Lubrizol 판결의 논리를 거부하면서, 계약거절은 계약위반이라고 규정한 § 365(g)의 면밀한 검토를 통해 파산절차 외에서의 권리는 파산절차에서도 그대로 유지된다는 논리를 채택하여, 파산절차 밖에서 사용허여자의 계약거절은 계약위반이고 따라서 사용권자가 당해 지식재산권(상표권)을 계속사용할 권리를 종결시키지 못하며 이는 파산절차에서도 그대로 유지된다고 판시하였다.[59]

5. 논란의 종지부: 미국 연방대법원의 Mission 판결

Mission사는 상표권자인 Tempnology사와 사이에 상표사용의 허가를 받는 라이선스계약을 체결하였는데, 그 후 Tempnology사는 파산법 제11장의 회생절차를 신청한 뒤 위 라이선스계약의 계약거절에 관하여 파산법원의 허가를 받았다. 연방지방법원 및 제1연방항소법원은 § 365의 반대해석에 따라 상표권에 관한 라이선스계약에 대한 계약거절은 계약종료(terminate)의 효과를 가진다고 판단하였고, 이에 대해 Mission사는 2018. 6. 11. 대법원에 상고를 제기하였으며 미국 연방대법원은 2019. 2. 20. 심리를 거쳐 2019. 5. 20. 그에 관한 판결을 선고하였다.[60]

위 사건의 핵심 쟁점은 '회생절차 중인 상표권자가 쌍방미이행 쌍무계약인 상표권 라이선스계약을 거절할 경우 해당 라이선스계

---

58) 대법원 상고(기록이송)는 불허되었다[cert. denied, 133 S.Ct. 790(2012)].
59) Sunbeam 사건에 대한 상세한 내용은 Elizabeth Warren·Jay Lawrence Westbrook·Katherine Porter·John A.E. Pottow, The Law of Debtors and Creditors: Text, Cases, and Problems(7th edition), Wolters Kluwer(2014), p.p.585-589 참조.
60) Mission Products Holdings, Inc. v. Tempnology, LLC, case no. 17-1657 before the United States Supreme Court(May 20, 2019).

약에서 당초 정한 기간 동안 사용허가를 받은 상표를 계속 사용할 수 있는 권리를 종료시키는지 여부'였는데, 미국 연방대법원은 8:1로 '계약거절은 계약을 위반한 것이지만 계약을 파기하는 것은 아니다. 이는 도산절차 외에서 계약위반에도 불구하고 통상적으로 유지되는 모든 권리는 도산절차에서도 그대로 유지된다는 것을 의미한다(A rejection breaches a contract but does not rescind it. And that means all the rights that would ordinarily survive a contract breach … remain in place.)'고 판시하였다.

위 사건이 있기 전에는 앞서 본 바와 같이 § 365(n)에서 상표권이 포함되지 않은 것에 대하여 많은 논란이 있었는데, 적지 않은 학자나 실무가들은 "상표권의 보호는 특허권이나 저작권과 사회적·상업적 근거를 달리하는데, 특허권과 저작권은 지적 혁신을 독려하고 보상하기 위한 것인 반면 상표권은 혁신에 대한 보상이라기보다는 소비자들에게 해당 브랜드에 관한 품질보장기능을 수행할 수 있도록 상품의 품질과 일관성이나 제품의 특성을 감시하는 활동에 대한 대가로 볼 수 있다. 따라서 상표권자가 회생절차에서 쌍방미이행 쌍무계약을 거절할 경우에도 사용권자가 해당 상표를 계속 사용할 권리를 보유하게 된다면 채무자인 상표권자로 하여금 해당 상표를 지속적으로 감시해야 하는 부담을 지워 재정적 재건이라는 회생절차의 목적을 방해하게 되거나, 또는 감시를 받지 않아 상표기능에 손상을 주거나 심지어 무효화시키는 이른바 'naked license'를 허용하게 되도록 한다"고 주장하면서 라이선스계약이 종결된다는 잘못된 결론을 지지하였다.[61] 또한 Tempnology사는 '의회가 § 365(n)에서 상표권을 의도적으로 제외한 것은 계약거절의 경우 상표권 라이선스

---

61) C. Dennis Loomis, Mission Products v. Tempnology: The Supreme Court Speaks, BakerHostetler(May 24, 2019)(https://www.ipintelligencereport.com/2019/05/24/mission-products-v-tempnology-the-supreme-court-speaks/) (2023. 11. 6. 최종방문).

계약에 따른 상표 사용권자의 지위를 박탈하고자 하는 의도였고, 이렇게 해석하는 것이 특허권 등과 다른 상표권의 속성 및 상표권자의 도산절차에서의 부담이라는 관점에서도 정당하다'고 주장하였다.

그러나 주심 대법관인 Kagan은 ① § 365(n)에서 상표권을 제외한 것에 대한 반대해석론만으로는 이행거절이 채무불이행을 구성한다고 규정한 § 365(g)의 문언적 해석을 뛰어넘어 계약파기(rescission or revocation)로 해석할 수는 없고(breach는 파산법에서 특별히 정의된 용어가 아니기 때문에 파산법에서도 파산법 밖의 계약법상의 의미로 해석되어야 한다), ② § 365 어디에도 상표권을 언급한 부분이 없고, 계약거절은 계약파기가 아닌 계약위반이라고 선언한 § 365(g)는 모든 유형의 쌍방미이행 쌍무계약에 적용되어야 하며, 그렇기 때문에 하급심의 잘못된 판단에 대응하여 만든 몇 개의 조문[§ 365(h), (i), (n)][62]도 그러한 결과를 강조한 것일 뿐이고, ③ 만일 Tempnology 사의 주장을 받아들인다면 상표권뿐만 아니라 § 365(h), (i), (n)을 제외한 나머지 모든 계약에 대한 계약거절에 있어서도 계약위반이 아닌 계약파기라는 결론에 이르게 되기 때문이 계약위반의 효력에 대한 일반조항인 § 365(g)를 사문화시키는 결론에 이르게 되어 마치 꼬리가 몸통을 흔드는 형국이 될 것(it would allow the tail to wag the Doberman)이라고 논리를 전개하였다.

Kagan 대법관은 브랜드에 대한 품질관리의 부담으로 인해 결국에는 상표권자인 채무자의 재건을 어렵게 할 수 있다는 Tempnology 사의 주장에 대해서 '물론 파산법이 채무자의 재건을 가능하게 하는 것을 목적으로 하기는 하지만 그렇다고 그 목적을 성취하도록

---

62) § 365(h), (i)와 마찬가지로 § 365(n)도 하급심의 잘못된 판단에 대응하여 계약상 권리가 계약거절에도 불구하고 유효하다는 일반원칙을 강조하거나 명확히 하기 위하여 의회가 신설한 규정이라고 본 것이다.

하는 그 어떠한 모든 것을 허락하는 것은 아니다. 계약거절 권한으로 인해 원치 않는 계약상 부담을 덜 수 있는 강력한 수단을 제공하기는 하지만, 그렇다고 하여 채무자가 상표권의 유지에 필요한 자원을 투자할지 여부와 같은 파산재단의 가치를 유지하는 것에 대한 경제적 판단의 필요성까지 덜어주는 것은 아니다'라고 대답하였다. 이러한 판시는 의회가 왜 상표권만을 § 365(n)에서 제외하였는지에 대한 답을 주지는 않지만 도산절차에서 계약거절이 된 상표권 라이선스계약에 관한 아래와 같은 잠재적이고도 심오한 상업적 의미를 부여하기는 한다.

Sotomayor 대법관의 보충의견에 의하면, § 365(n)(2)(C)(i)에 의하면 특허권 등 지식재산권(상표권은 제외)의 라이선스계약에 대하여 계약거절이 있게 되면, 채권자인 라이선시(실시권자)는 상계권의 행사가 금지되는데[§ 365(n)(2)(c)(i)], 이에 반해 상표 라이선시(사용권자)는 파산법 외의 계약법상 일반법리에 따라 상계권을 행사할 수 있다. 즉 상표권자는 § 365(n)의 적용을 받지 않기 때문에 채무자의 계약거절로 인한 손해로 로열티 지급의무를 상계할 수 있는 반면 나머지 지식재산권자는 이러한 상계권의 이익을 누릴 수 없다. 특히 § 365(g)(1)에 의하면 계약거절이 있게 되면 신청일 전일에 즉시 계약위반(채무불이행)으로 간주되기 때문에 이러한 계약위반으로 인한 청구권은 무담보 청구권(unsecured pre-bankruptcy claim)으로 분류되기 때문에 아주 적은 금액(pennies on the dollar)만 지급받을 가능성이 있어 상계권의 행사는 우선권에 준하는 지위를 누리게 하는 것이므로 상계권의 경제적 가치는 더욱 크다 할 것이다.

상표권 라이선스계약에 대한 계약거절의 위와 같은 효력으로 인해 상표권의 실무가들은 향후 계약거절 이후 상표권의 관리를 포함하여 계약메커니즘(contractual mechanism)을 재검토해야 할 것이고, 나아가 미국 의회가 상표권과 나머지 지식재산권 사이에서 상계권의

인정여부에 대한 편차를 어떻게 조절할지도 지켜볼 필요가 있다.[63][64]

6. 미국의 이행거절권 방식에 대한 평가와 시사점

이행거절권 방식을 취하는 대표적인 국가는 미국이다. 미국 도산법의 법리를 간략히 정리하면 다음과 같다.

「미국 파산법에서는 평시 법률관계가 그대로 적용된다. 평시 법률관계에서는 보통법상 특정이행(specific performance)이 인정되지 않는 것이 원칙이므로 관리인이 계약거절(rejection)을 하면 계약상대방인 채권자는 도산채권자로 취급되나, 형평법상 특정이행이 인정되는 경우에는 계약상대방에게 선택권(계약종결, 계약유지)이 주어지고, 최종적으로는 도산정책과 형평법적 취지를 비교형량하여 결론을 내린다.」

미국의 이행거절권 방식을 이해하기 위해서는 영미법의 특성을 먼저 이해해야 한다. 영미법에서는 채권과 물권의 구분이 모호하고, 일방의 채무불이행에 대해 평시에도 계약상 채권의 특정이행을 청구할 없으며 금전배상만을 청구하는 것이 원칙이다.[65]

미국 파산법상 관리인의 계약거절은 평시 법률관계에서의 계약거절과 크게 다르지 않다. 계약거절이 계약파기를 뜻한다는 하급심

---

[63] C. Dennis Loomis, Mission Products v. Tempnology: The Supreme Court Speaks, BakerHostetler(May 24, 2019)(https://www.ipintelligencereport.com/2019/05/24/mission-products-v-tempnology-the-supreme-court-speaks/) (2023. 11. 27. 최종방문)

[64] 우리 채무자회생법에서 상계권에 관하여는 통상의 경우 행사기간의 제한이 있을 뿐이다. 채무자회생법 제144조.

[65] 전원열, "법원모욕(Contempt of Court)의 도입 가능성에 관한 연구", 저스티스, 통권 제198호, 한국법학원(2023), 229-233면; 최준규, 계약법과 도산법 -민법의 관점에서 도산법 읽기-, 홍진기법률연구재단(2021), 15-16면(영미법의 경우 평시에도 계약상 채무자는 계약을 위반할 자유가 있다). 보다 상세한 내용은 제3장 제2절 II.관 참조.

판결이나 학설의 주장이 있기도 하였으나, 미국 연방대법원과 주류의 학설은 계약거절은 평시 법률관계에서의 채무불이행일 뿐이라고 결론지었다. 그 결과 미국 파산법에서는 도산절차가 개시된 경우에도 쌍방미이행 쌍무계약에 있어서는 특별한 규정이 있는 외에는 평시의 법률관계가 그대로 적용된다. 따라서 관리인의 계약거절이 있더라도 도산법이 아닌 평시 법률관계에 따라 계약상대방은 금전청산을 하는 것이 원칙적인 모습이다.

그러나 평시 법률관계에서 계약상대방에게 형평법상 특정이행을 구할 권리가 인정되는 경우에는 특정이행권을 그대로 행사할 수 있다. 아래 Ⅲ.관에서 보는 바와 같이 대륙법계인 독일의 판례와 다수설이 평시 법률관계에서 계약상대방이 강제이행권을 가지는 것이 원칙적인 모습임에도 불구하고 도산절차 개시에 따라 강제이행권이 소멸된다고 보는 것과는 대조되는 모습이다.

그렇다고 하여 계약상대방의 특정이행권 행사가 항상 허용되는 것은 아니다. 주류 학설은 최종적으로는 도산목적 달성과 계약상대방의 강제이행권 행사 허용을 비교형량하여 결정하여야 한다고 한다. 즉 미국 파산법은 평시 법률관계의 특칙이라기보다는 파산법과 평시 법률관계를 항시 비교형량하는 메커니즘을 갖는다고 볼 수 있다.

이상과 같은 미국의 파산법 법리는 우리와 기본적인 법체계를 달리하여 우리 도산법 체계에 그대로 적용하기는 어렵지만, 보다 폭넓게 구체적 타당성을 꾀할 수 있는 메커니즘이라는 점에서 우리의 적용배제 특칙의 확대방안이나 신의칙의 적극적 활용방안 등에 많은 시사점을 준다.

계약상대방인 채권자의 강제이행권이 허용되는 즉 계약유지가 계속되는 경우와 그렇지 못한 경우가 나뉘는 영역이 구체적으로는 다소 차이가 있기는 하지만, 이와 같이 구분하는 시스템의 큰 틀은 우리 채무자회생법과 미국 파산법이 매우 유사하다고 평가할 수 있다. 우리 채무자회생법상 관리인의 해제권이 인정되는 경우는 미국에서 보통법상 특정이행권이 인정되는 않는 경우에, 우리 채무자회생법상 적용배제의 특칙이 인정되지 경우 즉 관리인의 해제권이 인정되지 않는 경우는 미국에서 형평법상 특정이행권이 인정되는 경우에 대응될 수 있다. 미국의 평시 법률관계에서 형평법상 특정이행이 인정되는 경우의 입법취지나 우리의 평시 법률관계에서 채권을 물권화하는 경우의 입법취지는 그 구체적 이유가 다르다고 할 것이지만 특별한 보호가 필요한 경우에는 예외를 인정한다는 점에서 공통된다.

이러한 미국 파산법과 우리 채무자회생법의 쌍방미이행 쌍무계약에 대한 체계적 유사성을 고려할 때, 미국의 도산절차에서 지식재산권 라이선시를 보호하는 결론은 우리 채무자회생법상 적용배제특칙을 지식재산권 라이선시(실시권자)에 대해서까지 확대해야 한다는 근거가 될 수 있다고 생각한다. 또한 미국에서 형평법상 특정이행이 인정되는 경우에도 최종적으로는 도산정책과 형평법적 취지를 비교형량하여 최종 결론을 내린다는 점은 우리나 일본에서 해제권에 대한 신의칙을 적용함으로써 법규정만으로는 메울 수 없는 지점에서 구체적 타당성을 추구하는 법적 수단이 된다는 점에서 매우 유사하다고 보인다. 이와 같이 법체계가 전혀 다른 미국의 제도이지만, 개별 사안에서의 결론은 국제적 통상압력 등으로 언젠가는 우리에게도 영향을 미칠 수 있다는 점에서 충분히 고려되어야 한다고 생각한다.[66]

---

[66] 그 외에도 제5절 I.관 제3항에서 살펴보는 바와 같이 미국 파산법이 § 365 (n) 등의 특칙을 통해 라이선서의 부담을 덜어주고 있다는 것은 부분해제를 인정하는 비교례가 될 수 있다는 점에서 시사점을 준다.

Ⅲ. 독일의 이행거절권 방식

1. 독일 도산법의 제·개정 경위 및 도산절차의 개관

가. 독일 도산법의 제·개정 경위

독일은 기존에 구 서독지역에서 적용되던 파산법(Konkursordnung) 및 화의법(Vergleichsordnung)과 독일의 통일 이후 구 동독지역에서 적용되었던 포괄집행법(Gesamtvollstreckungsordnung)을 통합하여 1994. 10. 5. 새로운 도산법(Insolvenzordnung)을 제정하여 1999. 1. 1.부터 시행하고 있다. 독일 도산법은 기존의 개별법을 통합했을 뿐만 아니라 새롭게 회사의 재건을 위한 회생절차(Sanierungsverfahren), 소비자파산절차(Verbraucherinsolvenzverfahren) 및 채무자에 의한 자기관리절차(Eigenverwaltung)를 도입하였다는 점에 의의가 있다. 이 중 자기관리절차는 채무자가 관리인의 감독하에 자신의 재산에 대한 관리권 및 처분권을 유지한 상태에서 채권자와 채무자간의 합의에 의해 권리 및 의무 내용을 조율할 수 있는 절차라는 점에서 기존의 화의절차와 유사한 면이 있다[제270조 제(1)항].[67]

1999년에 새로운 도산법이 시행되기 이전까지 독일에서는 파산절차에서의 재단의 환가나 양도 또는 화의절차를 통해서만 회사의 회생을 도모할 수 있었으나, 1999년에 새로운 도산법이 시행되면서 회사의 청산 이외에 다른 방식을 예정한 도산계획(Insolvenzplan)을 통해서 회사의 회생을 도모할 수 있게 되었다.

다만 독일 도산법에 도입된 회생절차의 주된 목적은 채무자의

---

67) 김영주, 도산절차상 미이행 쌍무계약에 관한 연구, 서울대학교 박사학위논문(2013), 38-39면. 자기관리절차는 우리의 DIP(debtor in possession) 제도(채무자회생법 제74조 제3항. 채무자가 관리인의 지위를 겸하는 경우를 말한다)와 유사하다고 볼 수 있다.

유지 또는 재건이 아니라 채권자에게 최대한의 만족을 주기 위한 데에 있다는 점에서 우리 채무자회생법상 회생절차와는 차이가 있다. 특히 독일 도산법은 기업회생제도와 관련하여 ① 미국과 달리 구제의 문화(rescue culture)에 익숙하지 않고, ② 도산절차를 채권자의 권리실현 절차라는 관점에서 바라보며, ③ 채권자의 도산절차 참여권이 강조된다는 점이 특징적이라고 할 것인데, 독일 도산법의 권위자인 보르크(Reinhard Bork) 교수는 (우리 채무자회생법상 원칙적인 모습인) 채무자에 의한 자기관리에 대해 "고양이에게 생선가게를 맡기는 것(den Bock zum Gärtner machen)"으로서 원칙적으로 타당하지 않다고 평가하고 있다.[68]

특히 우리 채무자회생법이나 미국 파산법은 신청 단계에서 파산신청과 회생신청을 구분하고 있으나, 독일 도산법은 하나의 신청절차만을 허용하고 절차 진행 중 '채권자들의 선택에 따라' 파산, 회생 등 구체적인 환가방법이 정해진다는 점에서 결정적인 차이가 있다. 독일 도산법이 상정하는 환가방법은 3가지 즉 ① 청산(쇠락한 사업을 시장으로부터 적시에 제거하는 '질서기능'), ② 회생(투자형 환가), ③ 양도형 회생(회생형 청산. 사업 매각대금으로 종전 사업주체인 채무자의 채권자들에게 분배한다. 사업을 양수한 자에 대해 기존 채무가 단절된다는 장점이 있다)[69]이 있는데, 도산절차 개시는 모든 형태의 환가방법에 공통되고 단일한 절차이다.[70] 그런데 실무에서는 회생보다는 양도형 회생이 훨씬 더 빈번히 사용되고 있다.[71]

---

[68] 최준규 역(Reinhard Bork 2019년 저술), 독일 도산법, 박영사(2021) 중 '역자의 글', 254면.
[69] '청산'은 우리 채무자회생법상 제3장의 파산절차에, '회생'은 우리 채무자회생법상 제2장의 회생절차에, '양도형 회생'은 우리 채무자회생법 제222조(청산 또는 영업양도 등을 내용으로 하는 회생계획안)의 회생계획안에 각 대응되는 것으로 보인다.
[70] 최준규 역(Reinhard Bork 2019년 저술), 독일 도산법, 박영사(2021), 2-3면.

나. 독일 도산절차의 개관

독일 도산법에 따르면, 모든 도산절차는 채무자 또는 채권자의 신청으로 시작하고(제13조), 법원은 도산절차 개시의 근거(제16조)와 절차비용을 충당할 수 있는 충분한 도산재단이 있는지(제26조) 등을 심사한 뒤 개시결정을 내리면서 관리인을 선임하고(제27조 제1항 제1문), 보고기일(제29조 제1항 제1호, 제156조 이하)과 심사기일(제29조 제1항 제2호, 제176조)을 지정한다. 보고기일에서 채권자집회는 무엇보다도 청산절차, 회생절차, 양도형 회생절차 중 무엇을 선택할 것인지, 도산계획을 마련할 것인지를 결정하고,[72] 심사기일에는 어떠한 채권자가 어떠한 채권으로 어떠한 순위에 따라 배당절차에 참여하는지에 대한 심사가 이루어진다. 환가절차는 도산재단에 대한 관리처분권을 이전받은 관리인에 의해서 이루어지고(제80조, 제148조, 제159조 이하), 환가대금을 배당하기 전에 채권확정절

---

71) 최준규 역(Reinhard Bork 2019년 저술), 독일 도산법, 박영사(2021), 235면. 이와 같이 독일 도산법에서 기업회생절차를 도입하였음에도 불구하고 기업들이 법률상의 절차에 따라 회생을 도모하기가 용이하지 않다는 문제점을 개선하는 한편 기업들이 보다 신속하고 효율적으로 재건할 수 있도록 하기 위해 2011. 12. 7. 기업회생용이화법(Gesetz zur weiteren Erleichterung der Sanierung von Unternehmen)을 제정하고 도산법을 일부 개정하였다. 기업회생용이화법은 2012. 3. 1.부터 시행되었는데, 위 법은 채권자협의회의 관리인 지명에 대해 구속력을 부여하는 것을 비롯해 도산절차의 진행 과정에 대한 채권자들의 영향력을 강화하고, 사전적 회생절차를 도입하는 등의 내용을 규정하고 있다는 점에서 그 의의가 매우 크다. 김영주, 도산절차상 미이행 쌍무계약에 관한 연구, 서울대학교 박사학위논문(2013), 39-40면 참조.

72) 참가자들에 대한 조(gruppen) 편성과정에서는 '평등대우원칙'이 합리적으로 실현되어야 하는데 차별의 합리적 근거가 있으면 동일하게 취급하지 않고 다른 조에 편성될 수 있으며(제222조 제2항 제2문), 같은 조 내에서 차별취급은 모든 관련 참가자들이 동의하지 않는 한 금지된다(제226조 제1항, 제2항). 우리 채무자회생법 제218조(평등의 원칙)에서는 같은 조 내에서 차등을 두어도 형평을 해하지 아니하는 때 등의 경우에 다른 채권자의 동의가 없어도 차등을 둘 수 있는 것과는 대비된다.

차에서 정당한 도산채권자들이 누구인지에 대한 조사가 이루어진다(제174조 이하). 채권확정절차 이후 배당절차가 진행되고(제187조 이하), 배당이 종료되면 우선 종결기일을 진행하고(제197조), 그 후 도산절차가 폐지되고(제200조), 배당을 통해 채무는 배당비율만큼 소멸한다.[73]

통상적인 청산절차에서 채권자들은 도산절차 종료 후에도 계속 채무자에 대하여 채권을 행사할 수 있는 권리를 갖는다(제201조). 이러한 무제한의 사후 채권은 채무자가 지속적이고 확고한 경제적 활동을 다시 하지 못하게 하는 결과를 종종 야기하기 때문에, 도산법 제1조 제2문은 잔존채무면책을 도산절차의 목적으로 명시하고 있다. 잔존채무의 면책은 2가지 방법으로 달성될 수 있는데, ① 잔존채무 면책에 관한 법률규정(제286조 이하)에 의하거나, ② 도산계획을 통해 가능하다. 독일 도산법 제286조에 따르면 자연인인 채무자에 대해서만 면책이 가능하고, 법인이나 법인격 없는 조합은 도산절차에서 청산되거나 회생이 이루어진다.[74]

자연인인 채무자가 자신의 채무로부터 완전히 벗어나고 싶다면 잔존채무면책을 신청해야 한다(제287조). 신청이 적법하고(제287a조 제2항) 다른 거절 사유가 없으면(제290조), 법원의 결정에 의해 면책을 위한 추가요건이 고지되는데, 이에 따라 채무자에 대하여 6년간의 성실행동기간(wohlverhaltensperiode)[75]이 시작되고 이 기간 동안 채무자는 자신의 노동력을 활용해야 하고 자신의 근로소득 중 압류가능한 부분을 수탁자에게 이전하여 변제에 사용해야 한다(제287b조, 제295조). 채무자가 이러한 책무를 위반하면 면책은 거절되고(제296조 이하), 책무를 이행하면 면책은 보장된다(제300조). 이에 따

---

73) 최준규 역(Reinhard Bork 2019년 저술), 독일 도산법, 박영사(2021), 12-13면.
74) 최준규 역(Reinhard Bork 2019년 저술), 독일 도산법, 박영사(2021), 240-241면.
75) 6년간의 성실행동기간은 도산절차개시시점으로부터 기산한다.

라 채무자는 도산법 제302조의 예외를 제외하고는 모든 도산채무자들에 대하여 잔존채무로부터 면책되고, 채권신고를 하지 않은 도산채권자에 대해서도 면책된다(제301조).[76)]

한편 도산계획은 관리인과 채무자만 제안할 수 있고 개별 채권자들은 제안권이 없다(제218조 제1항 제1문). 그러나 채권자들은 보고기일(berichtstermin)에 채권자집회의 결의에 따라 도산관리인에게 도산계획을 작성할 것을 위탁할 수 있고(제157조 제2문), 채권자협의회는 관리인이 도산계약을 수립하려 하거나 수립해야 하는 경우 도산계획 수립과정에 참여한다.[77)] 도산계획이 수립되면 설명기일과 투표기일이 정해지고, 가결요건은 모든 조가 동의하고 각 조에서 동의하는 채권자의 숫자와 그 채권액 합계가 '모두' 과반에 달하여야 승인되고(제244조),[78)79)] 채무자도 도산계획에 대해 동의하여야 하는데, 투표기일까지 이의를 제기하지 않으면 동의한 것으로 본다(제247조 제1항).[80)]

그리고 독일 도산법에서는 채무자가 자기 재산에 관하여 처분권을 잃고, 그 대신 관리인이 처분권을 행사하는 상황을 도산의 통상적 상황으로 예정하고 있다. 채무자에 의한 강제관리가 예외적인 상황에 머물러야 한다는 점에 대해서는 의문이 없는 것으로 보고 있다. 소비자 도산에서는 강제관리가 이미 법적으로 배제되어 있다(제270조 제1항 제3문). 그러나 자기관리는 관리인에 의한 관리보다

---

76) 최준규 역(Reinhard Bork 2019년 저술), 독일 도산법, 박영사(2021), 13-14면.
77) 최준규 역(Reinhard Bork 2019년 저술), 독일 도산법, 박영사(2021), 211-212면.
78) 우리 채무자회생법은 의결권총액만을 기준으로 회생담보권자조는 3/4 이상, 회생채권자조는 2/3 이상을 요구하고 있고, 간이회생절차에 한하여 회생채권자조에 있어서 의결권총액의 1/2 초과 및 의결권자의 과반수 동의도 가결요건을 충족하는 것으로 추가하고 있다.
79) 최준규 역(Reinhard Bork 2019년 저술), 독일 도산법, 박영사(2021), 214면.
80) 최준규 역(Reinhard Bork 2019년 저술), 독일 도산법, 박영사(2021), 216면.

저렴하고 관리인의 교육을 위해 필요한 지출을 피할 수 있기 때문에 독일 도산법은 '자기관리제도'를 허용하고 있다(제270조). 자기관리는 채무자의 신청을 전제로 하고, 법원은 채권자협의회의 의견을 들어 개시결정을 하면서 함께 판단을 한다. 다수설에 따르면 자기관리에 관한 법원의 결정은 취소할 수 없다. 그러나 자기관리신청이 기각되면 채권자집회의 결의에 따라 법원의 종전 결정은 수정될 수 있고(제271조), 자기관리신청인 인용된 경우에도 이후 채무자, 채권자집회, 모든 채권자의 신청에 따라 자기관리가 폐지될 수 있고, 이때에는 관리인이 선임된다(제272조).[81][82]

또한 독일 도산법은 회생의지가 있는 채무자에게 가급적 빨리 도산절차에 들어올 유인을 마련해주고자 임시자기관리절차인 보호막절차(schutzschirmverfahren)을 도입하였다(제270b조). 지급불능의 우려가 있거나 채무초과일 경우 채무자는 보호막 절차를 신청할 수 있고, 지급불능이거나 회생이 명백히 가망이 없는 경우에는 신청할 수 없는데, 이러한 사정은 도산전문가의 증명서를 통해 증명되어야 한다. 위 요건들이 충족되면 도산법원은 채무자에게 도산계획 제출을 위해 최대 3개월의 기간을 부여하고, 위 기간 동안 채무자의 신청에 따라 강제집행이 금지되고, 도산절차는 보호막절차가 폐지되지 않는 한 개시될 수 없으며, 동시에 임시도산감독인이 선임된다.[83]

---

81) 최준규 역(Reinhard Bork 2019년 저술), 독일 도산법, 박영사(2021), 253-255면.
82) 독일 도산법의 자기관리에 대한 태도는 우리 채무자회생법의 실무에서 DIP(debtor in possession) 제도(제74조 제3항. 채무자가 관리인의 지위를 겸하는 경우를 말한다)를 원칙적인 모습으로 하고 있는 것과 대비된다.
83) 최준규 역(Reinhard Bork 2019년 저술), 독일 도산법, 박영사(2021), 254면.

2. 쌍방미이행 쌍무계약에 관한 법리

가. 입법취지 및 관리인의 선택권 부여

독일 도산법 제103조는 도산절차개시 당시 양 당사자의 의무 이행이 완료되지 않은 쌍무계약(gegenseitiger Vertrag)에 대한 관리인의 선택권에 관하여 정하고 있다. 관리인의 선택권을 인정한 것은 채무자가 도산절차개시 이전에 계약을 체결하였으나 계약에 기한 채권 및 채무 관계가 완전히 청산(Gesamtabwicklung)되지 않은 상태에서 도산절차가 개시되어 당해 계약이 도산재단에 속하게 된 경우[제35조 제(1)항], 도산절차 내에서 계약에 따른 법률관계를 합리적이고 공평하게 처리하기 위한 데에 그 입법취지가 있다.[84] 또한 관리인이 채권자 모두의 이익을 위하여 전체 채권자에게 유리한 계약을 이행할 수 있도록 하는 한편, 만일 이 규정이 없다면 계약 상대방은 자신의 급부를 모두 이행하여야 하는 반면에 채무자가 이행하여야 할 반대급부에 대하여는 일반의 도산채권자로서 일부만 변제받는 결과가 되어 부당하므로 이를 방지하여 계약 상대방을 보호하기 위한 규정이기도 하다.[85]

한편 독일 도산법 제108조 제(1)항 및 제(2)항에 따르면 부동산(unbewegliche Gegenstände) 또는 공간(Räume)에 대한 채무자의 사용임대차관계(Mietverhältnisse) 및 용익임대차관계(Pachtverhältnisse)와 고용관계(Dienstverhältnisse)는 도산재단에 대해 계속 효력이 있으며, 이는 채무자가 사용임대인 또는 용익임대인인 경우와 그 목적물이 제

---

84) Ludwig Häsemeyer, Insolvenzrecht(3. Aufl.), Carl Heymanns,(2003), 435-436면[김영주, 도산절차상 미이행 쌍무계약에 관한 연구, 서울대학교 박사학위논문(2013), 42면에서 재인용].
85) Baur·Stürner, Zwangsvollstreckungs, Konkurs und Vergleichsrech, Band Ⅱ. Insolvenzrecht (12 Aufl.), C. F. Müller(1990), 103면[김영주, 도산절차상 미이행 쌍무계약에 관한 연구, 서울대학교 박사학위논문(2013), 42면에서 재인용].

3자를 위해 담보로 제공된 경우에도 적용된다. 즉 제108조 제(1)항 및 제(2)항에서 규정한 계약관계는 채무자에 대해 도산절차가 개시되더라도 그대로 유효하게 존속하므로, 이에 대하여는 관리인이 제103조에 기해 계약의 이행 또는 이행거절을 선택할 수 없다.[86] 이행거절권 방식을 택한 미국이 부동산 등에 대해 관리인의 선택권에 대한 특칙을 규정한 것과 유사하고, 해제권 방식을 취한 우리 채무자회생법이 대항력 있는 임차권에 대해 관리인의 선택권 규정의 적용배제 특칙을 둔 것과도 유사하다.

독일 도산법 제53조 및 제55조 제(1)항 제2호에 따르면, 관리인이 제103조 제(1)항에 기해 계약의 이행을 선택함으로 인하여 상대방이 도산재단에 대해 갖는 채권은 기타의 재단채무에 해당하는데, 이 경우 상대방은 재단채권자로서 도산재단으로부터 선순위로 변제를 받는다. 이 역시 우리 채무자회생법이나 일본 파산법·회사갱생법·민사재생법 및 미국 파산법과 유사하다.

나. 이행거절권 방식의 채택

관리인이 계약의 이행을 거절할 경우 계약상대방이 그로 인해 발생한 손해의 배상을 청구할 수 있는지, 나아가 계약 상대방이 도산절차개시 전에 일부 급부를 이행하였다면 그 반환을 구할 수 있는지가 문제될 수 있다.

1855년 프로이센 파산법 제16조 제3항은 "총채권자들이 쌍방미이행 쌍무계약에서 이행을 선택하지 않은 경우, 계약상대방이 도산채무자에게 급부한 것은 파산재단에 남아 있다면 계약상대방에게 반

---

[86] Christian Berger, "Absonderungsrechte an urheberrechtlichen Nutzungsrechten in der Insolvenz des Lizenznehmers", Insolvenzrecht im Wandel der Zeit(Festschrift für Hans-Peter Kirchhof), ZAP(2003. 6.)[김영주, 도산절차상 미이행 쌍무계약에 관한 연구, 서울대학교 박사학위논문(2013), 44면에서 재인용].

환되어야 한다. 파산재단에 남아 있지 않다면 계약상대방은 손해배상청구권만을 갖는다."고 규정하고 있었다.[87]

그러나 현행 독일 도산법은 관리인이 계약의 이행을 거절한(ablehnen) 경우, 즉 불이행(Nichterfüllung)을 선택한 경우 상대방은 관리인의 이행거절로 인해 갖게 된 청구권을 도산채권자로서만 행사할 수 있다고 규정한대[제103조 제(2)항 1문]. 즉 이때의 손해배상청구권은 단순한 파산채권으로서 채권액의 비율에 따라 배당을 받게 된다.[88] 그리고 가분적 급부의 경우 채무자와 계약을 체결한 상대방이 도산절차개시 전에 일부 급부를 이행하였고 이행된 부분이 이미 채무자의 재산에 속하게 되었다면, 그 상대방은 이미 이행된 부분으로 인해 채무자에 대해 가지는 자신의 반대급부청구권이 이행되지 않았다는 이유로 도산재단으로부터 이미 이행된 가분급부를 반환할 것을 청구할 수 없다(제105조 2문).

따라서 관리인이 이행의 거절을 선택한 경우 도산절차개시 전에 급부의 일부를 이행한 계약 상대방은 도산채권자의 지위에서 이행거절로 인하여 발생한 손해에 대한 배상청구권을 행사할 수밖에 없으며, 이미 이행한 급부의 반환은 구할 수 없다. 독일 도산법에서 계약의 상대방이 관리인의 계약불이행에 대응하여 이와 같은 손해배상청구권을 갖는다는 점을 명문으로 규정하고 있지는 않지만, 계약의 해제와 손해배상 등에 관한 규정인 독일 민법 제325조 및 제326조에 근거하여 상대방의 손해배상청구권을 인정하고 있다.[89]

---

[87] 최준규, 계약법과 도산법 -민법의 관점에서 도산법 읽기-, 홍진기법률연구재단(2021), 220면.
[88] 양형우, "쌍무계약에 대한 파산절차개시의 효과 - 독일통합파산법 제103조와 파산법 제50조를 중심으로-", 연세법학연구 6집1권, 연세법학연구회(1999), 320면.
[89] 김영주, 도산절차상 미이행 쌍무계약에 관한 연구, 서울대학교 박사학위논문(2013), 45면; 최준규 역(Reinhard Bork 2019년 저술), 독일 도산법, 박영사

반면 관리인은 채무자가 일방적으로 선이행한 급부에 관하여, ① 그 사전급부가 채권자(계약상대방)의 반대권리를 초과하는 한, 그리고 ② 계약상대방이 민법 제323조, 제346조에 따라 계약을 해제하거나 민법 제281조 제4항에 따라 급부에 갈음하는 전보배상을 청구하는 경우에는 원상회복을 구할 수 있다.[90]

우리 채무자회생법이나 일본 파산법·회사갱생법에서 관리인의 계약해제 선택 시 원상회복청구권이 환취권으로 인정되는 것과 비교된다.

다. 관리인의 이행거절 시 계약상대방이 선택권을 갖는지 여부

파산절차가 개시된 경우에 쌍무계약에 의한 이행청구권이 소멸하는지에 대하여 독일에서는 학설이 나뉘어져 있다.

다수설과 판례[91]는 독일 도산법 제103조 제(1)항의 경우에 파산절차의 개시로 쌍무계약에 의한 이행청구권 전체가 소멸된다고 한다. 파산관재인이 계약 이행거절을 선택한 경우에 상대방은 단지 채무불이행을 이유로 손해배상만을 주장할 수 있다. 이와 달리 파

(2021), 109면에서는 이러한 독일의 다수설과 달리 손해배상청구권의 근거가 독일 민법 제325조 및 제326조(현 민법 제280조 이하)가 될 수 없다고 한다. 위 민법 규정들은 과책을 전제로 하나 독일 도산법은 관리인이 이행거절을 선택하는 것을 허용하고 있기 때문이라고 지적하면서, 독일 도산법 제103조 제2항 제1문을 독자적인 청구권의 근거로 보아야 한다고 한다(비록 법문언은 다른 방법으로 근거를 갖춘 청구권을 단지 도산법적으로 분류하는 것처럼 되어 있지만 그 법 조항 자체를 청구권의 근거로 보아야 한다는 것이다).

90) 최준규 역(Reinhard Bork 2019년 저술), 독일 도산법, 박영사(2021), 99면.
91) BGHZ 116, 158ff.; BGHZ 106, 241ff.; BGHZ 103, 252.; Jaeger/Henckel, § 17 Rdnr. 149, 162, 210 und 212.; Heilmann, Kein Gestaltungsrecht auf Ablehnung der Erfullung nach § 17 KO, KTS 1985, 640ff.; Kuhn/Uhlenbruck, § 17 Rdnr. 1, 19 und 36 m.w.N.; Henckel, Gegenseitige Vertrage in Konkurs und Vergleich, ZZP 99, 429f.; Pape, EWiR 1989, 283; Paulus, EWiR 1993, 698.

산관재인이 계약의 이행을 선택한 경우에는 이행청구권이 장래에 대해서 유효하게 존재한다고 한다. 그러므로 새로운 이행청구권은 상대방의 반대채권으로부터 독립하게 되어, 즉 파산관재인은 제한 없이 파산재단을 위해 주장할 수 있기 때문에 파산재단에 유리하게 된다.92)93)

반면 소수설94)에 의하면, 파산절차의 개시는 이행청구권에 아무

---

92) 양형우, "쌍무계약에 대한 파산절차개시의 효과 - 독일통합파산법 제103조와 파산법 제50조를 중심으로-", 연세법학연구 6집1권, 연세법학연구회 (1999), 331면.
93) 최준규 역(Reinhard Bork 2019년 저술), 독일 도산법, 박영사(2021), 100-104면에서는 도산절차의 개시로 쌍무계약의 이행청구권이 모두 소멸하는지 여부에 대한 학설대립을 소개하고 있다. 독일 연방대법원과 다수설은 도산절차 개시로 쌍무계약상 이행청구권이 모두 소멸하고 관리인이 이행거절을 선택하게 되면 종전 상태를 유지하고 계약불이행을 이유로 손해배상청구권을 행사할 수 있을 뿐이고, 관리인이 계약이행을 선택하면 이행청구권은 장래를 향해 부활한다는 '소멸설'의 입장을 취하다가, 그 후 연방대법원은 그 입장을 변경하여 쌍무계약상 급부청구권들은 도산절차의 개시와 함께 그 청구권의 관철가능성만을 상실하고 관리인이 이행선택을 하면 그 청구권들에 대하여 본래적 재단채무와 재단채권이라는 법적 성질이 부여된다는 '성질변경설'을 취하였으나 소멸설과 결론의 차이를 가져오지 않기 때문에 명목상의 변경이라고 설명한다. 반면 반대견해에 따르면, 도산절차 개시는 이행청구권에 아무런 영향을 미치지 않기 때문에 ① 관리인이 이행선택을 하게 되면 권리관계를 형성하는 효력이 없고 그대로 존재하는 법률관계가 계속 유지되는 것이 뿐이고, ② 관리인이 이행거절을 선택한 경우에는 계약상대방에게 손해배상청구와 이행청구권을 선택할 수 있는 지위가 주어지는데 (a) 만일 계약상대방이 손해배상청구권을 신고하면 더 이상 이행청구를 할 수 없고(민법 제281조 제4항으로부터 도출된다), (b) 이행청구권을 신고하면 그의 반대급부 이행과 상환으로 배당률에 따른 만족을 얻을 수 있으며, (c) 계약상대방이 도산절차 참여를 포기한 경우에는 이행청구권은 존속하고 도산절차 종료 후 일반 규정에 따라 채무자에 대하여 행사할 수 있다(독일 도산법 제201조 제1항 참조)고 설명한다.
94) Baur, "Steckengebliebene" Insolvenzverfahren, FS fur Weber, 1975, 43f.; Baur/Sturner, a.a.O., Rdnr. 9.3.; Bork, a.a.O., Rdnr. 160.; Hasemeyer, Insolvenzrecht, 1992, S.403 m.w.N.; Gerhardt, Vorausabtretung und § 17 KO, FS fur Merz, 1992, 117ff.; Marotzke, EWiR 1992, 72.

런 영향이 없다고 한다. 즉 파산관재인이 계약의 이행을 선택한 경우에, 이는 형성적 효력을 나타내는 것이 아니라 법률상태의 아무런 변화가 없음을 나타내는 것에 불과하여 이행청구권은 소멸하지 않고 오히려 상대방이 결정을 하여야 한다고 한다. 상대방은 자신의 청구권을 가지고 파산절차에 참가하여 파산자의 채무의 제공에 대한 동시이행으로 채권액의 비율에 따라 배당을 받을 수 있다. 상대방이 파산절차의 참가(Teilnahme am Insolvenzverfahren)를 포기한 경우에 이행청구권은 파산자에 대하여 여전히 존재하며, 파산절차의 종료 후에 파산자에 대하여 일반규정에 따라 실현할 수 있다고 한다.[95]

위와 같은 독일의 판례와 다수설의 입장은, 이행거절권방식을 채택한 미국에서 도산절차에서 관리인이 이행거절을 한 경우에도 평시 법률관계가 그대로 적용되어 보통법상 특정이행이 인정되지 않는 경우와 형평법상 특정이행이 인정되는 경우가 달리 취급되는 방식과 매우 상이하다.

3. 라이선시 보호방안에 대한 독일에서의 논의

가. 도산절차 개시 전 사용료를 모두 지급하여 일방미이행 쌍무계약으로 만드는 방법

독일 도산법에는 지식재산권의 라이선시에 대하여 관리인의 선택권 규정을 배제하는 특칙은 없는 듯하다. 이러한 이유에서 파산관재인의 선택권을 제한할 수 있는 방안이 무엇이 있는지에 대한 논의가 있다. 그 핵심은 해제권에 대한 검토에서 논의한 바와 같이

---

[95] 양형우, "쌍무계약에 대한 파산절차개시의 효과 - 독일통합파산법 제103조와 파산법 제50조를 중심으로-", 연세법학연구 6집1권, 연세법학연구회(1999), 331-332면; 김영주, 도산절차상 미이행 쌍무계약에 관한 연구, 서울대학교 박사학위논문(2013), 45면; 최준규 역(Reinhard Bork 2019년 저술), 독일 도산법, 박영사(2021), 99면.

도산절차 개시 전 라이선시가 실시료(로열티)를 모두 지급하여 일방미이행 쌍무계약으로 만듦으로서 선택권 조항의 적용을 피해가는 것이다. 그 주장은 아래와 같다.

「파산관재인의 선택권은 라이선스 계약의 불이행 또는 불완전이행의 경우에만 행사될 수 있고, 라이선스 계약의 이행이 이미 완료된 권리들은 라이선서의 파산재단에 속하지 못하도록 하는 방안을 생각해 볼 수 있다. 라이선스 계약에서 일방 당사자만이 그 이행을 완료하였다면 독일 파산법 제103조에 의한 절차는 개시되지 않는다. 즉 파산관재인의 선택권은 제한되며, 그는 라이선스 계약에 구속된다.

독일 민법 제378조(회수가 배제된 경우 공탁의 효력)에서는 공탁물의 회수가 배제되면, 채무자는 공탁 시에 채권자에게 급부를 행한 것과 마찬가지로 공탁에 의하여 채무를 면하는 것으로 규정되어 있다. 라이선서의 입장에서도 그가 라이선시에게 이용권을 부여하였을 때에는 라이선스 계약이 이미 이행되었음을 일부 수용할 수 있다.

그러나 라이선스 계약을 계속적 채무관계로서 보는 관점에서는 라이선서에게 라이선스 계약이 이행된 경우란 그가 라이선시에게 실질적으로 계약기간을 넘어 제한 없이 이용권을 인정하는 경우, 즉 권리를 승인한 경우는 물론 계약이 종료될 때까지 권리가 유지될 수 있다는 것이다. 이때 라이선시 입장에서 로열티를 모두 지불한 경우가 바로 라이선스 계약이 이행된 것으로 보는 경우이다. 즉 통상 계약에 따라 배분하여 주기적으로 지불하는 것이 아니라, 일괄지불하는 경우를 말한다. 실시료(로열티)를 완불하였다면 라이선스 계약은 독일 파산법 제103조의 의미에서 이미 라이선시의 계약상 의무가 완전하게 이행되었다는 것이다.」[96]

그러나 분배하여 로열티를 주기적으로 지불하는 경우라면 라이선시가 잔존하는 로열티를 지불하기 전에 파산관재인이 자신의 선택권을 이행할 수 있다는 위험에 처할 수 있게 된다. 독일 도산법 제103조는 쌍방 미이행된 쌍무계약에 대해서만 적용될 수 있으며, 일방 당사자가 그 이행을 완료한 경우에는 파산관재인의 선택권을 제한하자는 주장은 일견 긍정적으로 검토해 볼만하지만, 라이선시가 로열티를 일괄지불하느냐 아니면 분배하여 지불하느냐, 즉 지불방식에 따라 라이선시가 지식재산권(저작물 등)을 계속해서 이용할 수 있는지가 결정되는 것은 여전히 문제로 남아 있다.[97]

나. 관리인의 이행거절 선택 시 라이선시가 새로운 계약을 요청할 권리의 법률안

독일 정부는 2007. 12. 15. '파산에 대한 견고성(Insolvenzfestigkeit)' 및 채권자의 권리를 강화할 목적으로 법률안을 제출하였으나 실패하였고, 2012. 1. 다시 독일 연방정부가 잔존채무 면제절차의 단축, 채권자 권리의 강화 및 라이선스의 파산에 대한 견고성을 목적으로 하는 두 번째 법률안을 제출하였는데, 이는 라이선서의 파산 시 라이선시의 운명을 법적으로 규정하기 위한 시도였다.

독일 정부가 제출한 신 파산법의 법률안 제108a조는 라이선서의 파산에 대하여 규정하고 있다. 위 법률규정의 제1항을 보면, "파산관재인이 채무자가 라이선서인 라이선스 계약의 이행을 거절하는 경우에, 파산관재인의 이행거절 선택 후 1개월 이내 라이선시는 파산관재인 또는 신 권리자에게 새로운 라이선스 계약의 체결을 요구할 수 있다. 이러한 새로운 라이선스 계약을 통해 라이선시는 적절

---

96) Graef, a.a.O., S. 104 ff.[한지영, "독일에서 저작권 라이선스 계약에서 라이선시의 법적 보호, 도산법연구 제4권 제2호, 도산법연구회(2014), 248-249면에서 재인용].
97) 한지영, "독일에서 저작권 라이선스 계약에서 라이선시의 법적 보호, 도산법연구 제4권 제2호, 도산법연구회(2014), 249면.

한 조건으로 라이선스 대상이 되는 객체를 계속 이용할 수 있다. 보상금을 확정할 때에, 라이선스 대상이 되는 객체를 라이선시가 이용함으로써 얻는 이익이나 수확물에 대하여 파산재단에의 적절한 가입이 보장되어야 한다. 라이선스 대상이 되는 객체를 이용하기 위한 라이선시의 준비 비용은 고려되어야 하며, 단 이때 이 비용은 라이선스에 충분히 영향을 미칠 정도로 높아야 한다." 또한 제2항은 "채무자가 라이선서로서 체결한 라이선스 계약에서 서브 라이선스 계약이 쟁점이 되고 있고, 파산관재인이 제1 라이선서에 대하여 그 이행을 거절하는 경우에, 채무자의 서브 라이선시는 제1 라이선서에게 상기 제1항의 조건에 따라 라이선스 계약을 체결할 것을 요구할 수 있다. 서브 라이선시가 계약에 의한 자기의 의무사항을 이행하는데 중대한 의문사항이 발생하면 제1라이선서의 담보 제공에 따라 계약의 체결을 달리지게 할 수 있다."라고 규정하고 있다.[98]

이와 같이 라이선시로 하여금 라이선서에 대한 도산절차 개시 직후 합리적인 조건으로 새로운 라이선스 계약을 체결할 권한을 부여하는 것은 라이선시 보호강화를 위한, 도산법과 일반법의 조화를 모색하는 또 다른 메커니즘으로 참고할만하다고 생각한다.

4. 독일의 이행거절권 방식에 대한 평가와 시사점

독일은 이행거절권 방식을 채택하고 있고, 이는 같은 대륙법계 국가인 우리나 일본이 해제권방식을 취하고 있는 것과 차이가 있다. 즉 도산 목적 달성을 위해 관리인에게 선택권을 부여하고 이행 선택 시 형평을 위해 계약상대방의 권리를 재단채권으로 취급하는

---

98) 한지영, "독일에서 저작권 라이선스 계약에서 라이선시의 법적 보호, 도산법연구 제4권 제2호, 도산법연구회(2014), 249-250면.

태도는 우리나 일본과 동일하나, 관리인이 계약이행을 원치 않을 때의 선택권은 해제권 방식이 아닌 이행거절권 방식을 취하고 있다.

또한 우리 채무자회생법이나 일본 파산법·회사갱생법·민사재생법, 그리고 미국 파산법이 신청 단계에서 파산신청과 회생신청 등을 구분하고 있는 것과 달리 독일 도산법은 하나의 신청절차만을 허용하고 절차 진행 중 '채권자들의 선택에 따라' 청산, 회생, 양도형 회생의 구체적인 환가방법이 정해진다는 점에서 결정적인 차이가 있으며, 실무에서는 회생보다는 양도형 회생이 훨씬 더 빈번히 사용되고 있다. 이러한 이유에서인지 독일 도산법은 아직까지도 회생(재건)보다는 파산(청산)에 중점을 두고 있는 제도이고, 회생절차의 경우에도 재건보다는 청산을 주로 목적으로 한다는 것이 독일에서도 일반적인 평가로 보인다.

독일 연방대법원과 다수설은 도산절차 개시에 따라 쌍방미이행 쌍무계약에 의한 이행청구권 전체가 소멸된다는 전제에서 관리인의 이행거절 선택 시 계약상대방의 강제이행권뿐만 아니라 원상회복청구권도 인정하지 않으며 단지 금전청산을 위하여 손해배상청구권을 도산채권으로만 행사할 수 있을 뿐이라고 설명하는데, 이는 재건보다 청산에 치중된 독일 도산법의 위와 같은 경향성을 반영한 것이라고 이해할 수 있다.

반면 도산절차 개시는 계약상 이행청구권에 아무런 영향을 미치지 않기 때문에 계약상대방이 도산절차 참여를 포기한 경우에는 이행청구권이 존속하고 도산절차 종료 후 일반 규정에 따라 채무자에 대하여 행사할 수 있다고 설명하는 독일 소수설의 논리는 쉽게 납득하기 어렵다. 이와 같이 해석한다면 쌍무계약의 모든 계약상대방(채권자)은 도산절차에 복종하지 않고 권리를 온전히 행사할 수 있다는 것인데, 이는 도산목적 달성을 위해 관리인에게 선택권으로서 이행거절권을 부여하였다는 취지를 심각하게 훼손시키는 결론이다. 우리나 일본, 그리고 미국의 도산법 체계에서 관리인이 계약불이행을 선택할 경우 계약상대방은 원칙적으로 계약 유지 여부에 대한 선택권을 가지지 못하고, 예외적인 경우에만 선택권을 가지는 것과는 매우 다른 결과를 낳는다.

한편 독일도 미국, 일본, 그리고 우리와 유사하게 부동산 임대차계약 등과 관련하여 관리인의 선택권을 제한하는 몇 가지 특칙을 가지고 있기는 하다. 그러나 독일 도산법이 도산절차 개시 후 계약 유지를 허용하는 경우는 부동산 임대차계약 등에서만 매우 제한적으로 인정할 뿐만 아니라 관리인의 선택권이 인정되는 경우에도 계약상대방의 권리는 도산채권으로서만 인정하기 때문에 지식재산권 라이선시의 보호에 매우 미흡하다는 공감대가 형성되어 있고, 이러한 이유로 지식재산권 라이선시에 대한 보호를 위한 추가적인 논의가 진행되고 있다.

이상과 같이 재건보다 청산에 치중된 운영을 하는 도산법 체계를 가지고 있다는 점, 독일 내부에서도 많은 문제점이 있다는 지적이 적지 않은 점, 그리고 독일 도산법이 국제사회에서 차지하는 비중이 크지 않다는 점 등을 고려할 때, 해제권 방식을 취하고 있는 우리 채무자회생법에 주는 시사점이 그리 많지는 않다고 보인다. 다만 지식재산권 라이선시에 대한 보호를 위한 추가적인 논의 즉 ① 도산절차 개시 전 사용료를 모두 지급하여 일방미이행 쌍무계약으로 만드는 방법에 대한 논의이나 ② 관리인의 이행거절 선택 시 라이선시가 새로운 계약을 요청할 권리를 규정하는 법률안은 참조할 만하다.

Ⅳ. UNICTRAL 입법지침의 이행거절권 방식

1. 서설

UNCITRAL99)에서는 2004년 도산법에 관한 입법지침(Legislation Guide on Insolvency Law, 이하 '도산법 입법지침'이라 한다)을 채택하였는데,100) 그 중 쌍방미이행 쌍무계약에 관하여는 'Part Two II.101) E. Treatment of contracts'의 권고사항(Recommendations) 제69항 내지 제86항에서 다루고 있다.

도산법 입법지침은 기본적으로는 미국 파산법과 유사하게 관리인에게 계약이행, 계약거절, 계약양도의 선택지를 부여하고, 계약이행의 경우에는 우선권이 있는 관리비용으로 취급하며, 계약거절의 경우에는 발생하는 손해를 준거법에 따라 결정하나 일반 무담보채권(ordinary unsecured claim)으로 취급하도록 권고한다. 조금 더 상세히 살펴보면 다음과 같다.

---

99) Unitied Nations Commission on International Trade Law: 세계무역법제의 통일을 목적으로 1966년 창설된 UN 산하 국제기구로서 1997년 국제도산모델법(Model Law on Cross-Border Insolvency with Guide to Enactment)을 채택한 바가 있다.

100) 도산법에 관한 입법지침은 현재까지 총 4부분으로 구성되어 있는데, UNCITRAL은 Part One(Designing the key objectives and structure of an effective and efficient Insolvency Law)과 Part Two(Core provisions for an effective and efficient Insolvency Law)는 2004. 6. 25.(UN 총회에서는 2004. 12. 2. 채택)에, Part Three(Treatment of enterprise groups in insolvency)는 2010. 7. 21.(UN 총회에서는 2010. 12. 6. 채택)에, Part Four(Directors' obligations in the period approaching insolvency)는 2013. 7. 18.(UN 총회에서는 2013. 12. 16. 채택)에, Part Five(Insolvency law for micro and small enterprises)는 2021. 12. 13.부터 같은 달 17.까지의 세션에서 각 채택하였다(https://uncitral.un.org/en/texts/insolvency/legislativeguides/insolvency_law, 2023. 11. 25. 방문).

101) Part Two II(Treatment of assets on commencement of insolvency proceedings).

2. 권고 대상: 쌍방미이행 쌍무계약

여기서의 계약은 권고사항 제69항에서 우리 채무자회생법상 쌍방미이행 쌍무계약과 동일한 의미인 '채무자와 상대방 모두가 각각의 의무를 아직까지 완전히 이행하지 않은 계약(contracts under which both the debtor and its counterparty have not yet fully performed their respective obligation)'으로 정의하고 간단히는 'contracts not fully performed'로 표현하고 있다.

3. 도산해지조항의 효력

도산해지조항(Ipso facto clause)과 관해서는 '도산절차의 신청이나 도산절차가 개시된 때 및 도산대표자(관리인, 파산관재인 등)가 선임된 때에 자동적으로 계약이 종결되거나 계약의 내용이 앞당겨 진행된 것으로 간주되는 것은 효력이 없도록 규정할 것과 금융계약과 같은 계약은 그 적용의 예외로 규정하거나 근로계약과 같은 계약에는 특별규정을 정할 것'을 권고한다(권고사항 제70항 및 제71항).

4. 계약인수와 계약거절 그리고 계약양도의 선택권

계약인수(continuation)와 계약거절(rejection)에 관해서는 ① 계약인수가 도산재단에 이익이 되는 것으로 인식하였다면 계약인수를 선택하여야 하고, 이 경우 인수하는 권리는 계약 전체에 대하여 적용되고 또한 계약인수의 효과는 계약조항 전체에 효력이 있다는 것을 규정하며(권고사항 제72항), ② 도산대표자가 계약거절을 결정할 수 있도록 허용하되 계약거절된 권리는 계약 전체에 적용되도록 하고

(권고사항 제73항),[102] ③ 계약인수와 계약거절을 선택할 기간을 정하되 법원이 그 기간을 연장할 수 있고(권고사항 제74항), 계약거절의 효과가 발생하는 시점을 특정하며(권고사항 제75항), 상대방에게 계약인수 내지 계약거절의 선택에 대한 통지를 하고, 그 통지를 할 때 채권신고를 할 수 있다는 점과 그 신고기간도 함께 통지하며, 상대방도 법원 청문의 기회를 가질 수 있도록 하며(권고사항 제76항), 상대방은 도산대표자가 즉시 선택할 것을 요구할 수 있도록 하고 그러한 선택이 이루어지지 않을 경우 법원으로 하여금 선택을 지시하도록 요청할 수 있도록 하며(권고사항 제77항), 일정한 기간 안에 선택을 하지 못한 경우 그 효과에 대해서 규정하되, 도산대표자가 인지하지 못한 계약은 계약인수된 것으로 취급할 수는 없고(권고사항 제78항), ④ 계약인수를 선택한 경우 그 이후의 채무불이행에 관한 상대방의 손해배상청구권은 관리비용(administrative expense)으로 우선권을 가지고(권고사항 제81항), ⑤ 계약거절을 선택한 경우 준거법에 따라 결정하되 일반 무담보채권으로 취급하되, 장기계약에 관한 청구권은 제한할 수 있도록 하며(권고사항 제82항), 기타 계약양도(assignment) 등에 관한 사항도 권고하고 있다.[103]

5. 지식재산권에 관한 부속서

한편 UN 총회는 2008. 12. 11. 담보거래에 관한 UNCITRAL 입법지

---

102) 계약거절을 대체하는 방법으로는 도산대표자가 계약인수를 선택하지 않는 경우 간단히 계약이 중지(cease)되는 것으로 법원이 결정할 수 있도록 하는 방법을 제시한다.
103) 기타 상세한 소개는 김영주, 도산절차상 미이행 쌍무계약에 관한 연구, 서울대학교 박사학위논문(2013), 51면 이하; 김용진, "도산과 라이선스 -UNCITRAL 입법지침을 중심으로-", 인권과정의 Vol.454, 대한변호사협회 (2015), 80면 등 참조.

침(UNCITRAL Legislative Guide on Secured Transactions, 이하 '담보거래 입법지침'이라 한다)을 채택하였고, 다시 2010. 12. 6. 담보거래에 관한 UNCITRAL 입법지침: 지식재산권의 담보권에 관한 부속서(UNCITRAL Legislative Guide on Secured Transactions: Supplement on Security Rights in Intellectual Property, 이하 '지식재산권 부속서'라 한다)를 채택하였는데, 담보거래 입법지침은 입법자들에게 유동적 자산에 대한 담보권에 관한 일반적인 입법지침을 제공하기 위하여 채택되었고, 지식재산권 부속서는 담보거래 입법지침을 보완하기 위해 특별히 지식재산권에 관하여 담보권의 창설, 제3자에 대한 효력, 우선권과 집행과 그에 관한 준거법에 대하여 채택되었는데 지식재산권의 실시허가자(특허권자 등을 의미한다)가 도산에 처한 경우의 입법지침도 포함하고 있다.[104] 이와 같은 내용을 담은 '지식재산권 부속서'의 종합적인 목적은 지식재산권법의 근본적인 정책을 훼손하지 않으면서도 신용담보권으로서의 지식재산권을 사용하는 권리자에게 담보적 신용력의 확장을 원활하기 하기 위함이다.

　지식재산권에 관한 라이선서(실시허락자)와 라이선시(실시권자)가 도산을 한 경우에 관한 내용은 'XII. The impact of insolvency of a licensor or licensee of intellectual property on a security right in that party's rights under a licence agreement'에서 다루고 있다. 여기서 다루는 내용은 '라이선서가 그가 보유한 지식재산권에 관하여 담보권을 설정한 경우' 및 '라이선시가 그가 보유한 실시권에 담보권을 설정한 경우'이다. 그 중 라이선서(실시허락자)가 도산절차에 이른 경우에 대하여 살펴보면, ① 라이선서가 계약이행을 선택하였다면 라이선시는 라이선스 계약이 근거하여 로열티를 계속 지급하여야 하고, 라이선

---

104) 지식재산권 부속서의 설명자료(commentary)는 담보거래 입법지침과 지식재산권 부속서의 권고사항에 기초하여 제정된 법률을 지식재산권에 대한 담보권에 어떻게 적용할 것인지를 설명하고 있다.

서의 담보채권자는 해당 지식재산권의 환가액뿐만 아니라 위 로열티를 지급받을 권리에도 담보권을 계속 보유하고, ② 라이센서가 계약거절을 선택하였다면 라이선시는 거절한 이후부터는 라이선스계약에 기한 로열티 지급의무를 부담하지 않으나 여전히 거절하기 이전의 기간에 대하여 지급하지 않은 로열티는 지급할 의무를 부담하고, 라이선서의 담보권자는 이미 지급받거나 거절하기 이전까지의 로열티를 지급받을 권리에 대하여만 담보권을 가지는 것을 권고한다.

6. UNICTRAL 입법지침에 대한 평가와 시사점

UNICTRAL 입법지침은 미국의 이행거절권방식을 참조한 것으로 보이고 기본적인 틀이 유사하다고 보인다. 그러나 평시 법률관계에 대한 기본 법리는 각국마다 상이하기 때문에 미국에서와 같이 형평법상 특정이행이 인정되는지 여부에 따라 특별한 보호가 필요한 채권자에 대해서도 보호가 가능한지 여부가 달라질 수 있다. 또한 쌍방미이행 쌍무계약상 관리인의 선택권 규정을 배제하는 특칙에 대해서도 아무런 제시가 없다. 이러한 이유로 조심스럽기는 하나 일반법과 도산법의 조화를 위한 메커니즘으로서는 부족한 점이 많은 듯하다.

더욱이 안타깝게도 UNICTRAL 입법지침 중 담보거래에 관한 UNCITRAL 입법지침은 도산한 라이선서가 계약거절을 한 경우 라이선시를 보호하는 방안에 대하여는 침묵하고 있어, 이 책의 쟁점에 주는 시사점은 그리 많지 않다고 보인다.

V. 국내 학설의 이행거절권 방식

1. 개요

국내 학설 중 해제권 부여방식은 그 근거가 불분명하고 법이론의 관점에서 많은 문제가 있다는 이유에서 이행거절권 방식으로 변경하여야 한다는 유력한 주장이 제기되고 있다.[105] 그 핵심 내용은 다음과 같다.

「평시 법률관계와 같이 채무자측인 관리인의 이행거절권 방식을 채택해야 한다. 관리인의 이행거절로 책임법적 의미에서 강제이행 불능상태가 확정됨에 따라 견련관계에 있는 각 채무가 금전화되어 정산(공제)되나 계약관계가 소멸하는 것은 아니다. 다만 계약상대방인 채권자는 도산절차에 참여하지 않고 기다리다가 도산절차 종결 후 계약이행을 선택할 수 있고, 관리인의 이행거절권도 권리남용으로 제한될 수는 있다.」

2. 국내 학설의 구체적 주장

국내 유력설은 위 1항과 같은 시스템을 도입하자는 주장의 근거로 ① 채무불이행을 한 채무자에게 불리한 계약에서 빠져나갈 기회를 제공하는 것은 계약법의 기본원칙과 조화를 이루지 못하고,[106]

---

105) 최준규, 계약법과 도산법 -민법의 관점에서 도산법 읽기-, 홍진기법률연구재단(2021), 222-238면.
106) ①과 관련된 문제에 대한 상세한 내용은 최준규, 계약법과 도산법 -민법의 관점에서 도산법 읽기-, 홍진기법률연구재단(2021), 225면 참조. 그러나 관리인의 선택권이 도산목적 달성을 위해 인정된 제도라는 점에서 권리남용이 아닌 경우라면 불리한 계약에서 빠져나가도록 하는 것은 충분히 고려할만한 방안이라고 생각된다.

② 계약상대방이 전부 이행한 경우에는 도산채권자로서 일부 변제만을 받게 되나 일부만 이행한 경우 관리인이 해제하게 되면 환취권을 행사할 수 있어 오히려 성실한 계약상대방을 우대하게 되는 불균형이 발생하며,107) ③ 엄격한 요건에 따라 법률행위를 취소하는 부인권 행사요건을 잠탈하도록 오용될 수 있고, ④ 해제권 방식에 따라 해제선택이 된 경우 상대방의 의사와 무관하게 계약이 소멸되므로 계약상대방의 선택지가 축소되나, 이행거절권 방식을 취하면 관리인이 이행거절을 하더라도 상대방은 도산채권으로 행사하지 않고 법률관계를 그대로 둔 채 도산절차가 종료되기까지 기다린 뒤 강제이행권을 행사할 수 있다는 점108)109) 등을 근거로 한다.110)

---

107) ②와 관련된 문제에 대한 상세한 내용은 최준규, 계약법과 도산법 -민법의 관점에서 도산법 읽기-, 홍진기법률연구재단(2021), 228면 참조. 이는 가분적 상품을 매도하기로 하는 매매계약에서 매수인이 매매대금을 지급하지 않은 채 도산절차가 개시된 경우 매도인이 매매목적물 전부를 인도한 경우와 일부를 인도한 경우를 비교하면서 전부 인도한 경우에는 대금채권을 도산채권으로 행사하여 일부만 변제받을 수 있으나, 일부만 인도한 경우 관리인이 해제를 선택하면 인도한 물건을 환취할 수 있다는 사례에 관한 지적이다. 그러나 ㉠ 전부 인도한 매도인은 스스로 동시이행항변권을 포기하여 스스로 신용공여를 한 책임이 있으므로 불균형을 탓할 수는 없다. 또한 ㉡ 관리인이 해제를 선택하는 경우라면 채무자가 채권자로부터 인도받은 상품의 가치가 떨어지는 경우와 같이 계약이행이 채무자에게 불리한 상황일 것인데, 이와 같은 상황에서는 채권자도 인도한 상품을 회수하는 것보다 도산절차에서의 변제율에 따라 도산채권으로 변제받는 것이 유리한 경우도 있을 것이다(파산절차에서는 채무자의 총책임재산을 기준으로 배당을 받고, 회생절차에서도 청산가치보장의 원칙은 채무자의 총책임재산을 기준으로 검토되기 때문에 채권자로서는 상품가치 하락보다 더 많은 변제를 받을 가능성도 있다).
108) ④의 논거는 Ⅲ.관 제2의 다.항에서 살펴본 독일의 소수설과 같은 입장을 채택한 것으로 보인다.
109) ③의 문제제기에 대해서는, 부인권 행사와 관리인의 쌍방미이행 쌍무계약의 해제는 양립가능한 별개의 제도로서 민법에서도 이러한 경우는 종종 있으며 각 요건을 적확하게 적용하여 남용의 우려를 막을 수 있다는 점을 지적할 수 있다. 또한 ④의 문제제기에 대해서는 이행거절권 방식을

이 견해는 도산절차가 개시되면 계약상대방(채권자)은 도산절차 내에서는 더 이상 강제이행을 할 수 없기 때문에 계약상대방의 의사에 따른 계약실현은 도산절차 내에서 불가능하다는 것을 출발점(default rule)으로 하는 관점이다. 계약내용대로 실현이 불가능하다

취하는 대표적인 입법례인 독일 도산법에서도 소수설의 주장일 뿐이고, 판례와 다수설은 관리인의 이행거절 시 상대방의 강제이행권을 인정하고 있지 않고 있다는 점을 지적할 수 있다. 독일 소수설에서 관리인의 이행거절 시 계약상대방이 도산절차 참여를 하지 않은 채 도산절차가 종료되면 강제이행권을 행사할 수 있다는 근거로 제시하는 독일 도산법 제201조 제1항에서는 '도산채권자는 도산절차 종료 후에도 계속 남은 채권(ihre restlichen Forderungen)을 행사할 수 있는 권리를 갖는다'고 규정하고 있으나, 위 규정은 '도산절차에 참가하여' 완전한 변제를 받지 못한 도산채권자의 남은 채권에 대하여 도산계획에 의하여 면제되거나 잔존채무면책결정을 받을 때까지 그 권리행사를 할 수 있다는 것을 규정한 것일 뿐 관리인이 쌍무계약에 대해 이행거절을 선택한 경우 계약상대방에게 도산절차에 참가하지 않을 지위까지 부여하는 근거가 될 수 있는지는 의문이다. 또한 모든 계약에 있어서 상대방에게 도산절차에 참가하지 않고 도산절차 종결 후 계약이행을 강제할 수 있도록 하는 선택권을 부여하는 것은 도산 목적 달성을 방해하는 것으로서 받아들이기 어려운 주장이라고 보인다.

독일 도산법(Insolvenzordnung) § 201 Rechte der Insolvenzgläubiger nach Verfahrensaufhebung (1) Die Insolvenzgläubiger können nach der Aufhebung des Insolvenzverfahrens ihre restlichen Forderungen gegen den Schuldner unbeschränkt geltend machen[§ 201 도산절차 종료 후 파산채권자의 권리 (1) 도산채권자는 도산절차 종료 후에도 계속 남은 채권을 행사할 수 있는 권리를 갖는다].

110) 일본에서도 위 주장과 유사한 취지로 해제권방식에서 이행거절권방식으로 변경하여야 한다는 주장이 있다. 伊藤眞, 破産法·民事再生法 第5版, 有斐閣(2021年), 390면; 伊藤眞, 破産法·民事再生法 第5版, 有斐閣(2021年), 390-391면에서는 해제권 대신 이행거절권을 부여하면 충분하다는 견해로 田頭章一, 「倒産法における契約の処理」, ジュリ 1111号106(1997年), 107頁을 소개하고 하면서, 그에 대한 비판을 하고 있고, 이행거절권에 대한 상세한 분석으로 竹內康二, 「双務契約再考」, 小島古稀(上), 1013頁; 条解 破産法 第3版, 413頁; 水元宏典, 「賃借人破産と破産法53条1項に基づく破産管財人の解除選択-賃貸人の原状回復請求権·原状回復費用請求権を中心に」ソリューショ, 18頁 등을 소개하고 있다.

면 교착상태의 해소는 손익청산의 방법으로 이루어질 수밖에 없다고 설명한다.111) 그 상세한 내용은 다음과 같다.

손익청산은 3단계 즉 ① 계약상대방의 채권의 강제이행불능에 따른 금전화(1단계), ② 그와 견련관계에 있는 도산채무자의 채권의 금전화(2단계), ③ 두 금전채권 사이의 공제(3단계)를 거쳐 이루어진다.

1단계에서는 계약상대방의 채권이 금전화된다. 금전화되는 계약상대방의 채권은 도산채권으로서 채권자평등주의가 적용되고 더 이상 강제이행청구를 할 수 없는 채권이다. 2단계에서는 계약상대방의 채권과 견련관계에 있는 도산채무자의 채권도 함께 금전화된다. 계약상대방의 이행청구권이 강제이행될 수 없다면 그와 견련관계에 있는 도산채무자의 이행청구권도 강제이행될 수 없다고 봄이 공평하다. 3단계로 금전화된 두 채권은 서로 '공제'되어 단일한 금전채권으로 청산된다. 이러한 공제는 상계와 구별되는 것으로서 이 경우 도산법상 상계제한 법리가 적용되지 않는다. 금전화되기 전의 두 급부의무가 견련관계에 있었기 때문이다. 3단계에서 채무불이행으로 인한 손해배상청구권도 함께 고려하여 계약의 금전채권화가 이루어진다. 다만 이러한 계약의 금전화는 책임법적 의미에서의 금전화채권일 뿐이고, 원 계약상 채권이 실체법적으로 소멸한다는 뜻은 아니라는 점에 유의해야 한다. 책임법은 책임법의 목적 달성에 필요한 한도 내에서만 계약법 법리를 변경하면 족하기 때문이다.

계약관계가 단일한 금전채권으로 청산되면 계약상대방은 더 이상 기존 계약상 급부를 이행할 '권리'가 없다. 즉 계약상대방이 부동산소유권을 이전해 주고 매매대금은 도산채무로 지급받기를 원

---

111) 계약내용대로 실현이 불가능하다고 하더라도 교착상태의 해소가 손익청산의 방법으로밖에 이루어질 수 없는지는 의문이다. 상대방의 해제권 행사를 인정하여 원상회복을 인정할 수 있기 때문이다. 제4장 제2절 Ⅱ.관 참조.

하더라도, 관리인이 이에 동의한 경우를 제외하고는 관리인의 의사가 우선한다. 부동산소유권을 이전받지 않고 계약관계를 단일한 금전채권으로 청산하는 것이 도산재산에 더 유리하다고 관리인이 판단하였다면 그러한 관리인의 의사는 존중되어야 한다.

이러한 손익청산 결과 계약상대방이 취득하는 손해배상채권(매매대금 - 시가)은 이행이익과 동일하다. 계약상대방의 계약상 청구권이 채권인 이상 즉 계약의 이행여부와 관련하여 계약상대방이 도산채무자에게 신용을 부여한 이상 위와 같은 손해배상청구권도 일반채권이라고 보아야 한다. 즉 손해배상청구권과 관련한 도산채무자의 무자력 위험은 계약상대방이 부담한다. 따라서 계약상대방의 위 손해배상채권은 도산채권이다.

또한 이 견해는 임대차계약과 같은 이용형·계속적 계약에 대하여 다음과 같이 도산법적 법률관계가 진행된다고 설명한다. 즉 임대인이 도산한 경우 관리인의 이행거절로 계약상대방의 계약상 권리가 소멸하는 것은 아니나 계약에 기초한 계약상대방의 점유권한 (민법 제213조 단서의 '점유할 권리')은 소멸한다. 임대인은 임차인에 대하여 목적물반환을 구할 수 있고, 임차인은 이를 거부할 수 없다. 임대차계약을 해지할 수 없다면 임대인이 임차인에 대하여 목적물 반환을 구하는 근거를 찾기 어렵다고 생각할 수도 있으나, 임대차계약이 유효하게 존속하더라도 임차인이 차임을 미지급하는 경우에도 임대인이 본권에 기초하여 임차인에게 반환청구를 하는 것은 가능하다고 보아야 한다.[112] 결론적으로 임대차계약과 같은

---

112) 최준규, 계약법과 도산법 -민법의 관점에서 도산법 읽기-, 홍진기법률연구재단(2021), 262-263면. 그러나 제3장 제3절 III.관 2.항(채권적 청구권 특히 사용수익할 채권이 환취권에 속하는지 여부)에서 살펴본 바와 같이 계약이 종결되지 않으면 채권적 권리인 임차권은 환취권으로서 인정되어야 하고, 이에 기하여 임차인은 목적물을 계속 점유할 정당한 권원이 있다고 할 것이다. 계약이 유효하게 존속됨에도 관리인의 이행거절만으로 점유

이용형·계속적 계약의 경우에는 이행거절권 구성을 취하는 것과 해지권 구성을 취하는 것 사이에는 큰 차이가 없다.

또한 이 견해는 부동산 매매계약에 관하여도 다음과 같이 설명한다. 즉 부동산 매도인이 매매대금을 지급받지 않은 상황에서 매수인에게 목적물을 선인도하고 도산절차에 들어갔고, 매도인의 관리인이 이행거절을 선택한 경우에는, 매수인의 소유권이전등기청구권이 소멸하는 것은 아니지만 매수인의 점유권한(민법 제213조 단서의 '점유할 권리')은 소멸한다.113) 따라서 매수인은 관리인의 소유권반환청구를 거절할 수 없고, 매수인의 목적물 반환의무와 관리인의 손해배상의무는 공평의 관념에 기초한 동시이행관계일 뿐이므로 단절된다. 매도인이 관리인으로부터 대금일부를 지급받았더라도 계약이 소멸된 것은 아니어서 부당이득이 아니므로 관리인은 이를 반환할 의무가 없다. 다만 매수인은 이행불능으로 인한 손해배상을 도산채권으로 행사할 수 있고, 이때의 손해에는 기지급 대금도 고려되어야 한다.114)

할 정당한 권원이 소멸된다고 보는 것은 평시 법률관계인 민법의 법리에도 반하는 것으로 보인다. 반면 관리인에게 해제권이 부여된 경우에는 계약해제의 법리에 따라 환취권이 소멸된다고 보는 것이 자연스럽다.
113) Münchener Komm-Huber, InsO 4Aufl. (2019) § 193 Rn.33, 177.
114) 최준규, 계약법과 도산법 -민법의 관점에서 도산법 읽기-, 홍진기법률연구재단(2021), 265-267면. 위 다.항에서 다룬 임대차계약과 달리 매매목적물을 선인도한 경우 관리인의 이행거절에 따라 매수인이 점유반환을 해야 하는 것은 수긍할 수 있다. 이 경우 매수인의 점유권원은 매매계약에 기하여 선이행된 것이기는 계약종결 시까지의 잠정적인 것이기 때문이다. 또한 매수인의 목적물 반환의무와 관리인의 손해배상의무는 공평의 관념에 기초한 동시이행관계일 뿐이므로 단절된다는 점도 충분히 공감한다. 그러나 관리인의 해제에 따라 간명하게 처리할 수 있는 법률관계를 복잡한 이행거절방식을 채택함으로 복잡한 문제를 발생시키고 특히 일부 대금을 선지급한 매수인이 매매목적물은 그대로 반환하면서 기지급 대금에 대한 원상회복을 구할 수 없어 미회수의 위험을 부담해야 하는 것은 형평의 관점에서 받아들이기 어렵다고 생각한다.

나아가 위 견해는 관리인의 이행거절에 따른 계약상대방의 선택권을 인정할 수 없다고 설명한다. 관리인의 이행거절은 채무불이행으로서의 이행거절과는 다르고, 관리인의 이행거절은 법질서상 허용되는 것이므로 관리인이 이행거절을 선택하였더라도 계약상대방이 계약해제를 할 수 없다고 주장한다.115)

그리고 위 견해는 관리인이 초과지급을 한 경우 원상회복을 허용해야 한다고 주장하면서 다음과 같이 설명한다. 채무자가 도산절차 개시 전 일부 이행을 한 뒤 관리인이 이행거절을 선택한 경우 관리인이 계약상대방의 손해액을 초과하여 지급을 하였다면 계약상대방에 대해 초과분에 대하여는 원상회복을 구할 수 있다고 보아야 한다. 채권자가 일부 이행한 경우 계약이 소멸한 것은 아니므로 원상회복을 구할 수 없는 것과 형평성을 고려하면, 관리인도 원상회복을 구할 수 없다고 보아야 타당하다. 그러나 계약상대방의 손해배상청구권을 산정하는 범위에서는 손익상계하여야 하나 초과지급분에 한해서는 원상회복을 인정하는 것이 바람직하다.116)

무엇보다 위 견해는 독일 소수설과 같이 도산절차 개시는 계약상 이행청구권에 아무런 영향을 미치지 않기 때문에 계약상대방이 도산절차 참여를 포기한 경우에는 이행청구권이 존속하고 도산절차 종료 후 일반 규정에 따라 채무자에 대하여 행사할 수 있다고 본다.117)

마지막으로 위 견해는 관리인의 이행거절권 행사에 대해서도 신의칙이 적용될 수 있다고 설명한다. 즉 관리인의 해제권 행사가 권

---

115) 최준규, 계약법과 도산법 -민법의 관점에서 도산법 읽기-, 홍진기법률연구재단(2021), 260-261면, 267-268면.
116) 최준규, 계약법과 도산법 -민법의 관점에서 도산법 읽기-, 홍진기법률연구재단(2021), 269-276면.
117) 최준규, 계약법과 도산법 -민법의 관점에서 도산법 읽기-, 홍진기법률연구재단(2021), 234-236면.

리남용을 이유로 허용되지 않는 것처럼 이행거절권 행사도 권리남용을 이유로 불허될 수 있다. 매수인이 매매대금 중 일부를 매도인에게 지급한 후 매도인에 대하여 도산절차가 개시된 경우 관리인이 이행거절을 한 뒤 다시 이중매매를 하는 것과 같이 제3자에게 같은 내용으로 매도하는 것은 권리남용에 해당할 수 있다.[118)]

3. 국내 학설의 이행거절권 방식에 대한 평가와 시사점

국내 학설의 이행거절권 방식은 독일의 이행거절권 방식과 같이 계약상대방의 원상회복청구권을 인정하지 않고 금전청산을 하는 것을 특징으로 한다. 이와 같은 방식을 취함으로써 계약상대방이나 채무자가 전부 이행한 경우와 일부만 이행한 경우의 불균형이 해소되고 도산목적 달성에 부합되도록 계약관계가 간명하게 정리된다는 점에서 탁견이라고 생각된다.

그러나 위 국내 학설은 독일의 다수설과 판례가 취하는 이행거절권방식과 청산 방식의 세부적 내용이 상이하고, 미국의 이행거절권 방식과는 기본적인 체계부터 전혀 다른 등 아직까지 참조할만한 실정법이 없어 이론적·실무적 검증이 필요한 부분이 적지 않아 보인다.

특히 관리인의 이행거절이 계약상 권리는 소멸시키지 않으면서도 상대방의 점유권을 소멸시킨다는 것은 금전청산을 위해 선택한 불가피한 수단이라고 보이기는 하지만 법논리적인 설명이 선명해 보이지 않는다. 우리 파산절차상 도산채권의 현재화·금전화와 유사한 논리로 보이기도 하지만 도산채권의 현재화·금전화의 경우에도

---

118) 최준규, 계약법과 도산법 -민법의 관점에서 도산법 읽기-, 홍진기법률연구재단(2021), 279면.

환취권의 법리(평시 법률관계를 도산절차에서도 존중하는 법리)는 지켜져야 한다. 임차인의 점유나 매수인의 목적물 점유는 환취권의 기초된 권리로서 도산절차 개시로 영향을 받지 않고 채무자회생법상 특칙이 있어야만 변경될 수 있으나 해제·해지가 아닌 '이행거절'만으로 환취권의 기초된 권리에 변경이 가해진다고 보기는 어렵다. 이행거절이 환취권의 변경을 가하는 것은 해제·해지와 다름 없다. 가분적이지 않은 법률관계의 일부만을 해제·해지한다는 것도 익숙치가 않다.

무엇보다도 국내 이행거절권 학설은 우리의 회생절차에 있어서 현재의 실무관행과 너무 멀어지게 된다. 즉 회생절차에서는 도산채권의 금전화·현재화(등질화)가 이루어지지 않는데, 금전채권이 아닌 채권(임차권, 소유권이전등기청구권, 지식재산권에 대한 통상실시권 등)에 있어서 편무계약이나 일방미이행 쌍무계약의 경우에는 공정평형의 원칙과 평등의 원칙에 따라 계약 내용을 일부 수정하는 방식으로 권리변경을 하게 되고, 심지어 하나의 계약에 편무계약과 쌍방미이행 쌍무계약이 혼재된 경우 관리인의 해제 선택에도 불구하고 사실상 계약 내용대로 권리변경을 하는 것(제4장 제2절에서 본 '임대차보증금 사안' 참조)과도 불균형을 이루게 된다. 국내 학설의 설명과 같이 금전화가 이루어지면 공정평형의 원칙과 평등의 원칙에서 우대를 받기는 어렵다.[119] 독일이 손익청산 방식을 취하는 것은 회생절차에서도 청산에 더 무게를 두는 것이라고 평가되는 근거라고 생각되는 지점이기도 하다. 일본에서도 유사한 논의가 진행되었으나 해제권 방식을 유지하는 것도 같은 이유라고 생각된다.

더욱이 국내 학설은 독일 소수설의 주장과 같이 계약상대방에게 도산절차에 참가하지 않고 도산절차 종결 후 계약이행을 강제할 수

---

[119] 물론 위 국내 학설에서 관리인의 이행거절에도 불구하고 계약관계는 소멸되지 않는다는 점을 고려하여 우대하는 것도 가능하기는 하다.

있도록 하는 선택권을 부여하여야 한다고 주장하나, 관리인이 도산목적 달성을 위한 선택권으로서 이행거절권을 부여하고(도산재단에 불리하다고 판단되어 이행거절권을 선택할 것이다) 이 경우 계약상대방은 도산채권으로 배당받도록 한 독일 도산법의 취지와 기본적인 태도를 고려할 때, 도산 목적 달성을 방해하는 것으로서 받아들이기 어려운 주장이라고 보인다. 국내 학설이 계약상대방에게 위와 같이 계약이행을 선택할 지위를 부여하자고 하는 것은 평시 법률관계를 존중하기 위한 것이라는 점에서 공감이 가는 면도 있지만, 관리인에게 도산목적 달성을 위해 계약종결권한(해제권)을 부여하는 현재의 우리 채무자회생법의 태도와는 정면으로 배치되는 방향이다.

  뿐만 아니라 위와 같은 주장은 미국의 이행거절권 방식보다도 도산재단에 불리하게 운영하도록 하는 결과를 가져온다. 미국 파산법 시스템에서는 평시 법률관계가 도산절차에도 그대로 관철되지만 평시 법률관계에서도 보통법상 강제이행권이 인정되지 않기 때문에 계약상대방이 계약이행을 선택할 수 없는 것이 원칙적인 모습이고, 계약상대방이 계약이행의 선택권을 갖는 것은 형평법상 특정이행(specific performance)권을 갖는 경우에 한한다. 즉 미국 파산법 하에서도 계약상대방이 계약이행을 강제할 수 있는 선택권을 가지는 것은 모든 계약에 대해서 인정되는 것이 아니라 형평법상 예외적으로 인정되는 계약에 한한다.

  또한 이행거절권 방식을 전제로 금전청산을 하는 것은 해제권 방식의 문제점을 해소할 수 있는 대안이 될 수 있기는 하지만, 지식재산권 라이선시 등 보호의 필요성이 있는 채권자를 위한 예외규정을 보완할 필요가 있다. 이는 계약상대방의 강제이행권을 인정하는 것인데, 금전청산 방식의 예외를 인정하는 것이지 모든 채권자들에 대하여 일반적인 선택권을 부여하는 것이 아니다.

또한 이는 이행거절권 방식 하에서 관리인이 이행선택을 하는 경우 고유의 견련관계에 있지 않는 부분만을 이행거절하는 것을 허용할지에 관한 문제와도 관계된다. 뒤(제5절)에서 보는 부분해제의 허용 여부에 대한 문제이다. 따라서 지식재산권 라이선스 계약에서 계약의 본질에 해당하는 통상실시권 허여와 그에 상응하는 실시료 부분에 대해서만 이행선택을 하고 나머지 부분은 이행거절을 하여 손익청산을 하는 것에는 어떠한 문제가 발생하는지에 대한 추가 검토도 필요하다고 보인다.

VI. 이행거절권 방식에 대한 종합평가

미국은 기본적인 법체계가 대륙법계에 속하는 우리와 매우 상이할 뿐만 아니라 도산법상 쌍방미이행 쌍무계약에 대한 관리인의 계약불이행권한에 있어서도 해제권이 아닌 이행거절권 방식을 채택하고 있기는 하나, 우리 채무자회생법상 적용배제특칙과 미국 도산절차에서 특정이행이 인정되는 경우는 특별한 보호의 필요성이 있는 채권자를 위한 특칙으로서 일반법과 특별법의 조화를 위한 메커니즘으로서의 기능을 수행한다는 점에서 유사한 기능을 수행한다고 평가할 수 있어 우리 도산법의 제도개선에 많은 시사점을 준다.

구체적인 법논리나 근거는 상이하다고 보이지만, 개별사안에서의 결론 특히 라이선스 계약을 유지하도록 하여 지식재산권 라이선시를 보호한다는 결론은 지식재산권의 국제적 활용이라는 실무경향과 사업의 기반이 된다는 지식재산권의 특성을 고려할 때 반드시 고려해야만 할 것이다. 미국 형평법상 특정이행이 인정되는 경우는 우리 민법상 채권을 물권화하는 경우와 유사하다고 볼 수 있어, 제2절 III.관에서 살펴본 적용배제특칙의 확대 근거로 삼을 수 있다고 보인다. 또한 미국 파산법 § 365(n) 등의 특칙은 부분해제를 허용하는 것과 동일한 효과가 있어 제5절에서 검토할 부분해제의 허용가능성에 대한 시사점을 주기도 한다.

반면 독일 도산법은 재건보다는 청산에 중점을 두고 있을 뿐만 아니라 관리인의 선택권으로 부여한 이행거절권 방식은 계약유지를 허용하는 경우가 매우 제한적이고 지식재산권 라이선시 보호에 매우 미흡하다고 평가할 수 있다. 또한 독일의 소수설과 그와 유사한 입장을 취하는 국내 학설의 이행거절권 방식은 금전청산을 통해 계약관계를 간명하게 정리하는 방안을 제시한다는 점에서 해제권 방식의 문제점을 해소하는 데에 도움이 될 수 있으나 여전히 해결되지 않은 많은 난점이 있어 이론적인 검증이 더 필요하다고 보이고, 특히 계약상대방에게 도산절차에 참가하지 않고 도산절차 종결 후 계약이행을 강제할 수 있도록 하는 선택권을 부여하여야 한다는 주장은 도산 목적 달성을 위해 관리인에게 선택권을 부여한 취지에 정면으로 반한다고 보인다.

즉 이행거절권 방식을 채택한 독일 도산법에 대한 판례와 다수설의 법리는 금전청산방식만을 취하고 있어 계약상대방의 보호에 극히 미흡하고, 독일의 소수설과 국내 유력설은 계약상대방인 채권자로 하여금 도산절차에 참여하지 않고 기다리다가 도산절차 종결 후 계약이행을 선택할 수 있다고 주장하기 때문에 도산채무자의 보호에 극히 미흡한 측면이 있어 우리 도산법의 개선에 참조할 부분이 그리 많지 않다.

따라서 독일 도산법이나 국내 학설의 이행거절권 방식은 우리 채무자회생법이 채택하고 있는 해제권 방식을 이행거절권 방식으로 변경하기 위한 근거로 삼기에 부족하고, 또한 관리인의 선택권 규정의 적용배제특칙 확대를 통해 지식재산권 라이선시를 보호하기 위한 논의에 있어서도 참조할 점이 그리 많지는 않다고 보인다.

다만 독일의 '도산절차 개시 전 사용료를 모두 지급하여 일방미이행 쌍무계약으로 만드는 방법'은 제2장 제4절 III.관 제2항의 해석론과 같은 취지로서 라이선시 보호방안의 하나로 참조할 수 있고, '관리인의 이행거절 선택 시 라이선시가 새로운 계약을 요청할 권리의 법률안'은 우리 법에 도입하는 것도 적극 검토해볼만하다고 생각한다.

이상과 같이 이행거절권 방식에도 많은 문제점이 있거나 기본적인 법체계가 상이하여 이를 우리 채무자회생법에 도입하게 되면 검증되지 않은 많은 문제가 발생할 위험이 있다. 반면 해제권 방식에 일부 문제점이 발생되고 있지만 오랜 기간 실무적으로 정착되어 이미 법질서로서 한 부분을 차지하고 있고, 해제권 방식에 대한 문제점을 해결하기 위하여 많은 연구과 입법개정도 지속되고 있다.

일반법과 도산법의 조화를 위한 메커니즘으로서 아직 우리 채무자회생법이 부족한 점이 많기는 하지만, 이 책에서 제안하는 여러가지 해결방안 즉 적용배제특칙의 확대를 통하여 물권화된 채권을 도산절차에서도 존중하는 방안, 신의칙 적용에 의해 해제권을 제한함으로써 적용배제특칙의 확대만으로 해결할 수 없는 부족한 틈새를 메우는 방안 등을 도입함으로써 쌍방미이행 쌍무계약의 도산절차에서의 합리적인 처리에 관하여 일반법과 도산법의 조화를 위한 메커니즘으로서 적합한 시스템에 다가갈 수 있을 것으로 생각한다. 이러한 상황에서 아직 검증되지도 않았고 이론적으로도 많은 난제가 있는 이행거절권 방식을 성급히 도입하는 것은 아직은 조심스럽다.

제 4 절 도산법 외의 일반법 규정을 통하여 라이선시를 보호하는 방안: 법정실시권 제도의 신설

I. 서설

 우리 채무자회생법이나 일본 도산법은 쌍방미이행 쌍무계약상 관리인의 선택권 규정에 대해 해제권 제도를 채택하고 있고, 채권자 보호의 필요성이 인정되는 경우에는 관리인의 선택권 규정에 대한 적용배제특칙을 도산법에 마련한 뒤 그 적용배제특칙을 충족하는 법률요건은 다른 일반법에서 규정하도록 하는 2단계의 조정 메커니즘을 취하고 있다. 그런데 일본 도산법이 사용수익권 일반에 대한 적용배제특칙을 규정함으로써 지식재산권 라이선시로 하여금 라이선서의 도산에도 불구하고 실시권을 계속 행사할 수 있도록 하는 것과 달리, 우리 채무자회생법상 관리인의 선택권 규정을 적용배제하는 특칙은 대항력 있는 임차권에 한하여만 허용하고 있어[1] 지식재산권에 대한 라이선시는 보호받지 못한다.
 이에 반해 미국 도산법은 이행거절권 방식을 취하면서 평시 법률관계에서의 채무불이행 법리를 그대로 적용하되, 형평법상 특정이행이 인정되는 경우에 있어서는 최종적으로 도산법과 일반법의 비교형량을 통해 양자의 조화를 꾀하는 메커니즘을 취하고 있다. 미국 도산절차에서 특정이행이 인정되는 경우는 우리 채무자회생법상 적용배제특칙이 적용되는 경우와 유사한 기능을 수행하는데,

---

 1) 물론 단체협약 등의 경우에도 적용배제의 특칙을 두고 있기는 하다(제119조 제4항 등).

미국 도산법은 우리와 달리 지식재산권 라이선시의 보호에도 충실하게 운용되고 있다.

　이와 같이 도산법과 일반법의 비교형량을 통해 양자의 조화를 꾀하는 미국의 메커니즘은 우리나 일본의 신의칙에 의한 해제권 제한 방식과도 유사한 측면이 있다. 즉 도산법 자체의 명시적 규정을 타고 들어가야 하는 것이 아니라 도산법과 일반법(평시 법률관계)의 각 목적을 직접 비교형량하는 것과 다름 없다. 우리 채무자회생법에 있어서 신의칙 외에도 이러한 메커니즘이 적용되는 경우가 있다. 관리인이 도산법 이외의 법률규정을 근거로 계약과 관련된 의무를 평시 법률관계와 마찬가지로 부담하는 경우이다. 이와 유사한 방식으로 지식재산권 라이선시를 보호할 수 있는 방안을 고려해볼 수 있다. 이는 채무자회생법상 적용배제특칙이 명시적으로 규정되지 않았음에도 관련 법률의 해석론을 통해 관리인의 선택권 규정에 대한 적용배제를 인정하는 방안이다.

　그런데 이와 같은 해결방식은 관리인의 선택권 규정에 대한 적용배제를 인정함으로써 관리인에게 평시 법률관계에서 인정되는 채무자의 의무를 그대로 부담시키는 것을 의미하고, 나아가 원칙적으로 도산채권의 성격을 가지고 있는 법정채권임에도 도산절차에 복종하지 않는 권리를 허용하는 새로운 영역을 인정하는 것이라는 점에서 이론적 검증이 필요하다.

　더욱이 이러한 해결방식은 일반법상 대항요건제도를 통해 라이선시를 직접 보호하는 것과 도산절차상 관리인의 선택권 규정의 적용배제특칙을 통해 라이선시를 보호하는 것은 차원을 달리하는 문제라는 점에서 보다 신중한 검토가 필요하다. 평시 법률관계에서 라이선시의 이익과 형량이 되어야 하는 것은 해당 지식재산권을 둘러싼 대항관계에 있는 제3자인 특허권 양수인, 질권자, 전용실시권자 등의 이익인 반면, 라이선서가 도산한 상황에서 라이선시의 이익과 형량되어야 하는 것은 도산채무자를 둘러싼 일반채권자 등 많은 이해관계인의 이익이라는 점에서 차이가 있다. 도산 상황은 국가가 사인 간의 재산적 권리의무관계에 개입하여 공평·신속한 처리를 한다는 비상상황으로 볼 수 있기 때문에 평시보다 느슨한 조건 내지 근거를 이유로 라이선시를 보호하는 것은 허용되지 않는 것이 마땅하다. 즉 다른 계약과의 '수평적 밸런스'뿐만 아니라 라이선시 계약 내에서의 '수직적 밸런스'에 대해서도 고려해야 한다.[2] 이러한 관점에서 도산절차의 관리인이 도산법 외의 일반법에 기하여 발생된 법정의무를 온전히 부담하는 것은 특별한 조건 내지 근거가 인정되는 경우에 한한다고 할 것이다.

이하에서는 해석론에 따라 관리인의 선택권 규정의 적용배제를 인정하고 있는 비교사례를 검토한 뒤, 라이선시의 보호방안으로서 법정실시권을 신설하는 방안에 대하여 살펴보기로 한다.

II. 도산법 외의 일반법에 기하여 발생된 법정의무를 도산절차에서도 온전히 보호할 필요성에 대한 검토

1. 일반론에 대한 검토

채무자가 '도산법 외의 법률규정'을 근거로 계약상대방에 대하여 '법정의무'를 부담할 때에 채무자에 대하여 도산절차가 개시되면 ① 관리인이 계약관계를 승계하면서 채무자의 위 법률상 의무도 함께

---

2) 島並良, "登錄制度の活用", 知的財産ライセンス契約の保護 -ライセンサーの破産の場合を中心に-, 雄松堂出版(2004. 11.), 207-208頁(평시 법률관계와 도산절차 사이에서의 합리성을 '수직적 밸런스'로, 라이선스 계약과 다른 계약과의 균형성을 '수평적 밸런스'라고 할 수 있다).

승계한다고 볼 것인지, ② 채무자를 대신하여 관리인이 새롭게 계약상대방에 대하여 의무를 부담한다고 볼 것인지가 문제될 수 있다. ①의 경우는 계약상대방의 채권을 도산채권으로 볼 수도 있을 것이고, ②의 경우는 공익·재단채권 내지 도산에 복종하지 않는 권리로 볼 여지도 있을 것이다.

이에 대하여 원칙적으로 도산채권으로 보되, ㉠ 법률에 특별한 정함이 있는 경우, ㉡ 관리인이 새롭게 의무를 부담한다고 보는 것이 법률문언이나 체계에 부합하는 경우, ㉢ 해당 법률이 부과하는 의무가 사회정책적으로 중요한 의무이기 때문에 설령 도산법 취지가 훼손되더라도 즉 다른 도산채권자들의 이익이 침해되더라도 위 의무 이행이 꼭 필요한 경우에는 공익·재단채권으로 보아야 한다는 견해가 있다.3)

매우 타당한 견해라고 생각한다. 도산법 외의 일반법에 의하여 발생되는 법정의무에는 민법상 부당이득반환채권, 사무관리에 기한 채권, 손해배상채권 등도 있으나 이와 같은 법정의무는 '다른 채권자와 평등하게 취급해야할 채권'에 불과하다. 그러나 개별 법령의 입법취지를 고려할 때 위와 같이 도산법의 목적을 뛰어넘는 보호의 필요성이 인정될 때에는 관리인도 온전히 그 법정의무를 부담하여야 하는 것이 전체 법체계의 조화를 위해서 필요하다고 할 것이다.

다만 위 ㉠ 내지 ㉢과 더불어 ㉣ 승계가 있는 경우에도 승계자가 여전히 온전한 의무를 부담하도록 한다는 취지의 법정의무인 경우에도 공익·재단채권으로 보아야 하고, 경우에 따라서는 관리인의 선택권 규정이 적용되지 않는 권리로서 도산절차에 복종하지 않는 권리로 보아야 할 경우도 있다고 생각한다(㉠ 내지 ㉢에 해당하는

---

3) 최준규, 계약법과 도산법 -민법의 관점에서 도산법 읽기-, 홍진기법률연구재단(2021), 79면.

경우라고 볼 여지도 있으나 적용대상을 분명히 한다는 점에서 독자적인 의미가 있다고 보인다).

2. 관리인이 법률규정(법정의무)을 근거로 채무자의 의무를 온전히 부담하는 사례

이러한 쟁점이 문제된 대법원 판결(대법원 2015. 6. 24. 선고 2014다29704 판결)[4]이 있다.[5][6]

임대사업자의 파산선고로 파산관재인이 파산선고 후에 파산재단에 속하게 된 임대주택을 관리하다가 임차인 등에게 파산재단의 환가방법으로 임대주택을 분양전환한 경우, ① 파산관재인이 입주자대표회의에 파산선고 전후로 특별수선충당금이 실제로 적립되었는지와 상관없이 임대주택법령에서 정한 기준에 따라 산정된 특별

---

4) 대법원 2015. 6. 24. 선고 2014다29704 판결에 대한 해설은 김희중, "2015년 상반기 도산법 관련 대법원 판례 소개", 도산연구 제6권 제2호, 사단법인 도산법연구회(2015), 25-29면 참조.
5) 최준규, 계약법과 도산법 -민법의 관점에서 도산법 읽기-, 홍진기법률연구재단(2021), 78-84면.
6) 〈사안의 개요〉 ① P토건(주)(이하 'P토건'이라 한다)는 2000. 10. 20. 이 사건 아파트 23개 동의 신축에 관한 사업계획승인을 받았다. ② P토건은 이 사건 아파트를 완공하여, 2003. 5. 28. 임대주택으로 사용검사를 받고, 그 무렵부터 임대주택법상의 임대사업자로서 이 사건 아파트를 관리하였다. ③ P토건은 2006. 1. 1.부터 임대주택법에서 정한 특별수선충당금을 적립하지 않았다. ④ P토건은 2006. 12. 26. 부도를 내고 2008. 4. 25. 파산선고를 받아, 피고가 P토건의 파산관재인으로 선임되었다. ⑤ P토건이 이 사건 아파트 임차인들의 분양전환 요구에 계속 응하지 않자, 이 사건 아파트 임차인대표회의가 2008. 7. 4. 울산광역시 북구청장으로부터 이 사건 아파트에 대한 직접 분양전환을 승인받았고, 이후 피고는 이 사건 아파트의 분양전환업무를 수행하였다. ⑥ 원고(이 사건 아파트 입주자대표회의, 2012. 1. 1. 구성)는 2012. 7. 5. 피고로부터 이 사건 아파트의 관리권을 이양받았다. ⑦ 원고는 P토건의 파산관재인인 피고를 상대로 임대주택법령에서 정한 특별수선충당금의 지급을 구하고 있다.

수선충당금을 인계하여야 하는지 여부 및 ② 이 경우 입주자대표회의의 특별수선충당금 지급청구권이 채무자회생법 제473조 제4호에서 정한 재단채권에 해당하는지 여부가 쟁점이 된 사안이다.

구 임대주택법 및 시행령에 따르면, 일정 규모 이상의 임대주택의 임대사업자는 임대주택의 사용검사 후 1년이 경과한 날부터 특별수선충당금(임대주택법상 주요시설의 적기교체 및 보수에 필요한 비용)을 매월 적립하여야하고('적립의무'), 위 임대사업자는 "분양전환 시" 당해 공동주택의 관리주체인 최초로 구성되는 입주자대표회의에 그동안 적립된 충당금을 인계하여야 한다('인계의무').[7)]

위 사건 이전에 대법원은 임대주택사업자의 위와 같은 '적립의무'와 '인계의무'를 인정하면서[8)] 특히 '인계의무'와 관련하여서는 그 임대사업자가 사업주체로서 실제로 적립했는지 여부와 상관없이[9)] 임대주택법령에서 정한 기준에 따라 산정된 금액을 분양 전환 후 입주자대표회의에 인계하여야 한다고 판시한 바가 있다.[10)] 즉 임대주택사업자의 인계의무는 '분양전환에 따라 발생'하는 것이고, 분양전환 당시를 기준으로 실제로 적립된 특별수선충당금이 없더라도 전액에 대해 인정된다고 본 것이다. 임대주택법상의 특별수선충당

---

7) 구 임대주택법(2002. 12. 26. 법률 제6833호로 개정되기 전의 것) 제17조의4 (특별수선충당금의 적립 등) ① 제17조 제1항의 규정에 의한 임대주택의 임대사업자는 주요시설의 교체 및 보수에 필요한 특별수선충당금을 적립하여야 한다. ② 임대사업자는 임대의무기간이 경과한 후 건설임대주택을 분양전환하는 경우에는 제1항의 규정에 의하여 적립한 특별수선충당금을 주택법 제42조의 규정에 의하여 최초로 구성되는 입주자대표회의에 인계하여야 한다. ③ 특별수선충당금의 요율, 사용절차, 사후관리와 적립방법 등에 관하여 필요한 사항은 대통령령으로 정한다. ④ 제1항의 규정에 의한 임대주택의 주요시설의 범위, 교체 및 보수시기와 방법 등에 관하여 필요한 사항은 국토해양부령으로 정한다.
8) 대법원 2013. 3. 28. 선고 2012다101312 판결.
9) 대법원 2014. 9. 4. 선고 2013다216150 판결.
10) 대법원 2013. 3. 28. 선고 2012다1573 판결.

금에 관한 임대사업자의 의무는 임대사업자가 강제적으로 부담하는 '법정의무'라고 볼 수 있다.[11]

이와 같은 전제에서 2014다29704 판결은 다음과 같이 판단하였다.

「특별수선충당금 적립 및 인계 의무를 부담하는 임대사업자의 파산선고로 임대사업자의 파산관재인이 파산선고 후에 파산재단에 속하게 된 임대주택을 관리하다가 임대주택의 임차인 등에게 파산재단의 환가방법으로 임대주택을 분양 전환하게 된 것이라면, 특별한 사정이 없는 한 임대사업자의 파산관재인은 분양 전환 후 주택법에 따라 최초로 구성되는 입주자대표회의에 파산선고 전후로 특별수선충당금이 실제로 적립되었는지 여부와 상관없이 파산재단의 관리·환가에 관한 업무의 일환으로 임대주택법령에서 정한 기준에 따라 산정된 특별수선충당금을 인계할 의무를 부담한다.

그렇다면 입주자대표회의의 특별수선충당금 지급 청구권은 파산관재인이 한 파산재단인 임대아파트의 관리·환가에 관한 업무의 수행으로 인하여 생긴 것으로서 채무자 회생 및 파산에 관한 법률 제473조 제4호에서 정한 '파산재단에 관하여 파산관재인이 한 행위로 인하여 생긴 청구권'에 해당하여 재단채권이다.」

즉 판례는 파산관재인이 파산재단인 임대아파트의 관리 및 분양 전환을 한 것은 파산재단의 관리처분권에 기초한 것이므로 채무자회생법 제473조 제4호의 '파산재단에 관하여 파산관재인이 한 행위'에 해당하고, '이로 인하여 입주자대표회의로 하여금 특별수선충당금을 구할 청구권'이 생긴 것으로 본 것이다.[12]

---

11) 김희중, "2015년 상반기 도산법 관련 대법원 판례 소개", 도산연구 제6권 제2호, 사단법인 도산법연구회(2015), 27면.
12) 채무자회생법 제473조 제4호의 재단채권의 범위에 관한 판례로는 대법원 2014. 11. 20. 선고 2013다64908 전원합의체 판결 등이 있다.
  〈2014. 11. 20. 선고 2013다64908 전원합의체 판결〉 채무자 회생 및 파산에 관한 법률(이하 '채무자회생법'이라 한다)이 '파산재단에 관하여 파산관재

이를 달리 보면, 파산관재인이 '적립여부와 상관 없이' 특별수선충당금 전액을 인계해야 할 의무는 구 임대주택법령에 따라 부담하게 된 것으로 '관리인이 새롭게 의무를 부담한다고 보는 것이 법률문언이나 체계에 부합하는 경우'에 해당하여 공익·재단채권으로 보게 된 것이라고도 평가할 수 있다.

물론 위 사안은 도산법 외의 일반법인 구 주택임대차보호법에 의하여 발생한 법정의무를 '도산법과 무관하게' 관리인이 온전히 부담한다고 인정한 사례가 아니라, 도산법상 공익채권·재단채권 규정을 매개로 하여 도산법 외의 법정의무를 관리인의 완전한 부담으로 인정한 예일 뿐이다.[13] 그러나 파산선고 전 미적립부분에 대해

인이 한 행위로 인하여 생긴 청구권'을 재단채권으로 규정하고 있는 취지는 파산관재인이 파산재단의 관리처분권에 기초하여 직무를 행하면서 생긴 상대방의 청구권을 수시로 변제하도록 하여 이해관계인을 보호함으로써 공정하고 원활하게 파산절차를 진행하기 위한 것이므로, '파산재단에 관하여 파산관재인이 한 행위'에는 파산관재인이 직무를 행하는 과정에서 한 법률행위뿐만 아니라 직무와 관련하여 행한 불법행위가 포함되고, 나아가 파산관재인이 직무와 관련하여 부담하는 채무의 불이행도 포함된다. 그렇다면 파산관재인은 직무상 재단채권인 근로자의 임금·퇴직금 및 재해보상금(이하 '임금 등'이라 한다)을 수시로 변제할 의무가 있다고 할 것이므로, 파산관재인이 파산선고 후에 위와 같은 의무의 이행을 지체하여 생긴 근로자의 손해배상청구권은 채무자회생법 제473조 제4호 소정의 '파산재단에 관하여 파산관재인이 한 행위로 인하여 생긴 청구권'에 해당하여 재단채권이다.

13) 구 임대주택법이 '분양전환으로 인해' 인계의무가 발생한다고 규정하였기 때문에 '관리인이 새롭게 의무부담을 하는 경우'로 보아야 한다. '해당 법률이 부과하는 의무가 사회정책적으로 중요한 의무이기 때문에 설령 도산법 취지가 훼손되더라도 즉 다른 도산채권자들의 이익이 침해되더라도 위 의무 이행이 꼭 필요한 경우'에도 해당한다고 볼 여지도 있으나, 구 임대주택법령이 이와 같은 정도로 임대주택 입주자들을 보호하고자 입법목적이 있다고 보기는 어렵다. 따라서 파산선고 전 채무자가 분양전환을 한 결과 부담하게 된 '특별수선충당금 인계의무'는 파산선고 전 생긴 재산상 청구권에 해당하므로 파산선고에 따라 파산채권으로 취급되어야한다(최준규, 계약법과 도산법 -민법의 관점에서 도산법 읽기-, 홍진기법률연구재단

서도 인계의무를 재단채권으로 인정한 것은 파산관재인의 의무위반이 인정되기 어렵다는 점 등을 고려할 때 법리적으로 정당화되기는 쉽지 않음에도 정책적인 측면에서 이를 인정하였다는 점에서 많은 시사점을 준다.14) 도산법 외의 일반법의 입법취지 내지 정책적 배려가 도산법의 법리를 뛰어 넘어 고려된 것으로 볼 수도 있다.

3. 적용배제특칙 외의 법률규정에 따라 쌍방미이행 쌍무계약의 적용이 배제되는 경우

가. 소유권이전등기청구권 보전의 가등기가 경료된 매매계약 사례(채무자회생법 규정에 의한 적용배제 인정 사례)

쌍방미이행 쌍무계약에 의한 관리인의 선택권 규정은 고유의 견련성이 인정되는 쌍무계약에 해당하는 경우에는 적용배제의 특칙이 없다면 그대로 적용되고, 다만 위 관련규정에 대한 해석론상 고유의 견련성이 인정되지 않는 경우(공평의 견지에서 인정되는 경우)에는 도산절차 개시에 따라 동시이행관계가 소멸되는 것으로 보아 도산채권으로 취급하는 것이 타당하다는 점은 앞서 본 바와 같다.15)

그런데 우리 판례는 관리인의 선택권 규정에 대한 적용배제의 특칙이 없는 경우에도 다른 법률규정의 해석상 관리인의 선택권 규정의 적용을 배제하는 것을 인정하고 있다.

구 회사정리법 시절의 판례인데, 정리절차개시 당시 아직 매매

(2021), 82면도 이 경우는 파산채권으로 보아야 한다고 한다.
14) 최준규, 계약법과 도산법 -민법의 관점에서 도산법 읽기-, 홍진기법률연구재단(2021), 83-84면(파산선고 전 미적립부분에 대해서도 인계의무를 재단채권으로 인정한 것은 파산관재인의 의무위반이 인정되기 어렵다는 점 등을 고려할 때 법리적으로 정당화되기는 쉽지 않으나, 정책적인 측면에서는 정당화될 여지가 있다).
15) 제4장 제2절(고유의 견련성이 없는 동시이행항변권의 도산절차상 취급에 대한 검토) 참조.

계약이 이행완료되지 않았으나 정리회사 소유의 매매 목적 부동산에 관하여 순위보전의 가등기가 경료된 경우 관리인이 그 계약을 해제할 수 있는지 여부가 문제된 사안에서, 우리 대법원(대법원 1982. 10. 26. 선고 81다108 판결)은 쌍방미이행 쌍무계약에 해당하는 것이 명백함에도 관리인의 선택권 규정이 적용배제된다는 취지로 다음과 같이 판시하였다.

「회사정리법 제103조 제1항에는 정리회사의 관리인은 정리회사와 상대방이 회사정리절차 개시 당시 아직 그 이행을 완료하지 않은 쌍무계약에 대하여는 이를 해제할 수 있다고 규정하고 있으나 한편 동법 제58조 제1항의 본문의 반대해석에 의하면 정리절차개시 전의 등기원인으로 정리절차개시 전에 부동산등기법 제3조에 의하여 한 가등기는 정리절차의 관계에 있어서 그 효력을 주장할 수 있다고 할 것이고 따라서 위와 같은 가등기권자는 정리회사의 관리인에게 대하여 본등기 청구를 할 수 있다고 보아야 하므로 유효한 가등기가 경료된 부동산에 관한 쌍무계약에 대하여는 회사정리법 제103조의 적용이 배제된다 할 것이니, 정리절차 개시 당시 아직 매매계약이 이행완료되지 않았으나 이 사건에서와 같이 정리회사 소유인 매매목적 부동산에 관하여 순위보전의 가등기가 경료되어 있는 경우에는 관리인은 동법 제103조 제1항에 의하여 그 매매를 해제할 수 없다.」

위 사안에 적용되는 구 회사정리법 제58조(개시후의 등기와 등록) 제1항은 '부동산 또는 선박에 관하여 정리절차개시 전에 생긴 등기원인으로 정리절차개시 후에 한 등기 또는 부동산등기법 제3조의 규정에 의한 가등기는 정리절차의 관계에 있어서는 그 효력을 주장하지 못한다. 그러나 등기권자가 정리절차개시의 사실을 알지 못하고 한 등기 또는 가등기는 그러하지 아니하다.'고 규정하고 있었다.

위 판례를 비판하는 입장에서는 구 회사정리법 제58조 본문의 반대해석상 정리절차개시 전에 경료한 가등기를 유효하다고 보고 또 평시 법률관계에 따라 가등기권자가 선악을 불문하고 본등기를 청구할 수 있다고 하더라도, 도산절차에서 관리인이 쌍방미이행 쌍무계약에 기한 선택권에 따라 해제권을 행사하는 것은 별개의 문제이므로, 관리인은 계약을 해제할 수 있다고 본다.[16)17)]

그럼에도 판례는 도산법의 가장 중요한 조항인 쌍방미이행 쌍무계약에 관한 관리인의 선택권 규정을 도산법 내의 규정이기는 하나 다른 법률규정과의 조화로운 해석을 위하여 그 입법취지를 고려하여 적용배제를 인정하였다.

이러한 판례의 해석론을 참고할 때, 도산법 외의 입법취지와 정

---

16) 박병대, "파산절차가 계약관계에 미치는 영향", 파산법의 제문제(1-39), 사법연수원(1998), 488-489면; 임종헌, "파산절차가 쌍방 미이행계약관계에 미치는 영향", 고려대석사논문(2002), 19-20면; 김영주, "도산절차와 미이행 쌍무계약 -민법저채무자회생법의 해석론 및 입론, 경인문화사(2020), 100-102면.

17) 현행 채무자회생법 제66조 제1항은 회사정리법 제58조 제1항과 비교하여 본문은 동일하고 단서는 '등기 또는 가등기'에서 '본등기'만을 규정하고 있는 점에서 차이가 있는데, 이러한 입법개정과 관련하여 위 판례의 유지여부에 대한 견해대립이 있다. 채무자회생법 제66조 제1항 단서의 '본등기'의 의미에 관하여 ① '가등기에 기한 본등기'를 제외하고 '단순한 본등기'만이 해당한다는 입장에서는 위 판결의 태도가 여전히 유지되어야 한다고 보고, ② '단순한 본등기'뿐만 아니라 '가등기에 기한 본등기'도 포함된다고 보는 입장에서는 위 판례와 달리 선의의 경우에만 보호될 수 있다고 볼 것이다(물론 위 ①, ②의 관점 모두에 대해 위 판례를 비판하는 견해는 위 규정과 별개로 관리인의 선택권이 언제나 인정된다고 주장할 것이다). 이에 대해서는 입법개정 취지를 고려할 때 ①의 입장이 타당하고, 가사 ②의 입장에 따르더라도 도산절차 개시 전에 가등기를 경료한 채권자는 적용배제 특칙이 규정된 '대항력 있는 임차권'에 준하는 물권화된 채권의 지위를 가진 자이므로 도산절차에서도 보호되어야 되기 때문에 쌍방미이행 쌍무계약에 기한 관리인의 선택권 규정은 적용배제된다고 해석하는 것이 바람직하고, 이를 명확히 하기 위하여 입법을 하여야 한다고 생각한다[동旨: 최준규, 계약법과 도산법 -민법의 관점에서 도산법 읽기-, 홍진기법률연구재단(2021), 330-331면].

책적 필요성 등을 고려하여 도산법 외의 일반법에 따라 인정되는 법정의무를 관리인의 온전한 의무로서 공익채권 내지 도산에 복종하지 않는 권리로 인정하는 것도 가능하다고 생각한다.

나. 쌍무계약의 채권을 회생담보권으로만 취급하는 경우(채무자회생법 규정에 의한 적용배제 인정 사례)

1) 앞서 본 바와 같이[18] 환취권은 기존의 실체법상 질서에 기초를 둔 책임법적 재산이라는 관념에서 당연한 효과를 나타낸 것으로서 채무자회생법에 의하여 창설된 권리가 아니고 목적물에 대하여 제3자가 가지는 실체법상 당연한 효과에 지나지 않으므로 환취권을 행사할 수 있는 권원이 인정되는 것은 민법, 상법 그 밖의 실체법의 일반 원칙에 의하여 정해진다. 채무자회생법 제70조, 제340조의 '도산절차 개시가 환취할 권리에 영향을 미치지 않는다'는 것은 '채무자회생법에 따른 특칙이 없는 이상 영향을 미치지 않는다'는 의미로 이해하여야 한다.

그런데, 우리 판례는 몇 가지 경우에 있어서 채무자회생법에 명확한 특칙이 없음에도 민법, 상법 그 밖의 실체법의 일반 원칙과 달리 법률관계의 변경을 인정하고 있는 듯하다. 그 대표적인 예로는 양도담보권, 소유권유보부매매계약에서의 매도인의 권리, 금융리스계약에서의 리스회사의 권리 등을 들 수 있는데, 이는 모두 채권자의 권리를 '회생담보권에 해당한다고 볼 것인지' 아니면 '환취권의 근거된 권리 내지 쌍방미이행 쌍무계약에 해당한다고 볼 것인지'의 양자택일의 문제에 관한 것이다. 쌍방미이행 쌍무계약으로 볼 경우 관리인이 이행선택을 하게 되면 채권자의 권리는 공익채권이 되어 다른 담보권과 달리 전액을 우선하여 변제받게 되는 반면, 회생담

---

18) 제3장 제3절 III.관(실체법적 법률관계의 변경: 환취권과 도산절차) 참조.

보권으로 보게 되면 다른 담보권과 마찬가지로 도산절차에 참가하여 청산가치보장의 원칙에 따라 보호받을 뿐이기 때문에 위 2가지 법리는 함께 적용될 수는 없고, 파산절차의 경우에도 별제권과 재단채권의 차이에 따라 전혀 다른 취급을 하게 되므로 양립하기 어렵다.[19]

2) 양도담보권은 채무자가 목적물의 소유권을 채권자에게 이전하는 형식을 취하지만 그 실질은 채권담보에 있으므로 채무자회생법 제141조는 양도담보권을 회생담보권으로 규정하고 있다.[20]

과거 1998년 구 회사정리법 개정 이전에는 양도담보설정자(채무자)에 대하여 회사정리절차가 개시된 경우에 양도담보권자(채권자)가 양도담보목적물이 자기 소유에 속한다고 하여 환취권을 행사할 수 있는지에 관하여 아무런 규정이 없어 이에 관한 견해 대립이 있었는데, 당시 다수의 견해는 환취권 행사를 부정하였고, 당시 판례[21]도 "회사정리절차가 개시된 경우에는 양도담보권자도 회사정리법 제123조 소정의 정리담보권자에 준하여 회사정리절차에서 그 권리를 행사하여야 한다"고 판시하여 양도담보권자의 환취권 행사를 부정하는 입장을 취하였으며,[22] 이를 받아들여 1998년 개정된 회

---

[19] 노영보, 도산법 강의, 박영사(2018), 294면(청산의무를 인정하는 것은 곧 담보성을 승인하는 것이고 환취권과 양립할 수 없다), 295면(파산에 있어서는 환취권을 인정하는 것과 별제권을 인정하는 것 사이에 실질적 차이는 없겠지만, 회생에 있어서 환취권과 회생담보권은 그 처우에 있어서 큰 차이가 있다).
[20] 서울회생법원 재판실무연구회, 회생사건실무(상) 제6판, 박영사(2023), 464면. 반면 파산절차의 별제권을 규정한 채무자회생법 제411조에서는 양도담보권을 규정하고 있지 않다.
[21] 대법원 1992. 10. 27. 선고 91다42678 판결(회사정리절차가 개시된 경우에는 양도담보권자도 회사정리법 제123조 소정의 정리담보권자에 준하여 회사정리절차에서 그 권리를 행사하여야 한다).
[22] 김범준, "동산 소유권유보부 매매의 매도인이 매수인에 대한 회생절차에

사정리법이 양도담보권을 회생담보권의 예로 명시한 뒤 채무자회생법도 같은 내용으로 규정하게 된 것이다.

3) 그런데 양도담보와 함께 대표적인 비전형담보인 소유권유보부매매에 대해서도 유사한 논의가 진행되고 있다.

동산 소유권유보부매매계약의 도산절차에 있어서의 법적 성질과 관련하여서는 매도인이 쌍방미이행 쌍무계약임을 들어 잔존 대금채권이 공익채권이라고 주장하거나, 매매목적물에 대하여 환취권을 행사할 수 있는지에 관하여 과거 논란이 있었는데, 우리 대법원(2013다61190 판결)은 '등기·등록을 요하지 않는 동산의 소유권유보부매매'에 대하여 회생절차에서 매도인의 권리를 양도담보의 경우와 마찬가지로 회생담보권으로 판단하였다.[23]

그런데 우리 대법원은 2013다61190 판결을 내리기 이전부터 등기·등록을 요하지 않는 '동산의 소유권유보부매매'에 대하여 정지조건부 소유권이전으로 보아 매수인의 매매대금 완납이 있기 전까지는 매도인에게 소유권이 있고 보고 있었고,[24] 그럼에도 2013다61190 판결에서 도산절차에 있어서는 매도인의 권리를 소유권 내지 환취권이 아닌 회생담보권으로 인정하였는데, 이러한 판례의 태도가 판례변경을 한 것인지, 아니면 도산절차의 특수성을 반영하여

서 매매목적물에 대하여 환취권을 행사할 수 있는지 여부", 재판과 판례 제24집, 대구판례연구회(2015), 259면.
23) 서울회생법원 재판실무연구회, 회생사건실무(상) 제6판, 박영사(2023), 472면. 대법원 2014. 4. 10. 선고 2013다61190 판결(동산의 소유권유보부매매의 경우에, 매도인이 유보한 소유권은 담보권의 실질을 가지고 있으므로 담보 목적의 양도와 마찬가지로 매수인에 대한 회생절차에서 회생담보권으로 취급함이 타당하고, 매도인은 매매목적물인 동산에 대하여 환취권을 행사할 수 없다). 이러한 법리는 대법원 2024. 9. 12. 선고 2022다294084 판결에서도 유지되고 있다.
24) 대법원 1999. 9. 7. 선고 99다30534 판결.

평시 법률관계를 해석한 것인지에 대한 의문이 있을 수 있다.

즉 99다30534 판결은 동산의 소유권유보부매매의 경우 목적물이 매수인에게 인도되었다고 하더라도 특별한 사정이 없는 한 매도인은 대금을 모두 수령할 때까지 매수인뿐만 아니라 제3자에 대하여도 목적물의 소유권을 주장할 수 있다고 판시하였는데,[25] 이와 같은 평시 법률관계를 도산절차에서도 관철하게 되면 매도인은 그 소유권을 환취권의 기초된 권리로 하여 반환 등을 구할 수 있을 것이다. 그러나 2013다61190 판결은 동산의 소유권유보부매매에 관한 매도인의 권리를 소유권이 아닌 회생담보권으로 보아 회생절차에 참가하도록 하고 있다.

이와 같은 판례의 태도에 대하여는 「소유권유보부 매매계약의 매수인에 대한 회생절차가 개시된 경우 위 매매계약의 매도인에게 회생담보권만을 인정한 대상판결(2013다61190 판결)가 그 근거로서 "매도인이 유보한 '소유권'은 담보권의 실질을 가지고 있다"는 점에서 찾고 있는 점을 볼 때 소유권유보부 매매의 법적 성질을 정지조건부 소유권이전으로 보아 매수인의 매매대금 완납이 있기 전까지는 매도인에게 소유권이 있다는 종전의 입장을 변경한 것으로는 볼 수 없다. 다만, 대상판례가 통상적인 법률관계와 강제집행 단계에서와 달리 회생절차에서 매도인을 담보권자와 마찬가지로 취급하는 이유를 자세히 설시하지 않았으나, 매도인이 유보한 소유권이 담보권의 실질을 가지고 있다는 점 외에도 회생절차의 특수성 및 매도인에게 미치는 불이익이 크지 않다는 점 등을 함께 고려한 것이 아닐까 한다.」는 평가가 있다.[26]

---

[25] 참고로 우리 대법원은 등기나 등록을 요하는 재산에 대하여는 소유권유보부매매의 개념을 원용할 필요가 없다고 판시한 바가 있다. 대법원 2010. 2. 25. 선고 2009도5064 판결.

[26] 김범준, "동산 소유권유보부 매매의 매도인이 매수인에 대한 회생절차에

즉 2013다61190 판결은 '등기·등록을 요하지 않는 동산의 소유권유보부매매'의 매도인의 권리에 대하여 채무자회생법에 특별한 규정이 없음에도 평시 법률관계(99다30534 판결)를 도산법의 목적에 맞게 변경한 것이다.27)

4) 이와 같이 '소유권유보부매매'에 대하여 환취권을 인정하지 않고 회생담보권으로 취급하는 판례의 태도에 하여, 양도담보와 소유권유보부매매의 본질을 분석하면서 비판하는 견해28)가 있다.
즉 양도담보권은 환가담보로서 채무자의 환수권에 의한 제한을 받기 때문에 진정한 소유권이라 보기 어려워 회생담보권으로 보는 것은 타당하나(판례 지지), 소유권유보부매매는 소유권담보로서 매도인은 채무자(매수인)의 환수권에 의한 제한을 받지 않으므로 회생담보권으로 볼 것이 아니라 도산절차에서도 소유자로 보아야 하고 쌍방미이행 쌍무계약의 규정이 적용되는 것으로 보아야 한다는 견해이다(판례 반대).
위 견해에서는 양도담보에 있어서는 채무자가 차용금지급의무를 불이행한 경우 채권자는 환가목적으로 소유권에 기한 반환청구를 할 수 있고 채무자에 대하여 정산의무(민법 제607조, 제608조)를

서 매매목적물에 대하여 환취권을 행사할 수 있는지 여부", 재판과 판례 제24집, 대구판례연구회(2015), 259면.
27) 매수인이 개시 후 매매대금지급의무를 불이행한 경우에는, 엄밀하게는 도산법의 목적에 맞게 법률관계를 변경하였다기보다는 도산법의 법리에 따른 자연스러운 해석이라고 볼 수 있다. 왜냐하면 소유권유보부 매매계약의 매도인이 채무자인 매수인에 대한 관계에서도 소유권자라고 하더라도 매도인이 목적물 반환을 구할 수 있는 것은 매수인이 대금지급의무를 불이행하여 매도인이 계약해제를 한 때에야 비로소 허용되는데, 도산절차에서 매도인이 개시 후 채무불이행을 이유로 발생한 해제권을 행사할 수 없다고 한다면 환취권으로서 반환을 구할 수 없기 때문이다.
28) 최준규, 계약법과 도산법 -민법의 관점에서 도산법 읽기-, 홍진기법률연구재단(2021), 394-395면.

부담한다는 점에서 양도담보는 '환가담보'이고, 채무자는 정산이 완료되기 전까지 피담보채무(차용금지급채무)를 변제하고 목적물을 환수할 수 있기 때문에 채권자의 양도담보권은 채무자의 환수권이라는 강력한 권리에 의해 제한을 받으므로 양도담보권자의 소유권은 진정한 소유권이라고 보기 어렵다고 보아, 회생담보권으로 보는 판례의 태도가 타당하다고 본다. 반면 소유권유보부매매에 있어서는 양수인이 매매대금지급의무를 불이행한 경우 매도인은 계약을 해제하여 소유권에 기하여 목적물의 반환을 청구할 수 있고, 이러한 매수인의 반환의무와 매도인의 정산의무(기지급받은 일부 매매대금에서 목적물의 사용·수익이익과 손해액 등을 공제한 나머지를 반환을 의무)는 원상회복의무로서 동시이행관계에 있고, 나아가 이미 계약이 해제되었기 때문에 매수인은 잔존 매매대금을 지급하면서 목적물을 환수할 수는 없다는 점을 근거로 유보매도인은 소유자이고 소유권유보부매매는 쌍방미이행 쌍무계약으로 보아야 한다고 주장한다.[29]

그러나 평시 법률관계에서도 담보권으로 인정되지 않는 '등기·등록을 요하는 동산이나 부동산에 대한 소유권유보부매매'에서는 매도인의 등기·등록의무가 존재하는 것과 달리[30] '등기·등록을 요하지 않는 동산 소유권유보매매'는 정지조건부 소유권이전으로서

---

[29] 최준규, 계약법과 도산법 -민법의 관점에서 도산법 읽기-, 홍진기법률연구재단(2021), 394면에서 같은 주장을 하는 견해로 김영주, "도산절차상 양도담보계약 당사자의 법적지위", 사법 제33권, 사법발전재단(2015), 29면; 김형석, "우리 담보제도 발전의 회고", 우리 법 70년 변화와 전망, 법문사(2018), 436-438면; 양형우, "회생절차에서 소유권유보와 매도인의 지위", 인권과정의 제447호(2015), 149-157면 등을 소개하고 있다.
[30] 인도의무만을 선이행하고 일반적인 매매계약에서와 같이 매매대금지급의무와 등기·등록의무를 동시이행관계로 약정한 경우를 말하는데, 대법원 2010. 2. 25. 선고 2009도5064 판결에서는 소유권유보부매매의 개념을 원용할 필요가 없다고 판시하고 있다.

매수인의 매매대금지급의무에 대응하는 매도인의 의무는 상정하기 어렵고,31) 또한 계약해제에 따른 법정 법률관계에 대해서는 계약을 전제로 하는 쌍방미이행 쌍무계약의 규정을 적용하기는 어렵다는 점에서 소유권유보부매매를 쌍방미이행 쌍무계약으로 보기는 어렵다고 생각한다.32) 채무자의 목적물 환수권 존부에 차이는 있겠지만 이는 담보권의 정산과정에서 인정되는 절차적 권리로서의 성격이 강하고 양도담보나 소유권유보부매매는 모두 담보권이라는 실체를 가진다는 점에서 소유권유보부매매도 회생담보권으로 인정하는 것은 「채무자회생법은 '평등하게 취급되어야 할 채권'을 도산채권으로 규정하고 있다」는 취지에도 부합된다. 등기·등록이라는 공시제도에 대비되는 약한 의미의 공시제도인 동산 점유이전의 본질에 비추어 볼 때 '등기·등록이 필요 없는 동산 소유권유보부매매'에 있어서 점유 이전을 하는 경우에는 소유권의 개념을 담보 실현을 위한 절차적·도구적 권리로 사용하고 있는 것으로 이해하는 것이 일반인의 법관념에도 부합된다고 보인다.

회생담보권은 채무자회생법 제141조에서 규정하고 있으나 이를 예시규정으로 보는 것이 일반적인 견해이고, 제411조의 별제권도 마찬가지이다.33) 그런데 저당권과 같은 전형적인 담보권의 경우에는 채무자의 변제의무와 견련관계에 있는 채권자의 정산의무가 존재하지 않아 쌍방미이행 쌍무계약의 해당성 여부가 문제되지 않으나, 양도담보나 소유권유보부매매와 같은 비전형담보의 경우에는 채권자의 정산의무가 존재하기 때문에 일응 쌍방미이행 쌍무계약에 해당하는 것으로 보이기도 한다. 그러나 채권자의 정산의무는

---

31) 이미 인도가 이루어져 매수인의 대매대금지급이라는 조건성취에 따라 소유권이 이전되므로 매도인의 별도의 의시표시도 불필요하다고 보인다.
32) 해제에 기한 원상회복의무에 대하여 쌍방미이행 쌍무계약의 규정을 적용할 수 있는지에 대해서는 제3장 제3절 Ⅲ.관 참조.
33) 서울회생법원 재판실무연구회, 회생사건실무(상) 제6판, 박영사(2023), 462면.

채무자의 채무불이행 이후 발생하는 것으로서 채무자의 피담보채무 지급의무에 대응되는 견련성 있는 채무로 보이지는 않는다. 그렇기 때문에 담보의 실질을 가지는 소유권 유보 내지 이전은 쌍방미이행 쌍무계약으로 보기는 어렵다고 생각한다.34)

소유권유보부매매의 경우에도 도산절차 개시 전에 변제기를 도래한 일부 매매대금의 지급의무를 미이행하여 매도인(채권자)에게 평시 법률관계에 따른 해제권이 발생한 경우에는 도산절차 개시 이후의 채무불이행과 달리 도산절차 개시 이후에도 계약을 해제할 수 있다. 그러나 이와 같은 경우에도 관리인의 제3자성이 인정되므로 매도인은 계약해제에 따른 원상회복청구를 할 수 없으므로 환취권이 인정되지 않는다.35)

이상의 논의는 소유권유부부매매와 그 실질이 유사한 금융리스계약의 경우에도 동일하게 볼 것이다. 금융리스계약에서는 리스기간 동안 리스물건의 소유권을 리스회사에 유보시키는 것이 일반적인데 이는 리스료 채권에 대한 담보적 기능을 하고 있으므로 회생담보권 내지 별제권으로 취급하여야 하고, 따라서 쌍방미이행 쌍무계약에 관한 관리인의 선택권 규정은 적용되지 않는다고 보는 것이 타당하다고 생각한다.36)

---

34) 同旨: 노영보, 도산법 강의, 박영사(2018), 302-303면(소유권유보매도인의 지위는 마치 미수대금을 피담보채권으로 하는 양도담보권자와 유사하다고 할 수 있다. 그렇다면 정면으로 담보권자로 취급하여야 할 것이고, 소유권유보부매도인에게 환취권을 인정할 것이 아니며 또 쌍방미이행 쌍무계약으로 볼 것이 아니라 매도인은 별제권자 또는 회생담보권자로서 권리행사를 할 수 있다고 하여야 한다).
35) '채권자가 도산절차 개시 전 취득한 법정해제권의 행사 허용 여부' 및 '관리인의 도산절차 개시 후의 채무불이행을 이유로 한 계약상대방의 법정해제권 행사 허용여부'에 대한 상세한 내용은 제5항의 논의 참조.
36) 리스회사는 리스기간 동안 리스물건의 소유권을 유보한 채로 리스이용자에게 리스물건의 점유를 넘겨 사용할 수 있도록 해주고 대신 리스료를 지급받는데, 이는 소유권 유보부매매와 그 실질이 사실상 동일하다. 금융리

5) 이와 같은 논의를 종합적으로 고려할 때, 우리 판례와 우리 채무자회생법은 쌍방미이행 쌍무계약에 해당한다고 볼 수 있는 경우에 있어서도 계약상대방의 권리가 담보권의 성격도 동시에 가진다고 볼 수 있을 때에는 평시 법률관계에서의 실질적 모습인 도산담보권으로서 도산절차에 참가하도록 하고, 도산 개시에 따른 '관리인의 선택권 규정'의 적용은 배제하고 있다. 이는 관리인 선택권 규정의 적용배제특칙이 명시적으로 규정되어 있지 않음에도 법률규정의 해석에 따라 적용배제특칙을 인정하고 있는 또 다른 사례에 해당하다고 할 것이다.

스계약에 대한 논의는 소유권유보부매매의 논의와는 다소 결이 다르기는 하나, 소유권유보부매매의 논리를 그대로 적용하여 회생담보권 내지 별제권으로 취급하는 것이 타당하다고 생각한대同들: 노영보, 도산법 강의, 박영사(2018), 304면]. 금융리스계약에 대한 논의는 금융리스계약이 쌍방미이행 쌍무계약인지, 아니면 회생담보권 내지 별제권을 발생시키는 것인지에 대해서는 리스이용자가 리스회사에 지급하는 리스료가 임대차의 차임에 대응하는 사용대가로 볼 것인지, 아니면 리스물건 구입을 위한 대여자금의 분할변제인지에 대한 견해 차이에 비롯된 것이나, 금융계약의 성격을 갖는다고 보는 것이 타당하다고 보인다. 이에 대한 명시적인 대법원 판례는 없으나, 실무는 회생담보권·별제권설을 취하고 있다. 상세한 논의는 서울회생법원 재판실무연구회, 회생사건실무(상) 제6판, 박영사(2023), 469-472면 참조. 반대견해로는 최준규, 계약법과 도산법 -민법의 관점에서 도산법 읽기-, 홍진기법률연구재단(2021), 396면 이하 참조. 한편 대법원 2022. 10. 14. 선고 2018다210690 판결은 금융리스이용자(채무자)에 대한 회생절차에서 리스계약에 따른 채권을 회생담보권으로 신고하여 확정받은 리스회사(원고)가, 채무자의 이 사건 기계(리스물, 의료기기) 사용을 전제로 한 회생계획이 수립되어 인가결정이 내려진 이후 비로소 리스계약을 해지하고 환취권을 행사하였다고 주장하면서 채무자의 관리인(피고)을 상대로 위 기계의 인도를 구한 사건에서 신의칙상 허용되지 않는다고 판단한 바가 있으나, 이는 상고이유로 회생담보권 여부를 다투지 않아 환취권 행사에 대한 신의칙 적용 여부만을 판단한 것으로, 아래 판시를 참조할 때 판례가 금융리스계약에 대해 회생담보권설을 부정한 것은 아니라고 평가된다.

다. 지식재산권에 대한 전용실시권의 도산절차에서의 지위(BTO전합 판결과의 비교)

1) 우리 채무자회생법은 '채무자의 일반재산을 책임재산으로 하는 채권적 청구권'으로서 '평등하게 취급되어야 할 채권'을 도산채권으로 규정하고 있음은 앞서 본 바와 같고, 도산채권 중 담보로 보호되는 것은 회생담보권·별제권으로 규정하고 있으며, 공익채권·재단채권은 열거주의를 취하고 있어 그 외의 권리는 회생절차의 개시후채권(제187조)이나 파산절차의 후순위 파산채권(제446조) 등으로 열위하게 취급된다. 반면 채무자의 특정재산에 대한 권리인 '물권'은 '평등하게 취급되어야 할 채권'이 아니므로 환취권의 기초된 권리이자 도산절차에 복종하지 않는 권리로서의 지위를 누린다.

그런데 물권과 채권의 구분은 민법에 따라야 하고 물권은 민법상 물권법정주의37)에 따라야 하며, 앞서 본 바와 같이38) 지식재산권에 대한 전용실시권은 민법상 지상권, 지역권과 같은 용익물권에 준하는 권리로서 그 등록을 효력발생요건으로 하는 권리이기는 하나39) 특허법 등의 해석상 물권이라고 단정하기는 쉽지 않고,40) 채

---

37) 민법 제185조(물권의 종류) 물권은 법률 또는 관습법에 의하는 외에는 임의로 창설하지 못한다.
38) 제2장 제2절 II.관(한국의 대항력 제도: 등록대항제도) 참조.
39) 다만 우리 상표법은 전용사용권에 대하여 등록을 대항요건으로 규정하고 있어 전용사용권 설정의 합의만으로도 전용사용권이 발생한다. 제2장 제2절 II.관 제5항 참조.
40) 그러한 이유로 전용실시권을 통상 '물권적 지위에 준한다'고 하거나 '물권화된 채권'이라고만 부르는 듯하다. 아래 BTO 사안에서 문제된 '관리운영권'은 사회기반시설에 대한 민간투자법 제27조제1항에서 "관리운영권은 물권으로 보며, 이 법에 특별한 규정이 있는 경우를 제외하고는 「민법」 중 부동산에 관한 규정을 준용한다."고 규정하고 있으나, 전용실시권에 관하여는 이와 같은 규정이 없다. 또한 松田俊治, "米國倒産法アプローチを踏まえたライセンス契約の保護策の檢討", 知的財産ライセンス契約の保護 -ライセンサーの破産の場合を中心に-, 雄松堂出版(2004. 11.), 119頁에서는「전용실시권에 관해서는 '물권적 권리'이기 때문에 파산관재인의 해제권 행사

무자회생법에서 공익채권으로 규정하고 있지도 않다.

한편 쌍방미이행 쌍무계약에 기한 관리인의 선택권 규정은 고유의 견련관계가 인정되는 동시이행관계에 대하여 적용되고, 그 외의 경우(공평의 견지에서 동시이행관계가 인정되는 경우)에는 관리인의 선택권 규정이 적용되지 않을 뿐만 아니라 도산절차 개시에 따라 동시이행관계는 소멸되는 것으로 취급하는 것이 바람직하다. 그런데 쌍방미이행 쌍무계약에 기한 관리인의 선택권 규정은 환취권을 소멸시키는 원인이 될 수 있다는 점은 앞서 본 바와 같다.[41] 따라서 지식재산권 라이선시 중 전용실시권을 설정하는 계약의 경우에도 해석상 고유의 견련관계가 인정되는 쌍무계약이라고 인정된다면 일응 관리인의 선택권 규정에 따라 해제권을 행사할 수 있다고 볼 것이다.

일반적으로 지식재산권의 전용실시권에 대해서는 물권 내지 환취권에 준하는 권리라는 이유에서 도산절차에서 쌍방미이행 쌍무계약에 관한 관리인의 선택권 규정이 적용되지 않고 라이선스 계약이 유지된다고 보는 듯하나, 위에서 본 바와 같이 대륙법의 엄격한 물권법정주의나 환취권에 대해서도 관리인의 해제권 행사가 허용된다는 점을 고려할 때 위 사유들은 근거가 되기에는 부족하다.

관점에 따라서는 지식재산권에 관한 전용실시권이 물권으로서 도산에 복종하지 않는 권리라는 점에 초점을 맞춘다면 도산채권에 해당하지 않을 뿐만 아니라 지식재산권법상 전용실시권의 발생요건을 규정한 법규정이 쌍방미이행 쌍무계약에 기한 관리의 선택권

의 대상이 되지 않는다는 (정부가 2002. 9. 27. 정리한) '파산법 등의 재검토에 관한 중간시안(中間試案)'이 고려되고 있다.」고 기재하고 있는데, 본문의 기재와 같이 전용실시권이 물권이기 때문에 도산에 복종하지 않는 권리로서 관리인의 해제권의 대상이 되지 않는다고 단정할 수는 없다는 점을 전제로 하는 법률안(중간시안)이라고 이해된다.

41) 제3장 제3절 Ⅲ.관 2.항 참조.

규정을 배제하는 규정 즉 적용배제특칙으로 볼 여지도 있고, 그렇게 보지 않더라도 채무자가 전용실시권 등록의무를 이행하여 전용실시권의 효력이 발생함으로써 더 이상 '쌍방미이행'의 상태가 아니기 때문에 쌍방미이행 쌍무계약에 기한 관리의 선택권 규정의 성립요건을 만족하지 못한다고 볼 수도 있을 것이다.

2) 그러나 유사한 사안인 이른바 BTO(Build-Transfer-Operate) 사건에서 우리 대법원 전원합의체[42]의 논의 내용을 살펴보면 위와 같은 접근이 그리 간단하지만은 않다는 점을 알 수 있다.

위 사건은 갑 주식회사가 을 지방자치단체와 구 사회기반시설에 대한 민간투자법 제4조 제1호에서 정한 이른바 BTO(Build-Transfer-Operate) 방식의 '지하주차장 건설 및 운영사업' 실시협약을 체결한 후 관리운영권을 부여받아 지하주차장 등을 운영하던 중 파산하였는데, 갑 주식회사의 파산관재인이 채무자회생법 제335조 제1항에 따른 해지권을 행사할 수 있는지가 문제된 사안으로서, 법정의견(다수의견)은 쌍무계약의 특질을 가진 공법적 법률관계에도 채무자회생법 제335조 제1항이 적용 또는 유추적용될 수 있으나, 파산 당시 갑 주식회사와 을 지방자치단체 사이의 법률관계는 위 규정에서 정한 쌍방미이행 쌍무계약에 해당한다고 보기 어려우므로, 갑 회사의 파산관재인의 해지권이 인정되지 않는다고 판단하였다.

위 사안은 공법상 계약인 BTO 계약의 특수성 즉 BTO 계약의 목적은 사회기반시설 확충에 필요한 국가예산 부족을 해결하기 위한 것으로서사업자의 부담으로 하겠다는 취지가 고려된 것이라는 헌재 결정(2004헌바64 결정, 2007헌바63 결정)의 취지가 반영된 사건인데, 핵심 쟁점은 을 지방자치단체가 사업시행자인 갑 주식회사에게

---

42) 대법원 2021. 5. 6. 선고 2017다273441 전원합의체 판결.

'물권'인 '관리운영권'⁴³⁾을 설정해줌에 따라 쌍방미이행 쌍무계약에 기한 관리인의 선택권 규정의 발생요건인 '쌍방미이행' 요건이 탈락되는지 여부였다.⁴⁴⁾

법정의견(다수의견)은 공법적 법률관계에도 쌍방미이행 쌍무계약의 해지에 관한 채무자회생법 제335조 제1항이 적용 또는 유추적용될 수 있다는 전제에서 물권인 관리운영권의 설정이 주된 의무이고 나머지 의무는 그 설정에 따라 발생하는 법률효과에 불과하다고 보아⁴⁵⁾ 을 지방자치단체가 갑 회사의 파산 이전에 이미 관리운영권

---

43) 사회기반시설에 대한 민간투자법 제27조(관리운영권의 성질 등) ① 관리운영권은 물권으로 보며, 이 법에 특별한 규정이 있는 경우를 제외하고는 「민법」 중 부동산에 관한 규정을 준용한다. ② 관리운영권을 분할 또는 합병하거나 처분하려는 경우에는 미리 주무관청의 승인을 받아야 한다.

44) 위 판결에 대한 상세한 분석은 김이경, "2020년 하반기 - 2021년 상반기 도산법 관련 대법원 판례 소개", 도산법 연구 제12권 제2호, 도산법연구회 (2022), 294-304면 참조.

45) 〈2017다273441 전원합의체 판결의 법정의견(다수의견)〉 나) 관리운영권 설정 후 법률관계에 관하여 본다. 이 사건 파산선고 이전인 2011. 2. 이 사건 지하주차장 등의 소유권 귀속과 관리운영권 설정이 완료되었다. 구 민간투자법 제26조 제2항, 제27조 제1항은 사업시행자에게 설정되는 관리운영권이 물권임을 명시하고 있다. 따라서 기반시설의 소유권자로서 피고가 갖는 권리뿐 아니라, 관리운영권자로서 사업시행자인 리차드텍이 갖는 권리 역시 '물권자'로서 갖는 권리이다. 물권인 관리운영권의 성격에 비추어 보면, 피고의 의무들은 리차드텍의 관리운영권을 방해하지 않을 소극적 의무로서의 의미를 가진다. 결국 피고의 이 부분 의무는 이 사건 실시협약에 따라 별도로 부담하는 채무가 아니라 물권인 관리운영권을 설정해 줌에 따라 발생하는 법률효과이다. 만약 사업시행자가 관리운영권에 기하여 사업시설을 사용할 수 있는 지위를 주무관청의 사법적인 의무로 구성하여 사업시행자의 여러 의무들과 상호 대등한 대가관계에 있다고 해석한다면, 관리운영권을 물권으로 명시한 구 민간투자법 등 실정법에 반하게 된다. 게다가 원고는 그린손해보험의 파산관재인이고, 위 파산관재인은 '물권'인 관리운영권에 대한 근저당권자로서 리차드텍에 대한 파산절차에서 별제권에 기하여 압류 및 전부명령을 받아 전부금을 청구하고 있다. 만약 '관리운영권이 물권이다.'라는 점을 부정한다면, 이는 구 민간투자법의 규정에 정면으로 반할 뿐 아니라 원고의 청구권원까지도 상실하게 되는 모순

을 설정해 줌으로써 실시협약에서 '상호 대등한 대가관계에 있는 채무로서 서로 성립·이행·존속상 법률적·경제적으로 견련성을 갖고 있어서 서로 담보로서 기능하는 채무'의 이행을 완료하였다고 봄에 따라 파산 당시 갑 회사와 을 지방자치단체 사이의 법률관계는 채무자회생법 제335조 제1항에서 정한 쌍방미이행 쌍무계약에 해당한다고 보기 어렵다고 판단하였다.

반면 3인의 반대의견은 파산 당시 사업시행자가 주차장을 유지·관리하며 운영할 의무, 그리고 주무관청이 사업시행자로 하여금 부지를 무상으로 사용하고 주차요금 조정 등에 협력하며 주차단속 등을 실시할 의무는 모두 위 실시협약에 따른 채무로서 이행이 완료되지 않았다고 보아, 사업시행자의 파산관재인은 쌍방미이행 쌍무계약에 관한 채무자회생법 제335조 제1항에 따라 위 실시협약을 해지할 수 있다고 보았다.

또한 1인의 별개의견(법정의견과 같은 결론이나 논리가 상이한 의견)은 공법상 계약에 채무자회생법 제335조 제1항을 유추적용할 수 있으나 예외적인 경우에는 그 행사의 제한이 가능하다는 전제에서,[46] 공법상 계약의 특수성, 구 민간투자법의 관련 규정, 그리고 공익과 사익의 비교·형량 등에 비추어 볼 때, 위 사안에서의 실시협약은 쌍방미이행 쌍무계약에 해당하지만 파산을 이유로 이를 해지하는 것은 행정목적 달성을 어렵게 하여 공익에 대한 중대한 침해를 초래하므로, 위 실시협약에 대하여는 채무자회생법 제335조 제1항이 적용될 수 없다고 판단하였다.

이처럼 관련 법률에 따라 물권임이 명백한 '관리운영권'을 설정

에 빠지게 된다.
46) 공법상 계약의 경우 관계 법령에 따라 인정된 해지권도 이를 행사하는 경우 행정목적 달성에 본질적으로 반하는 결과를 가져와서 공익에 대한 중대한 침해를 초래하는 때에는 그 행사가 제한된다고 보아야 한다.

하는 의무를 다하였음에도 관리인의 선택권 규정의 발생요건으로 '의무의 이행여부'에 대해서는 대법원에서도 견해가 나뉠 정도로 쉽지 않은 문제이다.

3) 그렇다면 위 사안에서의 '관리운영권'과 비교하여 물권임이 불분명한 즉 특허법 등에 물권이라고 명확히 규정하고 있지 않은 '라이선시의 전용실시권'은 '물권으로서' 환취권의 기초가 되는 권리라고 단정하기 어렵고,47) 더욱이 실무상 전용실시권을 설정하기로 하는 라이선스 계약은 특허법 등에서 상정하지 않는 '라이선서의 다양한 의무'를 포함한다는 점을 고려할 때 위 전합판결 법정의견의 논리(을 지방자치단체의 나머지 의무는 물권인 관리운영권 설정에 따른 법률효과일 뿐이다)와 같이 전용실시권에 대하여 채무자인 라이선서가 등록의무를 다하였다고 하여 관리인의 선택권 규정의 발생요건으로 '의무의 이행'을 완료하였다고 보기는 쉽지 않다.48)

물론 전용실시권을 물권으로서 환취권의 기초된 권리라고 해석할 수도 있으나, 환취권 제도는 평시 법률관계를 도산절차에서도 그대로 존중한다는 취지일 뿐 도산법상 특별히 도입된 관리인의 선택권 규정을 배제하는 근거가 될 수는 없기 때문에 여전히 전용실시권자인 라이선서는 관리인에 의한 해제의 위험을 부담하게 된다. 그러나 실제로는 등록을 마쳐 효력이 발생한 전용실시권에 대하여 관리인의 선택권 규정에 의한 해제권을 행사할 수 있다고 보는 견해는 없는 듯하다.

따라서 실무상 특허법 등에서 상정하지 않는 '라이선서의 다양

---

47) 그렇기 때문에 제3장 제3절 III.관 2.항(채권적 청구권 특히 사용수익할 채권이 환취권에 속하는지 여부)에서 본 바와 같이 '사용수익할 채권'로서 환취권의 기초된 권리가 된다고 보는 것도 가능하다.
48) 위 전합 판결의 반대의견의 논리와 같은 취지이다.

한 의무'를 포함하는 전용실시권을 위한 라이선스 계약에 대하여 라이선시를 보호하기 위하여는 쌍방미이행 쌍무계약에 의한 관리인의 선택권 규정이 적용되지 않는다고 보아야 하고, 이를 위해서는 특허법 등의 전용실시권에 관한 규정이 도산법 외의 일반법 규정으로서 도산절차에 복종하지 않는 권리를 창설하는 근거규정이라고 해석하는 것이 필요하다. 즉 관리인의 선택권 규정에 대한 도산법상 적용배제의 특칙이 아님에도 도산법 외의 일반법 규정을 적용배제의 특칙으로 인정하는 것이다.[49]

이러한 해석은 도산법 외의 일반법의 해석론을 통해 도산법에 복종하지 않는 권리를 인정하는 사례가 될 수 있다는 점에서 중요한 시사점을 얻을 수 있다.

이하에서는 위와 같은 전용실시권에 대한 시사점을 바탕으로 '지식재산권에 대한 법정실시권 제도를 통한 라이선시의 보호방안'에 대하여 살펴보기로 한다.

---

[49] 관리인의 선택권 규정이 적용되지 않는다고 해석할 경우에도 전용실시권이 도산채권인지 아니면 공익채권인지는 전용실시권이 채권인지 물권(환취권)인지에 따라 달라진다. 전용실시권이 물권인지는 불분명하나, 도산법 외에서 관리인의 선택권 규정이 적용되지 않는 것으로 해석하는 경우 이를 공익채권이라고 규정하는 것은 상정하기 어려우므로(해석론이기 때문이다), 물권으로 인정하는 것이 필요하다고 생각한다. 가사 물권이 아닌 채권으로 보더라도 아래 Ⅲ.관에서 살펴보는 법정실시권제도와 같이 관리인이 온전한 의무를 부담하는 법정의무로 볼 수 있다고 보인다. 따라서 어느 경우든 전용실시권자는 도산절차에 복종하지 않는 권리로 볼 것이어서 도산절차의 채권조사절차에 참가할 필요는 없어 보인다(다만 실무상 안전하게 도산절차에서 권리신고를 하는 것은 필요하다). 나아가 이와 같이 전용실시권을 보호하더라도 도산절차의 목적달성을 위해서는 제5절(부분해제 가능성에 대한 검토)에서 검토하는 부분해제의 가능성을 인정할 필요는 있다.

III. 지식재산권에 대한 법정실시권 제도를 통한 라이선시의 보호방안

1. 서설

위 II.관 제2항에서 살펴본 구 임대주택법 사안(2014다29704 판결)은 채무자회생법 제473조 제4호에서 정한 '파산재단에 관하여 파산관재인이 한 행위로 인하여 생긴 청구권'에 해당하는지에 대한 해석론의 문제로 해결하였으나, 그 실질은 채무자가 법률규정을 근거로 계약상대방에게 의무를 부담할 때에 채무자에 대한 도산절차가 개시된 경우 관리인도 온전히 그 채무를 부담하는 것으로 인정할 수 있는지의 문제라 할 것이다. 또한 쌍방미이행 쌍무계약에 의한 관리인의 선택권 규정은 명시적인 적용배제의 특칙이 없는 경우에도 해석론상 적용배제를 인정하는 것이 가능하다는 점은 위 II.관 제3항에서 살펴본 바와 같다.

앞서 본 바와 같이 채무자에게 법정의무가 부가되었더라도 도산절차 개시 전에 채권이 발생하였기 때문에 원칙적으로 도산채권으로 보아야 할 것이나, ㉠ 법률에 특별한 정함이 있는 경우, ㉡ 관리인이 새롭게 의무를 부담한다고 보는 것이 법률문언이나 체계에 부합하는 경우, ㉢ 해당 법률이 부과하는 의무가 사회정책적으로 중요한 의무이기 때문에 설령 도산법 취지가 훼손되더라도 즉 다른 도산채권자들의 이익이 침해되더라도 위 의무 이행이 꼭 필요한 경우, ㉣ 승계가 있는 경우에도 승계자가 여전히 의무를 부담하도록 한다는 취지의 법정의무인 경우에는 공익·재단채권 내지 이에 준하는 도산에 복종하지 않는 권리로 보아야 할 것이다.

이러한 접근은 미국의 이행거절권 방식과도 유사하다. 미국의 법제는 채무자의 이행거절에 따른 상대방의 권리는 손해배상청구권이 원칙적인 모습이고, 형평법상 인정되는 경우에 한해 특정이행을 구할 수 있는데, 관재인이 계약거절을 선택한 경우에도 이는 계약파기 등의 계약 종결이 아니라 평시 법률관계에서의 계약거절로 보기 때문에 계약상대방인 채권자는 평시 법률관계에 따라 손해배상청구권을 행사할 수 있으나, 형평법상 강제이행청구권이 인정되면 계약의 이행을 강제할 수 있다고 본다. 다만 최종적으로 도산목적 달성과 특정이행의 이익을 비교형량하여 구체적 타당성을 도모할 길이 열려 있다.

그러나 대륙법계인 우리 법제에서는 법규정의 해석론을 기준으로 법리가 펼쳐질 수밖에 없고, 공백이 생기는 영역은 신의칙 내지 권리남용의 법리로 보완하는 방식을 택하고 있기 때문에 미국과 같은 형태의 메커니즘을 채용하기는 쉽지 않다.

그런데 우리 채무자회생법상 쌍방미이행 쌍무계약에 관한 관리인의 선택권 규정에 대해서는 채무자회생법상 적용배제 특칙을 통해 권리구제의 필요성이 큰 전형적인 채권자에 대해서는 해제권을 제한하되, 예외적으로 구제의 필요성이 있는 경우에는 신의칙 내지 권리남용의 법리로 그 공백을 메울 수 있다. 채무자회생법상 적용배제특칙이 적용되는 성립요건은 다른 법률 규정에 의하여 충족될 수 있는데, 우리는 적용배제특칙이 대항력 있는 임차권에 한정되어 있어 주택임대차보호법과 상가건물 임대차보호법상 대항력을 취득한 경우에 한하여 인정되고, 일본은 적용배제특칙이 보다 넓게 임차권을 포함하여 사용수익할 권리 일반에 대해 대항력을 취득하면 충족하는 것으로 규정되어 있고 나아가 특허권 등의 등록제도 개선을 통해 그 실효성을 확보하고 있다.

즉 해제권 방식을 취하는 우리나 일본은 채무자회생법을 매개로 하여서 관리인의 선택권 규정의 적용배제를 받는 것이 원칙이다.[50]

그러나 관리인의 선택권 규정에 대한 적용배제가 인정된다고 하더라도 여전히 도산채권에 해당할 가능성이 있고, 특히 공익채권에 대해서는 열거주의를 취하기 때문에 도산법 외의 일반법의 해석에 따라 적용배제가 인정되는 경우에는 도산채권으로 취급될 가능성이 농후하다.

이러한 이유로 채무자에게 법정의무를 부가하고, 관리인도 이를 공익·재단채권 내지 이에 준하는 도산에 복종하지 않는 권리로서 온전한 의무를 부담하도록 하는 법률규정을 인정한다면 위와 같은 메커니즘을 뛰어 넘어 라이선시를 보호하는 실효적인 방안이 될 수 있다. 이는 채무자회생법에 대한 특별법의 지위를 인정하는 방안이라고 볼 수 있다.

2. 관리인이 온전히 부담하는 법정실시권을 신설하는 방안에 대한 검토

가. 도산에 복종하지 않는 권리로서 법정실시권의 활용 가능성

1) 지식재산권제도 중 특허권, 실용신안권, 디자인보호법, 상표권에 대한 이용허락권은 약정에 의한 통상실시권 외에도 법정실시권제도가 있다.[51] 라이선서(특허권자 등)와 라이선시(실시권자)의

---

50) 노경섭, "지적재산 라이센스 계약에서 라이센시 보호에 관한 연구: 법정실시권 제도의 활용을 중심으로", 지식재산연구 제7권 제3호, 한국지식재산연구권·한국지식재산학회(2012), 92면은 "파산시 라이센시의 보호에 대해서는 대항 요건 및 해제권 제한 등으로 도산법 영역에서 라이센시의 보호 방안을 마련하려는 생각과, 도산법은 그대로 두고 특허법 등 지적재산권 영역에서 대항 요건(등록 제도)의 개선을 통해 라이센시의 보호 방안을 마련하려는 생각으로 크게 나뉘고, 미국의 경우 전자이고 일본의 경우 후자의 방향으로 검토 및 입법이 진행되었다."라고 평가하고 있다. 정확한 표현은 아니나 제도개선의 다양한 방향성을 지적하는 타당한 의견이라고 이해된다.
51) 통상실시권에는 ① 허락에 의한 것(통상실시권이라 하면 흔히 이 종류를

약정이 아닌 법률규정에 따라 일정한 요건을 충족할 경우에 인정되는 법정의 실시권 제도로서, 특허권 등이 양도되는 경우에도 등록제도와 무관하게 양수인은 법정실시권의 부담을 안아야만 한다. 법정실시권은 등록 없이도 특허권자, 전용실시권자가 변동되어도 언제나 그 효력이 있다.[52] 이러한 점에서 '당연대항제도'를 채택한 것으로 볼 수 있다.

법정실시권을 특허법에 명문화한 것은 기존 산업질서의 유지와 산업정책상의 이유에서이다. 즉 특허제도의 목적을 달성하기 위한 수단인 특허발명의 실시를 활성화시키고자 하는 산업정책적 측면과 제3자와 특허권자의 권리 공평을 기하기 위하여 특허법은 특허권자의 의사에 의하지 않고 법정에 의해서 통상실시권이 성립하도록 하고 있다.[53]

이와 같은 법정실시권 제도의 입법취지는 도산절차가 개시된 경우에도 존중되어야 한다. 법정실시권을 인정한 산업정책적인 측면과 권리공평의 목적은 도산절차에서도 관철되어야 한다. 관리인으

말한다), ② 허락자의 의사와 관계 없이 법률상 충족하는 것에 의해 당연히 발생하는 것(법정실시권), ③ 허락자의 의사를 대신하여 행정관청의 재정에 의해 발생하는 것(재정실시권)이 있다[정상조·박성수 공편, 특허법 주해I, 박영사(2010), 1248-1249면(이회기 집필부분)]. 특허권에 관한 법정실시권으로는, ① 직무발명에 대한 사용자 등의 통상실시권(발명진흥법 제10조 제1항), ② 선사용자의 통상실시권(先使用權)(특허법 제103조), ③ 무효심판 청구등록 전의 실시에 의한 통상실시권(中用權)(특허법 제104조 제1항), ④ 디자인권의 존속기간 만료 후의 통상실시권(특허법 제105조 제1항 및 제2항), ⑤ 질권행사로 인한 특허권의 이전에 따른 통상실시권(특허법 제122조), 재심에 의하여 회복한 특허권에 대한 선사용자의 통상실시권(後用權)(특허법 제182조), ⑤ 재심에 의하여 통상실시권을 상실한 원권리자의 통상실시권(특허법 제183조 제1항), ⑥ 등록료 추가납부에 의한 효력제한기간 중 선의의 실시자에 대한 통상실시권(특허법 제81조의3 제5항)에서 특허발명을 실시하는 자에게 법정실시권 등이 있다.

52) 정상조·박성수 공편, 특허법 주해I, 박영사(2010), 1261면(이회기 집필부분).
53) 윤선희, 특허법 제7판, 법문사(2023), 645면.

로부터 특허권 등을 양수한 제3자로서는 법정실시권을 가진 라이선시에 대하여 금지청구를 할 수 없을 뿐 자신이 스스로 특허권을 실시하는 것에는 방해받지 않으므로 과중한 부담을 부과한 것은 아니라 할 것이다.54) 물론 특허법 등에서는 다양한 법정실시권 제도를 규정하고 있어, 평시 법률관계에서 법정실시권을 인정한 근거가 도산절차에서도 언제나 관철될 수 있는 것은 아니므로 앞서 본 바와 같은 특별한 근거가 있는지에 대한 검토결과에 따라 도산절차에 복종하지 않는 권리로 볼 것인지 여부가 달라질 것이다.55)

만일 도산절차에 복종하지 않는 법정실시권을 특허법 등에 규정하면 채무자회생법 제124조 제4항, 제340조 제4항과 같은 '제119조, 제335조의 적용배제특칙'을 채무자회생법에 규정되지 않더라도 관리인은 이를 공익·재단채권에 준하는 부담을 안아야 하고, 라이선시(실시권자)는 해당 지식재산권을 계속 사용수익할 수 있다.

2) 이러한 법정실시권을 도산절차에 복종하지 않는 권리로 볼 경우 어떤 법리에 따라야 하는 것일까? 우선 생각해볼 수 있는 것은 공익·재단채권이라 할 것이다. 그러나 공익·재단채권은 법률에 명시적인 규정이 있는 경우에만 인정되므로(열거주의), 이를 근거로

---

54) 山本研, "新破産法におけるライセンス契約の処理とイセンシーの保護", 知的財産ライセンス契約の保護 -ライセンサーの破産の場合を中心に-, 雄松堂出版(2004. 11.), 152頁.
55) 특허법 등에서 법정실시권을 신설함으로써 라이선서의 도산절차 개시에도 불구하고 라이선시를 보호하는 것이 바람직하다는 일본의 견해로는 松田俊治, "米國倒産法アプローチを踏まえたライセンス契約の保護策の検討", 知的財産ライセンス契約の保護 -ライセンサーの破産の場合を中心に-, 雄松堂出版(2004. 11.), 113-116頁; 山本研, "新破産法におけるライセンス契約の処理とイセンシーの保護", 知的財産ライセンス契約の保護 -ライセンサーの破産の場合を中心に-, 雄松堂出版(2004. 11.), 152頁; 飯田聡, "知的財産ライセンス契約の保護の在り方とその方策案", 知的財産ライセンス契約の保護 -ライセンサーの破産の場合を中心に-, 雄松堂出版(2004. 11.), 278頁 등이 있다.

삼기는 어렵다고 보인다. 이와 같은 법정실시권을 인정하면서 도산법이나 해당 법률에서 공익·재단채권이라고 규정하는 것을 기대하기는 쉽지 않다. 따라서 법정실시권에 관한 규정에 대하여 도산법에 대한 특별법적 지위를 인정함으로써 법정실시권을 도산절차에 복종하지 않는 권리로 보는 것이 타당하다고 생각된다.

법정실시권의 발생요건으로 '계약 체결'이 포함된 경우, 법정실시권을 도산절차에 복종하지 않는 권리로 보더라도 이는 해당 지식재산권을 사용수익할 수 있는 부분에 한하지 계약 자체가 도산절차에 복종하지 않는 지위에 있다고는 볼 수 없으므로 채무자회생법 제119조, 제335조에 따라 해제·해지할 수 있는 것은 아닌가 하는 생각이 들기도 한다. 앞에서 살펴본 바와 같이 대항력이 있는 임차권도 환취권의 기초된 권리이나 채무자회생법 제124조 제4항, 제340조 제4항의 적용배제의 특칙이 없다면 제119조, 제335조에 따라 임대차계약을 해제·해지할 수가 있기 때문이다. '라이선스 계약'도 본 쟁점의 법정실시권 발생의 법률요건이 될 수 있으므로, 라이선스 계약의 효력이 상실되면 법정실시권의 발생요건이 소멸된다고 볼 수도 있다.

그러나 법정실시권의 발생에 따라 라이선서 및 그 양수인도 법률에 따라 이를 수인해야 할 의무가 발생하는 것으로서, 이는 약정법률관계가 아니라 법정법률관계이다. 이러한 법정법률관계는 당사자가 임의로 해제·해지를 할 수는 없다고 보는 것이 타당하다. 이 경우에도 해제·해지를 인정하는 것은 법정실시권을 인정한 취지에 반한다.[56] 이는 결국 명시적인 규정이 없는 경우에도 적용배

---

56) 이와 유사한 관점으로는 최준규, 계약법과 도산법 -민법의 관점에서 도산법 읽기-, 홍진기법률연구재단(2021), 157면(무효·취소의 법률관계 내지 도산절차 개시 전 해제된 법률관계는 약정법률관계가 아니라 법정법률관계이므로 해제하는 것이 불가능하다. 해제를 인정하면 애초 계약의 해소를

제특칙을 인정하는 것과 같다. 다만 법정실시권을 인정하더라도 라이선서의 도산목적 달성을 위하여 부수적인 채무는 면제를 받도록 하는 것이 필요하다.57)

결과적으로 법정실시권을 취득한 라이선스 계약의 핵심적인 부분은 도산법상 적용배제 특칙이 없더라도 채무자회생법 제119조, 제335조에 의하여 해제·해지할 수 없다고 보아야 한다. 허락(약정)에 의한 통상실시권인 라이선스 계약을 채무자회생법 제119조, 제335조에 의하여 해제·해지될 수 있는 것과 구별된다.58)

3) 그런데, 이와 같이 법정실시권이 발생한 라이선스 계약에 대해서 채무자회생법 제119조, 제335조의 적용이 없다고 보더라도 법정실시권은 도산절차 개시 전 발생한 재산적 청구권이므로 도산채권으로 보는 것이 원칙이다. 공익·재단채권은 법률상 명시적 규정이 있어야 하나, 채무자회생법에서는 법정실시권과 같이 관리인에게 법률상 의무를 부담시키는 의무를 공익·재단채권으로 인정하는 규정을 두고 있지 않기 때문이다.

도산절차 개시에 따라 관리인이 법정실시권을 수인할 의무를 새로 부담하게 되었고 이를 채무자회생법 제179조 제5호, 제473조 제4호의 '도산재단에 관하여 관리인이 한 행위'에 준하는 것으로 보아 공익·재단채권으로 취급하는 것도 인정 못할 바는 아니다. 하지만 가급적 도산법 체계 안에서 법리구성을 하는 것이 체계정합적이고

인정한 법률의 취지에 반한다).
57) 松田俊治, "米國倒産法アプローチを踏まえたライセンス契約の保護策の檢討", 知的財産ライセンス契約の保護 -ライセンサーの破産の場合を中心に-, 雄松堂出版(2004. 11.), 115-116頁(법정실시권의 내용이 아닌 부분 즉 라이선스계약의 부수적 의무는 면하는 것이 바람직하다).
58) 同旨: 노경섭, "지적재산 라이센스 계약에서 라이센시 보호에 관한 연구: 법정실시권 제도의 활용을 중심으로", 지식재산연구 제7권 제3호, 한국지식재산연구원·한국지식재산학회(2012), 91면.

바람직하다고 생각하나 위와 같은 논리구성은 다소 작위적·법기술적이라는 인상을 지울 수 없다.

결국 도산채권의 성격을 가지는 법정실시권을 도산절차에 복종하지 않는 권리로 취급하는 것은 도산절차에 관계된 권리의 새로운 영역을 인정하는 중요한 발상전환이라고 할 것이다. 이렇게 함으로써 'ⓐ 법률에 특별한 정함이 있는 경우'나 'ⓑ 관리인이 새롭게 의무를 부담한다고 보는 것이 법률문언이나 체계에 부합하는 경우' 또는 'ⓒ 해당 법률이 부과하는 의무가 사회정책적으로 중요한 의무이기 때문에 설령 도산법 취지가 훼손되더라도 즉 다른 다산채권자들의 이익이 침해되더라도 위 의무 이행이 꼭 필요한 경우' 내지 'ⓓ 승계가 있는 경우에도 승계자가 여전히 의무를 부담하도록 한다는 취지의 법정의무인 경우'에 있어서 입법을 통한 보다 유연한 수단을 강수할 수 있기 때문이다.

법정실시권은 공익·재단채권이 아니지만 입법자가 도산법과 일반법의 균형조절을 위한 메커니즘으로서 결단한 '도산절차에 복종하지 않는 권리로 보아야 할 것이다.59)

나. 법정실시권의 요건에 대한 검토

그렇다고 하여 라이선시의 모든 권리를 법정실시권으로 규정하는 것은 등록대항제도를 훼손하는 것이어서 받아들이기 어렵다. 즉 다른 채권과의 균형성인 '수평적 밸런스' 외에도 도산법의 목적을 고려하는 '수직적 밸런스'의 고려가 필요하다.60) 수직적 밸런스를

---

59) 뒤에서 보는 바와 같이 부분해제를 인정한다는 전제에서는, 라이선스 계약에 포함된 법정실시권 외의 채권에 대해서는 도산채권으로서 절차 참여를 하여야 할 것이다. 이러한 취급에 대해서는 '대항력 있는 임차권과 보증금채권의 처리'를 참조할 수 있다. 松田俊治, "米國倒産法アプローチを踏まえたライセンス契約の保護策の檢討", 知的財産ライセンス契約の保護 -ライセンサーの破産の場合を中心に-, 雄松堂出版(2004. 11.)

충족하기 위한 관점에서 법정실시권의 성립요건을 구체화하기 위하여 관리인의 해제권이 제한되는 신의칙의 법리가 적용되는 경우를 참조해 볼 수 있다.

앞서 본 바와 같이 사업의 기반이 되는 라이선스계약에 기초하여 상당한 자금과 노력으로 사업을 추진하던 라이선시(실시권자 등)가 실시권 등의 상실로 막대한 피해를 볼 경우에는 앞서 본 바와 같은 지식재산법제도의 이용촉진이라는 입법목적과 채무자회생법의 입법목적과의 조화의 필요성을 고려할 때 ① 라이선스계약의 체결경위와 내용, ② 라이선서인 채무자가 도산절차에 이르게 된 경위, ③ 라이선시의 대항력 취득 여부, ④ 라이선시가 라이선스계약에 기반하여 투입한 사업자금과 노력 및 사업진행경과, ⑤ 당해 지식재산권이 채무자와 채권자에 가지는 각 경제적 가치, ⑥ 관리인의 해제권 행사로 얻게 되는 도산절차의 이익과 그로 인한 라이선시의 불이익의 비교 등을 종합적으로 참작하여 신의칙에 따라 해제권 행사를 제한하도록 하는 것이 바람직하다.[61]

수직적 밸런스를 고려한 또 다른 예로는 적용배제특칙 확대의 근거로서 대항력 취득에 따른 물권화된 채권의 관점에 더하여 '라이선시의 실시권을 포함한 사용수익권이 사업의 기반되는 권리라는 특수성으로 다른 채권과 구별이 된다'는 점을 들 수 있다.[62]

이와 같은 정도로 보호의 필요성이 있는 통상실시권으로는 특허법 제103조의 선사용에 의한 통상실시권을 참조할 수 있다.[63] 특허

---

60) 島並良, "登錄制度の活用", 知的財産ライセンス契約の保護 -ライセンサーの破産の場合を中心に-, 雄松堂出版(2004. 11.), 207-208頁.
61) 제2절 I.관 제4항 참조.
62) 제2절 III.관 제3의 나.항 참조.
63) 윤선희, 특허법 제7판, 법문사(2023), 650-651면(최선발명자와 선출원자간의 권리관계를 균형있게 조정함은 물론 기존의 산업질서를 그대로 유지하고자 선사용권제도를 마련하였다). 선사용에 의한 통상실시권도 위와 같은

법 제103조(선사용에 의한 통상실시권)는 '특허출원 시에 그 특허출원된 발명의 내용을 알지 못하고 그 발명을 하거나 그 발명을 한 사람으로부터 알게 되어 국내에서 그 발명의 실시사업을 하거나 이를 준비하고 있는 자는 그 실시하거나 준비하고 있는 발명 및 사업목적의 범위에서 그 특허출원된 발명의 특허권에 대하여 통상실시권을 가진다.'고 규정하고 있다.[64]

선사용에 의한 통상실시권은 그 발명의 실시사업을 하거나 사업의 준비를 하는 경우에 인정된다. '사업의 준비'는 사업에 필요한 기계를 발주하여 설비를 갖추었다든가 고용계약을 체결하여 상당한 선전활동을 하고 있는 정도에 이르러야 한다. '사업실시'이란 사업자에게 계속의 의사가 있고 그 발명의 실시가 인정될만한 객관적 사정이 있어야 하고, 적어도 그 준비가 객관적으로 인정될 수 있는 정도의 것을 필요로 한다.[65] 사업의 준비 내지 사업실시는 특허권을 양수하는 제3자의 정보탐색(거래비용)까지 고려할 때 등록과 같은 공시제도에 준하는 요건으로 볼 수 있을 것이다.[66] 또한 보호의 필요성이 있는 라이선시를 구분하는 기준이기도 하다. 선사용권 규정의 출원 시 기준을 참조할 때, 사업의 준비 내지 사업실시는 지식재산권의 처분 내지 도산절차 개시 이전을 기준으로 하여야 할 것이다.

    도입취지를 고려할 때 본 쟁점에서 검토하는 '관리인이 온전히 부담해야 하는 법정의무'가 될 여지가 있다고 생각한다.
64) 윤선희, 특허법 제7판, 법문사(2023), 649면(강학상 '선사용권'이라 한다)
65) 정상조·박성수 공편, 특허법 주해I, 박영사(2010), 1259면(이회기 집필부분); 윤선희, 특허법 제7판, 법문사(2023), 651-652면.
66) 노경섭, "지적재산 라이센스 계약에서 라이센시 보호에 관한 연구: 법정실시권 제도의 활용을 중심으로", 지식재산연구 제7권 제3호, 한국지식재산연구권·한국지식재산학회(2012), 68면, 80면(실시요건에 대해 긍정하는 견해와 반대하는 견해 등을 소개하고 있다.); 波田野 晴朗, 知的財産の流通·流動化に係る制度の諸問題の調査研究報告書, 知的財産研究所(2006), 91-92頁.

양수인의 라이선스계약 체결에 대한 악의도 요건으로 할지도 검토대상이 되겠지만, 악의자대항제도와의 구분이 어려워지고, 또 관리인의 제3자성이 인정되는 우리 채무자회생법에서는 총채권자를 기준으로 악의를 판단하고 있어 사실상 악의가 충족되는 경우가 없을 것이므로, 악의요건은 포함하지 않는 것이 타당하다.[67]

라이선시(실시권자)가 계약을 통해 라이선서(특허권자 등)의 제3자 처분 등을 방지할 노력을 기울였는지도 고려해 볼 수 있다. 라이선스계약에 양도금지특약이나 처분 시 고지의무조항 등이 이러한 노력의 징표로 볼 수 있겠으나(신의칙 고려사항 중 ① 라이선스계약의 체결경위와 내용과 관련이 있을 수 있다), 통상 보호의 요청이 있는 라이선시는 계약상 열악한 지위에 있는 경우일 것이므로 이를 요건으로 하는 것은 적절치 않다고 보인다.[68]

이상을 종합하면「라이선서(특허권자 등)가 해당 특허권 등을 처분 내지 회생·파산신청을 하기 이전에 라이선스계약을 체결한 라이선시(실시권자)가 그 지식재산을 실시준비하거나 사업실시를 하고 있는 때에는 그 실시하거나 준비하고 있는 지식재산 및 사업목적의 범위에서 그 지식재산권에 대하여 통상실시권을 가진다.」는 내용으로 법정실시권을 규정하는 것을 생각해 볼 수 있다. 이는 개별 법률(특허법 등)에 규정하는 것도 고려해볼 수 있고, 지식재산기본법에 규정하는 것도 고려해볼 수 있을 것이다. 법정실시권의 범

---

[67] 노경섭, "지적재산 라이센스 계약에서 라이센시 보호에 관한 연구: 법정실시권 제도의 활용을 중심으로", 지식재산연구 제7권 제3호, 한국지식재산연구권·한국지식재산학회(2012), 81면; 波田野 晴朗, 知的財産の流通·流動化に係る制度的諸問題の調査研究報告書, 知的財産研究所(2006), 92-93頁.

[68] 노경섭, "지적재산 라이센스 계약에서 라이센시 보호에 관한 연구: 법정실시권 제도의 활용을 중심으로", 지식재산연구 제7권 제3호, 한국지식재산연구권·한국지식재산학회(2012), 78면; 波田野 晴朗, 知的財産の流通·流動化に係る制度的諸問題の調査研究報告書, 知的財産研究所(2006), 88-90頁.

위는 사업준비 내지 사업실시와 관계된 지식재산권으로, 존속기간은 약정에서 정한 대로, 실시료는 약정실시료를 최저실시료로 하되 다른 법정실시권을 참조하여 산정한 실시료로 하는 것이 바람직하다고 생각된다.[69]

이와 같은 요건을 충족하여 발생되는 법정실시권을 도산에 복종하지 않원 권리로 인정함으로써 라이선시를 보호하는 방식은 대항력을 가진 사용수익권에 대한 적용배제특칙 적용 및 실시권에 대한 당연대항제도 도입을 통해 라이선시를 보호하는 일본의 방식과 유사한 부분도 있지만, 우리의 특허법 등의 등록대항제도를 변경하지 않고도 보호의 필요성이 있는 라이선시를 추가로 보호할 수 있다는 장점이 있다.

또한 이러한 방식은 채무자가 법률규정을 근거로 계약상대방에게 부담하는 의무를 관리인도 온전히 부담하게 하는 경우 중 'ⓒ 관리인이 새롭게 의무를 부담한다고 보는 것이 법률문언이나 체계에 부합하는 경우' 내지 'ⓔ 승계가 있는 경우에도 승계자가 여전히 의무를 부담하도록 한다는 취지의 법정의무인 경우'에 해당하여 도산절차에 복종하지 않는 권리로 인정하는 경우라고 볼 수 있을 것이다. 위에서 제안한 법정실시권의 성립요건 중 '회생·파산신청을 하기 이전에'라는 요건은 그 문언적 의미상 관리인이 온전히 의무를 부담해야 한다는 점을 규정한 것으로 해석할 수 있기 때문이다.

이와 같이 관리인이 온전히 부담하는 법정의무로서 신설하는 법정실시권은 채무자회생법상 관리인의 선택권 규정을 직접 제한하는 것이 아니고, 채무자회생법상 관리인의 해제권을 그대로 인정하

---

[69] 법정실시권의 범위, 기간, 실시료 등에 대한 논의는 노경섭, "지적재산 라이센스 계약에서 라이센시 보호에 관한 연구: 법정실시권 제도의 활용을 중심으로", 지식재산연구 제7권 제3호, 한국지식재산연구권·한국지식재산학회(2012), 82면 이하 참조.

는 것과 별개로 특허법 등에서 법정실시권을 설정하는 방식이므로 도산법과의 저촉이 크지 않다는 점에서 그 장점과 의의가 있다고 할 것이다.[70] 법정실시권의 신설방안은 사용수익권 일반에 대한 특칙이 아닌 지식재산권에 한정한 특칙이고, 지식재산권법의 개정만으로도 라이선시를 보호할 수 있다는 점에서 제2절 Ⅲ.관에서 살펴본 적용배제특칙의 확대방안과 차별성이 있다. 같은 이유에서 일본에서도 법정실시권제도를 도산법 영역 외인 특허법 등 지식재산권법에서 신설함으로써 라이선시를 보호하는 방안을 제안하는 견해도 발견된다.[71]

---

[70] 노경섭, "지적재산 라이센스 계약에서 라이센시 보호에 관한 연구: 법정실시권 제도의 활용을 중심으로", 지식재산연구 제7권 제3호, 한국지식재산연구권·한국지식재산학회(2012), 91-92면.

[71] 松田俊治, "米國倒産法アプローチを踏まえたライセンス契約の保護策の檢討", 知的財産ライセンス契約の保護 -ライセンサーの破産の場合を中心に-, 雄松堂出版(2004. 11.), 113-116頁에서는 2004년 파산법 개정으로 '대항력을 취득한 사용수익권' 일반에 대한 적용배제특칙이 도입되었음에도 통상실시권의 대항력을 취득하기 위하여 등록을 하는 것이 쉽지 않다는 실무상 문제점을 해결하기 위하여 1988년 미국 파산법 개정에 따른 접근법[지식재산권에 대한 특칙인 § 365(n) 신설]을 분석하여 해결방안을 찾고자 시도하였는데, ① 미국 파산법 § 365(n)과 같은 특칙을 신 파산법 제53조의 특칙으로서 규정하는 방안은 임대차의 보호보다 강력하여 반대가 심할 것으로 보이고, ② 특허법 등에서 대항요건을 강화하는 방안도 공시성 등에 대한 추가 검토가 필요하다는 등의 이유로 신중해야 한다고 분석한 뒤(참고로 위 글이 발표된 이후인 2010년 특허법에서 당연대항제도를 도입하였다), ③ 법정실시권 제도를 신설하는 것이 바람직하다고 제안하면서 본문과 같은 취지로 도산법과 무관하게 입법개정을 할 수 있는 장점이 있다고 한다. 다만 법정실시권 제도를 도입할 때에도 등록되지 않는 행위제한형 권리(우리나라의 부정경쟁방지법상의 권리 등을 말한다)에 대한 보호가능성에 대한 추가검토가 필요하고, 법정실시권의 내용이 아닌 부분 즉 라이선스계약의 부수적 의무는 면하는 것이 바람직하다고 한다.

제 5 절 도산채무자인 라이선서 보호와의 균형: 부분해제 가능성에 대한 검토(해석론 및 입법론)

Ⅰ. 도산채무자인 라이선서에 대한 보호와의 균형성

1. 임대차계약으로부터의 시사점: 부분해제의 필요성

임대차계약에 있어서 임대인의 경업금지의무, 상가임차인의 업종제한의무는 임차인 입장에서 임차권의 가치를 좌우하는 중요한 의무일 수 있으나, 임차권의 핵심내용(임차목적물을 용법에 맞게 사용수익할 권리)과 구분되는 권리이기도 하므로, 임대차계약상 임차인의 권리 일체를 도산절차에 복종하지 않는 권리로 보면 임차인을 충실히 보호할 수 있지만, 채권자들 간의 공평한 위험분담과 타협을 통해 채무자의 빚을 청산하고 채무자의 새출발을 돕고자 하는 도산절차의 목적은 흔들리게 된다.

제4장 제2절에서 살펴본 바와 같이, 도산절차 개시에 따라 고유의 견련성이 인정되지 않는 동시이행관계는 소멸한다는 견해(동시이행관계 소멸·정지설)에 따를 경우 대항력 없는 임차인의 보증금반환채권에 대해서는 동시이행관계가 소멸하므로 임대인측인 관리인의 선택과 무관하게 임차인은 '동시이행항변권이 없는 보증금반환채권'의 도산채권자로 도산절차에 참가하여야 한다. 관리인이 이행선택을 한 경우에는 임대차계약에 대해서만 이행선택을 하고 보증금계약에 대해서는 해제·해지를 선택하는 것과 같은 결과가 된

다. 이와 같은 선택에 따라 관리인은 도산절차에서 보증금의 일부만 변제하고 임대차계약의 유지에 따른 차임을 계속 지급받음으로써 도산재단에 유리한 운영을 할 수 있게 된다.

마찬가지로 지식재산권 라이선스 계약에 있어서도 도산절차 내에서는 라이선스 계약의 핵심적 내용인 '지식재산권을 사용수익할 권리'에 한정하여 도산절차에 복종하지 않는 권리로 보아야 할 것이다. 이는 라이선서가 부담하는 의무라고 하더라도 다종다양하고, 라이선서는 정상적인 사업활동을 할 수 없는 도산상황에 직면하여 도산절차를 개시하였기 때문에 실질적으로 이와 같은 의무를 이행할 수 없는 경우가 적지 않으므로 도산목적 달성을 위하여는 라이선스계약의 부분해제를 인정하여, 스스로의 선택에 의하여 이행불능한 의무로부터 관리인 등을 벗어나게 하고 이해관계인의 형평에도 배려하며, 파산재단 등의 훼손도 방지할 필요성이 높기 때문이다.[1]

나아가 청산형 도산절차인 파산절차는 도산재단을 처분하는 것을 기본 전제로 하고, 재건형 절차인 회생절차 역시 항시 처분을 염두에 두어야 할 뿐만 아니라 회생계획을 수립할 때 청산가치보장의 원칙을 준수하여야 하기 때문에, 라이선서의 관리인은 라이선서의 지식재산권을 가장 비싼 가격에 매각할 필요가 있고, 이를 위해서는 라이선스 계약의 부수적 의무를 제거할 필요가 있다.[2] 만일 라이선시와의 계약 중 로열티 지급조항과 같이 라이선스 계약의 핵심조항이 라이선서에게 유리한 조건이라면 관리인으로서는 라이선스 계약을 유지하는 것이 도산재단에 도움이 되고, 또한 해당 지식재산권을 매각하는 데에도 유리한 지위를 가질 수 있을 것이나, 라이

---

1) 심활섭, "일본 도산절차에서의 라이선시 보호", 도산법연구 제11권 제1호, 도산법연구회(2021), 46면.
2) 심활섭, "일본 도산절차에서의 라이선시 보호", 도산법연구 제11권 제1호, 도산법연구회(2021), 47-49면.

선스 계약 중 원재료 공급의무 등 불리한 계약조항은 이를 제거하여야만 위와 같은 장점을 얻을 수 있을 것이다.

이는 지식재산권을 양도한 경우 양수인이 라이선서의 계약상 지위를 승계한다는 전제에서 성립되는 관점이다. 대항력 없는 임대차계약의 경우에는 그 목적물이 유형물이기 때문에 목적물을 사실상 지배하는 임차인이 인도를 거부할 때에 처분에 지장이 생기는 반면, 라이선스 계약의 목적물은 무체물인 지적재산권이기 때문에 임차권과 같은 문제가 발생하지는 않는다. 이러한 이유에서 지식재산권의 처분에 있어서는 라이선서의 계약상 지위 이전 여부에 따라 처분의 장애사유가 되는지 여부가 달라질 수 있다.

그런데 '특허권자가 특허권을 양도할 경우' 양수인이 설정계약에 따른 권리·의무를 승계하는지 여부에 관하여는 다양한 입장이 있으나, 특허법상 등록될 수 있는 범위 내에서만 승계된다고 보는 것이 유력설이다.[3] 따라서 특허권 등을 양도한 경우 양수인이 라이선서의 계약상 지위를 승계한다고 볼 경우에는 부분해제를 인정하는 방안의 도입 필요성이 더욱 크다고 할 것이다.[4]

---

[3] 이에 대한 상세한 내용은 정상조·박성수 공편, 특허법 주해I, 박영사(2010), 1236-1237면(이회기 집필부분) 참조.
[4] 이와 관련하여서는 관리인의 제3자성 문제 즉 관리인이 지식재산권 외에 라이선서의 계약상지위도 승계하는지에 대한 검토가 함께 검토되어야 한다는 지적이 있다. 평시 법률관계에서 라이선서가 실시권을 제3자에게 양도할 경우 라이선서의 계약상 지위도 함께 이전되는지에 대해서는 다툼이 있고, 관리인의 제3자성을 인정할 경우 관리인이 특허권 외에도 라이선스 계약상 라이선서의 지위도 승계하는지 여부가 문제될 수 있는데, 이와 관련하여 일본에서는 정설은 없으나 관리인의 계약 구속 여부에 대하여 견해대립이 있고, 관리인 등이 특허권유지의무 등에 대하여 구속되는지에 의문을 표시하는 견해도 있다고 소개하고 있다. 라이선시의 계약상 지위가 이전된다고 보는 동시에 관리인의 제3자성을 인정하여 계약조항에 구속되지 않는다고 보는 경우에도 관리인이 특허권을 양도하면 제3자는 계약상 지위를 이전받으므로 그 처분에 제약을 받게 되고, 이러한 문제점으

2. '적용배제특칙 확대 방안' 및 '법정실시권 신설 방안'의 도입에 따른 균형성 확보의 필요성

위 1.항에서는 관리인의 선택권 규정이 적용되는 일반적인 경우에 있어서 쌍방미이행 쌍무계약상 부분해제를 인정함으로써 라이선서의 관점에서의 합리성을 도모해야 할 필요성이 있다는 관점에서 살펴보았다. 그런데 이 책에서 라이선시의 보호를 도모하기 위한 해결방안으로 제시하는 '적용배제특칙 확대 및 당연대항제도 도입방안(제2절 III.관)' 및 '법정실시권 신설 방안(제4절)'을 도입하게 되면 도산채무자인 라이선서의 지위가 기존보다 불리해지므로 이에 따른 상황에서의 라이선서와 라이선시 보호의 균형성을 검토할 필요가 있다.

즉 ① 일본과 같이 대항력을 가진 라이선시(특허권, 실용신안권, 의장권, 저작권은 당연대항제도를 취하고 있어 언제나 대항력을 가지고 있다)에 대하여 적용배제특칙이 적용됨에 따라 관리인이 라이선스 계약을 해제할 수 없어 쌍무계약에서 정한 채무자(라이선서)의 모든 채무가 채권자(계약상대방)의 공익채권으로 보장되고, ② 법정실시권 제도를 도입하여 라이선시가 실시권에 기반하여 사업계속을 할 수 있도록 허용하는 경우에도 라이선스 계약 전체가 유지된다고 볼 여지가 있기 때문에, 관리인의 선택권 규정이 배제 즉 이행선택이 법적으로 강제된다는 측면에서 도산재단으로 하여금 부수적 의무를 면하도록 할 필요성이 더욱 크다.

로 부분해제의 필요성이 있다는 것이다. 이 부분에 대한 논의는 심활섭, "일본 도산절차에서의 라이선시 보호", 도산법연구 제11권 제1호, 도산법연구회(2021), 45-46면 참조. 그러나 관리인은 도산절차 개시에 따라 채무자의 모든 재산에 대한 관리처분권을 승계하므로 계약상 지위도 당연히 승계한다고 볼 것이고, 이는 무효·취소·해제의 문제가 아니므로 관리인의 제3자성은 고려될 것이 아니라고 생각한다.

이러한 문제점은 도산절차 개시에 따라 고유의 견련성이 인정되지 않는 동시이행관계가 소멸되지 않는다는 '동시이행관계 유지설'에 따를 때에 확연히 부각된다.

관리인의 선택권 규정인 채무자회생법 제119조 및 제335조는 쌍무계약에 관하여 관리인이 이행선택 내지 해제·해지선택을 할 수 있다고 규정하고 있고, 판례와 학설에 따라 위 선택권 규정의 '성립요건'에 대해서는 쌍방의 채무가 주된 급부일 것을 요구하나, 이행선택 내지 해제·해지의 '대상'이 되는 채무의 범위가 주된 급부에 한정된다고 해석하여야 하는지에 대해서는 아직까지 정리된 견해가 없는 듯하다. 나아가 대항력 있는 임차권에 대한 현행 적용배제 특칙은 "임차인이 대항요건을 갖춘 때에 제119조 내지 제335조의 규정을 적용하지 아니한다."고 규정하고 있는데(제124조 제4항, 제340조 제4항), 관리인의 선택권 규정을 적용하지 않게 되면 관리인이 채무자회생법상 특별히 인정된 해제권을 행사할 근거가 사라지게 되고, 여기에다가 적용배제특칙이 적용되는 경우에는 일본과 같이 공익채권으로 규정하는 것이 바람직한데, 이러한 전제에서 만일 '동시이행관계 유지설'을 취하게 되면 고유의 견련성이 인정되지 않는 채무를 포함한 모든 계약상 채무가 공익채권에 준하는 보호를 받게 되는 것이 자연스럽다.[5]

마찬가지로 법정실시권 신설 방안을 도입하는 경우에도 동시이행관계 유지설을 취하게 되면 라이선스 계약의 핵심 사항인 실시권 허여 및 로열티 지급의무를 제외한 나머지 의무 즉 고유의 견련성이 인정되지 않는 채무에 대해서도 공익채권에 준하는 지위를 부여

---

[5] '동시이행관계 소멸설'을 취하게 되면, 관리인이 선택권 규정에 따라 이행선택을 하는 경우 고유의 견련성이 인정되지 않는 채무는 고유의 견련성이 인정되는 채무와 분리하여 '동시이행항변권이 없는 도산채권'으로 절차 참여를 하도록 하는 것이 자연스럽다.

하여야 할 것이다.

따라서 라이선시의 보호를 위하여 '적용배제특칙 확대 방안' 및 '법정실시권 신설 방안'을 도입할 경우에는 라이선서의 지위가 더욱 불리해지게 되므로 고유의 견련성이 인정되지 않는 채무에 대하여 부분해제를 인정함으로써 도산재단의 부담을 경감시킬 필요성이 크다고 할 것이다.

3. 미국 파산법상 부분해제 유사 제도

앞서 본 바와 같이[6] 미국 의회는 Lubrizol 판결과 같은 문제(이른바 'rejection-as-rescission 이론'의 적용으로 인한 라이선스 계약 파기의 문제)가 재발되는 것을 방지하기 위하여 1988년 지식재산권의 파산보호법(Intellectual Property Bankruptcy Protection Act; IPBPA)을 통해 지식재산권의 라이선스계약에 관한 § 365(n)을 신설하였다.

그런데 § 365(n)의 도입경위와 관련 규정들을 살펴보면 미국은 이미 본 절에서 제안하는 부분해제와 사실상 동일한 권리를 관리인에게 부여하고 있다는 점을 확인할 수 있다.

미국 이행거절권 방식에 대한 오래된 논쟁은 미국 파산법 § 365(g)에서 규정한 관리인의 이행거절(rejection)이 계약불이행(breach)이라고 규정한 것에 대한 해석론에서 출발한다. 하급심이나 적지 않은 학자들은 계약거절이 계약파기 내지 계약종결을 의미한다고 보았으나, 입법자는 이를 막기 위하여 평시 법률관계에서의 계약불이행과 같은 의미라는 내용을 담은 몇 가지 특칙을 도입하였다.

이러한 특칙은 크게 3가지 정도인데 ① 부동산 리스계약에 있어서 임대인(lessor)이 도산한 경우 임차인(lessee)의 지위에 관한 규정

---

[6] 제3절 II.관 제4항.

인 § 365(h), ② 부동산 매매계약에 있어서 매도인(vendor)이 도산한 경우 매수인(vendee)의 지위에 관한 규정인 § 365(i), (j), 그리고 ③ 지식재산권 라이선스계약에 있어서 라이선서(licensor)가 도산한 경우 라이선시(licensee)의 지위에 관한 § 365(n)이 바로 그것이다. 위 각 특칙에서는 관리인이 계약거절을 선택하더라도 채권자는 해당 목적물에 관한 이익을 누릴지 여부에 대한 선택권을 가지기 때문에 채권자가 동의하지 않고서는 채권자로부터 해당 목적물에 뺏을 수 없다는 점을 명확히 하였다.[7]

그런데 위 각 특칙에 의하면 관리인은 계약거절을 선택함에 따라 계약의 핵심적 내용을 제외한 계약상 의무 중 일부에 대해서는 그 책임을 면한다. 미국 의회는 § 365(n)을 도입하면서 먼저 규정한 § 365(h)를 참조하였고 그와 유사하게 라이선스 계약에서 정한 장래의 적극적 계약이행이 도산재단에 이익이 되는 방식으로 이행될 수는 없지만 계약거절 내지 불이행의 결과는 제한되도록 규정한다고 밝혔다.[8]

부동산 리스계약에 관한 § 365(h)에서는 임대인(lessor)의 관리인이 계약거절을 선택한 경우 채권자인 임차인(lessee)이 계약종결 여부를 선택할 수 있는데, 임차인이 계약종결을 선택한 때에는 손해배상채권을 도산채권으로 하여 절차 참가를 할 수 있다[§ 365(h)(1)(A)(i), 365(g)(1), 502(g)(1)]. 만일 임차인이 리스계약에 기한 권리를 보유하기로 선택하였다면, 임차인은 리스기간 내지 재계약·연장기간 동안 계약상 임차권을 계속 보유할 수 있으나, 차임을 지급해야 할 의무를 부담하고 임대인의 계약불이행으로 인한 손해액에 대하여 상계를 할 수 있다[§ 365(h)(1)(B)]. 그런데 이 경우 채무자나 관리인은 리스계약을 이행할 의무가 없기 때문에 엘리베이터 운행, 난방,

---

[7] Charles Jordan Tabb, The Law of Bankruptcy(4th), West Academic(2016), p.825.
[8] Senate Report No. 100-505, 100th Congress 2d Session, (Sept. 14, 1988), p.p.4-5.

전기, 수도 등을 공급할 필요가 없고, 임차인은 이에 관한 손해를 차임지급의무와 상계를 할 수 없다[§ 365(h)(1)(C)].9)

부동산 매매계약에 관한 § 365(i)도 § 365(h)를 약간만 변형하는 외에는 관리인이 계약거절을 선택한 경우에 대하여 유사하게 규정하고 있다. 채무자인 매도인이 파산신청한 때에 매수인이 이미 부동산을 점유하고 있는 경우 매수인은 계약종결을 선택하게 되면 관리인의 계약거절로 인한 손해배상채권을 도산채권으로 하여 도산절차 참가를 할 수 있고[§ 365(g)(1), 502(g)(1)], 매매대금 일부를 지급한 경우에는 담보권자로서 보호된다[§ 365(j)]. 만일 매수인이 매매목적물을 보유하기로 선택하였다면, 매매계약에서 정한 매매대금을 모두 지급하여야 하고, 채무자의 계약불이행으로 인한 손해액은 미지급 매매대금과 상계할 수 있다[§ 365(i)(2)(A)]. 그런데 채무자나 관리인은 매매계약에 따라 소유권을 이전하는 외에는 계약상 의무를 이행하지 않아도 된다.10)

지식재산권 라이선스계약에 있어서 § 365(n)도 § 365(h)를 변형하여 유사하게 규정하고 있다. 라이선서(licensor)의 관리인이 계약거절을 하면 라이선시(licensee)는 계약종결 여부에 대한 선택권을 가지는데, 라이선시가 계약종결을 선택하면 손해배상채권을 도산채권으로 도산절차에 참가할 수 있다[§ 365(n)(1)(A)]. 만일 라이선시가 계약유지를 선택한다면, 계약기간 내지 연장기간 동안 당해 지식재산권에 관한 권리를 유지할 수 있고, 계약에서 정한 대로 로열티를 지급할 의무가 있으나[§ 365(n)(2)(B)], 라이선스 계약과 관련하여 상

---

9) Charles Jordan Tabb, The Law of Bankruptcy(4th), West Academic(2016), p.p.825-826.
10) Charles Jordan Tabb, The Law of Bankruptcy(4th), West Academic(2016), p.p.826-827. 그러나 채무자가 파산신청한 때에 매수인이 부동산을 점유하고 있지 않다면, 매수인은 위와 같은 선택권이 없고 관리인의 계약거절에 따라 계약은 종결된 것으로 처리된다.

계권을 행사할 없고, 또 공익채권도 행사할 수 없다[§ 365(n)(2)(C)].[11]

이상과 같이 미국 파산법상 쌍방미이행 쌍무계약(executory contract)에 관한 규정인 § 365에서는 관리인이 계약거절을 선택한 경우 채권자에게 선택권을 부여한 몇 가지 특칙을 규정하면서 채권자가 이행선택을 한 때에 계약의 핵심적 내용을 제외한 나머지 의무로부터 도산재단의 부담을 덜 수 있도록 일정 부분 의무를 면하도록 규정함으로써 도산재단과 채권자의 이익을 합리적으로 조정하는 길을 열어 두고 있다.

비록 우리와 평시 법률관계의 기본적인 체계가 상이하기는 하나, 도산절차에서 쌍방미이행 쌍무계약을 처리하면서 채무자와 채권자의 이익을 합리적으로 조정할 수 있는 장치를 마련하고 있다는 점으로부터 본 절에서 제안하는 부분해제의 도입에 대한 필요성과 정당성을 찾을 수 있다고 할 것이다.

Ⅱ. 부분해제의 의미와 적용범위

1. 부분해제의 대상 및 적용범위

부분해제는 우리 채무자회생법 제119조, 제335조에 따라 관리인이 라이선스 계약 중 지식재산권에 대한 실시허락을 하고 실시료를 받으며, 이를 위한 필수적인 의무의 범위에서만 이행선택을 하고 나머지 부분은 계약해제를 선택하는 것을 의미한다.[12]

---

[11] 라이선시는 라이선서와 함께 진행하던 사업을 종료한 경우에도 계약유지를 선택할 수 있다(아래 사건에서 apple사가 라이선시였다). Apple, Inc. v. Spanision, Inc.(In re Spanision Inc.), No. 09-1069 KJC, 2011 WL 3268084(D. Del. July, 28, 2011).

라이선스계약은 앞서 본 바와 같이 지식재산의 실시 그 자체 외에도 다양한 내용을 포함하고 있고, 계약의 형식도 다양한 형태로 체결되고 있다. 지식재산권에 대한 실시허락과 그 대가로 실시료를 지급받는 것은 비교적 명확하다고 볼 수 있으나, 이를 위한 필수적인 의무규정이 무엇인지는 쉽게 결정할 수 없다.

부분해제의 적용범위 즉 필수적 의무규정의 범위에 대해서는 동시이행관계의 소멸 여부와 별개로 적용배제특칙의 적용범위의 문제로 접근하여 해결하고자 하는 주장이 제기되고 있다.[13]

위 주장에서는 적용배제특칙의 적용요건이 '대항력의 취득'을 요구하므로, 대항력이 인정되는 범위 내에서만 관리인의 선택권 규정의 적용이 배제되고, 나머지 부분은 여전히 관리인이 선택권 규정에 따라 해제권을 행사할 수 있다고 한다. 이러한 이유에서 부분해제의 범위는 대항력이 인정되는 범위에 따라 정해지고, 대항력이 인정되는 범위는 대항력을 규정하고 있는 개별 법령에 따라 정해진다는 전제에서 특허권의 경우 그 대항력은 특허법 제102조 제2항, 제118조 제1항에 따라 '설정행위로 정한 범위'에 따라 정해진다고 한다.

그러나 이 문제는 관리인의 선택권으로서 해제권의 대상에 관한 문제이지 적용배제특칙의 적용범위에 관한 문제가 아니므로, 일응

---

12) 부분해제의 가능성에 대한 검토를 논하는 글로는 樋口收·佐藤三郎·佐々木英人 外, "ライセンス契約と当然対抗制度の限界についての一考察", 現代型契約と倒産法, 商事法務(2015), 305頁 이하; 심활섭, "일본 도산절차에서의 라이선시 보호", 도산법연구 제11권 제1호, 도산법연구회(2021), 45면 이하 참조.
13) 심활섭, "일본 도산절차에서의 라이선시 보호", 도산법연구 제11권 제1호, 도산법연구회(2021), 49-51면. 위 글에서 구체적인 언급은 없으나 동시이행관계 유지설을 전제로 하는 듯하다. 위 I.관에서 검토한 관점은 관리인의 선택권 규정의 적용범위에 관한 것이고 '동시이행관계 소멸설'을 전제로 한다는 점에서 위 글의 주장과 차이가 있다.

고유의 견련성 즉 담보적 기능을 하는 범위의 쌍방의무가 기준이 되어야 한다고 생각한다. 적용배제특칙은 대항력 취득 등의 요건이 충족될 때에 관리인의 선택권 규정의 적용을 배제하는 규정일 뿐 관리인의 해제권 행사의 대상을 결정하는 규정은 아니라고 볼 것이다. 다만 라이선스 계약의 본질이 무엇인지, 주된 의무가 무엇인지를 결정하기 위하여 지식재산권에 대한 통상실시권에 관한 규정의 해석론을 참고할 수는 있을 것이다.

도산절차 내에서 라이선시의 권리(실시권)의 물권화는 임차권의 핵심내용에 한정되어야 하고, 라이선시의 권리가 물권화된다고 해서 라이선스 계약관계 일체를 물권관계로 격상시켜 도산절차 내에서 존중하는 것은 지나치다.[14] 이는 채무자회생법 제119조, 제335조가 고유의 견련관계에 있는 쌍무계약에 대해서만 적용되어야 한다는 취지이기도 하다. 이와 같이 보는 것이 임차권에 대한 분석 즉 임대차보증금계약이 임대차계약과 함께 체결되나 별개의 계약으로서 보증금은 목적물의 사용수익권과는 고유의 견련관계 내지 담보적 기능이 없고 단지 차임지급을 보증하는 계약일 뿐이라는 점에서 정지조건부 채권으로서 도산채권이라는 점에도 부합된다.[15]

한편 부분해제를 인정할 경우 계속적 계약이라는 점에서 장래효가 있는 해지라고 보아야 한다.[16] 또한 부분해제를 허용할 경우 실시료의 재산정이 필요한 경우도 있을 것인데, 이때에는 부분해제의 대상과 이행선택의 대상이 달라짐에 따라 지식재산권의 사용대가

---

14) 최준규, 계약법과 도산법 -민법의 관점에서 도산법 읽기-, 홍진기법률연구재단(2021), 77면(도산절차 내에서 임차권의 물권화는 임차권의 핵심내용에 한정되어야 하고, 임차권이 물권화된다고 해서 임대차계약관계 일체를 물권관계로 격상시켜 도산절차 내에서 존중하는 것은 지나치다).
15) 제4장 제2절 참조.
16) 심활섭, "일본 도산절차에서의 라이선시 보호", 도산법연구 제11권 제1호, 도산법연구회(2021), 55면.

가 무엇인지를 비교형량하여 결정하여야 할 것이다.17)

2. 적용배제특칙 및 법정실시권에 있어서의 부분해제의 의미

그런데, 쌍방미이행 쌍무계약에 관한 관리인의 선택권 규정을 적용배제하는 특칙이나 관리인이 온전히 채무를 부담하는 것으로 해석되는 법정실시권(법정의무)에 대해서는 관리인의 이행선택권 자체가 배제되므로, 부분해제의 개념을 그대로 적용하기는 어렵다. 즉 부분해제는 고유의 견련성이 인정되는 쌍방 채무에 대하여 이행선택을 하고, 나머지 채무에 대해서는 해제를 하는 것을 의미하는데, 관리인의 이행선택권 자체가 배제되는 경우에는 이러한 부분해제의 법리 내지 개념이 적용될 여지가 없어 보인다. 관리인의 이행선택이 법률에 따라 강제되기 때문이다.

예를 들어 대항력을 취득한 임차인에 대해서는 관리인의 선택권 규정의 적용이 배제되고(제124조 제4항, 제340조 제4항), 도산절차 개시에 따라 고유의 견련성이 인정되지 않는 보증금계약에 관한 동시이행관계는 소멸된다고 보기 때문에, 부분해제를 인정하지 않더라도 부분해제를 한 것과 동일한 결과가 된다.

---

17) 심활섭, "일본 도산절차에서의 라이선시 보호", 도산법연구 제11권 제1호, 도산법연구회(2021), 55면[사용료는 다양한 요소(실시권의 필요성, 중요성, 기술정보, 인재의 제공 유무, 독점성, 서브라이선스의 가능 여부, 크로스라이선스의 유무 등)에 기하여 결정된다고 한다면, 파산관재인이 자기의 의무를 이행하지 않은 채, 종전대로 사용료를 청구할 수 있는가, 라이선시로서는 대가적 균형을 결여한 사용료 지급을 거절할 수 있는가가 문제된다. 이 점에 대하여는 계약대로 사용료 전액의 지급을 청구할 수 있다는 견해, 객관적인 상당액 내지 통상실시권의 허락과 대가적 견련성이 있는 금액에 한하여 청구할 수 있다는 견해, 전액청구를 원칙으로 하되, 라이선시가 특허권불행사의 의무 이외의 대가라고 주장 입증한 경우에 그 부분에 대하여는 청구할 수 없다는 견해 등이 있다].

그러나 '동시이행관계 유지설'을 취한다고 전제할 경우에 부분해제를 인정하게 되면 관리인으로 하여금 고유의 견련성이 인정되지 않는 계약 부분에 대한 선택지를 부여함으로써 도산재단에 유리한 결정을 할 여지를 준다는 점에서 의의가 있다고 보인다.[18] 관리인은 고유의 견련성이 인정되지 않는 채무 부분에 대하여 관리인의 선택권 규정에 의하여 이행선택을 할 수도 있고, 해제·해지선택을 할 수도 있다는 점에서 도산재단의 효율적 운영을 위한 재량의 여지를 가진다는 의미이다. 또한 '동시이행관계 유지설'을 취한다고 전제할 경우에도 만일 도산재단에 유리한 법률관계임에도 도산채권으로만 취급해야 한다면 도산채권 임의변제금지원칙에 따라 계약이행을 할 수 없을 것이므로, 이와 같이 보는 것이 도산재단에도 유리한 결론이 된다.[19]

III. 부분해제가 가능한 의무에 대한 구체적인 검토

1. 원재료공급의무: 원칙적으로 부분 해제 가능

물건의 발명이나 물건을 생산하는 방법의 발명에 관한 특허권[20]에 대하여 라이선스 계약을 체결한 때에는 라이선서가 해당 발명의

---

18) '동시이행관계 소멸설'이 타당하다고 생각하나, 아직까지 확립된 견해가 아니기 때문에 '동시이행관계 유지설'을 전제로 한 상황을 가정한 것이다.
19) 松田俊治, "米國倒産法アプローチを踏まえたライセンス契約の保護策の檢討", 知的財産ライセンス契約の保護 -ライセンサーの破産の場合を中心に-, 雄松堂出版(2004. 11.), 113-116면에서도 법정실시권 제도를 신설하는 것이 바람직하다고 제안하면서 법정실시권의 내용이 아닌 부분 즉 라이선스계약의 부수적 의무는 면하는 것이 바람직하다고 제안하고 있다.
20) 특허법 제2조 제3호 가.목 및 다.목.

실시에 가장 적합한 부품이나 원재료 등을 확보할 수 있는 경우가 적지 않아 라이선스 계약을 체결하면서 필요한 부품이나 원재료 등을 공급하는 규정을 포함하기도 하고 또는 이를 별도의 계약형식으로 함께 체결하기도 한다. 라이선서가 위와 같은 원재료공급의무를 부담하기로 하는 것은 방법의 발명에 대한 특허권[21]이나 디자인권, 상표권 등에 관한 라이선스계약을 체결할 때에도 종종 발견된다. 그런데 라이선서에게 원재료공급의무를 부담시키는 계약조항은 라이선스계약의 대상인 지식재산권의 실시에 필요한 원재료 등에 관한 것에 불과하고, 실시권의 본질인 사용수익권의 범위에 포함되는 것은 아니어서 고유의 견련성이 인정된다고 보기 어렵다.[22]

따라서 라이선서에게 원재료공급의무를 부담시키는 계약이 라이선스계약과 함께 체결되어 전체를 하나의 쌍방미이행 쌍무계약으로 취급하여야 하는 때에는 관리인이 해제권을 행사할 수 있다고 보더라도 원재료공급의무를 규정한 부분에 대해서는 채무자회생법 제119조, 제335조에 따라 부분해제할 수 있다고 보는 것이 타당하다. 라이선서에 대하여 도산절차가 개시된 경우 사업의 존망의 위기에 직면하여 종전과 같은 거래조건으로 원재료 등을 확보할 수 없는 라이선서로 하여금 계속하여 원재료공급의무를 부담하도록 하는 것은 다른 이해관계인의 부담 하에 하나의 채권자에 불과한 라이선시만을 과도하게 보호하는 것이고, 관리인의 선택권 규정의 적용배제 등을 통해 라이선시를 보호하고자 하는 정당성은 라이선시가 사업계속을 할 수 있도록 그 기반이 되는 실시권을 유지시키는 범위에서 인정된다는 점에서 위와 같이 부분해제를 인정하는 것이 바람직하다.[23]

---

21) 특허법 제2조 제3호 나.목.
22) 심활섭, "일본 도산절차에서의 라이선시 보호", 도산법연구 제11권 제1호, 도산법연구회(2021), 51면.

다만 구체적인 사정에 따라 라이선서만이 독점적으로 공급할 수 있는 원재료에 대한 공급계약으로 보아야 하는 경우 등 오히려 라이선스계약에 부수적인 것이거나 라이선스계약과 별개의 계약으로 인정되는 때에는 원재료공급계약을 중심으로 하여 채무자회생법 제119조, 제335조의 적용범위를 결정하여야 할 것이다.

2. 정보제공의무: 원칙적으로 부분 해제 가능

라이선서는 당해 지식재산을 창작하거나 이를 이용하여 업계에서 선도적으로 사업을 실시하여 구체적인 기술정보, 노하우 등을 보유하거나 숙련자·기술자 등을 보유하고 있는 경우가 적지 않다. 반면 이러한 라이선서와 라이선스계약을 체결하는 라이선시는 후발주자인 경우가 많기 때문에 해당 지식재산권을 보다 효율적으로 실시하기 위해서는 라이선서가 보유한 기술정보나 노하우 등의 제공을 받을 필요가 있다. 이와 같은 사정으로 라이선스계약을 체결하면서 라이선서가 해당 지식재산권에 관한 기술정보나 노하우, 기술자 등을 라이선시에게 제공할 의무를 부담하도록 하는 조항을 포함시키거나 별도의 계약 형식으로 체결하는 경우가 종종 있다.

그런데 이와 같은 정보 등의 제공의무는 라이선시의 사업실시를 용이하게 하는 역할을 하는 것에 불과하고 실시권의 본질인 사용수익권의 법적 효력과는 아무런 관련이 없어 실시권 설정에 관한 고유의 견련관계 즉 성립·이행·존속상의 견련성이 인정되는 것도 아니다. 뿐만 아니라 라이선서가 도산에 이른 경우에는 해고나 고용조건이 불안정하게 됨에 따라 기술자나 숙련자 등이 퇴직하는 것이

---

23) 同旨: 심활섭, "일본 도산절차에서의 라이선시 보호", 도산법연구 제11권 제1호, 도산법연구회(2021), 52면.

일반적인데 그럼에도 불구하고 라이선서가 그 의무로부터 해방되지 않는다고 보면 그로 인하여 불합리가 생기게 된다.[24)]

따라서 정보제공의무를 정한 조항에 대해서도 채무자회생법 제119조, 제335조에 따라 부분해제할 수 있다고 보는 것이 타당하다.[25)] 다만 영업비밀에 관한 라이선스계약과 같이 라이선서의 정보 등의 제공의무가 이행되지 않으면 라이선시가 사업실시 자체를 계속할 수 없는 경우라면 고유의 견련관계가 인정된다고 할 것이므로, 이와 같은 경우에는 부분해제를 허용하지 않는 것이 바람직하다.

3. 권리유지의무: 부분 해제 불가

지식재산권은 부동산에 대한 소유권과 달리 그 권리를 유지하기 위하여 등록을 요하는 권리(특허권, 실용신안권, 디자인권, 상표권 등)에 대해서는 특허료 등을 지속적으로 납부하거나 제3자의 무효심판청구에 적절하게 대응하여야 하고, 등록을 요하지 않는 권리에 대해서도 영업비밀에 대하여 계속 비밀로 관리하여야 하거나 표지에 대한 주지성을 유지하기 위하여 노력해야 한다. 이와 같이 지식재산권의 권리를 유지하는 것을 라이선스계약에 라이선서의 의무로 명시적으로 규정하고 있는 경우도 있지만 계약의 해석상 라이선스 계약의 목적달성을 위해 라이선서의 의무로 인정하여야 하는 경우도 있다. 즉 일반적으로 라이선스계약을 체결한 라이선서에게는 최소한 계약기간 동안 해당 지식재산권에 대한 권리를 유지할 의무가 인정된다고 볼 것이다.[26)]

---

24) 同旨: 심활섭, "일본 도산절차에서의 라이선시 보호", 도산법연구 제11권 제1호, 도산법연구회(2021), 52면.
25) 심활섭, "일본 도산절차에서의 라이선시 보호", 도산법연구 제11권 제1호, 도산법연구회(2021), 52-53면.

이와 같이 라이선스 계약의 본질은 계약기간 동안 라이선스로 하여금 해당 지식재산권을 실시할 수 허락하는 것이고, 비록 독점적 실시권이 아닌 경우에도 실시권으로 인한 사업상 이익을 얻는 것이 핵심적인 내용이므로 특허권 등이 존속이 되는 것이 필수적이다.[27] 따라서 특허권 등의 권리유지의무는 고유의 견련성이 인정되는 의무로 볼 것이다.

그렇다면 도산재단이 궁핍하다고 하여 특허권 등을 유지할 의무 즉 특허료 등을 지급할 의무까지 면하게 하는 것은 타당하다고 보기 어렵고, 관리인으로 하여금 이 부분에 대해서만 부분해제하도록 하는 것은 받아들이기 어렵다고 보인다.[28]

4. 서브라이선스: 원칙적으로 부분 해제 불가

라이선시가 라이선스계약을 통해 실시권을 부여받은 경우에도 라이선시로서는 사업모델이나 경제성 등을 이유로 해당 지식재산

---

26) 제2장 제3절 I.관[라이선시의 권리(라이선서의 의무)] 참조.
27) 판례는 특허발명 실시계약 체결 이후에 특허가 무효로 확정되었더라도 특허발명 실시계약이 원시적으로 이행불능 상태에 있었다거나 그 밖에 특허발명 실시계약 자체에 별도의 무효사유가 없는 한 특허권자는 원칙적으로 특허발명 실시계약이 유효하게 존재하는 기간 동안 실시료의 지급을 청구할 수 있다고 판시한 바가 있다(대법원 2019. 4. 25. 선고 2018다287362 판결). 특허권자의 이러한 이익과의 균형을 고려하면 특허권자에게 특허권 등의 권리유지의무는 고유의 견련성이 인정된다고 봄이 타당하다.
28) 반대견해: 심활섭, "일본 도산절차에서의 라이선시 보호", 도산법연구 제11권 제1호, 도산법연구회(2021), 53면은 특허유지의무에 대하여도 특허권의 유지는 통상실시권의 본질인 부작위청구권의 범위와는 관련이 없고, '설정행위로 정해진 범위'에도 포함되지 않는다는 이유로 부분해제할 수 있다고 보는 것이 타당하다고 기술하고 있다. 이러한 결론의 차이는 II.관 제1.항에서 본 바와 같이 부분해제의 적용범위에 대한 고려기준이 다르기 때문에 기인한다고 보인다.

권을 실시한 제품의 생산을 자회사나 거래처 등에 맡기는 경우가 있고, 이와 같은 상황을 고려하여 라이선스 계약을 체결하면서 서브라이선스 내지 재실시권을 허락하는 규정을 라이선스계약에 포함시키는 경우가 종종 있다. 민법상 전대차(민법 제630조)와 유사하다고 볼 수 있으나, 특허법 등 우리 지식재산권법에서는 이와 같은 서브라이스에 대한 규정을 두고 있지 않다.

그런데 라이선스 계약에 서브라이선스 조항을 포함하는 때에도 고유의 견련성을 인정할 수 있는 경우와 그렇지 않은 경우로 구분할 수 있다고 보인다. 라이선스계약을 체결하면서 라이선시가 서브라이선스를 통해 해당 제품을 생산할 개연성이 높은 것을 전제로 한 경우에는 라이선서의 관리인이 서브라이선스에 대해서만 부분해제를 하게 되면 라이선시로서는 사업계속을 할 수 없는 상황이 발생할 수 있다. 따라서 이러한 경우에는 서브라이선스 조항에 대해서도 고유의 견련성 즉 성립·이행·존속상의 견련성이 인정된다고 볼 것이어서 부분해제를 허용하지 않는 것이 타당하다.[29]

반면 라이선스계약을 체결하면서 서브라이선스를 체결할 막연한 가능성만을 염두에 두고 서브라이선스 조항을 포함시킨 경우에는 고유의 견련성을 인정하기 어렵다고 보인다. 이와 같은 경우에는 라이선시로 하여금 서브라이선스에 대한 허여권한을 유지할 필요성이 크지 않다고 보이고 또한 라이선서가 도산하였음에도 라이선시가 다수의 서브라이선스를 허여함으로써 해당 지식재산권에 대한 가치가 낮게 평가되어 결과적으로 도산재단에 부담이 될 수 있다고도 보인다. 따라서 이 경우에는 부분해제를 허용함이 타당하다.[30]

---

[29] 참고로 독일에서는 라이선서의 관리인이 이행거절을 선택한 때에 서브 라이선시도 새로운 계약체결권한을 부여하자는 법률안이 제안된 바가 있다 (제3절 III.관 제3의 나.항).
[30] 반대견해: 심활섭, "일본 도산절차에서의 라이선시 보호", 도산법연구 제11

5. 독점적·배타적 라이선스: 부분 해제 불가

독점적·배타적 라이선스란 특허권에 대한 전용실시권과 같이 물권적 효력을 가지는 경우와 해당 라이선시 외의 다른 제3자에게는 실시권을 부여하지 않기로 하는 통상실시권과 같이 채권적 효력을 가지는 경우를 모두 포함한다. 전용실시권의 경우에는 효력발생요건인 등록을 함으로써 일방미이행 쌍무계약이 되어 관리인의 선택권 규정이 적용될 수 없는 것이 원칙이므로[31] 독점적 허락이라는 부분에 대한 부분해제를 논할 필요가 크지 않다. 그렇지만 현행 채무자회생법 하에서는 전용실시권을 위한 라이선스계약이나 등록이 이루어지기 전에는 관리인의 선택권 규정이 적용되고, 독점적 통상실시권의 경우에도 관리인의 선택권 규정이 적용되는 것이 원칙적이 모습이다.

그런데 해당 지식재산권의 독점적 실시 여부는 라이선시의 사업상 가치에 핵심적인 영향을 미치는 내용이라 할 것이고 이는 로열티 결정에 중요한 기준이 된다고 할 것이므로, 독점적 라이선스에 관한 조항은 실시권 설정에 관한 고유의 견련관계 즉 성립·이행·존속상의 견련성이 인정되는 부분이라고 볼 것이다.

따라서 독점적 라이선스에 대한 의무는 채무자회생법 제119조, 제335조에 따라 부분해제할 수 없다고 보는 것이 타당하다.[32]

권 제1호, 도산법연구회(2021), 53-54면에서는 서브라이선스를 부여하는 권한은 통상실시권의 범위를 정하는 것이 아니라 통상실시권의 설정과는 별개의 계약으로 창설되는 것이므로 '설정행위로 정해진 범위'에 포함되지 않고, 특허법 제99조의 보호가 미치지 않는다는 이유에서 원칙적으로 부분해제를 허용하는 것이 타당하다고 주장한다(다만 라이선서 도산 시 이미 서브라이선스가 허여된 경우에는 개별적으로 검토할 필요가 있다고 한다). 이러한 결론의 차이는 II.관 제1.항에서 본 바와 같이 부분해제의 적용범위에 대한 고려기준이 다르기 때문에 기인한다고 보인다.

[31] 제2장 제4절 III.관 제4장 및 제5장 제4절 II.관 제3의 다.항 참조.

32) 반대견해: 심활섭, "일본 도산절차에서의 라이선시 보호", 도산법연구 제11권 제1호, 도산법연구회(2021), 54-55면은 독점적 라이선스 조항은 통상실시권의 범위를 정하는 것은 아니고 통상실시권의 설정과는 별개의 계약에 의하여 창설된 것이어서 '설정행위로 정한 범위'에 포함되지 않으며 특허법 제99조의 보호는 미치지 않는다고 보아야 한다는 이유로, 채무자회생법 제119조, 제335조에 따라 부분해제할 수 있다고 주장한다. 이러한 결론의 차이는 II.관 제1.항에서 본 바와 같이 부분해제의 적용범위에 대한 고려기준이 다르기 때문에 기인한다고 보인다.

제6장
결론:
도산절차에서의 라이선시 보호방안에 대한 종합 검토

제6장 결론

　현재의 우리 도산법 실무에서는 라이선시(licensee)가 라이선스 계약상 실시권에 기반하여 많은 자본과 시설을 투자하여 활발히 사업을 진행하고 있던 중 라이선서(licensor)의 도산절차 개시라는 우연한 사정에 따라 라이선서의 관리인이 해제·해지권을 행사하더라도 이를 막을 아무런 장치가 없다. 이 경우 다른 채권과 달리 사용수익권으로서 사업의 핵심기반이 된다는 지식재산권의 특수성에 따라 사회경제적으로도 큰 손실이 발생한다는 부정적 측면이 두드러진다는 특징이 있다. 이와 같은 도산절차에서의 라이선시 보호 흠결이라는 문제는 채무자회생법의 쌍방미이행 쌍무계약상 '관리인의 선택권 규정'에서 비롯된다(제1, 2장).
　라이선시 보호의 필요성이라는 사회경제적 이유 내지 입법정책적 요청만으로 라이선시의 보호방안을 마련하자는 외침은 공허한 주장이 될 수 있으므로 법리적·도그마적 관점에서 그 보호의 필요성과 가능성에 대한 검토가 필요하다. 이와 같은 관점에서 이 책에서는 도산절차에서 라이선시 보호의 해결방안을 모색하기 위한 이론적 전제로서 평시 법률관계가 도산법에서 어떻게 취급되고 있는지에 대한 검토를 먼저 수행하였다.
　이에 환취권 제도에 대한 상세한 검토를 통하여 평시의 실체법적 질서가 도산절차에서도 충분히 존중되어야 한다는 것이 도산법의 기본 정신임을 확인하였다. 즉 우리 채무자회생법은 도산 목적의 달성을 위해 일방적으로 일반법의 질서를 무시하고 왜곡시키는 것이 아니라, 도산절차에서도 평시 법률관계를 충분히 존중하고 있고 다만 채무자회생법의 본질과 특유의 목적달성을 위해 필요한 범위 내에서만 일반법의 법리에 기반하여 다소간의 변형을 하는 것으로 평가할 수 있다(제3장).

　나아가 이 책에서는 관리인의 선택권 규정을 이해하는 관점에 대한 비교법적 연구 및 교착상태의 발생과 해소라는 사고실험을 통하여 관리인의 선택권 규정은 다양한 방식으로 설계하는 것이 가능하다는 점을 확인하였고, 또한 그 중에서도 관리인의 해제권은 도산목적의 달성을 위하여 어떠한 경우에도 허용되어야 하는 '절대적 계약종결권'으로 도입된 것이 아니라 '도산절차에서 평시 법률관계를 합리적으로 처리하기 위한 수단'으로 도입된 제도이므로 관리인의 선택권 규정에 관한 재설계 내지 입법개선을 함에 있어도 평시 법률관계를 존중해야 한다는 새로운 관점을 제시하였다(제4장 제1절). 또한 이 책에서는 라이선스 계약과 가장 유사한 사용수익권에 관한 계약인 임대차계약에 대한 상세한 법리와 실무를 분석함으로써 라이선시 보호방안에 대한 시사점을 탐구해보았다(제4장 제2절).

　위와 같은 전제에서 라이선시 보호를 위한 해결방안으로서 우선 해석론적 분석을 시도하였는데, 채무자회생법의 엄격해석원칙과 실무적 태도에 비추어 대항력 있는 임차권에 한해서만 관리인의 선택권 규정의 적용배제를 인정하고 있는 현재의 적용배제특칙을 유추적용하여 라이선시를 보호하는 것은 어려운 접근법이라고 보았다. 이에 신의칙 내지 권리남용의 적용 가능성 특히 실정법의 경직성을 완화하여 구체적 타당성을 제고하는 규범창설기능을 통해 주관적 요건을 배제하고 객관적 요건만을 적용하여 관리인의 해제권 행사를 제한함으로써 라이선시를 보호하는 방안이 허용가능한지에 대한 검토를 진행하였는데, 일본 최고재판소 판례 등의 비교법적인 사례를 참조할 때 우리도 적극적으로 해석론을 적용하여 신의칙에 따라 제한하거나(해석론) 관리인의 선택권 행사에 대한 법원의 허가기준으로 고려하는 입법개정(입법론)이 가능함을 확인하였다. 이러한 방식은 특히 대항력을 취득하지 못한 라이선시의 지위를 도산절차에서도 보호할 수 있다는 데에 의의가 있다. 그러나 신의칙에 따른 보호는 헤더만(Hedemann) 교수가 지적하는 '일반조항으로의 도피'에 따른 위험성 특히 법률생활의 불안정성과 법관의 자의성에 대한 우려가 있어 제한적으로 적용되는 것이 타당하고, 또한 법원의 허가에 의한 라이선시 보호는 1차적 대안이 될 수 있으나 정보불균형 등으로 한계가 있으므로, 보다 근본적인 해결방안에 대한 검토가 필요하다(제5장 제2절 I.관 및 II관).

이에 지식재산 입국강화라는 국가정책 목적달성의 일환으로서 라이선시 보호를 강화하기 위한 일본의 최근 입법개정경위를 살펴봄으로써 도산법에서 관리인의 선택권 규정에 대한 적용배제특칙을 '대항력 있는 임차권'에서 '대항력 있는 사용수익권 일반'으로 확대하고, 창작법의 영역인 특허법, 실용신안법, 디자인보호법, 저작권법에서 당연대항제도를 도입하는 2단계 구조가 실효성 있는 대안임을 확인하였다. 그 중 적용배제특칙 확대 방안은 카나리스(Canaris) 교수의 지적과 같이 '물권화된 채권'은 일반 채권과 달리 취급되는 것이 타당하고 도산절차에서도 위와 같은 평시 법률관계를 존중하는 것이 바람직하다는 점(수평적 밸런스)과 나아가 물권화된 채권 중에서도 사용수익권은 다른 채권과 달리 라이선시의 사업기반이 되는 권리이기 때문에 사회경제적인 측면에서 도산목적을 뛰어 넘는 가치를 가질 수 있다는 점(수직적 밸런스)에서 그 정당성을 찾을 수 있고, 한편 당연대항제도의 도입은 양수인과 라이선시의 이익형량의 관점, 민법과의 체계정합성, 미국·독일·일본 등의 세계적 동향 등에 비추어 그 타당성이 인정된다(제5장 제2절 III.관).

여기에 더하여 해제권이 아닌 이행거절권 방식을 취하는 미국 도산법에서도 우리와 기본적인 법체계가 상이하기는 하나 평시 법률관계가 도산법에도 그대로 적용된다는 전제에서 관리인이 계약거절(rejection)을 선택한 경우 원칙적으로 계약이 종결되고, 지식재산권 라이선시와 같이 특별한 보호의 필요성이 있는 예외적인 경우에는 채권자에게 계약이행 선택권을 부여하는 이원적 체계를 가진다는 점은 우리 도산법에서도 적용배제특칙을 확대해야 한다는 비교법적 근거가 될 수 있다. 즉 미국 연방대법원은 최근 Mission 판결을 통하여 도산법상 관리인의 계약거절은 계약파기의 효과를 곧바로 가져오는 것이 아니라 평시 법률관계에서의 채무불이행에 불과하여 평시 법률관계에 따라 채권자는 도산절차에서도 보통법에서와 같이 특정이행(specific performance)을 구할 권리가 없는 것이 원칙이나, 지식재산권에 속하는 상표권에 관한 라이선시와 같이 형평법상 특정이행을 구할 권리를 인정하고 있는 경우에는 계약상대방이 계약유지를 선택하여 사업을 계속할 수 있다고 결론 내렸다. 반면 이행거절권 방식을 채택한 독일 도산법은 회생보다 파산에 중점을 두고 있고, 판례와 다수설의 법리는 금전청산방식만을 취하고 있어 계약상대방의 보호에 극히 미흡하며, 독일의 소수설과 국내 유력설은 계약상대방인 채권자로 하여금 도산절차에 참여하지 않고 기다리다가 도산절차 종결 후 계약이행을 선택할 수 있다고 주장하기 때문에 도산채무자의 보호에 극히 미흡한 측면이 있고, 더욱이 독일 도산법은 라이선시 보호에 있어 매우 부족하므로 우리 도산법의 개선에 참조할 부분이 그리 많지 않다고 보인다(제5장 제3절).

한편 우리 채무자회생법상 적용배제특칙으로 규정되어 있지 않음에도 도산법 외의 일반법 규정에 따라 관리인이 온전히 법정의무를 부담하도록 하는 비교사례를 검토함으로써 특허법상 선사용에 의한 법정실시권과 유사하게 라이선서의 도산절차 신청 전에 일정한 규모의 사업을 실시하고 있는 라이선시에 대한 법정실시권을 신설함으로써 적용배제특칙을 확대하는 것과 같은 효과를 가져오는 입법개선책을 제시하였다. 이와 같은 법정실시권의 신설방안은 사용수익권 일반에 대한 특칙이 아닌 지식재산권에 한정한 특칙이고,

지식재산권법의 개정만으로도 라이선시를 보호할 수 있다는 점에서 적용배제특칙의 확대방안과 차별성이 있다. 또한 이러한 관점은 실무상 전용실시권을 도산절차에 복종하지 않는 권리로서 보호하고 있음에도 라이선시의 전용실시권을 물권법정주의에 따라 물권으로 보기 어려워 위와 같은 실무태도에 대한 이론적 근거가 부족하다는 점을 보완하는 법리적 논거가 되기도 한다(제5장 제4절).

이상의 논의를 정리하면, 신의칙 적용(해석론)이나 이를 고려한 법원의 허가(입법론)에 따른 관리인의 해제권 행사 제한과는 별개로 라이선시의 권리 중 통상실시권은 적용배제특칙의 확대방안 및 당연대항제도 도입(입법론)을 통해, 전용실시권(해석론)과 법정실시권(입법론)은 관리인이 온전히 부담해야 하는 법정의무를 인정하는 방식을 통해 도산절차에서 보호될 수 있다.

위와 같은 도산절차에서 라이선시의 보호를 강화하는 해결방안의 도입과 더불어 라이선서의 관점에서도 관리인의 선택권 규정을 개선할 필요가 있는데, 이를 위하여 관리인의 선택권 규정에 대하여 부분해제를 허용하도록 하는 해석론을 전개하고 나아가 입법적으로 이를 명시하는 것이 바람직하다. 즉 실무상 라이선스 계약은 실시권을 허여하고 로열티를 지급받는 것이 핵심사항이기는 하나 원재료공급, 기술지도, 영업양도 등의 사업상 중요한 권리의무도 포함되는 복합적인 계약으로 체결되기 때문에, 도산채무자인 라이선서가 불필요한 계약부분의 부담에서 벗어나게 함으로써 도산목적을 달성할 수 있는 길을 열어주는 것이 타당하다. 따라서 적용배제특칙이나 온전한 법정의무로서의 법정실시권이 인정되지 않는 경우에는 관리인의 선택권 규정에 기하여 고유의 견련성이 인정되는 동시이행관계에 대하여는 이행선택을 하고 나머지 부분은 해제·해지를 선택할 수 있도록 허용하며, 적용배제특칙이나 온전한 법정의무가 적용되는 경우에는 고유의 견련성이 인정되는 부분에 대해서는 이행선택이 강제된 것과 같으므로 고유의 견련성이 인정되지 않는 계약부분에 대하여 이행선택 내지 해제·해지의 선택권을 인정하는 것이 바람직하다(해석론 및 입법론, 제5장 제5절).

이상과 같이 신의칙에 따른 해제·해지권 행사 제한방안(해석론) 및 법원허가 기준 적용방안(입법론), 도산절차에서 대항력 있는 사용수익권 일반에 대한 적용배제특칙의 확대 및 지식재산권의 실시권에 관한 당연대항제도 도입방안(입법론), 관리인이 온전히 부담하는 법정실시권 신설방안(입법론)을 도입함으로써 라이선시의 보호를 도모하는 한편, 부분해제를 인정하여 라이선서의 도산목적 달성의 위한 수단을 강화함으로써 도산절차에서 라이선시와 라이선서 보호의 균형을 꾀하는 해결방안(해석론 및 입법론)을 제시해보았다.

거시적인 관점에서 보면 도산절차도 전체 법질서를 구성하는 하나의 퍼즐조각이므로, 도산절차에서도 평시 법률관계를 존중하도록 제도 구성을 함으로써 법질서에 대한 신뢰를 확보하는 것이 바람직하다. 달리 말하자면 도산법과 일반법의 조화를 모색하는 메커니즘의 관점에서 도산법과 지식재산권법의 제도개선을 고려하는 방법론이 필요하다. 본 연구가 도산절차에서의 라이선시 보호를 위한 해결방안을 모색하는 데에 도움이 되기를 바라고, 아울러 쌍방미이행 쌍무계약에 관한 관리인의 선택권 제도를 포함한 도산제도 그리고 지식재산권 제도가 전체 법질서와 조화를 이루며 이를 통해 법질서에 대한 신뢰 확보와 그에 기반한 사회경제적 발전에 기여할 수 있기를 기대한다.

참고문헌

⟨국내문헌⟩

강병섭, "회생정리절차에 있어서 관리인의 쌍무계약해제권", 민사재판의 제 문제 4권, 한국사법행정학회(1986)
강 헌, "통상실시권의 당연대항제도에 관한 연구", 정보법학 제17권 제1호, 한국정보법학회(2013)
곽윤직 편집대표, 민법주해(IX) 채권(2), 박영사(2004)
곽충목, "도산에서의 특허 라이센시 보호법제에 관한 소고", 비교사법 제21권 제2호(통권65호), 한국비교사법학회(2014)
권순일 대표편집, 주석 채무자회생법(II), 한국사법행정학회(2020)
권순일 대표편집, 주석 채무자회생법(IV), 한국사법행정학회(2020)
권용수, "2020 개정 일본 저작권법 분석", 한국저작권위원회(2020)
권창환, "도산절차에서의 쌍방미이행 쌍무계약과 지식재산권 라이선스 계약의 관계", 사법 통권 제50호, 사법발전재단(2019)
권창환, 저작재산권 양도시 허락이용권자의 보호방안에 관한 연구, 서울대학교 석사학위 논문, 서울대학교(2010)
권창환, "지적재산권법제도에 대한 법경제학적 접근", 사법논집 제54집, 법원도서관(2012)
김범준, "동산 소유권유보부 매매의 매도인이 매수인에 대한 회생절차에서 매매목적물에 대하여 환취권을 행사할 수 있는지 여부", 재판과 판례 제24집, 대구판례연구회(2015)
김봉진·김명지, "일본의 지적재산추진계획 2004", Patent21 통권 57호, 한국특허정보원(2004. 9.)
김선정, "지적재산권소유자의 파산과 실시(사용)권자의 보호 -미국과 일본의 입법례를 중심으로-", 비교사법 12권4호(윤보옥 박사 화갑기념), 한국비교사법학회(2005)

김영주, 도산절차상 미이행 쌍무계약에 관한 연구, 서울대학교 박사학위 논문, 서울대학교(2013)
김용덕 대표편집, 주석 민법 채권총칙(1) 제5판, 한국사법행정학회(2020)
김용진, "도산과 라이선스 -UNCITRAL 입법지침을 중심으로-", 인권과정의 Vol. 454, 대한변호사협회(2015)
김이경, "2020년 하반기 - 2021년 상반기 도산법 관련 대법원 판례 소개", 도산법 연구 제12권 제2호, 도산법연구회(2022)
김재형, "도산절차에서 담보권자의 지위", 민사판례연구 제28권, 박영사(2006)
김형석, "우리 담보제도 발전의 회고", 우리 법 70년 변화와 전망, 법문사(2018)
김희중, "2015년 상반기 도산법 관련 대법원 판례 소개", 도산연구 제6권 제2호, 사단법인 도산법연구회(2015)
노경섭, "지적재산 라이센스 계약에서 라이센시 보호에 관한 연구: 법정실시권 제도의 활용을 중심으로", 지식재산연구 제7권 제3호, 한국지식재산연구원·한국지식재산학회(2012)
노영보, 도산법 강의, 박영사(2018)
문선영, "특허의 무효로 인한 특허실시계약의 법률관계 -기지급 실시료 반환의무 및 특허실시계약의 취소 가부를 중심으로-", 상사판례연구 제23집 제1권, 상사판례연구회(2010)
박기동, "파산절차 개시의 요건과 파산선고의 효과", 재판자료 82집, 법원도서관(1999)
박병대, "파산절차가 계약관계에 미치는 영향", 파산법의 제문제(1-39), 사법연수원(1998)
박세일 외 6인 공저, 법경제학 재개정판, 박영사(2019)
박익환, "저작권등록의 대항력", 산업재산권 11호, 한국산업재산권법학회(2002)
박정희, "등록상표권자의 상표권 행사가 권리 남용에 해당한다고 한 사례", 대법원판례해설 78호(2008 하반기), 법원도서관(2009. 7.)
박준석, "지적재산권법에서 바라본 개인정보 보호", 개인정보 보호의 법과 정책, 박영사(2014)
백종현, "특허권자의 회생절차와 통상실시권자의 지위", 도산법연구 제9권 제2호, 도산법연구회(2016)

서경환, "회사정리절차가 계약관계에 미치는 영향", 재판자료 86집(회사정리법·화의법상의 제문제), 법원도서관(2000)
서울회생법원 재판실무연구회, 법인파산실무 제5판, 박영사(2019)
서울회생법원 재판실무연구회, 회생사건실무(상) 제6판, 박영사(2023)
서재권, 회사 도산에 의한 지적재산권 이전에 관한 연구, 인하대학교 석사학위 논문, 인하대학교(2006)
심활섭, "일본 도산절차에서의 라이선시 보호", 도산법연구 제11권 제1호, 도산법연구회(2021)
양대승, "프랑스 저작권 계약법 소고", 계간 저작권 2023년 가을호(통권 제143호), 한국저작권위원회(2023)
양형우, "쌍무계약에 대한 파산절차개시의 효과 - 독일통합파산법 제103조와 파산법 제50조를 중심으로-", 연세법학연구 6집1권, 연세법학연구회(1999)
양형우, "회생절차에서 소유권유보와 매도인의 지위", 인권과정의 제447호(2015)
오수근, "도산실효조항의 유효성", 판례실무연구(IX), 사법발전재단(2010)
윤남근, "일반환취권과 관리인·파산관재인의 제3자적 지위", 회생과 파산, 사법발전재단(2012)
윤선희, 특허법 제7판, 법문사(2023)
윤철홍 역주, J. W. Hedemann(1933년 저), 일반조항으로의 도피 -법과 국가에 대한 하나의 위험-, 법원사(2019)
이계정, "변호사 보수청구 제한의 근거로서 신의칙과 신인관계 -법관의 합리적 재량 행사의 문제를 겸하여", 서울대학교 법학 60권 4호, 서울대학교 법학연구소(2019. 12.)
이계정, "체납처분압류와 유치권의 효력", 법학 56권 1호(통권174호), 서울대학교 금융법센터(2015)
이규홍·정필운 공저, "헌법 제22조 제2항 관련 개헌론에 관한 소고 -지적재산권조항의 재정립에 관하여-", 법조 통권 650호, 법조협회(2010. 11.)
이민호, "회생절차에서의 쌍방이이행 쌍무계약의 해제 -대상판결: 대법원 2017. 4. 26. 선고 2015다6517,6524,6531 판결-", 재판과 판례 제27집, 대구판례연구회(2019)
이연갑, "리스계약과 도산절차", 민사판례연구 제28권, 박영사(2006)

이은재, "한국과 미국의 회생절차에서의 미이행계약에 대한 비교", 사법 35권, 사법발전재단(2016)
이주환, "미국 특허법에서의 영구적인 금지명령에 대한 법리의 전개과정 -미국 연방대법원 eBay 판결을 중심으로-", 저스티스 통권 162호, 한국법학원(2017)
이태진, "통합도산법상의 파산채무자 보유의 미국등록 특허에 대한 실시계약의 해제·해지와 관련한 국제도산법상의 몇 가지 쟁점", 변호사 제50집, 서울지방변호사회(2017)
임종헌, "파산절차가 쌍방 미이행계약관계에 미치는 영향", 고려대석사논문(2002)
임채홍·백창훈, 회생정리법(상) 제2판, 한국사법행정학회(2002)
임치용, "파산절차의 개시와 임대차계약", 파산법연구2, 박영사(2006)
전병서, 도산법 제4판, 박영사(2019)
전원열, "법원모욕(Contempt of Court)의 도입 가능성에 관한 연구", 저스티스 통권 제198호, 한국법학원(2023)
정상조 편집대표, 상표법 주해II, 박영사(2018)
정상조·박성수 공편, 특허법 주해I, 박영사(2010)
정상조·박성수 공편, 특허법 주해II, 박영사(2010)
최준규, 계약법과 도산법 -민법의 관점에서 도산법 읽기-, 홍진기법률연구재단(2021)
최준규 역(Reinhard Bork 2019년 저술), 독일 도산법, 박영사(2021)
한 민, "미이행쌍무계약에 관한 우리 도산법제의 개선방향", 선진상사법률연구 53호, 법무부(2011)
한순구 번역·한성수 감수(Robert D. Cooter·Thomas Ulen 저), 법경제학, 경문사(2009)
한지영, "독일에서 저작권 라이선스 계약에서 라이선시의 법적 보호, 도산법연구 제4권 제2호, 도산법연구회(2014)
한지영, "라이센서의 파산과 라이센시의 법적 보호에 관한 연구", 산업재산권법 제27권, 한국지식재산학회(2008)

〈해외문헌〉

Gray Myers, Principles of Intellectual Property Law, West Academic publishing(2017)
Charles Jordan Tabb, Law of Bankruptcy(4th), West Academic(2016)
Elizabeth Warren·Jay Lawrence Westbrook·Katherine Porter·John A.E. Pottow, The Law of Debtors and Creditors: Text, Cases, and Problems(7th edition), Wolters Kluwer(2014)
Senate Report No. 100-505, 100th Congress 2d Session. (Sept. 14, 1988)
兼子一 監修, 條解 會社更生法(中), 弘文堂(1986)
鎌田薫, "ライセンス契約の対抗と公示", 知的財産ライセンス契約の保護 -ライセンサーの破産の場合を中心に-, 雄松堂出版(2004. 11.)
古城春実, "著作物の利用と対抗問題", 現代知的財産法実務と課題飯村敏明先生退官記念論文集, 発明推進協会(2015)
金子宏直, "ライセンサー倒産における破産管財人による解除権制限", 知的財産ライセンス契約の保護 -ライセンサーの破産の場合を中心に-, 雄松堂出版(2004. 11.)
島並良, "登録制度の活用", 知的財産ライセンス契約の保護 -ライセンサーの破産の場合を中心に-, 雄松堂出版(2004. 11.)
東京地裁會社更生實務研究會 編著, 會社更生の實務(平成26-2014)
文化審議会著作権分科会報告書, 文化審議会著作権分科会(2019. 2.)
半田正夫·松田政行 編, 著作權法コメンタール2 第2版, 株式會社 勁草書房(2015)
飯田聡, "知的財産ライセンス契約の保護の在り方とその方策案", 知的財産ライセンス契約の保護 -ライセンサーの破産の場合を中心に-, 雄松堂出版(2004. 11.)
山本崇晶, "ライセンサー倒産時等のライセンシーの地位の保護", 知的財産ライセンス契約の保護 -ライセンサーの破産の場合を中心に-, 雄松堂出版(2004. 11.)
山本研, "新破産法におけるライセンス契約の処理とイセンシーの保護", 知的財産ライセンス契約の保護 -ライセンサーの破産の場合を中心に-, 雄松堂出版(2004. 11.),

松田俊治, "米國倒産法アプローチを踏まえたライセンス契約の保護策の檢討", 知的財産ライセンス契約の保護 -ライセンサーの破産の場合を中心に-, 雄松堂出版(2004. 11.)
園尾隆司·山本和彦·中島肇·池田靖, 最新實務解說 一問一答 民事再生法, 靑林書院(2011)
伊藤眞, 會社更生法, 有斐閣(2012)
伊藤眞, 破産法·民事再生法 第5版, 有斐閣(2021)
田淵智久, "第三者対抗要件についての考察", 知的財産ライセンス契約の保護 -ライセンサーの破産の場合を中心に-, 雄松堂出版(2004. 11.)
中山信弘 編著, 注解 特許法(第3版), 清林書院(2000)
斎藤秀夫, 林屋礼二, 麻上正信(編集), 注解破産法(上卷), 青林書院(1998)
特許制度に関する法制的な課題について, 産業構造審議会知的財産政策部会(2011. 2.)
波田野 晴朗, 知的財産の流通·流動化に係る制度的諸問題の調査研究報告書, 知的財産研究所(2006)

찾아보기

ㄱ

강제이행력 111
견련성 58, 60
경업금지조항 289
경영판단의 원칙 285
계속기업가치 90
계약거절 285
계약의 채권화 129
고유의 견련성 103, 158, 174
고정주의 89, 91
공익채권 73, 114
공정형평의 원칙 89, 96, 192
공평의 견지 174
관리인의 제3자성 124
관통 원칙 61, 283
교착상태 해소 149
국가지식재산 기본계획 241
권리남용 219
규범창설기능 216, 219
균질화 92
금융리스계약 363
금전화 92, 131

ㄷ

담보적 기능 182
당연대항제도 29, 31, 240, 255, 260, 374
당연재단 90
대항력 없는 임차권 178
대항력 있는 임차권 185
도산해제조항 281
독점적 통상실시권 45
동산 소유권유보부매매 68, 357
동시이행항변권 177
등록대항제도 29, 41
등질화 92, 95, 102

ㄹ

라이선스 계약 21
로열티 지급 71

ㅁ

멀티플 라이선스 계약 27
물권과 채권의 준별 249
물권적 청구권 79, 117
물권화된 채권 122, 186, 249, 252

미국 파산법 § 365(n) 245, 270, 389

ㅂ

반대해석 295
배타적발행권 50
법원모욕 290
법정법률관계 139
법정실시권 344, 373, 374
별제권 97
보증금반환채무 122
부분해제 384
부작위청구권 72, 73
부제소 약정 71
비경합성 22
비배제성 22
비전유성 22, 75

ㅅ

사용대차 120
선사용실시권 380
손익청산 165, 334
수직적 밸런스 346
수평적 밸런스 346
승계적 보호 32, 266
신의칙 214
쌍무계약의 미이행성 66, 67
쌍방미이행 쌍무계약 278

ㅇ

악의자대항제도 29, 37
약인 35
양도담보권 359
엔론 사건 288
용익물권 45, 80
우선변제권 있는 임차권 193
유치권 191
이용권의 대항력 261
이행거절 108, 110, 130, 152
인가요건 89
일반조항으로 도피 214, 227
일방미이행 쌍무계약 72
일본 지적재산전략 대강 237
일본 지적재산추진계획 243, 255
임대차보증금반환채권 97
임차권 70

ㅈ

자유재산 89
재건형 절차 88
재단채권 114
재산상 청구권 73
저작권 이용허락 50
적용배제특칙 185, 250
적용배제특칙의 유추적용 211
전용사용권 48, 49
전용실시권 45, 67, 78, 369
절대적 계약종결권 159
점유 개정 266

중대한 계약위반 278
집단적 청산절차 250

ㅊ

창작자의 도산 246
채권자평등의 원칙 94, 146
채권적 청구권 79, 118
청산가치보장 89
청산형 절차 88
총채권자설 127
최혜허여조항 296

ㅋ

크로스 라이선스 계약 27

ㅌ

특정이행 105, 275, 289
특허 풀 계약 27
특허권 양도의 담보책임 53

ㅍ

팽창주의 91
편무계약 72, 120

평등의 원칙 89, 95
포괄적 강제집행절차 87
포괄적 라이선스 계약 27

ㅎ

현유재단 90, 115
현재화 92, 131
형평법상 구제수단 105
화해계약 192
환취권 81
회생담보권 97
효력발생요건 48, 68

기타

4요소 테스트 6
BTO 전합판결 364
eBay 판결 6
executory contract 278
Exide 사건 4
Lubrizol 사건 3, 247, 295
Mission 판결 302
ejection 285
Sunbeam 사건 302

| 권창환 |

▣ 학력

1998. 2. 서울대학교 공과대학 전기공학부 졸업(공학사)
2010. 8. 서울대학교 대학원 법학과 졸업(법학석사)
2024. 2. 서울대학교 대학원 법학과 졸업(법학박사)

▣ 경력

2001. 제38회 변리사시험 합격
2004. 제46회 사법시험 합격
2005. 3. ~ 2007. 2. 사법연수원 수료(제36기)
2007. 2. ~ 2007. 5. 수원지방법원 예비판사
2007. 5. ~ 2009. 2. 수원지방법원 판사
2009. 2. ~ 2011. 2. 서울중앙지방법원 판사
2011. 2. ~ 2014. 2. 창원지방법원 판사
2014. 2. ~ 2016. 2. 의정부지방법원 고양지원 판사
2016. 2. ~ 2017. 2. 서울중앙지방법원 판사
2017. 3. ~ 2019. 2. 서울회생법원 판사
2019. 2. ~ 2020. 2. 서울남부지방법원 판사
2020. 2. ~ 2022. 2. 대법원 재판연구관(판사)
2022. 2. ~ 2023. 2. 대법원 재판연구관(부장판사)
2023. 2. ~ 현재 부산회생법원 부장판사

▣ 주요 사회활동

- 공정거래위원회 공정거래법제 개선 특별위원회 위원(2018년)
- 중소벤처기업부 기술침해자문단 자문위원(2019년~현재)
- 법무부 상법특별위원회 위원(2022년~2024년)
- 국가지식재산위원회 보호전문위원(2022년~2024년)
- 개인정보분쟁조정위원회 제도개선 전문위원(2022년~현재)

■ 주요 논저

(저서)
- 온주 상표법, 로앤비(2024)(공저)
- 개인정보보호법, 박영사(2024)(공저)
- 주석 상법, 한국사법행정학회(2021)(공저)
- 주석 채무자회생법, 한국사법행정학회(2021)(공저)
- 저작권 감정절차 매뉴얼, 법원행정처(2019)(공저)
- 온주 부정경쟁방지 및 영업비밀보호에 관한 법률, 로앤비(2016)(공저)

(논문 및 판례평석)
- 구 디자인보호법상 유사디자인의 하자 치유 여부 -심사주의 권리의 무효사유에 대한 해석론의 관점에서-, 법학논총 제60집, 숭실대학교 법학연구소(2024. 9.)
- 특허권 존속기간 만료 시까지 존속기간 연장이 확정되지 않은 경우의 바람직한 법률관계, 저스티스 통권 제203호, 한국법학연구소(2024. 8.)
- 영업비밀 요건으로서 상당한 노력을 요구하는 비밀관리성 -대법원 2019. 10. 31. 선고 2017도13791 판결-, 부정경쟁방지법 판례백선, 박영사(2024)
- 개인정보처리자의 직원으로부터 동의 없는 제공을 받은 행위에 대한 형사처벌 -대법원 2021. 2. 4. 선고 2020도11559 판결-, 개인정보 판례백선, 박영사(2022)
- 개인정보의 제3자 제공과 처리위탁의 구별기준 -대법원 2020. 3. 12. 선고 2017도13793 판결-, 개인정보 판례백선, 박영사(2022)
- 편집저작물의 저작물성 인정기준 및 침해판단방법, 대법원 판례해설 제130호, 법원도서관(2022. 6.)
- 일반인에게 필수불가결한 단어라는 이유가 상표법 제34조 제1항 제4호의 상표부등록사유에 해당한다고 볼 것인지 여부 [특허법원 2021. 12. 2. 선고 2021허1257 판결(심불기각 확정)], Law&Technology, 서울대학교 기

술과법센터(2022. 5.)
- 건축 설계도서의 저작물성 인정기준, 대법원판례해설 제128호, 법원도서관(2021. 12.)
- 인터넷 광고의 상표권 침해: 상표사용의 개념을 중심으로 -대법원 2012. 5. 24. 선고 2010후3073 판결-, 광고판례백선, 정독(2019)
- 도산전자소송의 현황과 미래: 한국의 IT 활용사례를 중심으로, 도산법연구, 사단법인 도산법연구회(2019)
- 도산절차에서의 쌍방미이행 쌍무계약과 지적재산권 라이선스 계약의 관계, 사법, 사법발전재단(2019. 12.)
- 주요 국가의 도산제도 현황 : 국제적 시각 - 서울회생법원 개원 기념 국제컨퍼런스의 논의를 정리하며, 법조, 법조협회(2017. 10.)(공저)
- 무권리자의 특허출원에 대한 판단기준 -대법원 2011. 9. 29. 선고 2009후2463 판결-, 정보법판례백선2, 박영사(2016)
- 혁신시장에서의 시장지배적 지위남용에 관한 몇가지 문제 -멜론 사례를 중심으로-, 법경제학연구, 한국법경제학회(2013)
- 지적재산권법제도에 대한 법경제학적 접근, 사법논집, 법원도서관(2012)
- 유럽 경쟁정책당국의 제약산업 시장조사와 그 시사점, 경쟁저널, 한국공정경쟁연합회(2011. 1.)(공저)
- 퍼블리시티권 보호의 한계에 대하여: 서울중앙지방법원 2010. 9. 3. 선고 2009가합137637 판결, Law&Technology, 서울대학교 기술과법센터(2010. 9.)
- 해외 유명상품의 국내 진출시 상품 외형의 보호 수준: 서울중앙지방법원 2010. 3. 26. 선고 2009가합59300 판결, Law&Technology, 서울대학교 기술과법센터(2010. 5.)
- 특허출원인에게 불리한 특허결정에 대한 구제방법에 대하여, Law&Technology, 서울대학교 기술과법센터(2008. 5.)

지식재산권 라이선서의 도산에 대한 라이선시의 보호방안에 관한 연구

2024년 12월 27일 초판 인쇄
2025년 01월 03일 초판 발행

지 은 이   권창환

발 행 인   한정희
발 행 처   경인문화사
편 집 부   김지선 한주연 김한별 양은경
마 케 팅   하재일 유인순
출 판 신 고   제406-1973-000003호
주   소   파주시 회동길 445-1 경인빌딩 B동 4층
대 표 전 화   031-955-9300   팩 스   031-955-9310
홈 페 이 지   http://www.kyunginp.co.kr
이 메 일   kyungin@kyunginp.co.kr

ISBN 978-89-499-6834-6 93360
값 35,000원

* 저자와 출판사의 동의 없는 인용 또는 발췌를 금합니다.
* 파본 및 훼손된 책은 교환해 드립니다.

서울대학교 법학연구소 법학 연구총서

1. 住宅의 競賣와 賃借人 保護에 관한 實務研究
   閔日榮 저 412쪽 20,000원
2. 부실채권 정리제도의 국제 표준화
   鄭在龍 저 228쪽 13,000원
3. 개인정보보호와 자기정보통제권 ●
   권건보 저 364쪽 18,000원
4. 부동산투자회사제도의 법적 구조와 세제
   박훈 저 268쪽 13,000원
5. 재벌의 경제력집중 규제 ●
   홍명수 저 332쪽 17,000원
6. 행정소송상 예방적 구제 ●
   이현수 저 362쪽 18,000원
7. 남북교류협력의 규범체계
   이효원 저 412쪽 20,000원
8. 형법상 법률의 착오론 ●
   안성조 저 440쪽 22,000원
9. 행정계약법의 이해 ●
   김대인 저 448쪽 22,000원
10. 이사의 손해배상책임의 제한 ●
    최문희 저 370쪽 18,000원
11. 조선시대의 형사법 —대명률과 국전— ●
    조지만 저 428쪽 21,000원
12. 특허침해로 인한 손해배상액의 산정 ●
    박성수 저 528쪽 26,000원
13. 채권자대위권 연구
    여하윤 저 288쪽 15,000원
14. 형성권 연구 ●
    김영희 저 312쪽 16,000원
15. 증권집단소송과 화해 ●
    박철희 저 352쪽 18,000원
16. The Concept of Authority
    박준석 저 256쪽 13,000원
17. 국내세법과 조세조약
    이재호 저 320쪽 16,000원
18. 건국과 헌법
    김수용 저 528쪽 27,000원
19. 중국의 계약책임법
    채성국 저 432쪽 22,000원
20. 중지미수의 이론 ●
    최준혁 저 424쪽 22,000원
21. WTO 보조금 협정상 위임·지시 보조금의 법적 의미 ●
    이재민 저 484쪽 29,000원
22. 중국의 사법제도 ▲
    정철 저 383쪽 23,000원
23. 부당해고의 구제
    정진경 저 672쪽 40,000원
24. 서양의 세습가산제
    이철우 저 302쪽 21,000원
25. 유언의 해석 ▲
    현소혜 저 332쪽 23,000원
26. 營造物의 개념과 이론 ●
    이상덕 저 504쪽 35,000원
27. 미술가의 저작인격권 ●
    구본진 저 436쪽 30,000원
28. 독점규제법 집행론
    조성국 저 376쪽 26,000원
29. 파트너쉽 과세제도의 이론과 논점
    김석환 저 334쪽 23,000원
30. 비국가행위자의 테러행위에 대한 무력대응
    도경옥 저 316쪽 22,000원
31. 慰藉料에 관한 硏究
    —不法行爲를 중심으로— ●
    이창현 저 420쪽 29,000원
32. 젠더관점에 따른 제노사이드규범의 재구성
    홍소연 저 228쪽 16,000원
33. 親生子關係의 決定基準
    권재문 저 388쪽 27,000원
34. 기후변화와 WTO = 탄소배출권 국경조정 ▲
    김호철 저 400쪽 28,000원
35. 韓國 憲法과 共和主義 ●
    김동훈 저 382쪽 27,000원
36. 국가임무의 '機能私化'와 국가의 책임
    차민식 저 406쪽 29,000원
37. 유럽연합의 규범통제제도 - 유럽연합 정체성 평가와 남북한 통합에의 함의 -
    김용훈 저 338쪽 24,000원
38. 글로벌 경쟁시대 적극행정 실현을 위한 행정부 법해석권의 재조명
    이성엽 저 313쪽 23,000원
39. 기능성원리연구
    유영선 저 423쪽 33,000원
40. 주식에 대한 경제적 이익과 의결권
    김지평 저 378쪽 31,000원
41. 情報市場과 均衡
    김주영 저 376쪽 30,000원
42. 일사부재리 원칙의 국제적 전개
    김기준 저 352쪽 27,000원
43. 독점규제법상 부당한 공동행위에 대한 손해배상청구 ▲
    이선희 저 351쪽 27,000원

44. 기업결합의 경쟁제한성 판단기준
    - 수평결합을 중심으로 -
    이민호 저 483쪽 33,000원
45. 퍼블리시티권의 이론적 구성
    - 인격권에 의한 보호를 중심으로 - ▲
    권태상 저 401쪽 30,000원
46. 동산·채권담보권 연구 ▲
    김현진 저 488쪽 33,000원
47. 포스트 교토체제하 배출권거래제의
    국제적 연계 ▲
    이창수 저 332쪽 24,000원
48. 독립행정기관에 관한 헌법학적 연구
    김소연 저 270쪽 20,000원
49. 무죄판결과 법관의 사실인정 ▲
    김상준 저 458쪽 33,000원
50. 신탁법상 수익자 보호의 법리
    이연갑 저 260쪽 19,000원
51. 프랑스의 警察行政
    이승민 저 394쪽 28,000원
52. 민법상 손해의 개념
    - 불법행위를 중심으로 -
    신동현 저 346쪽 26,000원
53. 부동산등기의 진정성 보장 연구
    구연모 저 388쪽 28,000원
54. 독일 재량행위 이론의 이해
    이은상 저 272쪽 21,000원
55. 장애인을 위한 성년후견제도
    구상엽 저 296쪽 22,000원
56. 헌법과 선거관리기구
    성승환 저 464쪽 34,000원
57. 폐기물 관리 법제에 관한 연구
    황계영 저 394쪽 29,000원
58. 서식의 충돌
    -계약의 성립과 내용 확정에 관하여-
    김성민 저 394쪽 29,000원
59. 권리행사방해죄에 관한 연구
    이진수 저 432쪽 33,000원
60. 디지털 증거수집에 있어서의 협력의무
    이용 저 458쪽 33,000원
61. 기본권 제한 심사의 법익 형량
    이민열 저 468쪽 35,000원
62. 프랑스 행정법상 분리가능행위 ●
    강지은 저 316쪽 25,000원
63. 자본시장에서의 이익충돌에 관한 연구 ▲
    김정연 저 456쪽 34,000원
64. 남북 통일, 경제통합과 법제도 통합
    김완기 저 394쪽 29,000원
65. 조인트벤처
    정재오 저 346쪽 27,000원
66. 고정사업장 과세의 이론과 쟁점
    김해마중 저 371쪽 26,000원
67. 배심재판에 있어서 공판준비절차에 관한 연구
    민수현 저 346쪽 26,000원
68. 법원의 특허침해 손해액 산정법
    최지선 저 444쪽 37,000원
69. 발명의 진보성 판단에 관한 연구
    이헌 저 433쪽 35,000원
70. 북한 경제와 법
    - 체제전환의 비교법적 분석 -
    장소영 저 372쪽 28,000원
71. 유럽민사법 공통참조기준안(DCFR)
    부당이득편 연구
    이상훈 저 308쪽 25,000원
72. 공정거래법상 일감몰아주기에 관한 연구
    백승엽 저 392쪽 29,000원
73. 국제범죄의 지휘관책임
    이윤제 저 414쪽 32,000원
74. 상계
    김기환 저 484쪽 35,000원
75. 저작권법상 기술적 보호조치에 관한 연구
    임광섭 저 380쪽 29,000원
76. 독일 공법상 국가임무론과 보장국가론 ●
    박재윤 저 330쪽 25,000원
77. FRAND 확약의 효력과
    표준특허권 행사의 한계
    나지원 저 258쪽 20,000원
78. 퍼블리시티권의 한계에 관한 연구
    임상혁 저 256쪽 27,000원
79. 방어적 민주주의
    김종현 저 354쪽 25,000원
80. M&A와 주주 보호
    정준혁 저 396쪽 29,000원
81. 실손의료보험 연구
    박성민 저 406쪽 28,000원
82. 사업신탁의 법리
    이영경 저 354쪽 25,000원
83. 기업 뇌물과 형사책임
    오택림 저 384쪽 28,000원
84. 저작재산권의 입법형성에 관한 연구
    신혜은 저 286쪽 20,000원
85. 애덤 스미스와 국가
    이황희 저 344쪽 26,000원
86. 친자관계의 결정
    양진섭 저 354쪽 27,000원
87. 사회통합을 위한 북한주민지원제도
    정구진 저 384쪽 30,000원
88. 사회보험과 사회연대
    장승혁 저 152쪽 13,000원
89. 계약해석의 방법에 관한 연구
    - 계약해석의 규범적 성격을 중심으로 -
    최준규 저 390쪽 28,000원

90. 사이버 명예훼손의 형사법적 연구
    박정난 저 380쪽 27,000원
91. 도산절차와 미이행 쌍무계약
    – 민법·채무자회생법의 해석론 및 입법론 –
    김영주 저 418쪽 29,000원
92. 계속적 공급계약 연구
    장보은 저 328쪽 24,000원
93. 소유권유보에 관한 연구
    김은아 저 376쪽 28,000원
94. 피의자 신문의 이론과 실제
    이형근 저 386쪽 29,000원
95. 국제자본시장법시론
    이종혁 저 342쪽 25,000원
96. 국제적 분쟁과 소송금지명령
    이창현 저 492쪽 34,000원
97. 문화예술과 국가의 관계 연구
    강은경 저 390쪽 27,000원
98. 레옹 뒤기(Léon Duguit)의
    공법 이론에 관한 연구
    장윤영 저 280쪽 19,000원
99. 온라인서비스제공자의 법적 책임
    신지혜 저 316쪽 24,000원
100. 과잉금지원칙의 이론과 실무
    이재홍 저 312쪽 24,000원
101. 필리버스터의 역사와 이론
    – 의회 의사진행방해제도의 헌법학적 연구 –
    양태건 저 344쪽 26,000원
102. 매체환경 변화와 검열금지
    임효준 저 321쪽 24,000원
103. 도시계획법과 지적
    – 한국과 일본의 비교를 중심으로 –
    배기철 저 267쪽 20,000원
104. 채무면제계약의 보험성
    임수민 저 308쪽 24,000원
105. 법인 과세와 주주 과세의 통합
    김의석 저 304쪽 22,000원
106. 중앙은행의 디지털화폐(CBDC)
    발행에 관한 연구
    서자영 저 332쪽 24,000원
107. 국제거래에 관한 분쟁해결절차의 경합
    – 소송과 중재
    이필복 저 384쪽 27,000원
108. 보건의료 빅데이터의 활용과 개인정보보호
    김지희 저 352쪽 25,000원
109. 가상자산사업자의 실제소유자 확인제도
    차정현 저 332쪽 24,000원
110. 비용편익분석에 대한 법원의
    심사 기준 및 방법
    손호영 저 378쪽 28,000원
111. 기후위기 시대의 기후·에너지법
    박지혜 저 347쪽 26,000원
112. 프랑스의 공무원 파업권
    이철진 저 396쪽 30,000원
113. 토지보상법과 건축물
    – 건축물 수용과 보상의 법적 쟁점 –
    박건우 저 327쪽 24,000원
114. 의약발명의 명세서 기재요건 및 진보성
    이진희 저 372쪽 28,000원
115. 공정거래법상 불공정거래행위의 위법성
    정주미 저 260쪽 19,000원
116. 임의제출물 압수에 관한 연구
    김환권 저 304쪽 23,000원
117. 자금세탁방지의 법적 구조
    이명신 저 386쪽 29,000원
118. 독립규제위원회의 처분과 사법심사
    유제민 저 358쪽 28,000원
119. 부작위범의 인과관계
    김정현 저 300쪽 23,000원
120. 독일의 회사존립파괴책임
    김동완 저 369쪽 27,000원
121. 탈석탄의 법정책학 – 삼부의 권한배분과
    전환적 에너지법에 대한 법적 함의 –
    박진영 저 299쪽 23,000원
122. 공식배분법의 입장에서 바라본 Pillar 1 비판
    노미리 저 254쪽 19,000원
123. 기업집단의 주주 보호
    김신영 저 378쪽 28,000원
124. 국제도산에서 도산절차와 도산관련재판의
    승인 및 집행에 관한 연구
    김영석 저 504쪽 38,000원
125. 스타트업의 지배구조에 관한 법적 연구
    이나래 저 400쪽 30,000원
126. 역외 디지털증거 수집에 관한 국제법적
    쟁점과 대안
    송영진 저 326쪽 25,000원
127. 법인 대표자의 대표권 제한에 관한 연구
    – 판례법리를 중심으로 –
    백숙종 저 364쪽 28,000원
128. 유동화신탁 소득의 과세에 관한 제도 설계
    연구
    조경준 저 306쪽 24,000원

● 학술원 우수학술 도서
▲ 문화체육관광부 우수학술 도